아르케
북스

269

김정하 金楨夏 Kim, Jung Ha

국립한국해양대학교 명예교수. 강원도 홍천에서 태어나 서강대학교 철학과를 졸업하고 서강대 대학원 국문과에서 석·박사 과정을 이수하며 민속학과 국문학을 공부했고 중앙일보 신춘문예에 소설이 당선된 바 있다. 국립한국해양대학교 동아시아학과 교수로 28년간 재직하며 도시민속과 지역학, 근·현대 지역문화를 연구하고 강의하는 한편 부산광역시의 도시재생과 지역축제, 지역 문화유산 보존 등 문화행정 자문에도 참여했다.
저서『바다를 담아낸 소설과 민속』,『나는 바다로 출근한다』, 소설집『그림자는 없다』외에 공저『문화권력과 버내큘러』,『도시마을의 민속문화』,『이향과 경계의 땅 부산의 아미동 아미동 사람들』,『낯선 이방인의 땅 캠프 하야리아』,『신삼국유사』등이 있다. 논문「한국 도시민속 연구를 위한 지역연구 방법론 활용」,「도시마을 민속의 타자성과 주체성」,「개항지 도시민속의 식민주의에 대한 비판적 고찰」,「근대 서구 생활문화 수용의 맥락」,「부산의 일본 귀신 전설에 대한 도시민속학적 고찰」,「근대산업화기 여성근로자의 산업민속」,「미국 대중음악의 수용 과정에 대한 민속예술론적 시론」,「부산의 지역축제를 위한 지역민속 활용방안」,「어촌민속 전승에서의 어촌계 역할과 전승 양상」,「한국과 일본의 이문화수용 비교」,「근대 산업화 유적에 대한 한일의 관점 비교」,「탈식민주의담론에 의한 동아시아 근대역사유적 보존과 활용 실태 및 개선방안 연구」등을 발표했다.

민속원 아르케북스 269 minsokwon archebooks

한국 도시민속의 혼종성과 지역성

韓國 都市民俗의 混種性과 地域性

| 김정하 |

민속원

발간사

오늘날의 '인문학의 위기'는 새삼스러운 현상이 아니다. 어쩌면 그것은 19세기에 사회진화론과 근대주의, 과학 · 기술이 인문주의를 밀어내면서 이미 시작되었는지도 모른다. 경위야 어쨌든 인문학의 앞줄에 선 민속학이 수세에 몰린 상황에 책을 내자니 민망함이 앞선다.

하지만 민속학이 실상을 담고자 애써온 인간의 삶은 역연(亦然)하다. 오히려 나날이 달라지는 도시를 배경으로 전대미문(前代未聞)의 민속 현상이 난무하는 요즘이야말로 그 속을 톺아보는 안목과 통찰이 필요한 때인 듯싶다.

25년 전 저자를 도시민속 연구에 소환한 것은 루핑을 덮어쓴 채 부산 시내에 방치된 일제강점기의 근대건축물이었다. 이후 발품을 팔아 만난 대평동 '조선소거리'의 '깡깡이아지매'와 아미동의 일본인 공동묘지 위에 들어선 마을, 옛 하야리아부대 주변에서 흘러나온 미국 대중문화, '흰여울문화마을'에서 살던 피난민 등의 내력은 놀랍고도 진솔했다.

'동아시아적 모순'이 응결된 부산은 개항과 식민 지배, 6.25 전란, 산업화로 인한 시련과 고난을 겪어온 도시다. 그런 상황 속에서도 부산 지역민은 의연하게 외래문물에 길항(拮抗)하는 한편 주체적 전유(專有)를 통해 나름의 도시민속을 만들고 전했다. 그 도시민속은 1922년 염상섭의 "부산의 운명이 조선의 운명"이란 말처럼 한국을 대표하는 상징성을 지니고 있다. 그런 자료를 지닌 부산을 연구 조사의 필드(field)로 삼을 수 있었었다는 점이 저자에게는 축복이자 혜택이었다.

그간의 연구 과정에도 난관은 있었다. 현장에서는 지역민과의 사이에 엄연한 시각차와 심리적 거리를 극복하기 어려웠고 빠른 속도로 진행되는 도시의 변화는 기억을 지우고 자료를 없애며 연구 조사를 앞질러 갔다. 무엇보다 '식민'과 '근대'가 착종된 도시민속의 분석과 해석에 적용할 적절한 연구방법론을 찾기가 어려웠다. 그런 터에 아직 구상만 해둔 연구 주제는 언제나 자료조사를 끝내고 글에 담을 수 있을지, 일모도원(日暮途遠)이다.

그동안 거친 논문을 학회지에 발표할 때마다 비판과 격려를 보내준 학계 선후배와 동학에게 새삼 감사를 드린다. 아직 구체적 사례도 충분치 않고 다분히 실험적인 연구방법론을 동원한 저술이지만 이 졸저가 다소나마 민속학계에 도움이 되길 바란다. 어려운 여건 속에서 선뜻 출판에 동의해준 민속원과 귀한 사진을 제공해준 부경근대사료연구소 등에도 고마움을 전한다.

2025년 9월 남천동 우거(寓居)에서 필자

차례

3장 근대 생활문화 수용의 맥락

74

4장 생활문화의 전유, 초상사진

98

5장 '동래권번'과 '동래기영회'의 혼종성

117

6장 미국 대중음악의 수용과 변용

142

제2장

표준화를 극복한 지역성 168

총론: '내 것 아닌 나의 것', 한국 도시민속

Ⅰ. 한국 도시민속 재고(再考)

1. 한국 도시민속의 형성과 전승

"왜 한국의 도시에는 노포(老鋪)가 없는가?"

한국의 도시를 방문한 외국인들이 흔히 던지는 이 질문에 한국인 누구도 쉽게 답하지 못한다. 그 물음을 듣고 곰곰이 생각해보면 "유구한 역사와 전통을 지닌" 나라임을 자부하는 한국의 도시문화는 어느 신생국 못지 않게 새롭고 낯설다. 근대기 이래 현란한 탈바꿈을 계속해 온 도시문화의 외양이나 의미 모두가 신문명(新文明)에 가깝다.

근대기 이래 서구로부터 이입된 문화가 전래문화를 압도했고 식민 지배와 해방, 전쟁을 치르는 동안 가속도가 붙은 변화와 유행은 불과 몇 년 전의 도시문화마저 낯설게 만들었다. 이질적 외래문물의 쇄도와 그로 인한 변화 앞에서 한국 도시민은 늘 주인도 아니고 손님도 아닌 어정쩡한 처지로 지내왔다. 외래문물로부터의 충격으로 선망을 키우고 과도한 욕망에 시달리다 겪은 자아분열을 극복하고 주체적 의식을 갖게 되기까지의 과정은 길고도 지난했다.

그래서 한국 도시민의 생활방식이 집약된 도시민속(都市民俗, urban folklore)의 내력과 내용은 복잡하고 다양했다. 전래민속과 무관한 근대적 서구적 외래문물이 그대로 수용되거나 외래문물의 영향 아래 전래민속이 변형되거나 전혀 새로운 민속이 창출되었기 때문이다.

한국 인구의 절반 이상이 거주하고 외국에는 “한국형 주택”으로 소개되는 아파트가 그 좋은 예다. 대개의 아파트에는 전래의 한옥에서 볼 수 없던 거실과 화장실, 싱크대, 서구의 ‘발코니’에서 이름이 바뀐 ‘베란다’, 서구식 라디에이터를 변형시켜 바닥에 깐 온돌 등이 갖추어져 있다. 그처럼 ‘내 것 아닌 나의 것’인 이 공동주택이 위에서의 구분 중 어디에 속한다고 해야 할지 선뜻 판단하기 어렵다.

그래서 새삼 한국 도시민속을 다시 거론하고 고찰하고자 했다. 우선은 근대기 이래의 급격한 사회가 변화되는 와중에서 어떤 과정으로 도시민속이 형성되고 전승되었는지를 확인하기 위해서였다. 다음은 이를 통해 한국 도시민속이 구성된 원리와 특성을 밝히고 앞으로의 변화 방향이나 양상을 가늠해보고자 했다. 나아가 갈수록 세계문화와의 교류와 횡단이 가속화되는 흐름 속에서 한국 도시민속 나름대로 유지해온 독자적 특성이 무엇인지 파악하고자 노력했다.

이를 통해 점차 정체성이 모호해지는 한국문화의 특성 가운데 무엇을 지키고 전승해야 할지를 가늠하고자 했다. 이를 밝히기 위해 ‘혼종성’과 ‘지역성’을 키워드로 역사적 배경과 사회적 상황 간의 상호연관성을 파악하여 한국 도시민속의 형성과 전승의 작동원리를 파악하고자 했다.

이 총론은 책 전체를 기술한 이후에 어떤 목적과 방법으로 한국 도시민속 사례를 고찰했는지를 안내하기 위해 쓴 글이다. 따라서 도시민속에 대한 관심이 제한적이거나 책 전부를 읽기에 시간이 부족한 독자라면 이 총론만 읽고 전체 내용을 짐작하거나 필요한 부분만 발췌할 수 있도록 작성하였다.

2. 연구방법론의 개발과 적용

한국 도시민속 형성과 전승에 대한 논의는 마치 미로(迷路)에서 출로를 찾는 것과 같다. 우선 논자에 따라 도시민속 외에도 현대민속(現代民俗), 당대민속(當代民俗) 등 다양한 명칭을 사용하는 민속 현상 가운데 무엇을 도시민속으로 볼 것이냐부터가 논란거리다.

당대에 도시에서 일어나는 민속 현상 모두를 그 범주에 포함시키기도 하지만 논자에 따라서는 도시에서의 민속도 단지 전통 민속의 연장일뿐이라 주장하며 아예 도시민속이란 개념 자체를 부정하기도 한다. 혹은 아예 도시민속을 인류학이나 사회학, 역사학, 문화론 등 인접 학문의 부분적 내용이라 보기도 한다.

근대기 이래 세계의 모든 도시 공간에서는 도시민속이란 용어로 지칭하기에 적절한 도시민의 삶이 형성되고 전승되어 왔다. 특히 한국 도시에서는 평범한 도시민이 일상에서 경험한 전례 없는 생활 습관이나 전설, 신앙, 기술, 대중문화 등이 형성되고 전승되었다.

이에 대한 한국에서의 연구에는 앞서 다른 나라에서 시도한 연구방법론이 타산지석이 될 수 있다.

1970년대 미국 사회를 관찰한 리처드 도슨은 대중이 시골뿐 아니라 도시에도 있으므로 도시 대중을 중심으로 한 민속 연구가 가능하다고 보았다. 그는 현대민속 연구의 초점이 주변 문화에서 중심 문화로, 시골에서 도시로, 과거에서 현재로, 자료 중심에서 상황 중심으로, 민속 자체에서 민속의 담지자 민중으로, 구전작품(口傳作品)에서 구전담론(口傳談論)으로 이동한다고 보았다. 이에 그는『응용민속학(Applied folklore)』등의 저서를 출판하여 민속학이 지나치게 촌락에 집착하는 태도를 반성해야 한다는 지적과 함께 현대민속을 구명하는 다양한 방법을 제시했다. 이러한 리처드 도슨의 주창에 인류학 분야에서의 도시인류학 연구와 더불어 '전통'에 대한 재해석을 시도한 에릭 홉스봄의 『전통의 창조(The Invention of Tradition)』 등의 저작도 크게 도움을 주었다.

일본에서도 1925년 곤 와지로가 도시민의 일상을 연구하기 위해 '고현학(考現學)'을 주창한 이래 1970년대 후반 이래 와카 모리타로가 '민속 3세대론', 미야타 노보루가 '도비연속체론(都鄙連續體論)'을 제안했고 이와모토 미치야가 일상에 대한 연구를, 요네야마 토시나오가 도시축제에 대한 연구 등을 전개했다. 특히 1970년대 이래 이와모토 미치야를 비롯한 일군의 학자들은 도시민속과 관련된 일련의 저술을 통해 "현대 도시민의 세계관과 영혼관 해명을 위해 당대에 도시에서 행해지는 민속 연구가 필요하다"는 주장을 펼쳤다.

하지만 단지 학문적 객관성과 이론의 보편성을 이유로 그러한 외국의 기존 연구 성과를 그대로 한국 도시민속 연구에 준용(準用)하기는 어렵다. 한국 도시민속의 특성을 구명하려면 근대기 이래 한국의 도시만이 겪은 특수한 역사적 배경과 사회적 상황을 고려해야 하기 때문이다. 근대기 이래 한국 도시민속 연구에서는 식민 지배를 받은 나라로서의 예외성, 상대성, 특수성과 아울러 근대문명을 접촉하고 수용하고 대응한 한국 도시민의 주체적 인식과 역할을 충분히, 그리고 반드시 고려해야만 한다. 이를 위해서는 학문의 객관성과 보편성을 전제한 논리만이 아니라 한국 도시민속 연구에 가장 적합한 방법론을 마련할 필요가 있다.

1970년대 이래 한국에서도 많은 학자들이 꾸준히 민속학의 새로운 부문으로서의 도시민속 연구에 뛰어들어 적지 않은 성과를 거두었다. 실천민속학회는 "현대화된 민속 연구"를 선언하고 회원들의 우수한 논문들을 발굴하여 『민속문화의 새 전통을 구상한다』 등의 편저를 출판했다. 이에 발맞춰 일상문화연구회도 『한국인의 일상문화』 등을 펴냈고 한국역사연구회는 『우리는 지난 100년 동안 어떻게 살았을까?』 시리즈를 편찬했다. 민속문화를 지배문화, 현대문화, 도시문화와 연결시킨 임재해를 비롯하여 도시 속에서의 동제나 무속, 세시풍속 등을 연구한 정형호와 김명자 등이 다양한 논문과 저서를 발표하면서 한국 도시민속 연구 성과를 내놓았다.

엇비슷한 시기에 문학을 비롯한 사회학 분야에서 뚜렷한 흐름을 이룩한 '문화연구'의 추세에 따라 일제강점기 한국의 근대문물 수용에 대한 객관적 관점에서의 평가를 시도하는 다양한 연구 논문과 저술이 발표되었다.

그런데 기존에 한국에서 시도된 도시민속 연구 대다수는 그 형성 과정에는 주목하였으나 내적 특성의 구명보다 문화현상에 대한 피상적 파악에 머문 감이 있다. 특히 일국적(一國的) 시각에 갇혀 '전통'과 전래민속으로부터의 영향에 집착한 임재해 등의 논저는 근대도시의 역사적 배경과 사회적 상황과 연관된 도시민속 맥락의 파악에 한계를 드러냈다고 본다. 그러다 보니 근대기 외래문물의 도래가 낳은 생활문화의 급격한 변화의 와중에서 도시민의 수용 태도와 대응 방식의 구명에 소홀하고 식민제국의 지배와 국민국가의 중앙집권적 통치와 결부된 도시민속의 특성에도 주목하지 못했다. 아울러 한국 도시민속 연구는 기존의 민속학처럼 학제적 이론 도입에 소극적이었다. 그 까닭은 아마도 민속 연구를 위해 타 분야의 견해나 주장을 받아들이다 자칫 논의의 주도권을 빼앗길까 우려했기 때문이 아닌가 싶다.

근대기 이래 한국에서의 도시민속이 어떤 동기와 연유, 과정으로 형성되고 전승되었는가를 밝히려면 더욱 새롭고 포괄적 논의가 필요하다. 이를 위해서는 우선 근대기 이래 한국 도시민속이 전래문물보다 외래문물의 수용과정과 영향에 의해 형성되고 변화된 사실을 인정하고 그 실상을 파악해야 한다. 다음은 민속학을 중심으로 역사학을 비롯한 사회학, 문학, 문화인류학, 정신분석학 등 인접 분야의 연구 성과와 이론을 적절히 원용하여 도시민속에 대한 분석과 해석에 원용(援用)해야 한다. 그밖에도 역사와 사회 문제 비판을 위해 인문과학과 사회과학 등에서 적극적으로 활용하는 당대의 탈식민주의, 탈근대주의 논리도 원용하는 것이 바람직하다.

위와 같은 연구방법론을 적용하여 한국 도시민속을 연구하면 역사적 배경과 사회적 상황에 의해 축적된 경험적이고 사실적인 민속 현상의 포착과 해명이 한층 수월해지리라 본다. 그럼으로써 도시민이 어떻게 도시민속을 경험하고 수용하고 향유하고 창안했는가에 대한 다양한 설명이 가능하리라 본다.

3. '민족'과 '전통' 개념의 문제

물론 새로운 도시민속 연구방법론이라 해도 새삼스러운 것일 수만은 없고 기존 논의에서 숙고한 바를 토대로 마련되어야 한다. 하지만 역사적 배경과 사회적 상황에의해 불가피하게 변화를 겪어온 한국 도시민속을 도시민의 주체적 대응의 결과물로 파악하려면 고정적 개념만을 고수하는 연구 방법에 의존할 수는 없다고 본다. 무엇보다 한국 도시민속을 '민족'이나 '전통'의 산물로만 보는 견해가 타당한지에 대해 검토가 필요하리라 본다.

한국은 일제강점기 이민족으로부터 식민 지배 치하에서 벗어나 해방 이후 국민국가의 통치를 받은 나라였기에 식민 치하에서나 국민국가 체제 아래에서의 집단적 자기 정체성 확인을 도모하기 위해 유독 '민족'과 '전통'을 강조했다. 이 개념들은 외세에 맞서 내적 단합을 도모하는 도구적 관념으로서의 효용성이 충분했다. 하지만 복잡다단하고 역동적인 역사적 흐름과 사회적 상황에서조차 '민족'과 '전통'을 절대적인 만능의 개념으로 사용하는 것은 무리였다.

고정적이고 관념적이고 선험적이며 배타적인 '민족' 개념은 일제강점기의 식민제국에 대한 비판에는 상당히 유효했지만 왜곡된 선민(選民)의식을 조장하거나 '일선동조론(日鮮同祖論)'에 이용당하는 폐단을 낳았다. 해방 후 '민족' 개념은 중앙집권적 국민국가에서는 국민을 통치의 대상으로 소환하는 개념이나 정치체제를 지탱하기 위한 이데올로기의 하부 개념으로 이용되기도 했다.

'민족'을 대치하거나 그에 종속된 것으로 여기는 '전통' 개념 역시 "우리 것은 무조건 좋은 것"이라는 식의 모호한 담론에 이용되곤 했다. 그렇게 이용되던 '전통'은 국민국가의 수립과 유지를 위한 도구로서는 유용성을 지녔으나 근대기 이래 급격한 외래문화로부터의 충격을 상쇄하고 수용해야 하는 상황에서는 활용하기 어려운 개념이었다.

근대기 이래의 식민제국과 국민국가가 활용한 한국에서의 '민족'과 '전통' 개념은 국민을 소환하고 단합시키는 정치적 목적에서 집단의 정체성을 지칭하는 용어로는 적절했다. 하지만 그 개념은 근대성을 자각한 대중이나 시민이 이성적 주체적 판단으로 역사적 흐름과 사회적 변화에 비판적으로 대응해야 하는 상황에서는 일정한 한계를 드러냈다. '전통'

이나 '민족' 개념이 고정된 실재(being)가 아니라 유동적 역사와 사회에 부응하여 부단히 생성되는(becoming) 개념이란 점에서 근대기 이래 변화무쌍한 삶에서 우러난 당대 민속을 '전통의 산물'이나 '민족문화 유산'이라고만 부르기는 어려웠던 것이다.

한국 도시민속을 '전통의 산물', '민족문화 유산'이라 본 것은 근대기 이래의 역사적 배경과 사회적 상황에 의해 구성된 과정이나 원리는 생략한 채 수입된 학문인 민속학 체계에 따라 의미를 부여한 결과였다. 일제강점기에는 식민당국이나 대학에서 권한을 위임받고 일선 경찰과 공무원의 도움을 받는 연구자나 관변학자들이 미리 상정한 '전통'과 '민족' 개념에 합치하는 민속자료 조사에 나섰다. 해방 후 정부나 대학으로부터 위임을 받아 연구환경을 보장받은 학자나 연구자들 역시 '전통'과 '민족'에 부합하는 성과를 거두고자 노력했다.

그처럼 '학문적 타자화(他者化)'를 위해 소환되고 복원된 '고속(古俗)'이자 '전통'으로서의 민속은 이른바 "잔존(殘存)민속"이라 불린다. 그렇게 발굴되고 재현된 민속은 민(民)의 자발적 전승물이 아니라 '지식에 의한 역전(逆轉)의 산물'이므로 온전하게 전래된 것이라기보다 근대화의 부산물이라 보아야 한다.

그러므로 '전통'의 가치를 설명하기 위해 "제액초복(除厄招福)"이나 "부귀(富貴)·다남(多男)", "입신양명(立身揚名)" 등 상투적이고 선험적이며 전(前)근대적인 용어로는 하루가 다르게 변해가는 당대 민속의 양상이나 의미를 구명하기 어렵다.

아울러 당대 민속으로서의 도시민속에 대해 농촌에 남아있던 원형(原形)인 '전통 민속'이 도시로 전파되거나 변화된 것에 불과하다는 견해에도 무조건 찬성하기 어렵다. 2차 대전 후 유고슬라비아에서는 농촌인구가 도시로 이주해 근대화 물결에 휩쓸리자 일시적으로 농촌문화를 배척하는 상황이 벌어졌다가 그로부터 얼마 후 농촌문화가 변형된 형태로 소환되었다. 그처럼 근대기 이래 한국에서도 급격하고 광범위한 도시의 근대화 과정에서 '상상된' 농촌 민속을 재구성하여 '전통'이란 명칭을 붙였다고 본다.

그런 '상상된 전통'은 도시 근교의 민속촌이나 박물관 등에서의 '고향'이나 '시골' 이미지의 재현이나 전시를 통해 창조되고 소비되었다. 혹은 도시에서 결성된 '향우회'의 경우에도 명분상으로는 고향의 '전통'을 중시하는 그 모임도 삶의 현장인 도시가 주요 활동 무대이므로 실제로는 도시문화의 산물이라 보아야 하겠다.

물론 근대기 이래 서구화, 산업화의 쇄도로 인한 전래민속이 단절과 변화, 훼손을 겪으면서 문화의 에센스인 '민족'이나 '전통'의 보존과 전승이 어려워지는 현상은 심각한 문제다. 그러나 그렇다 하여 대중의 실제적 삶을 도외시한 공연이나 여흥에 고정적이고 선험적인 '민족 · 전통 문화'란 의미를 부여하는 것은 부당하다. 일찍이 임석재는 정부나 지자체가 주관하는 민속예술경연대회에 출품된 민속에 대해 "민속예술이 지녀야 할 특이성과 흥취, 멋을 올바르게 연희하지 못하는 겉치레의 형해(形骸)"라 일갈했다. 정부 기관이나 지자체의 민속축제 프로그램이나 민속공연, 대중매체에서 재현하는 억지춘향격의 민속 연희, 관광객을 위한 민속촌의 놀이마당 공연 등이 지닌 '박제(剝製)'의 속성도 그와 같다고 보아야 하겠다.

근대기 이래 모종의 정치적 목적이나 사회적 효용을 위해 '민족'과 '전통'의 사례로서 발굴된 민속은 정부나 대학 등이 파견한 소수의 전문가만이 민속을 인정하는 독점적 폐쇄적 고착적 권력적 연구 풍토를 조장했다. 결국 '민족'이나 '전통'의 카테고리에 묶이는 속성만을 강조한 결과 민속을 대중의 삶에서 우러난 실감과 실상이 배제된 '유리 상자 속 전시물'로 만들고 말았다. 따라서 이제라도 근대기 이래 '민족'과 '전통'을 뛰어넘어 부단히 새롭게 변화와 생성을 반복해 온 당대민속, 현대민속, 도시민속의 형성과 전승에 주목해야 하리라 본다.

Ⅱ. 한국 도시민속 연구방법론

1. '근대'의 추구와 '지역'의 발명

근대기 이래 한국의 도시는 일제강점기 식민제국의 지배와 해방 후 196,70년대에 본격화된 국민국가의 통치 과정에서 공히 '근대화'의 추구에 골몰했다. 이를 위해 필요했던 것이 지배와 통치의 대상으로서의 '지역'의 발명이었다.

물론 식민제국의 지배와 해방 후 국민국가의 통치 사이에는 반세기가 넘는 시간적 격차가 있고 '근대'를 추구하고 '지역'을 발명하는 식민 지배와 국민국가의 지배와 통치는 목표가 전혀 달랐다. 식민제국이 지향한 목표가 식민지의 억압과 수탈이었다면 국민국가의 그것은 적어도 표면적으로는 국리민복(國利民福)을 표방했다.

그럼에도 불구하고 양자가 '근대'를 추구하는 방법이나 절차는 너무도 흡사했다. 식민제국과 국민국가 모두 사회진화론과 발전단계설에 의거해 구분과 차별, 배제의 논리로 '문명'과 '미개'를 나누는 외형적이고 기능적인 발전을 지향했다. 그런 '근대'의 추구는 중세기의 절대적 신앙의 지배와 왕권 통치로부터 벗어나 자유와 물질적 궁핍, 공포로부터 자유를 추구한 서구의 근대성(moderrnity)과 거리가 멀었다.

오늘날 한국에서 역사학이나 사회학이 '내재적 발전론'과 '식민지 근대화론'을 놓고 끝없이 대립하는 이유도 식민지기와 마찬가지로 해방 후 20세기에도 여전히 '근대화'가 추구되었기 때문이다. 한국이 경험한 근대성을 재해석하려는 '중층 근대성론', '다원 근대성론', '대안 근대성' 등의 견해들은 근대 초창기 이래 추구해온 '근대화'의 의미를 다시 구명하려는 시도다.

일제강점기 식민제국은 '근대화'를 추구하기 위해 인위적이고 일방적이며 편의적인 사전지식과 편견에 의거해 식민지 한국을 상호배타성과 불균등성을 지닌 '지역'을 발명했다. 그 위에 자신들이 발명한 '지역'에서는 임의적인 구분과 차별이 허용된다는 논리로 침탈과 지배를 합리화하고자 했다.

그러한 식민제국의 '지역' 발명은 이민족의 지배에서 해방된 국민국가의 중앙집권적 통치에서도 유사하게 재현되었다. 국민국가는 국민을 통솔하고 국토 개발을 기획하는 '중앙'의 관점으로 후진적이고 미개한 '지역'을 발명했다. 이에 따라 중앙정부 차원의 경제나 산업 발달에 기여할 일정한 기능과 역할을 '지역'에 부여한 다음 '중앙'과 '지방', '중심부'와 '주변부' 간의 비교와 경쟁을 촉구하고 조장했다.

근대기 이래 식민제국과 국민국가는 '근대화'를 추구하고자 새로운 생활문화의 이식과 더불어 전래의 문화에 대한 전적인 부정과 배제, 변화를 자행했다. 그로 인한 일상생활의 변화가 너무도 극심했기에 식민제국이나 국민국가가 추진한 교육이나 보건정책 등을 통한 문명화를 선의(善意)라고만 인정하기 어려웠다.

근대기 한국에서 '근대화'를 추구한 제국주의 일본은 실제적 목표인 식민 지배와 그에 따른 왜곡과 모순을 은폐하기에 급급했다. 동아시아 변방국에서 일약 서구화에 성공한 국가로 떠오른 그들은 앞서 세계를 '유럽'과 '비유럽'으로 구분하고 문명화를 명분으로 내건 유럽의 식민지 침탈과 지배 방식을 철저히 학습하고 답습했다. 이를 응용하여 '근대화'의 추구를 명분으로 식민지 인종과 계급 등을 미개하고 저열하다고 규정한 이후 침탈과 지배의 실상을 서구 근대문물의 이식으로 덮으려 했다.

일제가 '근대화' 이데올로기에 의거해 일본화된 서구적 제도와 문물을 식민지에 이식하고 보급하는 일에 주력한 사례는 다양했다. 기차, 전차 등 교통수단과 '신작로(新作路)' 등 문명의 통로를 보급하고 유치원과 소학교(小學校) 등 근대 교육기관을 설치했으며 양력(陽曆)의 시행으로 생활방식의 획일화를 도모했다. 위생 관념을 보급하고 전염병, 성병을 예방하고 치료했으며 묘지, 화장장, 매장 및 화장에 대한 보건 정책을 실시했다.

그 과정에서 식민당국이 이식하는 근대문물은 우수하고 합리적이며 기능적인 데 비해 전래의 한약과 한복, 혼례와 장례, 민요 등은 시대의 흐름과 유행에 뒤처진 열등하고 비합리적이며 비효율적이라는 인식을 유포했다. 그런 일단의 정책이 성공을 거두면서 '근대화'의 추구를 우선시하고 식민 지배를 타당하게 여기는 의식이 한국인들 사이에서도 내면화되었다.

'근대화'의 추구는 해방 후 특히 196,70년대 국민국가에서도 국정 지표인 동시에 국민에게 적극 권장하는 생활방식이었다. "잘살아 보세"란 슬로건 아래 자본주의적 경제 발전을 추구한 정부는 라디오 등 문명의 이기와 자동차 등 교통수단의 보급과 관련 시설 확충에 주력했다. '근대화'를 빌미로 '가정의례준칙' 제정과 전염병 예방, '산아제한 정책'을 시행하는 등 식민지기와 유사한 정책을 반(半)강제로 시행했다.

여기에 국민국가 정부는 "국기에 대한 경례"와 "국민교육헌장 제정"을 비롯해 "야간 통금"과 "장발, 미니스커트 단속", "금지곡 선정" 등으로 국가주의를 유포하고 생활을 규율

하는 정책을 펼쳤다.

한편으로는 일제강점기 식민당국이 시행하던 군국주의적 교육 방식을 답습해 "당번제", "애국 조회", "교련(敎鍊)", "수학여행", "일선 장병에게 위문편지 쓰기와 위문품 보내기" 등을 일선 교육기관에서 시행토록 했다. 이러한 '근대화'의 추구는 1980년대 이후 사회가 개방되고 민주화되면서 주체적 자각으로 삶의 다양성을 추구하게 된 대중이 국가주의와 집단주의를 거부하는 역풍을 불러왔다.

2. '타자화'와 '표준화'에 의한 도시민속

근대기 이래 한국 도시에서의 역사적 배경과 사회적 상황은 도시민의 삶을 구성하는 배경이자 동인(動因)이었다. 그로 인해 민속의 형성과 전승에 대한 연구에서도 정치체제에 의한 '타자화'와 민속 연구자에 의한 '표준화'가 자행되었다. 이런 인식과 관점은 근대기 이래 일제강점기 식민제국과 해방 후 국민국가에서도 마찬가지로 통용되고 지속되었다.

19세기 서구적 '근대'의 수용에 성공했다고 확신한 일제는 후진적이고 열등한 식민지 한국을 발전과 개선의 대상으로 보는 '타자화(他者化)'에 나섰다. '타자화'는 아놀드 토인비가 비유했듯 '토끼의 눈'으로 보아야 할 지역민의 문화를 '코끼리의 눈'으로 바라보는 방식이었다. 그에 의해 서구적이고 근대적인 제도와 문물에 비해 전래의 민간신앙이나 의례 등은 문명화 정도가 낮은 것으로 치부되었고 이는 차츰 전자가 후자를 대치해도 좋다는 논리로 발전했다. 서구적 근대문물이 이식된 식민지 도시에서 전래민속이 버려지고 외면받기 시작하면서 지역민의 자신감이 상실되고 정체성이 모호해지는 일이 벌어졌다.

그러한 '타자화'는 해방 이후 특히 196,70년대 국민국가에서도 '근대화'를 앞세운 '중앙'이 '지방'의 역할과 기능, 효용을 평가하고 촉구하는 방법이 되었다. 물질적 충족과 외형적 변화 등 '근대화'를 절대적인 목표로 삼아 추구하는 '타자화'의 논리를 따르다 보니 '지역' 특유의 생태나 공동체, 지역문화는 생략되거나 소홀하게 다루어졌다.

그처럼 '타자화'된 '지역'의 대표적 예인 부산은 일제강점기의 '식민지'에 이어 6.25 전란기에는 '피난 도시', 다시 산업화기에는 '항구도시'로서의 역할과 소임을 부여받았다. '식민'과 '피난', '물류'의 소임이 떠넘겨진 부산은 지배와 이용, 발전의 수단이나 도구로서의 기능과 역할만이 중시되다 보니 '근대문물의 전신자(傳信者)'나 '전란(戰亂) 극복의 주체', '무역 전진기지'라는 주체성을 인정받지 못했다. 일제강점기에 활동한 영화배우나 6.25 전란기에 피난민들이 만들어낸 생활문화, 1960년대 산업화기 젊은 근로자들의 역할이나 기여도 등도 크게 주목받거나 가치가 구명되지 못했다.

그런 '타자화'와 더불어 민속 연구에서의 연구자들이 자행한 '표준화'도 심각한 문제를 낳았다. 근대기 이래 식민 당국이나 국민국가로부터 민속조사 임무를 위탁받은 연구기관이나 대학, 연구소의 전문가나 학자는 미리 준비된 개론서나 조사지침서에 맞추어 조사하고 연구하는 '표준화'를 관행으로 여겼다. 그들은 보편적 관점이나 정형화된 학문적 체계, 이론만을 적용할 뿐 구체적이고 특수한 '지역'의 사례가 발굴되어도 그에 맞추어 조사, 분석, 해석하는 방법론 마련에는 소홀했다.

'표준화'가 극명하게 드러내 보이는 사례가 지역의 민속에 대한 민속지(民俗誌)의 기술이었다. 모처럼 지자체나 지역문화원이 마련한 기획안에 따라 지역의 민속지를 작성하면서도 '중앙'에서 초빙한 전문가나 학자가 하자는 대로 상투적이고 정형화된 조사항목을 정하고 내용을 정리하는 경우가 일반적이었다. 그 조사항목은 대체로 1969년부터 1981년에 걸쳐 문화공보부 문화재관리국(현 국가유산청)이 편찬한 『한국민속종합조사보고서』나 1964년부터 1972년까지 고려대학교 민족문화연구소가 편찬한 『민족문화사대계』의 분류 체계에 따른 것들이었다. 그러다 보니 이미 지역에서 소멸되었거나 지역민들이 잊어버린 내용이 민속지에 담기곤 했다. 1987년에 편찬된 부산의 『남구 향토지』의 경우에도 3개월에 걸쳐 그에 수록된 바를 일일이 확인해본 결과 대다수가 이미 지역에 존재하지 않는 내용들이었다.

그런 '표준화'의 적용에 나선 연구자는 '타자화'와 마찬가지로 지역민의 관점과 자발성, 주체성을 도외시하게 된다. 미리 마련된 지침서의 조사항목에 따라 삶의 실상과 동떨어진 질문과 대답을 주고받으며 연구자와 지역민 사이에 대화와 소통의 벽을 쌓는다. 결국 특수한 지역의 특수한 계층, 예컨대 윤락가의 직업여성이나 탄광 지대의 광부들, 종군위안부나 빈민, 조직폭력배 등 특수한 이력을 지닌 지역민에 대한 연구는 어려워지게 되는 것이다.

3. '타자화'를 극복한 '혼종성'

'근대'란 단지 시대를 일컫는 명칭만이 아니라 근대성을 추구하고 근대화를 진행하는 역사적 사회적 특성을 의미하는 역동적 개념이다. 근대도시에서 형성되고 전승된 도시민속 역시 그런 요구에 부응하는 사고방식과 삶의 양상이 담긴 변화, 특성을 담고 있는 민속이라 보아야 한다.

그런 전제 아래 이 책 1부 1장에서는 식민제국이 '타자화'를 통해 이식하고 강제한 근대문물을 한국인들이 어떻게 수용하여 어떤 도시민속을 형성하고 전승했는지를 살펴보았다. 이를 위해 첫째는 식민제국이 이식한 외래문물을 수용한 경우, 둘째는 외래민속의 영향에 의해 전래민속이 변형된 경우, 셋째는 개항지에서 전혀 새롭게 창출된 경우로 한국 도시민속을 구분하여 살펴보았다.

1부 2장에서는 근대기에 제국주의 일본에 의해 이식된 '근대'가 한국의 개항지에서 어떻게 수용되어 어떤 도시민속을 형성하였는지를 고찰했다. 일제가 식민 지배를 위해 이식한 근대문물 중 일부는 그대로 받아들여졌고 또 다른 일부는 전래민속과 혼합되거나 전혀 새로운 도시민속을 창출하는 바탕이 되었다고 보았다.

1부 3장에서는 근대문물의 이식 초창기에 한국인 대중들이 충격과 선망, 욕망이 퇴폐와 일탈, 자아분열로 이어진 양상을 구명코자 했다. 그 과정에서 한국인 대중이 서구적 과학기술에 힘입은 교통수단이나 기기(器機), 의약품을 받아들이기 위해 기왕에 익숙했던 주술적 사고를 통해 이해를 시도한 면모도 살펴보았다. 나아가 일본이 이식한 '근대'의 실체를 궤뚫어 본 한국인이 주체적 자각에 의한 '전유(專有, appropriation)'로 근대문물을 수용함으로써 자신의 삶에 맞게 변용하는 '혼종(hybridization)'을 구사했다고 보았다. 아울러 그 '전유에 의한 혼종'이 식민지배자가 행한 방식을 활용한 역설적 '타자화'로 지배 의도와 권위적 담론에 길항(拮抗)하는 '저항적 혼종성' 구현의 전략이었음도 구명코자 했다.

1부 4장에서는 일제의 '어진영' 제도를 받아들인 대한제국의 '어진'이 장례에서의 영정을 거쳐 대중들이 집안에 모셔두는 초상사진으로 정착된 과정을 시대별로 고찰했다.

1부 5장에서는 동래의 두 민간 조직 '동래권번'과 '동래기영회'가 식민지배자가 이식한

'근대'를 주체적으로 극복한 구체적 활동에 대해 고찰했다. 이를 통해 그들이 어떻게 외래 문화를 수용하면서도 전래문화를 지키고 지역의 이익을 도모하는 양가적이고 저항적인 '혼종'을 추구했는지를 밝히고자 했다.

1부 6장에서는 '전유'를 통해 '문화적 위치감각'과 '문화적 정체성'을 추구한 예로 미국 대중음악의 영향을 받아 한국 포크와 록 음악이 형성된 과정을 살펴보았다. 미국의 '하위문화 편성정책'에 따라 미8군 무대에서 공연된 미국 대중음악을 한국 음악인들이 어떻게 '전유'하여 산업화와 개발독재 시대의 한국 대중을 위로하는 음악을 만들었는지를 고찰했다.

이처럼 1부에서는 근대기 이래 한국 도시민속에서 식민제국과 국민국가 체제의 '타자화'를 극복하기 위해 '전유'와 '혼종'을 추구한 주체적 사고를 살펴보았다.

4. '표준화'를 극복한 '지역성'

근대기 이래 식민제국과 국민국가가 발명한 '지역'은 식민 지배와 중앙집권적 통치를 도모하기 위해 '위험한 편의성'을 무릅쓰고 자행한 '표준화'의 산물이었다. '표준화'는 개발과 발전, 기능과 효율을 중시하는 서구적 근대화의 방편인 동시에 식민제국과 국민국가의 의도적이고 작위적인 차별과 편견을 합리화하는 방법이었다.

이를 빌미로 근대기 한국을 지배한 일제는 오늘날까지도 식민 지배의 과오는 인정하지 않고 혜택을 베풀었다고 강변하고 있다. 그 '표준화'는 남반부에 대한 북반부의 우위와 지배, 강대국이 주도하는 신자유주의적 질서 등을 통해 여전히 되풀이되고 있다.

하지만 '지역'에서 살아가는 지역민은 사회구조에 의해 만들어지는 객체일 뿐 아니라 언제든 의미구조의 생산 주체로 다시 태어날 수 있는 잠재력의 소유자다. 그들이 주체적 자각을 거쳐 '표준화'를 거부하면 '지역다움'의 '진정성(authenticity)'을 옹호하고 고수하게 되고 그로부터 자신의 운명도 조절할 수 있다.

여기서의 '진정성'이란 지역의 본질적 정신적 특성인 기풍과 관습, 정신, 윤리성, 예술작품에 담긴 정서의 총칭이자 '에토스(ethos)'의 유사어로, '장소적 정체성'과도 동의어라 할 수 있다. 지역적 현상이나 문제와 결부된 그 '진정성', '에토스', '장소적 정체성'은 지역민이 지역에서 살아가는 목적이자 이유라 할 수 있다.

따라서 지역연구(regional studies)는 에드워드 사이드가 『오리엔탈리즘』에서 제안했듯 식민제국주의적 관점으로 국제관계를 절대시하고 개별 국가와 지역의 특성을 단정하는 '코끼리의 눈'보다 지역민이 영위하는 생활공간의 특수성에 주목하는 '토끼의 눈'에 따라 추구되어야 한다. 그러자면 개발과 발전을 위한 기능과 효율이 강조된 근대주의적 식민주의적 '표준화'의 산물보다 이를 거부하는 지역민이 형성한 의식(儀式), 휴가, 친교 등 생활 습관이나 시장(市場), 주택, 거리의 관행 혹은 민예품, 음식, 오락 등 '지역성'이 담겨있는 도시민속에 더욱 주목해야 한다.

이러한 내용을 토대로 2부 7장에서는 식민주의와 중앙집권주의의 '표준화'를 극복한 지역민속을 고찰하기 위해 지역연구 방법론을 마련하면서 인접 학문의 지역사와 시점론(視點論), 구술사 연구 방법도 원용할 것을 제안하였다.

2부 8장에서 '지역'의 예로 든 부산은 근대기 이래 일제강점기와 6.25 전란기, 산업화기의 역사적 배경과 사회적 상황에서 갖가지 제도와 문물, 풍속이 정착되어 온 도시다. 그러다 보니 부산은 근대문물 수용이나 피난, 산업화 등 외부에서 촉발된 영향으로 '내발적 지역성'이 미미한 도시로 여겨져 왔다. 일제강점기에는 시민 대다수가 일본인이었고 해방 후에는 이주민이 그 자리를 대신했기에 토박이의 터전인 '향토'라 부르기 어려웠고 식민제국의 본국이나 국민국가의 중앙정부가 지배하고 통치하던 '지방'이었으므로 주체적 지역성을 갖추지 못한 도시로 여겨졌다.

하지만 다시 고찰해 보면 부산은 지역민이 주체가 되어 외부로부터의 영향과 요구, 간섭을 물리치고 지역문화를 꾸리고 삶을 영위한 '지역'이었다. 귀환 동포와 이주민, 피난민이 모여들어 '자갈치아지매 신화'를 만든 어시장이나 일본인의 공동묘지에 주택을 지은 아미동, 일본군이 지은 마사(馬舍)나 소를 가두어두던 우사(牛舍)를 주택으로 개조한 범일동이나 우암동에서 지역민이 영위해 온 삶은 전국 어디에서도 찾아볼 수 없는 귀중한 사례였다.

또 부산은 일본인의 생활문화를 지역특산물로 만든 '생선회'와 '오뎅'을 비롯해 2부 4장에서 고찰한 '일본 귀신담'이나 2부 12장에서 다룬 '깡깡이아지매'의 산업민속처럼 특유의 도시민속이 형성되고 전승된 도시였다.

혹자는 요즘 같은 "지방 소멸 시대"에 과연 '지역'의 거론이 타당하냐고 이의를 제기할 수도 있겠다. 대도시 인근의 '주변부'는 '중심부'의 요구에 따라 수시로 소멸되고 변화되며 지역문화마저 잃어버리는 게 사실이다.

하지만 2부 11장에서 '주변부'의 예로 든 부산 강서지역 지역민은 나름의 의지와 지혜로 소금과 갈대, 야채, 과일, 숭어 등 생태자원을 활용해 '중심부'의 수요를 창출한 모습은 '표준화'를 극복한 귀감이라 할 수 있다.

그처럼 독자적이며 특수한 지역성을 효과적으로 응용한 예로 2부 13장에서는 근대기 이래 부산의 도시민속을 자원으로 활용하여 〈부산도시민속축제〉의 프로그램을 기획하고 운영하는 방안을 제시했다.

한국의 도시는 이제부터라도 근대기 이래 '표준화' 논리에 따라 이식된 외래문물을 주체적으로 수용한 도시민속의 사례에 천착해야 한다. 이를 통해 오늘날의 신자유주의나 글로벌화의 폐단을 극복하고 지역이 세계와 더불어 공존하는 글로컬화(glocalization)를 추구해야 한다.

Ⅲ. 한국 도시민속의 특성

1. 다양성

한국 근대문화에 대한 기존의 접근 방법은 대체로 식민 통치나 식민주의적 자본주의의 폐단을 비판하는 '경성적 접근'과 대중적 기호에 영합한 풍속연구의 한계와 문제점 등을 다루는 '연성적 접근'으로 나뉜다.

하지만 문화를 이처럼 이분법적으로 나누어 고찰하는 것은 무리라 본다. 문화에 투사된 대중의 욕망과 정치적, 경제적 배경, 상황을 두루 이해하려면 클리포드 기어츠가 언명하였듯 "얇게 떨리는 문화 현상에 대한 두꺼운 읽기"가 필요하다. 즉 '연성'과 '경성'을 구분하기보다 대중이 영위하는 구체적 삶을 역사적 배경과 사회적 상황과 결부지어 고찰해야 한다는 것이다. 특히 한국 도시민속은 근대기 이래의 거시적 국제관계 속에서 외래민속의 수용과 전래민속의 변용을 통해 형성된 일상적 생활문화의 미시적 면모를 함께 파악해야 한다.

그런 사례는 근대기 이래 식민주의적 이데올로기가 스며든 한국인의 일상에서 찾아볼 수 있다. 일제 말기인 1940년대 식민당국은 '신체제(新體制)' 옹호를 위한 '총후(銃後)의 생활규범'을 만들어 식민지인으로 하여금 이를 준수하라고 강요하며 일상을 규제했다.

그와 유사한 생활의 규범화가 "친할수록 예의 지켜 유신 과업 완수하자"는 표어로 상징되는 1970년대 말의 일상의 지배와 그 이후의 "사회정화 운동", "착하게 살기 운동" 등으로 이어졌다고 본다.

그러한 역사적 배경과 사회적 상황에 의해 형성되고 전승된 한국 도시민속은 매우 다양한 특성을 갖고 있다.

이에 대해 1부 1장에서는 '도시민속의 타자성과 주체성'이라는 제목 아래 다양성이 형성되는 경우를 세 가지로 구분했다. 우선은 전래민속의 이미지만을 재현하는 '모방(模倣, mimicry)', 다음은 전래민속과 유사한 속성을 지닌 민속 현상을 당대적 방식에 의해 소개하고 전승하는 '유비(類比, analogy)', 그리고 도시민의 주체적 실존적 의식을 투사하여 전래민속도 외래민속도 아닌 새로운 민속을 창출하는 '전유(專有, appropriation)'로 나누어 그에 해당하는 예를 고찰했다.

먼저 전래민속을 '모방'한 예로는 '고향', '옛날', '옛맛', '가마솥', '시골밥상' 등의 이미지를 활용한 공업 식품 상표나 상호(商號), 그리고 관광지나 특산물, 주택 선전용으로 작성된 광고지의 민속 소개를 들었다.

다음 '유비'의 예로는 정부 주도형 행사 '전국민속예술경연대회'나 '국풍81' 등에 참가하기 위해 출연진이 새롭게 구성한 지역 민속, 민속 관련 단체나 기관이 전시용으로 선보이는 '민속놀이', 라디오나 TV 등 대중매체의 방송용 프로그램에서 공연되는 '국악이나 민속'을 예로 들었다. 아울러 지역축제나 민속촌 등에서의 '민속 체험'과 사적(私的) 기복(祈福)

을 위해 진설하는 굿 등도 그에 해당하는 예로 꼽았다.

다시 '전유'의 예로 도시의 이향민이 고향에 대한 귀소(歸巢) 의식을 바탕으로 만든 '향우회', 6.25 전란기 부산 피난민들이 미군 부대에서 흘러나온 음식 찌꺼기로 만들어 영양을 보충하던 '꿀꿀이죽'('UN탕', '영양탕'), 역시 피난민들이 판자나 종이상자로 휴식과 안정을 위해 급조한 가설주택 '하꼬방'을 들었다.

1부 2장 '개항지 도시민속의 식민주의'에서는 외래문물과 전래민속의 수용과 혼종, 창출로 인해 형성되고 전승된 도시민속을 개항지 부산의 각종 사례를 통해 고찰했다.

부산에 이식된 외래문물을 수용한 예로 '생선회'와 '오뎅'을 비롯해 '다꾸앙', '초밥', '우동', '미소시루' 등 일본 음식, '안코빵', '돈까스', '오무라이스' 등 일본을 거쳐 전해진 서양 음식, 일본인이 발명한 인공조미료 '아지노모토[味の素]'와 "정종"이라는 상표로 널리 알려진 청주의 유행을 들었다. '활동사진' 붐에 따른 극장 '행좌' 개관과한국 최초의 영화제작사 설립, 신파극이 수입 등도 그에 포함되는 사례로 보았다. 그밖에도 일본식 정원과 여관 등 각종 위락시설이 마련되고 경편철도가 깔리면서 휴양과 환락의 무대이자 "식민지 관광의 명소"가 된 '동래온천장' 조성 역시 외래문물을 수용한 예로 보았다.

전래민속이 변형된 예로는 장례에서 입는 양복이나 검은 한복 등의 상복을 비롯해 '부조금(扶助金, 賻弔金)', 상가 문기둥에 써 붙이는 "기중(忌中)"이란 문구, 무늬가 드러난 널빤지로 만든 일본식 관, 공동묘지 제도 등을 꼽았다. 또 건축공사장에서 텃고사를 변형으로 행하는 일본식 '지친사이[地鎮祭]', 체육 시합이나 영화활영 등의 행사를 앞두고 제사상에 돼지머리를 올려놓고 치르는 고사 등도 그에 해당하는 예로 보았다. 그 밖에도 현관과 낭하(廊下)에 다다미방, 욕실을 갖춘 화양절충형(和洋折衷型) 가옥을 모델로 거실과 복도, 실내 화장실 등으로 한옥 내부의 구조를 바꾼 한화양절충형(韓和洋折衷型) 주택 등도 전래민속이 변형된 예로 들었다.

새롭게 창출된 도시민속으로는 1920년대 이래 일본의 양력 도입과 양력설 장려에 반발한 한국인들이 만든 추석이나 설의 '귀성(歸省)' 풍속을 대표적인 예로 보았다. 더불어 '동래기영회'가 동래부학교를 시작으로 삼락학교, 개명학교, 명륜학교와 동래동명학교를 설립한 활동을 그와 같은 사례에 포함시켰다. 관기 출신의 기생이 만든 모임 '동래권번'이 전래 연희 '동래고무(東萊鼓舞)'와 '동래 한량춤' 등을 계승하고 물산장려운동에 참여하거나 동래 제2고보 증축에 힘을 보탠 활동도 같은 예로 보았다. 일본인 객주의 권유로 제주에서 부산으로 진출한 '출가해녀'들이 독자적 조직을 결성하고 활동을 펼치거나 일본 오사카와 러시아 블라디보스톡까지 활동 무대를 넓힌 사실도 그와 유사한 사례로 꼽았다.

1부 3장 '근대 생활문화 수용의 맥락'에서는 서구적 생활문화에 대한 한국인의 반응과 대응을 '충격, 선망, 욕망, 주술적 이해, 자아분열, 주체적 자각과 전유, 저항적 혼종의 추구'라는 단계로 나누어 살펴보았다.

근대 초기 한국의 대중은 빠르고 강력하게 일상생활에 이식되는 양복과 양옥, 양식 등 의식주 용품을 비롯한 사진기나 전차 등 문명의 이기를 접하고 충격을 받았다. 과학과 기술이 낳은 서구적 근대문물을 이해하기 어려웠던 그들은 궁여지책으로 '페티시즘'에 가까운 주술적 사고에 의지해 사진기나 전차, 우표, 라디오, 의약품 등을 "마술의 산물"이라 여겼다.

그런 충격과 오해에서 벗어난 한국인 대중은 근대문물에 대한 선망과 더불어 갖게 된 욕망이 과도해지면서 전국 도처에 문을 연 '카페'와 매춘업소에서 성의 상품화와 아편 소비가 만연되었다. 그 와중에 대중들은 근대문물을 소비하면 누구나 평등해지는 대중사회가 도래할지도 모른다는 기대를 품었지만 이는 한국의 부실한 경제기반으로 인해 사실상 불가능한 일이었다. 그러는 사이 한국인들은 지혜와 상식, 품성과 연결시킨 서구인의 외모를 선망하며 그와 판이한 자신을 비하하는 자아분열에 빠지기도 했다.

하지만 한국인 대중은 차츰 서구적 근대문물을 전한 일제 역시 근대화의 객체에 불과함을 인식하면서 자아분열을 극복하고 외래문물을 주체적으로 수용하는 '전유'에 나섰다. 이를 통해 한복에 중절모자를 쓰고 구두를 신는 중년남성의 옷차림처럼 의도적이고 전략적이며 저항적인 '혼종(混種, hybrid)'을 추구했다.

이처럼 1부 1장부터 3장까지는 한국인 대중이 서구적 근대문물을 받아들이는 과정을 '모방, 유비, 전유'나 '이입, 변용, 창출' 혹은 '충격, 선망, 욕망, 주술적 이해, 자아분열, 전유, 저항적 혼종' 단계로 나누어 살펴보았다. 그중에서도 특히 '전유'와 '저항적 혼종'을 한국인이 주체적으로 도시민속을 형성하는 주요방법으로 보았다.

하지만 근대기 이래 오늘날까지의 한국 도시민속에는 '전유'와 '저항적 혼종'에 의해 형성된 사례만 존재하는 것은 아니다. 도리어 도시의 대중에게 더욱 가깝고 익숙한 예는 공업 식품이나 유흥업소 명칭으로 사용되는 '민속'이란 단어, '민속촌'이나 '한옥마을'의 전시와 공연 혹은 영화나 드라마에 등장하는 '민속학자'와 '무당'의 이미지 등이다. 그런 사례는 민속의 외피적 현상만을 차용해 민속 담당층을 소외시킨다는 이유로 연구 대상에서 제외해야 할 '엉터리 민간 전승(fakelore)'이라 불린다.

민속학자 가운데는 그처럼 전래민속이나 외래민속의 이미지만을 차용한 '엉터리 민간 전승'도 넓은 범주의 도시민속에 포함시켜야 한다고 생각하는 이도 있다. 그것이 비록 민속 담당층의 주체성을 결여한 '유사(類似) 민속'이라 할지라도 도시민속에 대한 관심을 환기시키는 순기능을 갖고 있을 뿐 아니라 언젠가 민속다운 면모를 갖출 과도기적 형태일 수 있다고 보기 때문이다. 그런 견해를 긍정적으로 수용한다면 도시민속에 포함되는 사례들이 더욱 다양하고 풍부해질 것이다.

다만 그 '엉터리 민간 전승'이 권력이나 자본, 지식이 침윤된 '타자화'나 '표준화'의 도구로 전락한 경우에는 그에 대한 날카롭고 정확한 비판을 가해야 민속의 진정성을 가려낼 수 있으리라 본다.

2. 개방성

근대기 이래 한국의 도시에서는 전근대기로부터 전래되어 온 민속과 외래민속이 뒤섞이면서 삶의 실상을 담은 도시민속이 형성되었다. 그러므로 농촌에 존재하던 민속의 원형(原形)이 도시로 흘러들어와 도시민속이 되었다는 견해에는 일국적(一國的) 관점의 한계가 내재되어 있다고 본다.

서구적 근대문물의 이식은 외래민속이 수용을 비롯해 전래민속의 변화, 새로운 민속의 창출이라는 개방적 현상으로 이어졌다. 그러한 개방성은 완고하고 구태의연한 전(前)근대기의 생활방식과 고정관념을 배제하고 외래문물을 수용한 대중의 주체적 전유(專有)에 의해 형성된 것이다.

1부 1장부터 3장까지에 걸쳐 살펴본 부산은 한국 내에서도 가장 격동적인 역사적 흐름과 사회적 변화, 지역민의 이합집산이 벌어진 도시였다. 일찍이 1876년 개항 이래 근대도시이자 식민도시로 조성된 부산에서는 외래문물의 이식으로 인해 도시민속이 형성되고 전승되었다. 해방 직후의 귀환 동포와 6.25 전란기의 피난민, 산업화기의 이향민이 정착한 부산은 4대 이상 거주한 '토박이'가 드문 대신 타지에서 이주한 '뜨내기'가 많았기에 이질성이 혼재된 개방적 도시민속이 축적된 도시가 되었다.

1부 4장에서는 절대국가 지도자의 상징인 초상사진을 식민지 대중이 전유하여 생활문화로 삼았다고 보았다. 대한제국이 일제의 '어진영'을 본떠 황제의 '어진'을 제작해 배포하자 이를 경쟁적으로 소유하던 한국인 대중 사이에서는 조상이나 가장의 초상사진을 집안에 걸거나 장례에서 영정사진을 봉안하는 풍습이 유행했다. 국가적으로는 지도자의 초상사진이나 가족사진을 통해 국민을 소환하던 정치 기술이 해방 후의 국민국가나 북한에서도 구사되었고 대중들은 이를 정통성과 정체성을 확인하는 수단으로 활용했다.

1부 5장에서는 일제강점기 식민 지배하의 동래에서 '동래기영회'와 '동래권번'이 국가나 민족의 경계를 초월해 외래문물을 받아들이며 추구한 혼종적 개방성에 대해 고찰했다. '동래기영회'는 부산에 진출한 일본 상인들의 모임에서 자극을 받은 동래인들이 조선조에 결성했던 모임을 중흥한 민간 단체였다. 이들은 대일무역으로 얻은 경제력을 바탕으로 근대 교육을 시행하는 학교를 후원하고 운영하였으며 지방자치제 참여를 통해 지방 권력을 분점하거나 온천 굴착권을 획득하는 활동으로 일본인과의 전략적 제휴에 나섰다. 식민당국의 강요로 만들어진 '동래권번'의 기생들 역시 학습 과정에서 전래의 가사와 시조 외에 잡가와 가곡을 배우고 장삼무, 승무, 검무, 거문고, 가야금과 함께 서양 악기와 무용, 일본춤을 익혔다. 그런 혼종적 기량을 바탕으로 그들은 동래온천장 공연에서 일본 게이샤들과 경쟁을 벌이며 '신작 발표회'를 개최하고 일본으로의 원정 공연에 나섰으며 물산장려운동에 참여하거나 장학사업을 전개했다.

1부 6장에서는 국적과 장르를 초월하여 미국 대중음악을 전유한 사례를 통해 한국 도시민속의 개방성을 고찰했다. 1950년대 이래 '미8군 무대'를 통해 미국 대중음악을 접한 한국 음악가들은 원곡을 미국식 기법으로 연주하다 1960년대 말 이후부터는 주체적 전유를 통한 번안과 창작에 나섰다. 그렇게 만들어진 한국 특유의 포크와 록 음악이 억압적 정치체제에 저항하고 산업 사회를 풍자하며 1970년대와 1980년대의 대중을 위로하는 '7080 음악'이 되었다.

2부 8장에서는 전래민속과의 연관성은 전혀 없이 6.25 전란기에 부산에서 생겨난 도시민속 사례를 고찰했다. 피난민들이 즐겨 먹던 '돼지국밥'과 '밀면', 햄과 치즈 등 미군 부대에서 흘러나온 음식 찌꺼기를 모은 '꿀꿀이죽'('UN탕', '영양탕') 등이 그런 예였다. 더불어 '급수차'가 드나드는 '달동네'의 '공동부엌'과 '공동화장실'을 비롯해 상자와 양철 등으로 급조한 가설주택 '하꼬방', 남자들의 일감이었던 '노점상'과 '운반일', 여자들의 '박음질', '단춧구멍 내기'이 그에 해당하는 예로 보았다. 그 밖에도 깡통으로 판잣집 지붕을 만드는 '깡깡이업', 바다에 떠다니는 나무를 수거해 땔감으로 파는 '전마선업', 구제품 옷가지나 자물쇠를 걸치고 다니며 파는 '샌드위치맨' 등의 신종직업 모두가 새롭게 창출된 도시민속이었다.

2부 9장에서는 어촌의 동제와 도시어촌의 축제, 도시어항의 별신굿의 비교를 통해 어업지역에 전승되는 어촌민속을 고찰했다. 전래의 어업방식을 고수하는 어촌에서는 어촌계가 동제를 통해 비(非)어촌계원인 지역민들과의 단합을 도모하는 데 비해 대도시 인근 도시어촌에서는 상업에 종사하는 지역민과 어촌계원이 지역경제 활성화를 위해 축제를 개최하면서 어촌민속을 프로그램으로 활용했다. 그에 비해 대도시 인근의 도시어항에서는 동해안별신굿을 유치하거나 무당들의 굿판을 펼쳐 마을의 안녕과 주민 화합, 경제적 번영을 기원했다. 이처럼 어촌과 도시어촌, 도시어항이라는 각기 다른 공간에서의 행해지는 도시민속에 담긴 개방성을 살펴보았다.

2부 10장에서는 부산 아미동에 전해지는 '일본 귀신담'을 통해 민족적 이질성과 생사의 경계를 뛰어넘은 도시민속의 개방성을 살펴보았다. 아미동은 일제강점기 공동묘지와 화장장을 조성된 곳으로 해방기와 6.25 전란기에 모여든 이주민과 피난민은 이곳의 묘지를 없앤 자리에 주택을 지어 살아왔다. 언젠가부터 이곳에서는 "흰 기모노를 입고 게다를 신은 일본 귀신" 이야기가 전해지기 시작했다. 이 도시 전설은 식민 통치와 전쟁의 와중에 처한 도시민이 나름의 정착과 안정을 희구하느라 망자로부터 유택(幽宅)을 빼앗은 데 대한 미안함에서 만들어진 도시민속이라 보았다. 그 전설에 사회적 혼란기에 억압과 소외에 처한 도시민의 저항과 분노, 심리적 혼란에서 벗어나 평정을 얻으려는 심리가 담겨있다고 본 것이다. 따라서 그 배경인 아미동은 한국인과 일본인의 차이와 구분은 물론 죽음과 삶이라는 경계를 초월하여 도시민속의 개방성을 드러낸 공간이라 보았다.

2부 11장에서 다룬 '깡깡이아지매'는 부산 대평동에서 중고 선박 수리에 종사하며 남편을 대신해 가정을 지켜온 근로 여성의 명칭이었다. 흔히 '조선소 거리'로 불려온 대평동은 일제강점기 식민지 공업화 정책에 따라 조선업 중심지가 되었다가 1970년대의 '원양어업 붐'에 따른 중고 강선(鋼船)을 수리하며 활기를 되찾은 지역이었다. 이곳의 선박 수리업소에서 중고 선박의 뱃전에 붙은 녹을 망치로 떨어내는 작업에 투입된 '깡깡이아지매' 대다수는 남편의 무능력이나 부재로 인해 노동 일선에 나서게 된 여성들이었다. 안전의식이나 산재에 대한 인식이 희박하던 시대에 보호장구도 없이 작업에 투입되었던 그들은 만년에 난청이나 진폐증 등 각종 산재(産災)에 시달려야 했다. 그들은 노동의 동기나 의미를 부여받지 못한 채 임금 수탈과 신체적 장애, 사회적 질시에도 시달리면서도 가부장제를 수호하며 가정을 지켜온 여성 근로자들이었다.

이처럼 한국 도시민속은 국가와 민족의 구분을 비롯해 계층과 지역, 생사, 성별을 초월하는 개방성을 특징으로 지니고 있었다. 이러한 개방성은 국가와 국적을 초월하여 세계 각국이 동등한 자격으로 참여하여 상호 소통을 추구하며 '가장 지역적인 것이 가장 세계적'이라는 명제를 구현하는 '글로컬리즘(glocalism)'이 함축한 특성이다. 이런 특성을 잘 활용하면 한국 도시민속은 지역의 특수성을 존중하면서도 세계적인 면을 추구하는 간주관적(間主觀的, inter-subjective)인 접촉과 상호작용 추구의 방안이 될 수 있으리라 본다.

나아가 그 개방성은 한국 도시민속의 연구 소재를 다양화하고 의미와 가치를 새롭게 하는 밑바탕이 될 수도 있다. 최근 젊은 연구자를 중심으로 연구의 영역을 "인터넷 민담"을 비롯해 "지역민의 자연보호 운동", "유튜브의 '국뽕' 담론" 등으로 넓히는 추세가 그에 부합하는 흐름이라 본다.

* *

대략 위와 같은 내용으로 그동안 학회지에 발표했던 논문을 '혼종성'과 '지역성'을 키워드로 최근의 학문적 흐름과 맥락에 맞춰 다시 정리하고 다듬었다. 근대기 이래 외래민속을 수용하고 전래민속을 변용하며 새로운 도시민속을 창출한 한국 도시민속을 '타자화'를 극복한 '혼종성', 그리고 '표준화'를 극복한 '지역성'으로 설명하고자 했다.

그 과정에서 기왕에 발표했던 논문들을 다듬다 보니 예전의 견해나 주장 일부를 철회, 변경하거나 새로운 내용을 덧붙이게 되었다. 이는 논문을 쓰던 당시의 연구 역량이 부족했다는 뒤늦은 실토이면서도 나름대로 연구를 지속하여 개선한 결과라는 변명으로 독자의 양해를 구하고자 한다.

더불어 2부 13장에서의 '부산의 지역축제'를 비롯해 각 장에서 인용된 사례들이 다소 오래된 사실들이란 점에 대해서도 이해를 구하고자 한다. 그 사례들은 이미 기존 사실로 굳어졌기에 시간의 경과와 무관한 지속성을 담보하고 있어 사후평가를 가하기에 적절했고 무엇보다 당사자와의 이해충돌을 피할 수 있다는 장점 때무에 인용하게 되었다.

그 밖에도 본문의 하단에 단 각주의 횟수가 많고 내용이 길어진 점에 대해서도 이해를 구하고 싶다. 이는 논문을 쓰면서 참고한 기존 문헌뿐 아니라 본인의 견해와 일치하거나 관련된 논저들을 일일이 소개하느라 빚어진 결과임을 구태여 밝혀두고자 한다.

제1부

타자화를 극복한 혼종성

1장

한국 도시민속의 타자성과 주체성

Ⅰ. 한국 도시민속의 특성

신은 인간을 만들고 인간은 도시를 만들었다. 하지만 19세기 이래 한국의 근현대 도시는 근대화의 물결에 떠밀려 피동적으로 이주한 도시민들의 주거지였다. 그래서 그들은 도시를 '언젠가 등져야 할 일시적 거처'이고 언젠가 자신들이 돌아가야 할 공간은 막연하나마 '고향' 아니면 '시골'이라 생각하며 살아왔다.

그래서 근대기에 도입된 학문인 한국 민속학은 초창기부터 농어촌이나 섬 지역에서 '원형'을 찾기 위한 답사를 계속해왔다. '도시민속'에 대한 논의에서도 시골이나 고향을 잠재태(潛在態), 도시를 현실태(現實態)로 보는 상투적 논리에 의거해 '시골 민속', '고향 민속'이 '도시민속'을 만들었다는 선입관을 고착시켰다.[1]

---

1 임재해는 1996년에는 도시민속을 '도시 본디의 전통적인 것', '동시대에 생성된 것', '시골의 것이 도시에서 변용된 것', '외래의 문화가 변용된 것', '도시의 주변 지역에 영향을 미치고 있는 도시민속' 등으로 구분했고(임재해, 「민속학과 도시민속학」, 김선풍 외, 『한국 민속학의 새로운 인식과 과제』, 집문당, 1996, 174쪽),

하지만 차차 도시에서 거주하는 기간이 길어지고 병원에서 맞이하는 탄생과 임종이 당연시되자 도시민들도 더 이상 도시를 일시적 거처로 생각하지 않게 되었다. 도리어 농어촌을 비롯한 나라 전체에 도시풍의 생활문화가 침투하면서[2] '고향'이나 '시골'이 도시풍의 일상 문화를 향유하는 공간으로 변해갔다. 상상 속에서 그려본 '고향'이나 '시골'의 이미지는 도시 근교 민속촌이나 박물관 등에서나 재현되었고 고향 사람들이 만든 '향우회'가 모임을 갖고 활동을 펼치는 지역도 농어촌이 아니라 도시였다.

사실이 이러함에도 불구하고 근대기 이래 급변해 온 한국의 시공간적 특성과 결부한 도시민속 형성과 전승에 대한 연구는 부족했다. 대부분의 도시민속이 외래문물의 영향이나 전래문물의 변화로 형성되고 전승된 것임에도 불구하고 그 가치의 설명에는 '풍요(豊饒)'와 '다산(多産)', '제액초복(除厄招福)' 등 전근대적 가치관을 동원하는 경우가 허다했다.

한국의 도시민속은 "구관인습(舊慣因習)의 변화와 새로운 문화 기준에 의한 발생 내지 변형, 유지"라는 일본 민속학의 보편적 정의[3]보다 근대기 이래의 식민주의와 국가주의 이데올로기를 비롯한 역사적 배경과 사회적 상황과의 관련성 아래 독자적으로 설명되어야 한다. 아울러 "전통 민속의 소멸과 잔존, 모양의 변화, 생업 구조와 관련한 변화, 도시화 과정과 민속의 결합, 도시에서 독자적으로 생겨난 민속"[4]이라는 견해와 달리 도시민속이 형성

다시 2007년에는 첫째 현대적 도시로 발전하면서 토박이 민속이 역사적 변모를 거치는 경우, 둘째 도시의 영역 확대 과정에서 도시 주변부의 시골지역 민속이 도시문화로 편입된 경우, 셋째 이주민들이 고향에서 가져온 민속이 도시 문화를 이루는 경우, 넷째 지역의 민속 문화가 도시에 이식되거나 수용된 경우, 다섯째 새로 형성되어 전승되는 도시민속 등으로 구분했다.(임재해, 「도시속의 민속문화 전승양상과 도시민속학의 새 지평」, 실천민속학회, 『실천민속학연구』 제9호, 2007, 30~32쪽)

2 임재해는 도시민속에 대한 비판적 검토에서 도시와 농촌의 이분법적 구분보다 문화적 내용이 중요하다고 말했다.(임재해, 「도시속의 민속문화 전승양상과 도시민속학의 새 지평」, 위의 책, 16~17쪽) : 우치다 타다요시 역시 도시에도 촌락이 있을 수 있고 촌락에도 도시가 있을 수 있다고 했다. 전자의 예로는 도시에서 활동이 더 활발한 '향우회'를, 후자의 예로는 촌락에 들어선 '도회풍의 다방'을 들었다.(內田忠賢, "'都市'再考の試み", 現代傳承論研究會, 『現代都市傳承論 - 民俗の再發見』, 岩田書院, 2005, pp.123~134)

3 福田アジオ外編, 『日本民俗學辭典』, 吉川弘文館, 2006, p.393.

4 임재해, 「민속학과 도시민속학」, 앞의 책, 174쪽.

된 동인(動因)이나 맥락, "전통민속"과 "도시민속" 간의 상호관계가 분명하게 파악되어야 한다. 그러자면 무엇보다 한국 도시민속이 형성된 동인과 맥락에 대한 방법론적 구분이 필요하다고 본다.

이에 여기서는 한국 도시민속을 정치나 경제, 사회, 문화 등 모종의 목적을 위해 전래민속의 표피적 이미지만을 재현한 '모방(模倣, mimicry)'[5], 전래민속과 외래민속의 유사한 속성을 혼합한 '유비(類比, analogy)'[6], 도시민의 주체적 '전유(專有, appropriation)'[7]에 의해 전래민속도 외래민속도 아닌 새로운 민속의 '창출'로 구분하여 고찰하고자 한다. 나아가 그런 도시민속이 근대기 이래 한국에서의 역사적 배경과 사회적 영향 안에서 형성되고 전승된 특성을 구명하고자 한다.

Ⅱ. 근대기 이래의 한국 도시민속

1. 역사적 배경과 사회적 상황

근대기 이래 한국 도시민속은 과학과 기술을 앞세워 '근대화'를 추구하는 식민제국의

---

5 모방은 통상 영어 imitation, mimesis 등의 동의어지만 여기서는 모조에 가까운 mimicry와 같은 뜻으로 사용코자 한다. 관련어 mimic("모사물"), 유사한 형용사 mimetic("모방의, 흉내 내는, 겉치레의") 등과 함께 mimicry는 "흉내, 모방, 모조품, 의태"의 뜻을 지니고 있다.(삼성문화 편집부, 『옥스퍼드영한대사전』, 삼성문화, 1986, 614쪽)

6 "'유비'란 타자를 끌어들여 주체와 화해시키는 유사(아날로지)의 비전은 이질적인 것들 속에서 서로 닮은 요소들을 발견하고 이를 바탕으로 이질적인 것들을 하나의 거대한 우주적 틀 속에 포용하는 비전이다."(한국문학평론가협회 편, 『문학비평 용어사전(하)』, 국학자료원, 2006, 602쪽)

7 '전유(appropriation)'란 "한 기호가 놓여 있는 맥락을 변경함으로써 그 기호를 다른 기호로 작용하게 하거나 혹은 다른 의미를 갖게 하는 행위를 수반하는 행위"를 의미한다.(한국문학평론가협회 편, 앞의 책, 785쪽) : "'전유'란 1차적 기호학 체계를 바탕으로 2차적 체계의 개념을 채우고자 새로운 이야기를 끌어들여 본래와는 다른 의미를 만드는 방법이다."(송효섭, 『탈신화 시대의 신화들』, 기파랑, 2005, 29쪽)

차별과 수탈로부터 형성되었다. 해방 후 특히 196,70년대 중앙집권적 통치에 나선 국민국가에서도 '근대화'는 국가의 지상목표였고 차별과 경쟁이 강조되는 도시는 그 실현의 장(場)이었다. 그처럼 식민제국의 지배와 국민국가의 통치로 획일적 '근대화'가 추구되는 한국 도시에서 외래문물과 전래문물의 착종으로 인해 근원이나 정체성의 확인이나 유지는 어려운 터에[8] 역사적 배경과 사회적 상황으로부터 받는 영향은 압도적이고 치명적이었다.

일제강점기의 식민 지배와 해방 후 국민국가의 중앙집권적 통치에 의해 추구된 '근대화'가 낳은 도시민속의 대표적 예로 부산의 '생선회'와 '오뎅'을 들 수 있다. 1900년대 초반 한반도로 이주한 일본인 어부들은 대형선박과 신형 그물로 한국 연근해 어업을 장악했다. 한반도 주위에서 남획한 어류를 활용한 '생선회'와 '오뎅'은 일본식 요정과 음식점을 통해 퍼지면서 한국인 대중의 식성을 바꾸었다. 이 음식은 1960년대 원양어업 중흥기를 거치면서 수산 도시가 된 오늘날의 부산에서 지역특산물로 여겨지고 있다.

그에 비해 전래의 민속은 역사적 중압을 받는 상황 속에서 음미되고 전승되었다. 1944년 무렵 부산 영도 봉래동 '히빠리마치 골목'이라 불리던 사창가에 있던 위안부들의 집단 수용소 '영도 제1위안소' 앞마당에서는 아침마다 젊은 한국인 여성들이 부르는 한국 전래의 민요가 울려 퍼졌다. 공장에 보내준다는 감언이설에 속아 '정신대'에 자원했다 일본군 주둔지로 떠나기 전 이곳에서 집단생활을 하던 여성들은 가족에게 돌아가기를 소망하며 민요를 불렀다 한다.

2. 전래민속의 단절과 변화

근대기 이래 농어촌에서 이주한 이주민을 통해 '농촌 민속'이나 '시골 민속' 등의 전래민

---

8 나리타 류이치, 한일비교문화세미나 옮김, 『고향이라는 이야기』, 동국대 출판부, 2007, 208~209쪽.

속이 한국의 도시에 이입된 것은 사실이다. 하지만 그보다는 식민제국이나 국민국가가 근대화 추구를 빌미로 강제하거나 장려한 외래민속의 영향력이 상대적으로 강했다. 일제의 지배와 더불어 직간접적으로 이입된 '유곽', '생선회', '오뎅', '이층집', '활동사진', '신파극' 등 새로운 문물에 대한 도시 지역민의 선호도가 높았던 것이다.

근대기 한국에서 식민 지배와 더불어 계몽주의적 근대성을 추구하는 일제의 도시화 논리는 한국인을 비인간적 대상으로 취급했다.[9] 문명의 전달과 풍속의 계몽을 도모하고 정책적 경제적 효과를 거두기 위해 한국인을 열등한 존재로 치부했기 때문이었다. '근대적 규율'과 '근검', '분수', '위생' 등을 강조하는 식민당국은 근대 교육을 실시하면서 민간신앙 등 전래민속은 타파의 대상인 "미개한 것"이나 "미신"이라 불렀다.[10]

식민제국의 근대화에 한국의 내로라하던 지식인들도 동조했다. "선각자"라 불리던 이광수는『민족개조론』을 통해 "근대 이래 한민족은 하늘에서 떨어진 새로운 민족이라 자처하자"고 역설했다. 그와 유사한 주장은 1960년대『조선 민족 갱생의 도』를 쓴 최현배와 1970년대 말『한국인의 의식구조』를 쓴 이규태 등의 저서에서도 지속적으로 반복되었다.

서구적 생활문화를 전파하여 풍속을 바꾸려는 식민당국과 식자층의 계몽과 학교에서 시행하는 근대 교육은 의식주를 비롯한 생활문화의 변화에 강력한 영향력을 미쳤다. 한국의 전래민속은 세련되고 합리적인 외래민속에 비해 문명화 정도가 낮고[11] 열등하며 "시대에 뒤떨어졌다"는 편견 역시 자연스레 굳어졌다. 그런 터라 합리적으로 설명하기 힘든 민간신앙이나 고루(固陋)해 보이는 전래의 의례는 배척의 대상이 되었다.

한국이 치른 6.25 전란은 전래민속의 그 어떤 사례에서도 찾아볼 수 없는 새로운 도시민속을 만들어냈다. 생존을 위해 어쩔 수 없이 감내한 피난살이의 와중에 '공동화장실', '급

---

9 조명래,『현대사회의 도시론』, 한울아카데미, 2002, 220쪽.

10 고마고메 타케시, 오성철 외 옮김,『식민제국 일본의 문화통합』, 역사비평사, 2008, 139~142쪽.

11 손인주,『한국인의 교육 세시풍속』, 문음사, 1990, 32~34쪽.

수차', '하꼬방', '품팔이', '노점상' 등 전대미문의 생활문화가 나타났다.

근대기 못지않게 '근대화'가 강조되던 196,70년대에도 선진국에서 받아들인 제도와 생활문화, 상품 등 외래문물이 도시민의 생활방식을 크게 바꾸었다. 각종 개발 사업이 추진되는 도시에 전해지던 풍수지리설은 비합리적이란 이유로 고려의 여지 없이 무시되었다.[12]

근대기 이래 한국의 도시에 이입된 낯설고 이질적인 외래문물은 전래민속을 배척하거나 변화시키거나 새로운 민속을 창출하게 만들었다. 또 외래문물로부터의 충격은 한국의 도시민으로 하여금 외형적 이미지만 남기고 전래민속을 잊어버리거나 겉모습만 유사한 민속을 연결하거나 전래의 민속을 새로운 민속으로 대치하게 했다.

그 낱낱의 사례를 모두 찾아내어 설명하는 것은 지난한 일이다. 하지만 급변하는 도시환경에서 한국인 대중의 주체적 대응에 대한 구명은 한국 민속학에 부과된 피할 수 없는 과제라 본다.[13]

Ⅲ. 타자화에 의한 도시민속의 모방과 유비

1. '모방'에 의한 도시민속

도시민속을 형성, 전승하는 첫 번째 방법은 전승되어온 전래민속에서 '전통'이라는 피상적 이미지만을 차용하는 '모방(模倣, mimicry)'이다. 계몽주의적 근대화를 도모하기 위해 민속의 전통성을 표방하는 이 방법은[14] 일단 대중의 관심을 유도하는 효과는 거둘 수 있다.

---

12 『부산일보』 1999년 12월 21일 자.

13 정형호, 「경인민속학회의 지향과 과제」, 한국민속학회, 『한국민속학』 51집, 2010, 190쪽.

14 Edited by Richard M. Dorson, 『Folklore in the Modern World』, MOUTON PUBLISHER, 1978, p.23,

하지만 그렇게 소환된 '전통'이란 "과거적 요소를 정치적 의도나 상상력에 의해 구축된 것"이거나 "선별적으로 일깨워진 '과거'를 의식적으로 형성하고 구축"[15]하기 위한 수단이라 볼 수 있다.

그리고 그처럼 전래민속의 이미지만을 '모방'한 '전통민속'은 대체로 기술이나 자본에 의해 만들어진 과시적 소비의 수단이거나 "예술가와 수용층의 역할이 겹치는 민속문화의 특성에 사업자의 역할이 추가된 대중문화"인 경우가 많다.[16]

그에 해당하는 예가 '민속악기', '민속주점', '민속놀이'처럼 '민속'의 이미지를 빌린 현대적 문물들이다. 혹은 부유층의 회갑연에 국악 전공자를 초청해 여흥으로 벌이는 '민요잔치', 민속촌이나 한옥마을 등이 상업적 관람용으로 마련한 '민속체험 프로그램' 혹은 의뢰자의 사적(私的) 기복(祈福)을 위해 행해지는 무속 의례 등이 그에 해당하는 사례들이다.

전래민속의 이미지만을 모방한 그런 도시민속에 민속 담당층인 대중의 주체적 의식이나 자각을 담아내기 어려울 수밖에 없다.

앞에서의 예와 더불어 옛 입맛을 잃어버린 도시민에게 전래민속의 이미지만을 차용한 '고향', '옛날', '옛맛', '민속', '시골', '본고장', '물레방아', '부뚜막', '가마솥', '시골밥상', '가마솥 장작' 등의 문구를 사용한 공업 식품의 상표(商標) 역시 '모방'에 해당하는 예다. 혹은 도심의 빌딩 사이에 시골풍 초가집을 지어놓고 '종가집', '잔치집', '술 익는 마을', '처갓집', '터주집', '감자골 할매집'이라 이름 붙인 음식점 명칭 등의 '상속(商俗)'도 그에 속하는 도시민속이다.

그런가 하면 휴일에 찾는 "모세의 기적을 연출하는 신비의 바닷길", "전설의 꽃 우담바라가 피었다는 사찰" 등의 놀이시설이나 유원지, "윤달에 두 바퀴를 돌면 무병장수한다는

---

p.37.

15 岩竹美加子,『民俗學の政治性 - アメリカ民俗學100年目の省察から』, 未來社, 1996, pp.25~30.

16 도날드 닷슨, 「포퓰러 컬쳐와 매스 컬쳐의 차이」, 강현두 편, 『현대사회와 대중문화』, 나남출판, 2000, 175~190쪽, 424~444쪽.

옛 성터", "마법의 성(城)", "매직 아일랜드", "환상의 나라", "환타지 드림"이나 "유령의 성(城)"처럼 '환상'이나 '마법' 이미지[17]의 차용[18]도 그와 유사한 사례다. 혹은 특이한 관광지나 지역특산물, 아파트 단지를 홍보하기 위한 지역의 유래나 풍수지리 등의 소개도 전래민속을 '모방'하기 위해 "언어를 훔친" 예[19]라 하겠다.

2. '유비'에 의한 도시민속

전래민속과 유사한 속성을 지닌 민속들을 묶는 '유비(類比, analogy)'에 의해 형성, 전승되는 도시민속 역시 적지 않다. 민속 관련 전문지식을 갖춘 전문가나 민속 연구 기관이 엇비슷해 보이는 당대의 문화 현상을 묶어 전래민속의 속성과 연결되었다고 내세우는 도시민속이 이에 해당한다.

그 대표적 예가 정부에서 파견되어 지역의 민속에 대한 보고서를 작성하는 연구자가 미리 마련된 분류기준을 적용해 집필한 민속지(民俗誌)나 전래민속에서 일정한 속성을 차용한 문화행사, 상품 홍보를 위해 지역의 유래나 전설 등을 활용한 지역특산물 등이다.

혹은 '전국민속예술경연대회'나 '국풍81' 등 국가적 문화행사에 출품된 민속 연희, 지역축제의 프로그램으로 활용되는 지역 민속, 공영방송이 의무적으로 편성하는 민속 프로그램, 명절을 맞이하여 민속 관련 단체나 기관이 미리 선발한 소수의 아동에게 체험을 권하는 민속놀이 등 '미디어속(俗)'이나 '관속(官俗)'도 이에 해당한다.

그처럼 국가나 지자체, 방송, 기관의 행사나 이벤트, 공연을 위해 지역 민속이나 연희, 놀이 등은 전문가나 학자가 그 민속다운 속성을 인증해주거나 심사한다. 하지만 그처럼 모종의 목표나 의도에 의해 마련한 '유비'의 민속은 대중의 삶에서 우러난 속성이 아니

17 롤랑 바르트, 정현 옮김, 『신화론』, 현대미학사, 1995, 51쪽.
18 김정하, 「민속으로 도시 읽기(25) - 신비 체험」, 『부산일보』, 2001년 9월 4일 자.
19 롤랑 바르트, 정현 옮김, 위의 책, 51쪽.

라 이용 주체의 도구에 불과하다. 국가는 민족의식 고취나 애국 관념 강화, 지자체는 주민 단합이라는 정치적 목적, 상인연합회는 상권 활성화를 위해 그런 민속을 활용하는 것이다.

단지 국민의 인기를 얻고자 '유비'에 의한 민속을 프로그램화한 행사는 대중의 외면을 받는 경우가 적지 않다. 그것은 국가주의 관념을 고취하기 위해 교육기관이 시행하던 '원족(소풍)', '운동회'와 '애국 조례', '교련'이나 '황국신민의 서사'나 '교육칙어', '정오의 묵도(默禱)', '국민교육헌장'이나 '국기에 대한 경례'와 다르지 않은 국민 훈육 이데올로기를 담고 있기 때문이다.

'모방'이나 '유비'에 의해 형성된 도시민속이라 하여 무조건 '엉터리 민속'이라고만 매도하기는 어렵다. 다만 그처럼 국가나 지자체가 '유비'에 의해 마련한 도시민속은 대중의 삶이나 주체성과 무관한 '타자화'의 수단이 되기 쉬우므로 민속으로서의 진정성을 갖추지 못했다고 본다.

Ⅳ. 도시민의 주체적 전유

1. 도시민속의 주체

근대기 이래의 한국 도시민속을 만들고 전한 주체는 격변하는 역사적 배경과 사회적 상황 속에서 정치적 억압과 사회적 차별, 문화적 충격, 경제적 빈곤을 경험한 도시 지역민이다. 그중에서도 특히 역사적 사회적 격변으로 피해를 입었거나 모순에 시달린 대중이야말로 진정한 도시민속의 담당층이라 볼 수 있다.

임재해도 그런 '도시 민중'이 주체적으로 형성하고 향유하고 전승한 도시민속을 연구할 필요가 있다고 말했다.

> "달동네의 빈민들과 노숙자들, 노점상들, 날품팔이꾼들, 접대부들, 성매매자들 등 도시 민중의 민속이야말로 도시민속학의 새로운 대상이자 현대민속학의 새 지평을 열 수 있는 민속이다."[20]

부산에서도 역사적 사회적 격동 속에서 도시민속을 형성하고 전승한 주역은 "부산인의 생활문화 저장고", "부산의 자궁"이라 불리는[21] 특정 지역의 지역민이었다. 일본인 공동묘지에 주택을 지은 아미동과 일본군 마사(馬舍)를 주택으로 개조한 범일동, 일본에 공출할 소를 가두어두던 우사(牛舍)를 주택으로 개조한 우암동 등이 그런 지역이었다. 그곳 지역민들은 혼란과 격변을 꿋꿋이 이겨내는 한편 주민 전체가 참여하는 고사와 당제, '이사 떡 돌리기' 등 전래의 풍습[22]과 아울러 '이웃돕기' 등의 공동체적 활동을 활발하게 전개하는 모습을 보여주었다.

그런데 아미동의 경우 해방 직후와 6.25 전란기에도 이곳으로 모여든 귀환 동포와 이주민, 피난민들은 오랫동안 터무니없는 오해와 편견에 시달려 왔다. 부산에서 아미동 주민을 일컫는 "타니마치(谷町) 출신"이란 말은 일반인들 사이에서 흔히 "무법자"나 "폭력배", "파락호"라는 뜻으로 통했다.

지역민이 그처럼 근거 없는 사회적 질시에 시달리거나 그것을 극복하는 과정 자체가 바로 도시민속이다.

다치바나 히로후미는 "도시의 무법자"라 불리는 사람들이 실은 과거 호족의 자제나 절과 신사에서 축출된 종교인의 후예라 했다. 그들은 율령제의 반포로 주변부의 비정상인이 되어 살아가다 언젠가는 민속 관련 재능을 살려 다시 도시로 진입한다는 것이다.[23] 사사키

---

20 임재해, 「민속학의 새 대상과 방법으로서의 도시민속학의 인식」, 『한국민속학과 현실인식』, 집문당, 1997, 40~41쪽.

21 부산광역시 편, 『산복도로 르네상스 마스터플랜』, 2011, 17쪽.

22 김정하, 「민속으로 도시읽기(17) - 이사 풍속」, 『부산일보』, 2001년 7월 3일 자.

다카히로 역시 일시적인 가난과 억압, 사회적 편견에 시달리는 지역민이 민속을 자구책으로 삼아 재기와 부활을 이룩한다고 했다.[24]

그런 설명처럼 일시적인 사회적 억압과 모순에 시달리던 도시 지역민들도 도시민속의 주체적 형성과 전승을 통해 자신의 존재가치를 발견하고 확인할 수 있다.[25]

2006년 부산에서 자신들의 삶의 기억이 담긴 근대건축물을 보존하는 일에 자발적으로 나선 지역민의 활동이 이에 해당하는 좋은 예다. 부산 시내와 영도를 잇는 영도다리가 교통량 급증으로 철거될 위기에 처하자 영도를 비롯한 부산의 지역민은 시민운동을 벌여 이를 지켜냈다. 「굳세어라 금순아」란 유행가를 비롯해 6.25 전란기 피난의 기억이 투사돼있는 영도다리를 지켜냄으로써 그들은 동일한 역사적 경험을 치른 시민으로서의 자신의 존재감과 정체성을 확인하고 드러낼 수 있었던 것이다.

유사한 예로 아미동에 전해지는 '고분도리 걸립'은 1960년대에 복원된 연희민속이다. 이 연희에는 전국 각지 농악의 특성이 두루 함축된[26] 탓에 이를 "부산의 민속"이라 불러도 좋은지 논란이 많았다. 이는 이를 복원한 유삼룡과 김한순 등의 출신지와 경유지가 전국 각지로 다양했기 때문이었다. 하지만 아미동 주민인 그들은 지역의 대표적 민속 예술을 주체적으로 복원, 보존하여 향유함으로써 2011년 이를 부산광역시를 대표하는 무형문화재로 지정되게 했다.

---

23 橘 弘文, 「無法者とその身体」, 小松和彦編, 『記憶する民俗社会』, 人文書院, 2000, pp.231~236.

24 佐々木高弘, 「記憶する場所」, 小松和彦 編, ibid., p.143.

25 임재해, 「도시속의 민속문화 전승양상과 도시민속학의 새 지평」, 앞의 책, 36쪽.

26 황경숙, 「아미동의 대표적 연희, 아미농악」, 부산구술사연구회, 『아미동 아미동 사람들』, 부산대학교 한국민족문화연구소, 2011, 179~239쪽.

2. '전유'에 의한 도시민속

발 톨큰은 '도시'를 가리키는 영어 명사가 "정체된 공간"이란 의미의 'city'가 아니라 역사적 사회적 맥락을 지닌 "역동적 공간"이란 의미의 'urban'이라 했다.[27] 근대기 이래 역사적 배경과 사회적 상황에 대응한 대중이 전래민속과 외래민속을 주체적으로 '전유(專有, appropriation)'함으로써 도시민속을 창출한 한국의 도시 역시 역동적인 공간이었다. 그 공간에서 서구적 외래문물로부터의 억압과 스트레스에 길항(拮抗)하면서 욕망을 추구하며 한국의 도시민속을 형성하고 전승했기 때문이다.

한국인 대중이 양력의 도입과 산업 사회로의 변화에 대응하면서 '전유'를 구사하여 만든 도시민속의 대표적 예는 '귀성(歸省)'이었다. 식민당국이 음력설을 "구정(舊正)"이라 부르며 과세(過歲)를 금하자 한국인 대중은 양력설을 "왜설"이라 부르며 반발했다. 1920년대 중반 이후 고향을 떠나 도시에서 임노동자로 살아가던 도시 대중은 추석과 음력설에 귀향이라는 구체적인 행동을 실천에 옮겼다. 해방 후인 1962년 양력이 공식화되고 '구정'이 계속 금지되자 대중들은 꾸준히 정부에 이의를 제기했다. 결국 1985년 설날은 "민속의 날"인 동시에 공휴일로 지정되고 1989년부터는 설 연휴가 3일간으로 연장되었다.

그런데 '귀성'에 나선 도시민이 찾아가는 곳은 선험적인 의미에서의 '故鄕'이 아니라 실존적인 '고향'[28]이었다. 그들은 취미활동과 놀이를 통해 기분을 전환하고 즐거움을 누리며 인간관계를 긴밀하게 하고 평등을 추구하는 '귀성'이라는 리미노이드(liminoid)[29]를 통해 '전원적 공동체'[30]와 같은 공동체적 분위기를 북돋고 만끽하여 무기력을 청산하고 삶의 에너

---

27 Barre Toelken, 『The Dynamics of Folklore』, Utah State University Press, 1996, p.43.

28 이와모토 미치야는 '故鄕'을 부모 세대가 태어나 자란 곳, '고향[ふるさと]은 타인이 태어났지만 마음으로 상상하는 곳으로 구분했다.(岩本通弥, 「フォーワロリズム」, 『都市の暮らしの民俗学』, 吉川弘文館, 2006, pp.22~26)

29 Langdon Elsbree, 『Ritual Passages and Narrative Structures』, Peter Lang Publishing, Inc., 1991, pp.31~36.

지를 재충전했다. '귀성' 전후로 주민 간 결속을 다지고자 개최하는 '달맞이 축제'나 '경로잔치'는 근대기 유럽에서 '일요일', '예수 수난일', '크리스마스', '부활제'와 유사한 행사였다. 영업과 노동을 멈추고 휴식을 취해 '변화(change)'와 '전환(transition)'[31]으로 에너지를 재충전하는 그 행사는 어느덧 도시민이 삶을 영위하는 방법이 되었다.

한국 도시민이 '전유'에 의해 만든 또 다른 도시민속의 예는 농어촌에서 이주해온 사람들이 모여 만든 '향우회'였다. '향우회'는 외면적으로 농어촌 공동체를 재현하고 도시의 민간단체와 동질적 속성을 지닌 것처럼 보이지만 실제로는 도시민으로서의 현실을 '전유'한 도시민속이었다. 도시에서 살아가느라 떠나온 고향의 풍속이나 인간관계와 단절된 도시민은 명절을 맞아 귀향을 해도 그곳의 구성원으로 인정받기 어려웠다. 결국 그들은 현실적인 정체성의 변화를 받아들여 타향도 고향도 아닌 제3의 공간 '향우회'를 만들어 그에 귀속됨으로써 나름의 삶을 영위하게 되었다.

그와 유사한 도시민속이 6.25 전란기 부산에서 미군 부대에서 흘러나온 햄과 치즈 등을 한데 모아 끓인 '꿀꿀이죽'('UN탕', '영양탕')이었다. 그 음식은 전래민속에서의 '죽'은 아니지만 먹을 것이 귀하던 피난 시절, 병자나 노약자를 위한 훌륭한 영양식이었다. 그런 '꿀꿀이죽'과 함께 상자와 양철 등 조악한 재료로 급조한 가설주택 '하꼬방' 역시[32] 고난의 경험을 '전유'하며 창출한 도시민속이었다. 비록 그것이 거주와 생산, 신앙의 공간으로 만족할만한 공간은 아닐지라도 잠시나마 삶을 의탁해 휴식과 안정을 취하는 '방'이었음은 분명하다.[33]

유고슬라비아의 도시에서는 2차대전 후 농촌인구가 도시로 이주하고 근대화가 이루어

---

30 레이몬드 윌리암즈 저, 이일환 역, 『理念과 文學』, 문학과 지성사, 1983, 154쪽.

31 Langdon Elsbree, ibid., p.2.

32 이봉식, 「생과 사의 피난생활」, 40계단 기념관, 『한국전쟁 체험수기』, 부산광역시 중구청, 2005, 77쪽.

33 유승훈은 '노래방', '찜질방', '만화방', 'PC방' 등 호명법이 '하꼬방'에서 시작되었으므로 부산은 한국의 방문화가 시작된 도시라 보았다.(민병욱 · 김정하 · 하세봉 · 김종세 · 유승훈, 『콘텐츠 부산 : 지역사와 도시민속을 활용한 브랜드화』, 부산발전연구원, 2008, 80~84쪽)

지자 일시적으로 농촌문화가 배척되는 상황이 벌어졌다. 하지만 얼마 후에는 도리어 농촌문화가 변형된 도시민속이 나타났다.[34] 그처럼 근대기 이래 한국의 도시에서도 전래민속 이미지의 '모방'과 유사한 민속을 연결한 '유비', 근대화와 산업화로 인한 변화를 주체적으로 '전유'한 도시민속이 형성되고 전승되었다.

그것은 도시에서의 현실적 고난을 극복하고 위로와 격려를 도모하고 희망을 추구하는 수단이며 역사적 격랑과 사회적 변화에 맞서 더욱 바람직한 삶의 가치를 지향하면서 창출해낸 산물이었다.

---

34 Dunja Rihtman-Augustin, 「Traditional Culture, Folklore, and Mass Culture in Contemporary Yugoslavia」, Edited by Richard M. Dorson, op. cit., pp.165~166.

2장

개항지 도시민속의 식민주의

Ⅰ. 개항지의 도시민속 형성

19세기 세계 제국주의의 행렬에 후발주자로 끼어든 일본제국은 장차 더 넓은 지역에서의 식민지 개척을 염두에 두고 한국을 비롯한 동아시아의 임해(臨海) 지역에 군사적 지배와 상업적 침탈의 교두보이자 거점으로 이용할 개항지[1]를 건설하고 '세계도시'[2]를 조성했다. 그들이 유럽으로부터 배워 모방한 제국주의적 식민주의는 타자의 열등함을 빌미로 식민지의 자원과 노동력을 착취하여 정치적, 경제적 종속을 획책하고 도모하는 이데올로기였다.[3]

1 개항지란 조약, 협정 또는 황제나 정부의 선언에 의거하여 외국인의 거주나 그들과와 통상을 위해 개방하거나 개방을 약속한 항(港)이나 시(市)를 말한다. 이 용어는 1871년 일본과 청국의 수호조규에서 처음 사용됐고 한국에서 쓰인 적은 없으며 통상 1876년 병자수호조약에 의해 개방된 부산항 등을 지칭한다. 이 용어가 개항의 주체가 일본이라는 의미를 내포한다는 비판도 있으나 여기서는 식민 침탈과 관련된 객관적 용어로 이를 사용한다.

2 앤소니 킹, 이무용 역, 「도시문화와 세계체제 - 문화, 공간, 역사로 읽는 세계도시체제」, 『시각과 언어』, 1999, 27~32쪽.

3 위르겐 오스트함멜 저, 박은영 · 이유재 역, 『식민주의』, 역사비평사, 2006, 165~174쪽.

1876년의 부산항과 1909년의 부산항(부경근대사료연구소 소장)

일제는 이기적 국가주의와 애국주의를 바탕으로 식민주의를 추구하기 위해 정치적 포퓰리즘과 자본주의적 침탈을 무기로 식민도시 조성에 나섰다.[4] 특히 근대화를 빌미로 침탈한 개항지에서는 군대와 경찰을 앞세운 차별을 항상화(恒常化)하고 정치적 억압과 자본주의적 수탈을 자행했다.

한국의 개항지에서도 제국주의적 식민주의를 추구하고자 이입한 근대문화에 식민지인이 격렬하게 반응하면서 도시민속이 형성되었다.[5] 비록 개항에 이어 식민 지배를 받긴 했지만 전근대기 한국의 전래문화 수준은 식민본국 일본에 비해 높았다. 그에 비해 서구문명을 선취하여 소개에 나선 일본의 '근대'는 서구의 것 그대로가 아니라 그들 식으로 왜곡된 '의사근대(擬似近代)'였기에 허술한 면이 적지 않았다. 그래서 일제는 한국에서 근대문물을 앞세워 식민주의를 구현하면서 한국인 대중의 설득과 회유에도 공을 들였다.

한국인 대중은 일본이 소개하고 이식한 외래문물을 수용하는 한편 전래민속을 바탕으

---

4 "The capital stands for a country's collective Ego."(Yi-Fu Tuan, 『Topophilia』, Columbia Univ. Press, 1974, p.171)

5 Barre Toelken, 『The Dynamics of Folklore』, Utah State University Press, 1996, p.43.

로 한 외래민속의 변형과 새로운 민속의 창출을 추구했다. 한국인 대중이 형성하고 전승한 도시민속을 단지 "외부의 주체에 의한 내부의 타자화"나 "전래민속의 소멸 이후 외래민속과의 동질화"[6]로만 보는 것은 편협한 견해라 생각한다. 그것은 한국인 대중 나름대로 '근대'를 외래문물에 적극적으로 대응하여 인식하고 실천함으로써[7] 얻어낸 산물이라 보아야 할 것이다.

이에 여기서는 한국의 개항지 부산에서 1880년대부터 1920년대까지 형성되고 전승된 도시민속을 다루고자 한다. 1922년 염상섭은 "거룩한 부산, 조선을 젊어진 부산, 부산의 팔자가 조선의 팔자요, 조선의 팔자가 곧 부산의 팔자"라 말했다.[8] 그 말처럼 부산은 식민주의적 근대문물이 가장 먼저 이입되었을 뿐 아니라 전래민속과 외래민속이 왕성하게 접목되면서 한국의 운명을 바꿀 정도의 변화를 누구보다 먼저 경험한 도시였다.

Ⅱ. 식민당국의 개항지 조성

1. 식민 지배를 위한 개항지 건설

1876년 병자수호조약 체결로 한국의 문을 연 일제는 한국의 병탄을 염두에 두고 갖가지 정치적, 경제적 억압과 수탈을 시험할 무대로 부산을 택했다. 부산은 일제가 동아시아 각지에 건설한 '식민도시'의 패턴[9]을 보여주는 대표적인 사례였기에 일본인들은 "조선 반도

---

6 홍선표 외, 『근대의 첫경험 - 개화기 일상문화를 중심으로』, 이화여대 출판부, 2006, 171쪽.

7 島村恭則, 「近代」, 小松和彦 外, 『新しい民俗學へ』, せりか書房, 2002, p.119.

8 염상섭, 『만세전, 표본실의 청개구리 외』, 하서, 1994. 70쪽.

9 ①개항지. 광산, 공장과 연결된 개항지에 식민 지배를 위한 도시가 형성된 경우(釜山, 仁川, 元山, 撫順, 鞍山, 興南, 基隆), ②재래사회의 기존도시 위에 식민도시가 건설되어 현지 사회의 독자적 도시경관과 경제활동이 잔존하며 일본인 거리와 나란히 발달한 경우(京城, 平壤, 開城, 臺北, 臺南), ③기존의 대도시 근

가 내지화되었다"며 흡족해했다.[10]

1883년 일제는 조영수호통상조약을 빌미로 조계(租界) 사방 100리까지로 제한되어 있던 일본 상인들의 활동 범위를 넓혀주면서 유통의 확대를 부추겼다. 그 영향으로 1902년 이후 급격한 수입 초과 현상이 벌어졌고[11] 1906년 개최된 일한(日韓)상품박람회로 한국에서 일본상품 붐이 일어나면서 한일 간의 무역 편중은 더욱 심화되었다.[12]

1888년 일제는 부산에 부산경무서를 설치해 식민주의적 관리와 감독의 본거지로 삼았고 1905년 을사조약 이후에는 단발령과 신문지법, 보안법, 출판법, 경찰범 처벌령, 범죄 즉결령을 제정해 1910년 이후 시행할 조선 태형령과 예심 제도 시행의 토대를 마련했다.

1905년 영선고개의 한국인 마을(부경근대사료연구소 소장)

그런 정치적 배경을 등에 업고 "부산의 번영을 촉구한다"는 핑계로 몰려온 일본 민간인들은 식민당국의 비호 아래 유리한 업종을 독점하고 우월한 지위를 차지해 부를 축적하기 시작했다.[13] 1921년 부

교에 일본이 신시가지를 건설한 경우. 만주에 집중됐고 華北의 도시계획안에도 유사한 발상이 적용된 경우(新京(長春), 哈爾濱) 등이있다.(成田龍一, 「近代都市と民衆」, 成田龍一, 『近代日本の軌跡 - 都市と民衆』, 吉川弘文館, 1993, pp.15~40)

10 김정동, 『문학 속 우리 도시 기행』, 옛오늘, 2001, 48쪽.

11 朝鮮總督府, 『朝鮮國勢調査報告』, 慶尙南道篇, 1930, p.90.

12 특히 수산업 분야는 1889년 체결된 한일통어장정으로 '이주어촌'이 건설되고 기계화 선박과 신형그물, 잠수 기술을 도입해 다양한 어종을 남획했다. 일본 어부의 어획고는 1904년 이후 6년 만에 3배를 기록했고(부산상공회의소, 『부산경제사』, 1989, 364쪽) 1913년의 경우 일본인 어부와 어선 수는 한국의 두 배에 달했다.(釜山甲寅會, 『日鮮通交史- 附釜山史 近代記』, 1916, pp.300~301)

산 거주 일본인의 70.3%는 공업과 상업에 종사한 데 비해 한국인의 64.6%는 노동과 상업에 종사했다는 통계가 두 민족 간의 우열을 잘 보여준다.[14]

개항 초기부터 일제는 장차 전개할 식민 통치를 염두에 두고 부산에서의 도시 환경 조성에 공을 들였다. 1877년 부산조계조약 조인으로 '일본인 전관거류지'가 허용되자 용두산 인근 부지 11만 평에 대규모 도시 건설을 시작으로 1883년에는 무역규칙을 체결하고 거류지 내에서의 토지 구매를 허용하여 가옥 신축과 철도 용지 조성에 필요한 조건을 갖추었다.

1901년에는 '일본 조계지' 내의 관유지, 공유지, 공원용지, 도로용지, 사유지로 구분한 토지를 분양하여 일본인 이주자들에게 식당과 휴게소, 우편소, 파출소, 여관 등이 들어설 공간을 제공했다. 1905년에는 부산매축주식회사는 대교동과 부산역 일대를 매축하고 그 사업을 주도한 일본인 오오쿠라 키하치로[大倉喜八郎]의 이름을 딴 "오오쿠라쵸[大倉町]"란 지명을 붙였다.

1910년부터 1925년 사이에 일제는 부산에 18세기 서구에서 유행하던 제국주의풍을 모방한 "倭色 짙은 擬洋風 建築物"[15]이면서 "非對稱의 뛰어난 건축술을 보여주는 영국풍 르네상스식 화강석 건물"[16]인 부산역과 부산세관, 부산우편국 등을 지었다.

부산은 건설 초기부터 차별과 구분을 획책하려는 일제의 분리 정책에 따라 '이중도시'로 계획된 도시였다. 그에 따라 일본인들은 도시계획에 따라 조성된 구역에서 근대문물을 소비하며 생활했다. 하지만 한국인들은 편의시설이 전혀 갖추어지지 않은 변두리나 산기슭에 초가집이나 '우사기야마(兎山)'라 불리던 움막을 짓고 닭과 돼지를 기르며 살아야 했다.[17]

---

13 박철규, 「일제시기 부산지역 일본인 사회단체의 조직과 활동」, 『부경』, 2003, 51쪽.

14 朴海玉, 「釜山の都市プランの變遷」, 千田禾念 編, 『東アジアの 都市形態と 文明史』, 國際日本文化研究センター, 2004, p.353.

15 김동욱, 『한국건축의 역사』, 기문당, 1989, 309쪽; 윤일주교수 논문편찬회 편, 『한국근대건축사연구』, 성균관대학교 건축공학과 동창회, 1987, 10쪽.

16 윤일주교수 논문편찬회 편, 앞의 책, 38~39쪽.

17 고마고메 다케시, 오성철 외 옮김, 『식민지제국 일본의 문화통합』, 역사비평사, 2008, 163쪽.

일제가 지은 근대건축물 부산역과 부산우편국(부경근대사료연구소 사진)

일제는 자신들 특유의 식민도시 조성원칙[18]에 따라 개항지 부산에 신사와 유곽을 건설했다. 이는 단지 일본의 외래 신앙이나 풍속을 소개하는 정도가 아니라 한국 전래의 문화를 변질시키고 파괴할 정도의 위력을 지닌 시설들이었다.

1899년 일본인 부산거류민회는 "동아의 현관인 부산의 체면을 위해 필요하다"며 용두산 전관거류지 중심부에 신사를 건설해달라는 요청을 관에 전달했다.[19] 그 결과 지어진 용두산신사 경내에는 재물 획득을 기원하는 벤자이텐신사를 비롯해 상업 번창을 비는 이나리신사, 항해 안전을 비는 고토히라신사가 건립되었다. 그로부터 용두산신사는 일본인 관변단체인 제국재향군인회와 청년단, 부인회의 행사장으로 이용되는 등 부산 거주 일본인의 일체감을 고취시키는 구심체가 되었다.[20]

일제는 매년 이곳에서 소위 "대화혼(大和魂)"을 고취하고 국가지상주의(國家至上主義)를 추구하고자 조상신과 천황을 떠받드는 행사를 떠들썩하게 벌였다. 5월의 '천황즉위제전'과

18 하시야 히로시 지음, 김제정 옮김, 『일본 제국주의, 식민지 도시를 건설하다』, 모티브, 2005, 87~107쪽.

19 釜山甲寅會, op. cit., pp.184~185.

20 김승, 「개항 이후 1910년대 용두산신사와 용미산신사의 조성과 변화과정」, 『부산의 도시형성과 일본인들』, 선인, 2008, 265쪽.

용두산신사 전경
(부경근대사료연구소 소장)

11월의 제전에는 "깃발의 터널"과 "등불의 바다"가 연출되었고 일본인 학생이 참가하는 4월의 '신행식'과 한국인 학생이 참가하는 10월의 '어대전행사'에는 '시가행진'과 '만세삼창'이 행해졌다.

또 부산에는 노래와 춤을 공연하고 공공연히 매춘을 행하는 유곽 다수가 단기간에 들어서 한국의 풍속을 급속하게 바꾸었다.[21] 1882년 '칠복정'과 '동경루'에서 예창기 교육이 시작된 이래[22] 1902년에는 100여 명의 창기(娼妓)가 일본에서 들어와 영업을 벌였다. 다시 1909년에는 국내 최초의 공창(公娼) '안락정'에서 히로시마 출신의 창기 11명이 본격적 영업을 개시했다.[23] 이로써 부산의 1인당 매춘업종사자 비율은 경성, 군산보다 훨씬 높은 57.4명이 되었다.

1902년 안락정 주변의 7개소에서 예창기를 두고 영업을 시작한 요정과 요리점은 1911년 115개소까지 불어나면서[24] 전체 상공업 소득 가운데 무려 14.03%에 달하는 매출액을 올렸다.[25] '사스토바라[佐須土原]'라 불리던 부평동에서는 1909년에 처음 유곽이 설치된 이래 3년 만에 17곳으로 늘어났고 1912년에는 '미도리마치(綠町, 오늘날의 남부민동)'에 무려 34곳의 유곽이 들어서[26] "一夜千金의 不夜城 로만스를 제공한다"는 광고로 뭇 남성을 유혹했다.[27]

---

21 朝鮮總督府, 『朝鮮總督府諭告』 1934年 11月 10日字.

22 양미숙, 「개항기~1910년대 부산의 유곽 도입과 정착과정」, 부경역사연구소, 『지역과 역사』 24집, 2009, 253쪽.

23 『부산일보』, 1918년 9월 8일 자.

24 釜山甲寅會, op. cit., pp.323~326, p.302.

25 釜山商業會議所, 『釜山要覽』, 1912, pp.12~13.

유곽을 비롯한 유사 시설들은 유흥가나 일본인 주거지뿐만이 아니라 한국인이 사는 마을까지 파고들었다. 그로 인해 향락과 퇴폐풍조가 극심해지자 한국인 유지들이 나서 당국에 유곽 이전을 강력히 요구했지만 일본인들은 끝내 이를 받아들이지 않았다.

유곽이 들어선 미도리마치(綠町) 전경
(부경근대사료연구소 소장)

유곽의 영업이 번창하면서 1910년대 상공업 전체 소득의 14.03%에 달하는 매출을 기록했고[28] 공창을 통해 거둔 세금이 부산 거류민단체가 내는 액수의 10~15%를 차지했다.[29] 그처럼 부산이 한국 내에서 가장 유곽이 많은 도시가 되고[30] "人肉市化하는 釜山旅館, 酒店은 全部賣春婦"라는 기사가 신문을 뒤덮을 지경에 이르자 뜻있는 한국인들은 "青年의 指導와 子弟의 教育上 無限한 妨害가 有하다"는 한탄과 우려를 드러냈다.[31]

급기야 부산은 1912년 최찬식의 소설 「秋月色」에서 "범죄가 들끓고 왜색이 넘치는" 도시, 1935년 이남원의 소설 「釜山」에서는 "엿장수", "음식점", "국수집", "여인숙"이 즐비한 "사기와 협잡이 판치는" 곳이라 불리게 됐다.[32] 그렇게 된 까닭은 무엇보다 일제 식민당국이 다수의 유곽과 공연장 등을 설치하고 하급 문화를 유포했기 때문이었다.

---

26 양미숙, 앞의 논문, 263쪽.
27 今井晴夫, 『朝鮮之觀光』, 朝鮮之觀光社, 1939, p.192.
28 釜山商業會議所, op. cit., pp.12~13.
29 『부산일보』 1918년 9월 8일자, 9월 11일자.
30 宋連玉, 「日本 植民地支配 國家的管理賣春」, 『朝鮮史研究論文集』 32, 1994, 58~67쪽.
31 『동아일보』 1921년 3월 12일자, 1925년 6월 29일자.
32 조갑상, 『소설로 읽는 부산』, 경성대출판부, 2002, 120쪽.

2. 개항지의 변화를 획책한 정책

일제가 식민 지배와 수탈을 위해 개항지에 근대문물을 이입하는 태도는 일방적이고 억압적이었다. 1874년 부산에 온 일본 외무성 관리들은 한국 측의 항의를 무시해가며 양복 착용을 고집한 데[33] 이어 1895년에는 '단발령', 1918년에는 '공동묘지제', 1931년에는 '색의(色衣) 착복' 정책을 반강제로 시행했다.

일제가 그처럼 한국 문화를 변화시키고자 애쓴 이유는 열등감 때문이었다고 말할 수 있다. 불과 70여 년 전까지만 해도 상대적으로 문화 수준이 낮았던 그들로선 한국 문화의 수입에 매달리던 기억에서 벗어나기 위해 그렇게 처신했던 것이다. 게다가 개항 직후 부산으로 건너온 일본인 이주자 대다수가 문화 수준이 낮은 잡업층(雜業層)이라는 사실을 은폐하기 위해 그들은 무엇보다 문화적 지배에 열을 올렸다.

일제는 문화의 높낮이로부터의 연역으로 군사적, 정치적, 경제적 지배와 피지배 관계를 설정하는 정책[34]을 펼쳤다. 즉 문화를 이입하는 목표와 마찬가지로 정치, 경제 면에서의 종속과 동화[35]를 추구하는 일방적이고 반강제적인 정책을 수립, 전개했던 것이다. 1926년 부산항 개항 50주년 기념사에서 "부산항의 문화 발달은 경제발전에 의하므로"라는 부산부 간부의 언급[36]은 그처럼 문화를 정치, 경제와 동일시했다는 실토[37]였다.

실제로 일제가 이입한 근대문물은 정치나 경제 이상으로 일상을 변화시키는 문화적 힘을 발휘했다. 그들은 성냥, 석유, 수입 면포 등을 마음대로 구입하고 이용할 수 있는 부산을 "문명의 접촉지대"라 추켜세웠다.[38] 과연 1905년 부산-경성 간 운행을 시작한[39] 철도는

---

33 조효순, 『한국인의 옷』, 밀알, 1995, 125쪽.

34 コルゲシ・オースタハメル 著, 石井 良訳, 『植民地主義とは何か』, 論創社, 2005, pp.36~37.

35 고마고메 다케시, 오성철 외 옮김, 앞의 책, 123쪽.

36 釜山府 編, 『釜山開港五十年紀念』, 釜山府, 1926, p.38.

37 김태억, 「일제 식민통치의 기조」, 한일관계사연구논집 편찬위원회, 『일제 식민지지배의 구조와 성격』, 경인문화사, 2005, 134~135쪽.

속도(速度)와 편리함으로 한국인을 압도하고 충격에 빠뜨린 동시에 선망과 질시를 부추겼다. 선로가 깔리고 역이 생기면서 기차 운행이 시작된 지역은 침탈이 자행되리라는 애초의 우려와 달리 땅값이 치솟으며 하루가 다르게 발전을 거듭했다.[40]

1905년 5월 1일 부산 초량에서 열린 경부철도 개통식에 모여든 한국인
(부경근대사료연구소 소장)

같은 해 부산-시모노세키-오사카를 연결하는 관부연락선과 화물선의 노선은 이듬해인 1906년 동경에서 신의주까지로 더욱 늘어났다. 이로써 부산은 1907년 이인직이 발표한 소설 「血의 淚」에 묘사되었듯 "화륜선과 경부선철도가 닿는" 명실상부한 한반도의 인후(咽喉)와 같은 도시가 되었다.

일제의 외래문물 이입에 개항지 한국인 대중은 다양하게 반응했다. 그 우선적 반응은 당연히 저항과 충격, 선망이었지만 차츰 외래민속의 영향이 커지면서 전래민속을 변형하거나 전혀 새로운 민속을 창출했다.

한편으로 일제는 한국인을 회유하기 위해 전래의 민속을 활용한 문화정책도 펼쳤다. 동래 주민 수만 명이 참가하는 '동래부 줄다리기'를 "반일 운동의 저지와 융화를 위해서"란 명목으로 허가해준 것이 그 예다.[41] 또 1910년부터 1920년에 이르는 기간 중 부산에서 이루어진 각종 당사(堂舍)의 신축[42] 역시 회유용으로 조상숭배와 당산 신앙을 허용한 정책이라

---

38 허영란, 「근대적 소비생활과 식민지적 소외」, 『전통과 서구의 충돌』, 역사비평사, 2001, 76쪽.
39 철도청, 『한국철도 100년사』, 1999, 55쪽.
40 F.A.매켄지, 신복룡 역주, 『대한제국의 비극』, 집문당, 1999, 102~103쪽.
41 구술 / 문장원 · 편집/신경란, 『동래사람은 팔만 올리도 춤이 덴다 캤어』, 뿌리 깊은 나무, 1991, 35~43쪽.

볼 수 있다. 그런 정책이 실효를 거두면서 일부 한국인들 사이에서는 "외부의 우월성을 수락하고 문화적 패배를 인정한 정신의 식민화"[43]가 서서히 자리를 잡기 시작했다.

Ⅲ. 개항지 도시민속의 형성

1. 외래문물의 수용에 의한 외래민속

가. 근대문물에 대한 선망

일제가 부산에서 식민 지배와 침탈을 위해 시행한 식민 정책의 특성은 차별의 항상화, 권력의 가시화, 억압의 고착화였다. 이는 식민지를 침탈하기 전 그들이 자국 내에서 특권화된 '중심부'를 지정함으로써 지방의 도시를 '주변부'로 만들었던 차별정책을 응용한 정책이었다. 다만 식민본국과 식민지 간에 차이가 있다면 후자의 경우 근대문명이 낳은 문물과 시설 등을 한층 적극적으로 활용해 식민지인을 현혹했다는 점이다.

이를 위해 일제는 면직물인 '광목'을 비롯하여 석유, 마포, 소금, 석탄을 비롯한 차량과 선박, 학술 기기 등 공업제품[44]과 항만과 철도, 선박과 차량 등의 교통수단을 부산에 대거 이입했다.

1915년 부산에 첫선을 보인 전차를 처음 본 한국인들은 이를 "전기 잡아먹는 괴물"로 여겨 '뒤엎기'[45]나 '돌 던지기'로 맞섰다. 전차를 이용하면서는 "냄새 나는 물건 소지 금지",

---

42 김승찬 · 황경숙, 『부산의 당제』, 부산광역시 시사편찬위원회, 2005. 참조 바람.

43 정선태, 「신소설에 비친 타자상과 자아상」, 단국대 동양학연구소 편, 『개화기 한국과 세계의 상호이해』, 국학자료원, 2003, 134쪽.

44 釜山商工會議所 釜山經濟硏究院, 『釜山經濟史』, 1989, 509쪽.

45 『부산일보』, 1916년 9월 15일 자.

"다리 동개지 말기" 등의 까다로운 전차 이용 지침이나 일본인 운전기사의 억압적 태도로 "범어사 부처님이 노하고, 임신부가 낙태를 할" 정도라는 거부감도 드러냈다. 하지만 차차 전차 이용객이 늘어나면서 1926년 1일 평균 승차 인원은 부산 인구의 5분의 1에 해당하는 2만 명에 달랬고[46] 인근 도시에서 이를 보러 부산을 찾아오는 구경꾼 역시 날로 늘어났다.[47]

1910년대 부산시가지를 달리던 전차의 모습
(부경근대사료연구소 소장)

1876년에 시작된 우편(郵便) 제도를 비롯해 1885년에 도입된 전신(電信), 1895년에 설치된 상수도, 1902년에 선보인 전등, 1903년부터 보급된 전어기(傳語機)[48] 등도 대중의 선망을 자아냈다. 1906년에 발표된 소설「귀의 성」에서의 "우체이든지 전신이든지 환전 보내는 법"이란 서술에는 근대문물에 대한 선망이 담겨 있었다.[49]

1877년 한국 최초의 초등교육이 시행된 부산에서는 1911년 한국인에 대한 '조선교육령'에 따른 보통학교 교육이 실시되었다. 근대 교육제도에 대해서는 한국인 대중도 관심을 갖고 환영하던 터라 저항이 크지 않았다.

하지만 식민 지배가 길어지면서 일제가 시행한 근대 교육은 차차 변질되기 시작했다.

---

46 『부산일보』, 1926년 3월 15일 자.

47 1917년 부산역에서 동래 간 전차 운영권을 인수한 '조선와전'의 카시이 켄타로오 사장 말에 의하면 이용객의 70%가 한국인이었다.(『부산일보』, 1917년 12월 24일자) 영도까지 6개 노선이 생긴 1930년 연간 전차이용객 수는 부산 인구보다 3만이 많은 13만이었다.

48 김대상, 「새 文物의 上陸」, 부산일보사, 『개항 백년』, 1976, 77쪽.

49 전광용 외, 『한국신소설전집』 권1, 을유문화사, 1968, 244쪽.

'수신'과 '규칙', '복종', '근검', '분수', '위생' 등 군대식 규율과 제도가 식민지인이 갖춰야 할 덕목으로 강조되었고 '동경 표준시 보급'과 '원족', '운동회', '조례 체조', '급장제, 당번제, 학급일지 작성', '집단체조' 외에 식민주의를 강화하기 위한 '애국조례', '천황 어진(御眞)에 대한 배례(拜禮)' 등이 시행되었다.[50]

학교의 병영화는 사회로도 확산되어 1940년대에 이르자 '궁성 요배'나 '정오의 묵도'가 일반인에게도 강요되었다. 당시 '영도 제1위안소'에 갇혀 있던 종군위안부들도 매일 아침 7시 마당에 나와 '기미가요'를 부르고 '황국신민의 서사'를 외워야 했다.

특히 서양 의술이나 의약품이야말로 한국인을 가장 매료시킨 근대문물이었다. 1877년 문을 연 '관립제생의원(官立濟生醫院)'[51]과 1895년 개원한 '산케이도[三圭堂] 약방'이 선보인 의술과 의약품은 "신의 경지에 통했다"는 평가를 받았다. 그런 평가가 지나치다 보니 1907년 부산에 소개된 '인단'은 한낱 구강청결제임에도 불구하고 "心身을 爽快히 하고 胃腸을 强健히 하야 惡疾을 豫防"하는 "만병통치약"으로 여겨졌다.[52]

외국에서 배를 타고 왔다 하여 "햐쿠라이[舶來]"라 불리던 일상용품도 부산을 거쳐 한반도 전역으로 퍼져나갔다. 이미 1890년대부터 한국인들의 인기를 얻으며 팔려나가던 '일본 냄비'와 '석유', '왜못', '염료' 등을 비롯하여 1902년에는 930개의 '전기불'과[53] '남포불'이 밤을 밝히면서 대중의 생활 습관을 바꾸었다. 1907년에는 전국 최초로 부산에 세워진 '테지마소다수제조소[手島洗曺達製造所]'란 비누공장이 세탁비누와 소다수를 만들어내면서 위생 관념을 조장했다.[54]

---

50 釜山第1公立尋常小學校, 『 釜山第1公立尋常小學校要覽』, 1914, p.34.

51 김대상, 앞의 글, 75쪽.

52 『만세보』, 1907년 5월 28일 자, 황경선, 「'인단(仁丹)' 광고를 통해 본 근대」, 국립민속박물관, 『생활문물연구』 제25호, 2009, 113~127쪽.

53 김대상, 위의 글, 77쪽.

54 류지웅, 「서구적 생활문화의 수용과정에 관한 실증적 고찰 - 화장비누의 대중화 과정을 중심으로」, 한국역사민속학회, 『역사민속학』, 이론과 실천, 1993, 131쪽.

한편 부산의 도시 조성 과정에서는 서구 도시를 모방한 녹지대 조성과 공원 건설이 특히 강조되었다. 1916년에는 용두산공원과 고관공원, 1918년에는 대청공원이 조성되었고 연이어 1923년에는 용두산공원에 나무를 심고 진입로를 마련했다.

녹지 조성에 주력한 식민당국은 패망 직전인 1944년에도 조선총독부 고시 제14호에 따라 총 32개소에 거주지 면적의 6.5%에 달하는 1백 98만 6천 제곱미터의 공원 건설 계획을 세웠다.[55] 이와 함께 '공원', '산보', '데이트' 등 낯선 신조어가 한국인들 사이에서 유행하기 시작했다.

나. 외래민속의 정착

일제가 이입한 근대문물 중에서도 이동을 편리하게 만든 교통시설과 소식을 전해주는 우편 제도, 통신수단 전화, 의술과 의약품, 교육제도 등은 한국인의 삶을 크게 바꾼 도시민속이었다.

특히 '생선회'와 '오뎅'은 근대적 어업에 대한 관심과 욕망을 불러일으키며 수용된 외래문물이자 새로운 도시민속이었다.

1908년 무렵까지만 해도 한국인 어부들이 연근해에서 잡는 어종은 청어나 대구 정도에 불과했다. 하지만 "물 반, 고기 반"이라던 현해탄의 어족자원을 노리고 부산으로 이주한 일본인 어민들은 근대식 동력선과 그물로 갯장어와 붕장어, 도미, 광어 등 다양한 어종을 남획하기 시작했다.[56]

육식금지령을 따르면서도 단백질을 보충해야 했던 일본인들은 출신 지역이 어디든 '생선회'를 각별히 선호하는 생활문화를 갖고 있었다. 1902년 '안락정' 개점을 시작으로 7개소였던 일본음식점이 3년 만에 17개소로 늘어난 부산은[57] 1909년 전국 최대의 집결지가

---

55 부산시사편찬위원회, 『부산시사』, 부산광역시, 1989, 39쪽.

56 釜山甲寅會, op. cit., p.302.

57 釜山甲寅會, ibid., pp.323~326.

되어 1911년 상공업 수입의 14.03%를 그로부터 거둘 정도였다.[58] 그런 음식점과 요정, 유곽 등의 상차림에 빠지지 않고 등장하던 '생선회'는 일본식 유흥문화와 더불어 한국인들 사이에서도 널리 퍼지기 시작했다.

수산 침탈로 인해 부산에 이입된 또 하나의 음식이 '가마보코' 혹은 서(西)일본의 지방 방언 '간또다기[關東煮]'를 줄여 '간또'라 불리던 '오뎅'이었다. 일본에서와 달리 풀치, 깡치 등 생선 살을 갈아 소금을 치고 기름에 익힌 '부산오뎅'은 이내 지역 특산물로 자리를 잡았다. 영도와 부평동 등지에는 우후죽순 격으로 오뎅 공장이 들어섰고 부두 노동자에게는 바닷바람을 맞으며 먹는 '오뎅'이 주요 간식거리가 되었다.

'생선회'나 '오뎅'으로 일본 음식에 대한 거부감이 줄어들자 개항 초기부터 소개되었던 '단팥죽'과 '과자', '다꾸앙', '청주', '초밥', '우동', '김밥', '미소시루' 등도 유행하기 시작했다. 그러자 '안코빵'('안빵')을 비롯한 '돈까스', '하이라이스', '오무라이스' 등 서양에서 받아들여 일본식 명칭을 붙인 음식 모두가 일본 것으로 여겨졌다. 1930년대에 들어서 외식문화가 한층 발달하자 부산 시내 곳곳에 요릿집과 식당이 늘어났고 '설탕', '과자', '케이크' 등을 파는 일본상점이 한국인 주택가까지 파고들었다.

1908년 일본에서 개발된 인공조미료 '아지노모토[味の素]'와 1916년 부산의 10여 개 공장에서 생산되기 시작한 일본식 간장은 한국인의 입맛을 단번에 바꿔놓았다. 1883년경 요정과 유곽에서 인기를 끄는 청주 제조 공장이 부산에 들어서면서 조상에게 바치는 제주(祭酒)로 유명해진 상표(商標) '마사무네[正宗]'는 한국인들 사이에서 일본식 청주를 일컫는 일반명사로 쓰이게 되었다.[59]

부산은 영화를 비롯한 곡마단과 신파극 등 공연물이 일본에서 처음 들어온 도시였다. 특히 1900년대 초반 한국에 영화가 소개된 이래 1903년에는 일본 자본이 세운 근대식 극

---

58 한복진, 『우리 생활 100년 · 음식』, 현암사, 2001, 314쪽; 釜山商業會議所, op. cit., pp.12~13.

59 한복진, 위의 책, 193쪽.

장 '행좌'가 경성의 '원각사'에 이어 한국에서 두 번째로 부산에서 문을 열었다. 1924년에는 한국 최초의 영화제작사 '조선키네마'가 부산에 설립되어 안종화, 이경손, 나운규 등 영화감독과 이채전, 유수준 등의 영화배우를 데뷔시켰다.[60] 1930년대에는 영화동인회가 생기고 극장가가 형성되면서 극장은 영화상영 외에 '신파극'이나 '게이샤(藝者) 작품발표회' 등도 공연되는 무대로도 활용되었다. 이 무렵부터 신문에는

1910년 부산어시장의 모습
(부경근대사료연구소 소장)

"본보 부산지국 후원, 추석 영화 대회, 추석 명절에 공회당서 개관, 본보 독자는 특별 할인"이란 광고가 실렸고 명절이면 전래의 놀이를 즐기던 풍습 대신 영화를 보는 풍습이 생겨났다.[61]

이처럼 일제는 "시각을 통해 욕망을 부추기는 근대문화의 특성"[62]을 적절히 활용하여 식민 지배에 활용했다. 또 그들은 자국민을 부추겨 식민지를 돌아보는 식민지 관광에 나서도록 독려함으로써 식민 통치를 정당화하고 업적을 과시하며 지배 욕구를 조장했다.

1896년 청일전쟁 직후와 1906년 러일전쟁 직후의 관부연락선 운항과 경부철도 개통은 한반도에서의 이동시간을 대폭 단축시켰다. 이에 일제는 인원수까지 일일이 체크해가며 자국의 관광객을 식민지로 실어 나르는 한편[63] 관광 지도에 식민지의 '관광명소'를 지정해

---

60 홍영철, 『부산영화 100년』, 한국영화자료연구원, 2001, 11쪽.

61 『조선중앙일보』, 1933년 10월 1일자.

62 박정자, 『시선은 권력이다』, 기파랑, 2011, 122~123쪽.

63 한정선, 「제국에의 초대: 근대 일본 만화 저널리즘을 통해 본 한일 관계, 1876~1910」, 『아세아연구』 47-4,

방문을 장려했다. 1930년대에 이르러 한층 자신감을 얻은 부산관광협회는 "관광은 먼저 부산부터!", "대륙의 관문인 국제항 부산!"라는 구호로 부산 관광을 독려했다.[64] 그 뒷전에서는 일본인 중년남성을 상대로 식민 지배의 노골적 은유인 '기생관광'이 노골적으로 행해졌다.

차차 식민 지배 기간이 길어지며 식민지 관광이 대중적 풍속이 되자 학교에서도 필수교과처럼 '수학여행'이 시행되었다. 일본 교육 당국은 그 코스 안에 일본군이 승리한 전적지(戰迹地)를 끼워 넣어 애국심을 고취하고자 했다.

왜관 시절부터 일본인들은 신라 시대 이래 귀족들이 이용해오던 부산 동래의 온천에 대한 관심이 컸다. 1882년 적극적으로 온천장 개발을 시작한 식민당국은 여관 '봉래관'을 짓고 일본 국내에도 없던 내탕(內湯) 설치를 허용했으며[65] 일본식 정원 '금강원'도 조성했다. 1909년부터는 부산역에서 출발하는 경편철도가 설치되어 '동래온천장'으로 손님을 실어 날랐다. 차차 이곳은 게이샤의 공연을 관람하며 공공연히 매매춘을 행하는 환락의 장인 동시에 전선에서 후송된 부상병을 위한 휴양지로 변모되어갔다. 그와 더불어 '교외(郊外)', '벚꽃축제', '단풍놀이', '여관' 등의 낯선 어휘가 이곳에서 한반도 전체로 퍼져나갔다.

1915년 동래온천장의 여관 '봉래관' 모습
(부경근대사료연구소 소장)

2004, 191쪽.

64 今井晴夫, 『朝鮮之觀光』, 朝鮮之觀光社, 1939, p.192.

65 부산근대역사관 학예연구실, 『근대 관광을 시작하다』, 2007, 206쪽.

19세기 말에는 부산과 시모노세키를 오가던 뱃사람을 통해 들어온 '화투 놀이'가 한반도 전역에서 유행하기 시작했다. 이 놀이가 처음 소개될 때는 '화투'가 워낙 고가였던 탓에 부유층만의 전유물로 여겨졌다. 하지만 '화투' 제조 기술이 발달해 대량생산이 가능해지면서 이는 점차 대중적인 놀이로 정착되었다. 그 영향으로 부산에서는 "賭博盛行"을 보도하는 기사가 자주 신문 지면에 실렸고 '오야', '나가레' 등 '화투 놀이'의 규칙을 일컫는 용어가 일반인의 입에 오르내리기 시작했다.[66]

2. 외래민속의 수용과 전래민속의 변화

가. 외래민속의 수용

민간신앙을 비롯해 한국의 전래민속을 "미개한 것"으로 규정한 일제는 특히 혼장제(婚葬祭)를 "번문욕례(繁文縟禮)"라 비판했다.

1891년 일제는 부산 시내 한복판인 복병산에 자신들의 공동묘지를 조성했다. 그러다가 "풍치와 위생에 해롭다"는 이유를 내세워 1907년 공동묘지를 아미산으로 이전하면서 시내의 화장장도 그곳 한군데로 모았다.[67]

일제가 1912년 묘지취체규칙(墓地取締規則)을 제정해 공동묘지와 화장을 장려하자 한국인은 시신을 방치하는 '백골난(白骨亂)'까지 벌이며 극렬하게 반대 의사를 드러냈다.[68] 하지만 어느 겨를엔가 한국인들 사이에서도 시신을 화장해 공동묘지에 안장하는 풍속이 정착되었다.[69]

일본인들이 1899년 설립된 부산 용두산신사에 의탁하여 거행하는 제의도 한국인들 사이

---

66 『동아일보』, 1925년 12월 4일 자; 『매일신보』, 1935년 3월 8일 자, 4월 18일 자, 5월 25일 자.

67 釜山甲寅會, op. cit., pp.212~213.

68 지용하, 『韓國林政史』, 명수사, 1964, 153쪽.

69 朝鮮總督府, 『施政年報』 四卷, 1914, p.79.

에 퍼지기 시작했다. 전래민속에서 크고 작은 건축공사를 벌일 때 지신(地神)에게 올리던 '텃제(=텃고사)'는 사라지고 신사에서 파견된 신관이 이끄는 '지친사이[地鎭祭]'가 이를 대신했다.[70]

나. 전래민속의 변화

일제는 정치적 지배와 경제적 수탈을 염두에 두고 의식주나 관혼상제나 오락 등 일상 문화를 변형시키는 정책을 꾸준히 추진했다.

전래민속 중에서도 특히 장례의 변화가 심해 "상복은 검은 양복이나 검은 한복, 흑색 혹은 삼베 리본을 다는 풍속"이 널리 퍼졌으며[71] 일본식 '코우덴쓰쓰미[香典包み]'나 '노시부꾸로[熨斗袋]'[72]를 본뜬 '부조금(扶助金, 賻弔金)' 주고받기가 일반화되었다. 상가 문기둥에 "기중(忌中)"이란 문구[73]를 써 붙여 상가임을 알리거나 무늬가 드러난 널빤지로 만든 일본식 관(棺)을 사용하는 관행도 정착되었다.

부산의 주택은 이미 1922년경 염상섭이 소설 「만세전」에서 "부두를 뒤에 두고 서쪽으로 꼽들어서 전찻길 난대로만 큰길을 걸어갔으나 좌우편에 모두 2층집이 죽 늘어섰을 뿐이요, 조선 집 같은 것이라고는 하나도 눈에 띄는 것이 없었"고 "간혹 납작한 조선 가옥이 눈에 띄우나 가까이 가서 보면 화방을 헐고 일본식 창살 틀을 박지 않은 것이 없"다고 묘사했을 정도로 일본화가 빨랐다. 그 전후로 현관과 낭하(廊下), 다다미방과 욕실을 갖춘 화양절충형(和洋折衷型) 가옥[74]이나 한양(韓洋) 혹은 한화양절충형(韓和洋折衷型) 주택이 크게 유행했다.[75]

---

70 『매일신보』, 1912년 8월 21일 자; 大島建彦 外, 『日本を知る事典』 II, 社會思想社, 1971, pp.522~523, pp.980~981.

71 1973년 제정 대통령령 제6680호 가정의례준칙에서도 "양복은 흑색, 한복은 백색이나 흑색으로 하고 왼쪽 흉부에 상장이나 흰꽃을 단다"고 규정했다.

72 塩月弥榮子, 『冠婚葬祭入門』, 光文社, 1970, pp.145~149.

73 田島諸介, 『冠婚葬祭全書』, 梧桐書院, 1978, p.230. ; 1991년 문화부가 우리말처럼 쓰이지만 순화해야 한다고 지적한 일본어 어휘가 '기중(忌中)'이다.

74 平井聖, 『生活文化史 = 日本人の生活と住まい - 中国・韓国と比較して』, (財)放送大学教育振興会, 2001, pp.16~17.

3. 한국인의 창조적 대응

가. 새로운 도시민속의 창출

일제의 외래문물 이입에 대응하는 부산 지역민은 외래문물의 수용과 전래민속의 변화 외에도 새로운 도시민속을 창출했다. 이는 식민 지배라는 외부의 침탈에 길항(拮抗)하면서도[76] "정치적 의도나 상상력으로 과거 요소를 재구축"[77]하거나 "과거를 선별적으로 의식"함으로써" 창조한 '의사 전통'이었다.[78]

일제강점기 한국인 대중이 명절 풍습으로 만든 '귀성(歸省)'이 그 좋은 사례였다. 일제는 1896년 대한제국에 자신들이 소개한 태양력의 도입을 강권했고 1907년부터는 '구정(舊正)'을 쇠는 과세(過歲)를 막으려 했다. 이에 한국인들은 "음력설은 이천만 민중을 지배하는 큰 명절"이라 주장하며[79] '신정', '왜설'인 양력설을 쇠는 것은 "남의 명절 구경"[80]이라 반발했다.

드디어 1920년대가 되자 농어촌을 떠나 도시의 임노동자로 일하던 한국인은 추석이나 설에 고향을 찾는 '귀성'을 행하기 시작했다. 그처럼 한국인의 '귀성'은 식민지배 상황에서 외래문물에 대응하며 현실을 자각하는 대중의 실존 의식이 만들어낸 풍속이었다.

한편 식민당국이 부산의 한국인들에게 '부산인'이란 정체성을 갖게 하려던 시책은 애초의 의도와 다른 엉뚱한 결과를 낳았다. 1917년 일제는 부산의 지역민들을 대상으로 메이지 시대의 마을조직 '도나리구미[隣組]'와 유사한 모임을 만들어 '고향', '향리', '향토'에 대한 '지역애'를 국가에 대한 충성심으로 전환시키려 획책했다.

---

75 도영주, 「초가가 왜양옥으로」, 『개항백년 - 부산사의 재조명』, 부산일보사, 1976, 135~142쪽.

76 고부응 엮음, 『탈식민주의 - 이론과 쟁점』, 문학과 지성사, 2003, 255쪽.

77 Edited by Richard M. Dorson, 『Folklore in the Modern World』, MOUTON PUBLISHER, 1978, pp.23~37.

78 岩竹美加子, 『民俗學の政治性 - アメリカ民俗學100年目の省察から』, 未來社, 1996, pp.25~30.

79 『동아일보』, 1927년 1월 30일 자.

80 『동아일보』, 1924년 2월 14일 자.

이 조직은 부산에서 1940년대의 주민동원, 물자공출, 통제물자 배급, 공습 방공 활동이나 사상통제, 주민 상호감시, '궁성 요배', '비국민 색출' 등에 활용되었다. 1932년에는 일본인의 조직을 본떠 만든 '애국부인회'와 '국방부인회'는 1942년 '대일본부인회 부산지회'에 통폐합되었다. 이 모임은 '상이 군인회', '귀환 용사 연합청년단' 등과 함께 '출정병(出征兵) 가족 초대 위안회' 등의 "총후(銃後) 사업"에 활용되었다.

그런데 그런 조직들로 인해 한국인이 갖게 된 '부산인'이라는 정체성은 아이러니하게도 지역민의 주체적 자각에 촉매제가 되었다. 그런 자각을 바탕으로 부산인들은 1919년 동래에서의 만세운동에 참가했고 1920년대에는 부두와 조선방직에서 파업이나 시위를 전개했으며 1940년대에는 학생들이 교육 당국을 성토하는 '노다이 사건'을 일으켰다.

나. 민간인 조직의 활동

한국으로 건너온 일본인 이주자들은 민간인임에도 불구하고 식민당국의 지배와 통치에 대한 협력을 자신들의 사명이라 여겼다. 식민당국 또한 민관 유착을 통해 시장 잠식과 자본 축적을 돕는 방법으로 일본 기업인들을 적극 지원했다.

1906년에는 개항 이후 부산으로 건너와 25년 이상 거주한 일본인 기업가 36명이 모여 '기로회'란 모임을 결성해[81] 단합대회를 개최하고 기념사업을 펼쳤다. 1914년 결성된 '부산갑인회'는 부산의 '일본인 거류민단'을 해체한 식민당국의 처사를 강력하게 비판하며 "거류민단의 자치제 부활", "부산 등 대도시에서의 특별자치제 실시" 등을 주장했다.

'부산갑인회'의 그런 움직임에 부산과 동래의 한국 기업인들은 큰 자극을 받았다. 특히 동래의 향리 출신 기업인들은 1883년 조선 중기에 결성된 '동래기영회'를 재건해 외래 자본에 맞서 이익을 지키고 육영사업을 펼치는 활동에 나섰다. 이들은 일본인들과의 상거래를 통해 축적한 재력으로 1898년 동래부학교 지원을 시작으로 삼락학교, 개명학교, 명륜

---

81 『부산일보』, 1916년 1월 27일 자.

학교에 이어[82] 1907년 동래동명학교를 설립했다. 또 자신들과 관계가 깊은 부산항상무회(=동래부상무회의소)를 통해 국채보상운동을 발의, 1907년에는 '동래부 국채보상 일심회 취지서'를 내놓기도 했다.[83]

한편 초량 상인들의 모임인 '초량객주조합'도 1905년 초량사립야학교를 설립하고 흥학회라는 장학회를 만들어 초량 공동묘지에서 얻는 수익금으로 장학사업을 펼쳤다. 그 밖에도 1915년 만들어진 '조선물산공진회 부산협찬회'란 한국 상업인 모임도[84] 스스로 결성한 조합을 통해 이익 보전에 나섰다.

한편 한국 상인들은 일본의 '다노모시고우[賴母子講]'나 '무징[無盡]'을 본뜬 '낙찰계'를 만들어 운영하며 금융자본을 축적하는 활동도 전개했다.

수산 분야에 종사하는 한국인 어부들은 일본 어업인들과 경쟁을 벌이는 한편 일본인들과의 적극적 협업을 도모하거나 일본인 어업조합에 가입해 실익을 도모했다.[85]

항만에서 일하는 한국인 부두 노동자들도 일본인 자본가의 착취에 대항하는 파업을 연이어 전개했다. 1921년에는 부산항에 도착한 일본 연락선이 파업으로 인해 하역에 실패하고 돌아가는 일이 벌어졌다. 당시 신문이 "화로에 불이 꺼진 것과 가치 부두에는 찬바람이 도을며 이십 오일에 도착한 련락선과 작일 아츰에 입항한 련락선은 짐을 부리지 못하고 그대로 하관으로 도라"갔다고 보도한 이 사건은 한국인 노동자의 단결을 강화하는 계기가 되었다.[86]

일본인 자본가와 경쟁하는 한국 기업인들은 동래에서의 온천 개발과 경영에도 뛰어들었다. 동래에서 일본인과 더불어 여관을 운영하던 한국인들은 1931년 동래온천 사업 주체

---

82 『동아일보』, 1923년 11월 21일 자.

83 김승, 「한말 · 일제하 동래지역 민족운동과 사회운동」, 『지역과 역사』 6, 2000, 76~77쪽.

84 『부산일보』, 1915년 7월 4일 자.

85 김승, 「부산의 일본인 이주어촌 건설 과정」, 『해항도시의 역사적 형성과 문화교섭』, 한국해양대 국제해양문제연구소, 2010, 138~139쪽.

86 『동아일보』, 1921년 9월 28일 자.

인 철도국에 온천 굴착권을 요구하고 나섰다.[87] "동래 주민 대 만철, 온천의 굴착권을 둘러싼 쟁탈전, 쌍방의 쟁탈전이 최고조화"란 기사가 전국에 알려질 정도로 치열하게 대립한 결과[88] 1933년에는 동래온천주식회사 이사진 57명 중 한국인 17명이 이름을 올렸다.[89]

동래에서는 옛 동래부 관기의 후예인 동래 기생들이 1910년 일본인 게이샤 조합을 모델로 '동래권번'을 만들어 활동에 나섰다. 이들은 언론의 주목을 받으며 '신작 발표회'를 개최하고 라디오방송에 출연했으며 일본까지 건너가 원정 공연을 벌였다. 한편으로는 '살풀이', '굿거리(입춤)', '동래고무(東萊鼓舞)'와 '동래 한량춤', 강태홍류의 '가야금 산조'[90] 등 전래의 춤과 연주를 전승했다. 이들은 또 식민당국의 억압에도 굴하지 않고 신체검사 요구에 불응하거나 파업을 벌이고 물산장려운동에 참여했으며 동래제2고보 증축 등 교육 지원사업에도 나섰다.

1887년 이래 일본인 물상객주들의 권유로 제주에서 건너온 '출가해녀'는 부산 영도 등지에 자리를 잡고 우뭇가사리 채취 등의 '물질'에 나섰다. 이들은 1887년의 부산 해운업체를 비롯해 1918년에는 수산조합, 1919년에는 독자적 해녀조합을 결성해 스스로의 권익을 지켰다.[91] 이들은 차츰 외국으로 눈을 돌려 일본 오사카와 아오모리, 러시아 블라디보스톡까지 진출하여 기량을 발휘했다.

---

87 『부산일보』, 1931년 9월 4일 자.

88 『조선일보』, 1931년 9월 21일 자.

89 김용욱, 『부산의 역사와 정신 2』, 전망, 2001, 565쪽.

90 국립부산국악원, 『청화당 김온경의 삶과 예술』, 2010, 160~177쪽; 오진호, 「부산지역 전통음악의 연구현황과 과제」, 부산발전연구원, 『2008 부산학연구』, 2008, 166~167쪽.

91 『동아일보』, 1920년 4월 22일 자.

IV. 개항지 도시민속의 식민주의

개항지 부산의 도시민속은 식민제국과 그들의 지원을 받는 일본인들의 근대적 외래문물 이입에 대한 한국인 대중의 대응을 통해 형성되고 전승되었다. 그 과정에서 한국인 대중은 외래민속을 수용하거나 전래민속을 변화시키는 방법으로 도시민속을 만들고 전승했다.

그러나 식민당국은 도시민속의 담당층인 한국인 대중을 "미개한 이등(二等) 국민"으로 치부했다.

실제로 토지 겸병과 수탈 등으로 농촌에서 쫓겨나 도시의 '노가다'로 막일에 나선 한국인 대중의 처지는 열악했다.[92] 그들은 "낮이면 부두 등지에서 일하다 밤이면 유령처럼 사라지"[93]던 그들은 시민으로 인정받지 못하는 존재로 도시 주변부의 산기슭에 지은 토막(土幕), '우사기야마', '빠라크' 등에서 살아갔다. 1920년대 산업화와 공업화가 가속화되면서 한국인 대중의 주거 환경은 더욱 열악해졌고 수입과 건강 등에서의 상대적 빈곤 역시 심각해졌다.

그럼에도 불구하고 부산의 한국인 대중은 일제가 지배와 침탈의 야욕을 은폐한 채 이입한 외래문물에 대한 주체적 자각을 통해 '귀성' 등의 새로운 도시민속을 창출해냈다. 특히 '동래기영회'나 '초량객주조합', '동래권번', '출가해녀' 등은 식민주의적 외래문물의 전유로 "근대기 식민주의 문화 지형에 틈새를 내는 전략"[94]을 구사하는 슬기와 지혜, 독창성을 발휘했다.

---

92 양미숙, 「1920 · 1930년대 부산부의 도시빈민층 실태와 그 문제」, 부경역사연구소, 『지역과 역사』 19집, 2006, 206쪽.

93 김열규, 「부평동사거리의 추억」, 『월간잡지 보이소』, 2003년 4월호, 벼리, 74~77쪽.

94 유선영, 「황색식민지의 西洋映畵 관람과 소비의 정치, 1934-1942」, 공제욱 외, 『식민지의 일상, 지배와 균열』, 문화과학사, 2006, 483쪽.

3장

근대 생활문화 수용의 맥락

Ⅰ. 근대기에 이입된 서구적 생활문화

한국의 근대기에 시작된 서구적 생활문화의 이입과 수용의 양상과 의미에 대해서는 민속학을 비롯한 역사학, 사회학, 문화론, 문학비평 등 여러 분야가 많은 논의 결과를 축적해 왔다. 기존의 논의 방식은 크게 식민 통치나 식민자본주의에 대해 비판하는 '경성적 접근'과 대중적 기호에 영합한 풍속연구의 한계와 문제점 등을 다루는 '연성적 접근'으로 구분해 볼 수 있다.[1] 전자는 서구적 문물 이입의 주체였던 식민제국에 대한 민족주의적 관점에서의 비판과 더불어 문화의 객관적 양상, 저항과 수용이 혼재된 대중의 반응, 공간구조나 거리풍경 등에 대한 고찰과 분석에 치중했다. 후자는 의식주를 비롯한 생활풍습과 취미, 도시공간의 대중문화[2]와 서구적 문물,[3] 그리고 여성의 소비행태,[4] 대중의 일상,[5] 백화점이

1 공제욱 · 정근식, 『식민지의 일상, 지배와 균열』, 문화과학사, 2006, 71쪽.

나 영화 등에 대한 구체적 고찰과 분석을 통해 상당한 성과를 거두었다.[6]

그런데 기존 논의는 대체로 한국 사회에 외래문물을 이입한 식민제국과 서구인의 역할에 초점을 맞춘 것들이었다. 예컨대 "한국인의 일상에서 주류를 이루는 생활문화는 근대기에 본격적으로 이입되어 전개된 서구문명으로부터 영향받은 것들이다. '후진사회'였던 한국의 대중은 그 '선진문명'의 기능에 매혹되어 이를 적극 수용했다"[7]고 설명하는 식이었다. 이러한 논의는 생활문화 전파의 주체와 객체를 '외부 대(對) 내부'로 단순화시킨 평면적인 견해이기 때문에 한국인의 역동적 대응 논리와 방식이 무엇이었는지를 간파하지 못하는 결함을 노출했다.

그와 달리 외래문물 수용 과정에서의 한국인 대중의 역할에 "수용과 저항"의 양면성이 있다거나 외래문물로 인한 한국 사회의 변화를 "회색지대"라 본 견해 역시 객관화에 치중

---

2 김영근, 「일제하 일상생활의 변화와 그 성격에 관한 연구 : 경성의 도시공간을 중심으로」, 연세대학교 대학원 박사학위논문, 1999; 이화형 외, 『한국근대여성의 일상문화 : 근대여성의 삶을 만나러 가는 길』, 국학자료원, 2004; 김동노, 『일제의 식민지배와 일상생활』, 연세대학교 국학연구원 편, 혜안, 2004; 강영심, 『일제 시기 근대적 일상과 식민지 문화』, 이화여자대학교출판부, 2008; 최병택 외, 『경성 리포트 : 식민지 일상에서 오늘의 우리를 보다』, 시공사, 2009.

3 이경훈, 「미쓰코시, 근대의 쇼윈도우」, 『한국근대문학과 일본문학』, 국학자료원, 2001; 김경일, 「서울의 소비문화와 신여성 : 1920~1930년대를 중심으로」, 『서울학연구』 19, 서울시립대학교 서울학연구소, 2002; 김성환, 「1930년대 대중소설과 소비문화의 관계양상 연구」, 한국현대문학회 편, 『한국문학과 풍속』, 국학자료원, 2002; 강심호 외, 「일제식민지 치하 경성부민의 도시적 감수성 형성과정 연구 : 1930년대 한국소설에 나타난 도시적 소비문화의 성립을 중심으로」, 『서울학연구』 21, 서울시립대학교 서울학연구소, 2003.

4 김경일, 위의 논문, 227~262쪽.

5 공제욱 · 정근식, 앞의 책, 2006; 최병택 외, 『경성 리포트 : 식민지 일상에서 오늘의 우리를 보다』, 시공사, 2009; 강영심, 『일제 시기 근대적 일상과 식민지 문화』, 이화여자대학교출판부, 2008; 김동노, 『일제의 식민지배와 일상생활』, 연세대학교 국학연구원 편, 혜안, 2004.

6 김시덕, 「서울의 근대 민속, 신문명과 식민지 문화의 남촌」, 『서울민속학』 제2호, 서울민속학회, 2015; 실천민속학회, 『민속문화의 수용과 변용』, 집문당, 1999; 실천민속학회, 『민속문화, 무엇이 어떻게 변하는가』, 집문당, 2000; 실천민속학회, 『민속문화의 지속과 변화』, 집문당, 2001; 실천민속학회, 『민속문화의 전통과 외래문화』, 집문당, 2002; 정형호, 『한국민속문화의 지속과 변화』, 민속원, 2008; 단국대 동양학연구소, 『한국근대민속의 이해』 I , 민속원, 2008; 단국대 동양학연구소, 『한국 민속문화의 근대적 변용』, 민속원, 2009.

7 홍선표 외, 『근대의 첫 경험 : 개화기 일상문화를 중심으로』, 이화여자대학교 출판부, 2006, 171쪽.

하느라 한국인의 주체적 역할을 간과하는 한계를 드러냈다.

기존 논의의 가장 큰 문제는 근대기 서구화와 근대화, 선진화, 과학화에 대응하는 한국인 대중의 사고나 의식, 심리를 충격이나 선망, 동경, 반발 등 감정에 치우친 것으로 본 점이다.[8] 그로 인해 한국인 대중 나름의 냉철하고 이지적인 수용자로서의 주체적 역할을 파악하지 못했던 것이다.

근대기에 외래문물이 수용된 실상을 구명하려는 목적은 그것이 오늘날의 한국 문화에 미친 영향을 파악하기 위함이다. 1920년대에 출현한 대중문화에 한국인 대중이 대응하는 과정에서 형성된 도시민속이 "가까운 근대"[9]인 오늘날까지 전승되고 있기 때문이다.

따라서 당시의 한국인 대중이 어떤 사고와 욕구, 자아의식으로 그에 반응했는지를 밝혀야 한다.[10] 이를 위해 여기서는 1920년대 중반부터 1930년대 중반 사이에 서구적 생활문화를 수용한 식민지 한국인 대중의 사고와 심리, 의식 등 변화의 맥락을 살펴보고자 한다.

물론 192,30년대의 대중은 오늘날과 같은 "대중문화의 소비 주체인 취향 공중(taste public)"[11]이 아니었다. 서구적 외래문화를 접할 수 있었던 당시의 계층은 도리어 상류층이나 특권층에 가까웠다. 그런 점을 고려하더라도 외래문물에 대한 정보를 접하거나 소비한 특권층이 대중에게 미친 영향은 간과할 수 없다. 그런 관점에서 당대의 대중문화를 직접적으로 경험한 특권층과 그들을 선망하고 동경한 대중, 그 양자를 함께 평가한 지식인 모두를 아울러 대중의 사고와 심리를 유추할 수 있으리라 본다.

이에 가능한 다양한 분야의 자료를 섭렵하되 주로 1920년대 중반부터 1930년대 중반까지의 서적과 신문, 잡지 등에 실린 기사와 사회비평, 문학작품 등을 참고하고자 한다.

---

8 강심호 외, 「일제식민지 치하 경성 부민의 도시적 감수성 형성과정 연구 : 1930년대 한국소설에 나타난 도시적 소비문화의 성립을 중심으로」, 『서울학연구』 21, 서울시립대학교 서울학연구소, 2003, 101~148쪽.

9 남근우, 『한국민속학 재고 - 본질주의와 복원주의를 넘어서』, 민속원, 2014, 203~204쪽.

10 김진송(1999)을 비롯한 김영근(1999), 권보드래(2000), 이성욱(2002), 이경훈(2003), 천정환(2003), 전봉관(2005) 등의 고찰은 한국인 대중 나름대로 '충격'과 '동경'이라는 반응 이후의 주체적 수용 의지를 읽어냈다.

11 허버트 J. 갠스, 『대중문화와 고급문화』, 강현두 옮김, 나남출판, 1998, 21~35쪽.

II. 식민제국의 생활문화 이입

1. 일제의 의도적 이입

서구적 생활문화는 조선시대 후기부터 청나라를 통해 한국에 이입되었으나 그 종류가 제한적이었고 대다수가 역관이나 상류층의 전유물에 불과했다.

더 직접적이고 다양한 생활문화의 이입은 한국보다 일찍 서구로부터 근대문물을 받아들인 일본을 통해 이루어졌다. 19세기 강대국을 모델로 국제적 무역과 식민제국 건설에 뛰어든 일본은 스스로 이상화(理想化)한 서구의 역상(逆像)을 자신에게 투사했다. 그로부터 "서구화가 곧 문명화" 혹은 "서양이 곧 문명"이라는 슬로건[12]에 따라 서구 문화 수용에 총력을 기울였다.[13] 그 과정에서 나름의 일관성을 갖추기 위해 '부국강병 모델 방식', '외국 모델 방식', '생활 합리화 모델 방식'이라는 서구적 생활문화 수용 준칙도 마련했다. 이어 '과학적 합리화'와 '국민교화', '솔선수범'을 도모하고자 천황의 식탁에 고기와 빵을 올렸으며 구미 각국과 견줄 기술과 위생을 갖춘다는 구실로 천황이 솔선수범하여 단발을 단행했다.

하지만 일본은 서구적 근대문물의 원리를 제대로 이해하지 못했으며 그러고자 하는 진지한 의도도 없었다. 단지 '민족'과 '역사'를 앞세운 '국민문화'를 강조하여 "風俗의 秩序化 내지 整備"를 가시화하면서 '천황 숭배'와 같은 복고풍속을 강조하는 것으로 충분하다고 여겼다.[14]

그러므로 도쿄를 보급의 중심지로 일상에서 장려된 일본의 '서구화'나 '근대화'는 미성숙한 동시에 불완전한 것이었다.[15] 그들은 구미 만국박람회에 전통 공예품을 출품해 '비(非)

---

12 이재원, 『제국의 시선, 문화의 기억』, 서강대학교 출판부, 2017, 24~30쪽.

13 鹿野政直, 『日本近代化の思想』, 研究社, 1973, p.144.

14 鹿野政直, ibid., p.144.

근대의 나라'로 처신하면서도 동아시아의 식민지에서는 '구미 열강과 동등한 근대 공업 국가'를 자처하면서도 그것을 모순으로 여기지 않았다.[16] 그들에게는 동양인을 동물원에 가둬놓고 우월감을 즐기던 서구인들의 태도에서 배운 대로 '미개사회'인 한국을 문명화시켜야겠다는 신념만이 중요했다.[17] 그런 터라 지배와 수탈의 욕망을 은폐한 채 한국의 풍속을 바꾸는 정책을 펼치면서도 "근대적 사회문화 장려책"이라 강변했다.

하지만 막상 일제가 '단발령'과 '공동묘지 제도', '색의(色衣) 입기' 등 일련의 정책을 시행하자 한국인 대중의 저항은 놀랄 만큼 격렬했다. 이에 그들은 방법을 바꿔 서구에서 수입했거나 자국에서 생산한 근대적 생활용품을 유포해 대중의 관심을 끌고 저항을 누그러뜨리고자 했다. 이를 위해 자국 상인들이 기차 노선이 깔린 '문명의 접촉지대'[18]를 따라가며 '냄비', '석유', '왜못', '염료', '전깃불', '남폿불', '비누' 등 생활용품을 퍼뜨리는 상행위를 적극적으로 지원했다.

그런 서구적 생활용품 판매가 기대 이상의 효과를 거두자 일제는 그 방법이 식민지의 순치(順治)와 지배, 경제적 수탈에 두루 효과적임을 깨달았다.[19] 이로부터 제국주의적 식민주의 이데올로기가 내포된 서구적 생활문화를 "국민문화 이식을 위한 식민 통치정책"[20]으로 포장해 정치적 포퓰리즘 유포와 자본주의적 침탈의 수단으로 삼았다.[21]

일제가 의도적으로 식민지에 유포한 서구적 생활문화 중에서도 특히 양복과 양옥, 양식 등 소위 '양(洋)' 자가 붙은 의식주 용품은 빠르고 강력하게 대중의 일상 속으로 파급되었다.

---

15 고야스 노부쿠니, 김석근 옮김, 『일본근대사상비판』, 역사비평사, 2007, 219~235쪽.

16 요시미 순야, 『박람회 : 근대의 시선』, 이태문 옮김, 논형, 2004, 292쪽.

17 이재원, 앞의 책, 153~155쪽; 山田順造, 「[なぜ未開]概念お問題にするか」, 山田順造 編, 『未開]概念の再検討 Ⅰ』, 株式會社ブロポート, 1989, p.8.

18 허영란, 「근대적 소비생활과 식민지적 소외」, 『전통과 서구의 충돌』, 역사비평사, 2001, 76쪽.

19 알프 뤼트케 외, 『일상사란 무엇인가』, 나종석 옮김, 청년사, 2002, 104쪽.

20 阿部一, 『空間 比較文化誌』, 株式會社せりか書房, 2000, p.212.

21 Yi-Fu Tuan, 『Topophilia』, Columbia Univ. Press, 1974, p.171.

양복은 구한말 일본 외교관이 처음 선보인 이래 대한제국 군인과 관리들이 영국식 대례복 등 유럽식 복제를 따르면서 "권력의 표상"이 되었다. 하지만 1910년대 말까지도 그것은 외교관이나 유학파, 신여성 등의 전유물이었고 1920년대까지만 해도 '모던보이'와 '모던걸'이 입는 "신기한 옷차림"이란 인식이 지배적이었다.[22]

그런데 1921년 『개벽』지를 보면 한복을 입으면 박대를 당하고 양복을 입어야 우대받는 풍조를 맹렬하게 비난하는 기사가 보인다. 그렇다면 그 전후로 표면적인 거부감과 달리 한국인 대중의 내면에는 양복에 대한 선망이 싹트고 있었다고 보아야 하겠다.

드디어 1920년대 중반이 되자 "서양 것이라 하면 덮어놓고 좋다 하는"[23] 풍조가 대중 사이에 만연했고 1920년대 후반에 이르자 "『하롤드, 로이드』의 대모테 안경"과 "『빼스터 키-톤』의 젬병모자", "『카-보이』의 가죽바지"[24]가 파격적으로 유행했다. 급기야 1929년에는 프랑스 영화 「몽 파리」에 등장하는 '모던걸 패션'이 일대 선풍을 일으키며 마치 벌거벗은 것처럼 보이는 "뽀일, 불란사, 은조사, 아사, 당황라 등 거미줄보다 설핏한" 옷차림이 유행했다.[25]

차차 '식민지형 청년'의 전형적 차림새는 "1백 원짜리 양복에 닦지 않은 구두, 풀린 구두끈, 번지르르한 디자인의 넥타이" 차림이 되었고[26] "봄철이 되면 실크 보라 춘추복이라도 갈아입어야겠고 겨울이면 낙타털 외투까지는 못 갈지라도 스콧치 외투 하나만은 껴입"으려 했다.[27]

양식의 경우 이미 1910년대부터 일본식 간장 '장유(醬油)'를 비롯한 '설탕', 'MSG(아지노모토)'

---

22 목수현, 「'남촌'문화 : 식민지 문화의 흔적」, 『서울학 연구총서』 14, 서울시립대학교 서울학연구소, 2003, 247쪽.

23 최학송, 「데카당의 상징」, 『별건곤』 1927년 12월호.

24 안生, 「모-던뽀이의 散步」, 『조선일보』, 1928년 2월 7일 자.

25 신명직, 『모던ㅅ보이 경성을 거닐다』, 현실문화연구, 2003, 144쪽.

26 김문집, 「의상의 고현학 4 : 시정에서 본 植民地型 靑年」, 『동아일보』, 1936년 6월 6일 자.

27 강사 모던 모세, 「도시생활 5계명」, 『별건곤』 1930년 6월호.

등이 들어와 한국인 대중의 입맛을 바꾸었고[28] 1920년대 중반이 되자 양식과 일식이 혼합된 '안코빵(안팡)'을 비롯한 '돈까스', '하이라이스', '오무라이스' 등이 유행했다. 신문에는 "양식 먹는 법을 몰라 실수했을 때 남자들끼리는 한 번 웃어치우면 그만이라고나 하지만 묘령의 숙녀가 …… "[29]처럼 '양식 매너'를 익히라고 다그치는 기사가 실렸다.

1930년대가 되자 "입맛만흔 부자ㅅ집 삽사리뻔으로 백화점 식당이나 양료릿집 아니면 먹을 것이 업"[30]다고 과시하는 풍조가 퍼지면서 외식을 즐기는 풍조가 유행했다. 특히 "정장(正裝) 입은 상류층이 호텔에서 먹는 술"로 알려진 맥주는 '소화기린맥주주식회사'가 공장을 세워 대량으로 생산할[31]정도로 인기를 끌었다.

양옥 역시 이입 초기에는 한국인의 생활 습관에 맞지 않는다고 거부하던 풍조가 바뀌면서[32] 변형된 서구식인 '문화주택'이 인기를 끌었다. 1920년대 중반 이후부터는 벽돌 조에 '다다미', '이로리[囲爐裏]', '뻬치카', '계단'을 갖춘 화양절충형(和洋折衷型) '문화주택' 건축이 대중들 사이에서 유행하거나 선망의 대상이 되었다. 그로 인해 신문에 "구미(歐美)의 대학 방청석 한 귀퉁이에 안저서 졸다가 온 친구와 일본 긴자(銀座) 통만 갔다온 친구들과 혹은 A, B, C나 겨우 아라볼 마치 된 아가씨와 결혼만 하면 문화주택! 문화주택! 하고 떠든다"[33]고 비웃는 기사가 게재되기도 했다.

---

28 고영, 「[직설]민족주의 이전의 '민족성'」, 『경향신문』, 2019년 6월 26일 자.

29 『조선일보』, 1937년 2월 4일 자.

30 夕影, 「一日一畵」(8), 『조선일보』 1930년 4월 14일 자.

31 한복진, 『우리 생활 100년 · 음식』, 현암사, 2001, 193~195쪽.

32 夕影, 「1931년이 오면」(4), 『조선일보』, 1930년 11월 28일 자.

33 『조선일보』, 1930년 11월 28일 자.

2. 도시민속으로 정착된 생활문화

1920년대 중반 이래 불과 10년 정도의 짧은 기간에 한국인 대중의 인식이 급격하게 변하면서 서구적 생활문화는 새로운 도시민속으로 정착되었다.

당시의 유행어로 시대적 흐름을 잘 활용하여 입신출세한 인물은 '하이카라', 시류에 뒤처진 사람은 '바지저고리'라 불렸다. 그런 식으로 접두어로 '양(洋)' 자를 붙인 '양의학(洋醫學)', '양악(洋樂)', '양화(洋畫)' 등은 '한의학(韓醫學)'이나 '국악(國樂)', '민속음악' 등에 비해 우수한 문명으로 여겨졌다.

그로 인해 야구나 배구 등 서구적 스포츠는 인기를 끌고 전래의 운동경기인 '씨름'이나 '활쏘기'는 대중의 관심에서 멀어졌다. 서구적 음식이나 생활용품 '케이크', '커피', '포크'가 '김치'나 '숭늉', '젓가락'보다 격조 있는 음식으로 치부되었다. 일제가 주세(酒稅)를 걷기 위해 주조(酒造)를 금지한 '민속주'는 '밀주(密酒)'라 불리며 악습의 상징으로 여겨지게 되었다.

그로부터 서구적인 생활문화는 "신식(新式)"이자 "선진적(先進的)", 한국적인 것은 "구식(舊式)"이자 "후진적(後進的)"이라 여기는 선입견이 굳어졌다. 그런 풍조는 서구적 생활문화의 기능과 효율을 맹목적으로 선망하고 동경하게 만들었다. 그것은 식민지 한국의 대중이 '해방의 근대'가 무엇인지를 성찰할 기회를 얻지 못한 채 식민제국이 이입한 '기술의 근대'를 접촉하면서 '문명'과 '미개'의 구분이라는 개념 조작을 받아들인 결과였다.

그런 개념 조작에 앞장선 계층은 식민당국의 관리를 비롯해 권력자, 지식인, 유학자 출신 인텔리 여성 등 사회적 지도자를 자처하는 인물들이었다. 그들은 1920년대 중반 식민당국이 주도한 '생활개선 운동'과 '실력양성 운동'에 참여하여 대중의 생활문화를 변화시키는 데 막대한 영향력을 행사했다. 특히 서구 유학 경험자들은 앞장서서 한국식 가옥의 불편함과 불결함을 비난하면서[34] 양옥의 우수함을 강조하는 필설로 사회적 파장을 불러

---

34 「現下問題 名士意見, 生活改善案提議」, 『별건곤』 1928년 12월호.

1929년 경성에서 열린 조선박람회장의 모습
(서울역사박물관 소장)

일으키곤 했다.

특히 일제의 주도로 서구적 과학과 기술을 선전하는 공진회와 박람회는 "서구화가 시대적 흐름"이란 메시지를 대중에게 전달하는 효과적 행사였다. 가뜩이나 대한제국의 멸망과 식민제국의 지배와 통치로 믿고 따를 만한 시대적 이념이 불분명한 상황에서 정신적 무방비 상태에 처한 식민지 대중에게 서구적 생활문화의 매력과 유혹은 감당하기 힘든 폭력이었다.

Ⅲ. 대중의 주술적 사고와 욕망

1. 주술적 사고에 의한 반응

근대기 한국인 대중은 "극도의 잔학과 사랑, 극도의 동정과 복수심, 극도의 영적인 것과 관능적인 감정 사이의 방황"을 경험하는 와중에[35] 피동적으로 접한 서구적 과학과 기술을 접하고 큰 충격을 받았다.

이에 한국인 대중은 이해하기 어려운 과학과 기술을 이해하기 위해 기왕에 익숙했던 주술적 사고를 동원했다. 당시 한국인 대중이 떠올릴 수 있었던 주술적 사고는 목걸이나 팔

---

35 제베데이 바르부, 임철규 역, 『역사심리학』, 창작과 비평사, 1990, 67~100쪽.

찌 등의 부적(符籍)으로 마녀에게 기원을 올리는 서아프리카인들의 '페티시즘'[36]과 흡사한 것이었다.

1930년대의 어느 날 장기간 입원했던 병원에서 퇴원하던 사내 하나는 경성 시내의 백화점을 돌아보고 '광고 간판'을 비롯한 '레코-드', '런취-', '토마도', '양배추', '엘레베다' 등 서구적 생활문화를 "마술의 산물"이라 생각했다.[37] 단 하루만의 나들이에서 본 문물을 그렇게 여길 정도였으니 "극적 스펙터클"이라 불리며 온갖 별스러운 기물로 한국인의 혼을 빼놓은 박람회의 문물 역시 "주술의 산물"이었다.[38]

특히 한국인 대중에게 '사진'은 처음 전래 될 당시부터 오갈 데 없는 주물(呪物)이었다. 세간에는 "사진 현상액은 어린아이를 솥에서 삶아 만든다"거나 "어린아이 눈으로 사진기 렌즈를 만든다"는 괴담이 떠돌았고 "망자의 사진을 찍으면 영혼이 이승을 떠나지 못하고 사진에 갇혀 버린다"며 사진을 찍을 때 눈 감은 모습을 촬영하는 일을 금기시하는 풍조가 퍼졌다.

대중들은 서구 근대의학으로 만들어진 의약품과 기호식품의 효력도 맹신했다. 부산의 의료선교사 찰스 어빈이 만든 '만병수정(萬病水錠)'이란 위장약은 전국에 감기와 두통, 치질, 성병에 두루 효력을 지닌 "만병통치약"으로 알려졌다.

구강청결제인 '인단' 역시 "心身을 爽快히 하고 胃腸을 强健히 하야 惡疾을 豫防"한다는 광고문구를 철저히 믿는 대중들 사이에 "만병통치약"이란 소문이 퍼졌다.[39] '어질 인(仁)' 자가 쓰여 있고 대례복 차림의 황제 그림이 그려진 '인단' 포장지와 광고지는 말라리아

---

36 이는 '참(charm)'이라 불리는 물건을 '신의 형상화'라 보는 아프리카인들의 사고에 대해 고찰한 지그문트 프로이트가 성적 만족을 얻고자 물건에 의지하는 환자의 의식을 설명하고자 설정한 개념 '페티시(fetish 혹은 fetich)'에서 유래한 용어다.(이의정 · 양숙희, 『페티시즘』, 경춘사, 1987, 44쪽, 49쪽; 요하임 패티, 『영화와 문학에 대하여』, 임정택 옮김, 민음사, 1997, 122쪽)

37 夕影, 「病室에서 病室에」(上), 『조선일보』, 1934년 7월 26일 자.

38 주윤정, 「일상생활 연구와 식민주의」, 공제욱 · 정근식, 앞의 책, 94~95쪽; 유선영, 『식민지 트라우마』, 푸른역사, 2017, 324쪽.

39 『만세보』, 1907년 5월 28일 자.

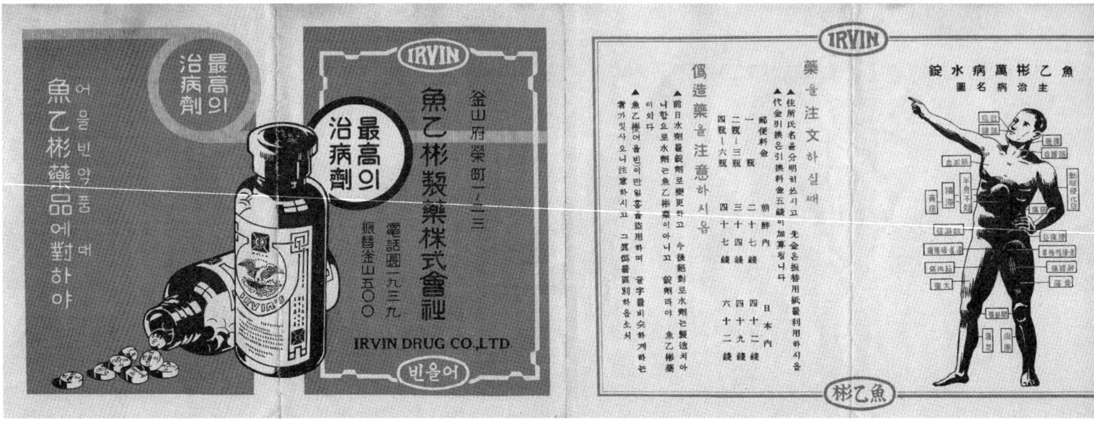

"만병통치약"으로 알려진 '만병수정' 광고
(부경근대사료연구소 소장 광고지)

치료와 난산(難産)에 효력을 발휘하는 부적(符籍)으로 사용되었다. 내용물을 다 먹은 '인단'은 빈 봉지 30장을 모아 본사로 보내면 부모님에게 선물할 요강을 경품으로 받을 수 있어 '효행(孝行)'[40]의 상징물로도 여겨졌다.

근대적 우편제도의 운용과정을 정확하게 모르는 대중들 사이에서는 '우표' 역시 천지사방을 돌아다니며 소식을 전하는 주물(呪物)로 여겨졌다. 무라야마 지준이『조선의 귀신』에 기록했듯 대중들은 고뿔 걸린 아이에게는 우체국장 소인이 찍힌 '우표'를 태운 재를 물에 타 먹였고 금테 두른 모자를 쓰고 검은 정장을 갖춰 입은 우편배달부는 주술사로 여겨졌다.

한국인 대중들은 과학적 기기와 교통수단의 놀라운 기능과 성능의 이해에도 주술적 사고를 적용했다. '라디오'는 세계 각지의 움직임에 관한 수수께끼 같은 이야기를 전해 주는 "도깨비 상자"였고 그곳에서 흘러나오는 방송은 "귀신의 장난"이었다. 전기의 힘으로 시

---

40 황경선, 「'인단(仁丹)' 광고를 통해 본 근대」, 『생활문물연구』 제25호, 국립민속박물관, 2009, 113~127쪽.

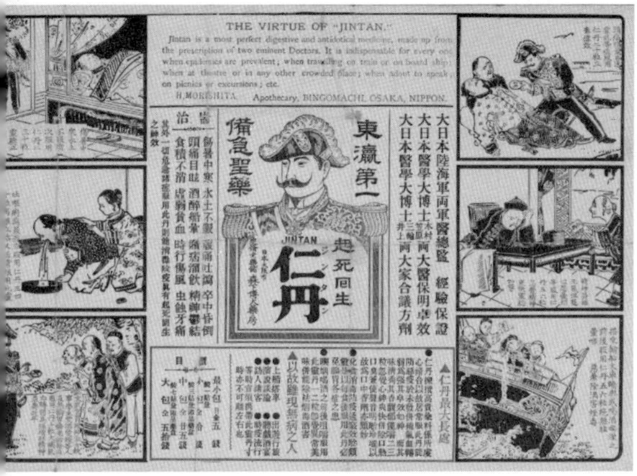

"만병통치약"으로 알려진 '인단'의 광고
(국립민속박물관 소장 광고지)

내를 달리며 선망과 공포를 동시에 안겨주는 '전차'를 "성문 밖에서 잠자는 돌 거북의 잠을 방해하는 귀신"이라 여겨[41] 나라에 가뭄이 들면 그 귀신이 "전기를 잡아먹기 때문"이라 생각해[42]돌을 던지거나 차체를 뒤엎어 운행을 방해했다.

그처럼 서구적 생활문화를 주술의 산물로 여긴 한국인 대중은 자신들에게 충격을 안겨준 '과학(science)'을 "새로운 신의 이름"일 것이라 생각했다.[43] '재즈 댄스'에 대해서는 "원시무용과 악곡이란 대개가 다신적 숭배의 표현이거나 혹은 금기의 행동이었으며 또 원시적 종교 대상에는 생식기 숭배가 있었"으니 "니그로들의 원시적 무악에서 본"뜬 것이라는 이해 방식을 적용했다.[44]

그처럼 근대문물을 주술으로 이해한 한국인 대중은 서구적 생활문화를 모방하기에 급급했다. 서구와 일본에서 이입된 상품 구매를 위해 백화점으로 몰려든 한국인 대중의 행태는 주술적 제의와 같았다. 광고라는 경전의 가르침을 떠받드는 소비자란 신도가 백화점이란 성전(聖殿)에서 '쇱껄'이란 사제(司祭)의 인도를 받으며 대매출(大賣出)이란 제의에 참가하는 식이었다. 그처럼 서구적 생활문화에 열광하는 한국인 대중의 모습은 제2차 세계대전 중 벌어진 미군 비행기의 화물 보급의 재현을 기원하는 남태평양인들의 '카고 컬트(cargo cult)'와 흡사했다.

---

41 F. A. 매켄지, 『대한제국의 비극』, 신복룡 옮김, 집문당, 1999, 102~103쪽.
42 『부산일보』, 1916년 9월 15일 자.
43 승일, 「라디오, 스포츠, 키네마」, 『별건곤』 1926년 1월호.
44 오천석, 「모더니즘 희론(戱論)」, 『신민』 1931년 6월호.

당시의 대중매체는 그런 대중의 주술적 사고를 광고나 선전에 적절히 활용했다. 신문을 통해 부인병 치료약을 선전하는 "〈모던 심청전(深靑傳)〉 광고"는 회임(懷妊)을 바라는 부인이 자신들의 제품을 사용하면 "불란서 파리 〈조세핀 베-카-〉의 넉이 강림"하여 소원을 이루어줄 것이란 문구를 버젓이 사용했다.[45]

하지만 서구적 생활문화에 대한 한국인 대중의 주술적 사고는 1930년대에 들어서면서 더 이상 통용되지 않았다. 그런 이해 방식으로는 외래문물로 인한 충격과 압박은 물론 점차 노골화되는 식민제국의 지배와 탄압에 대응하기 어려움을 깨달았던 것이다. 식민지의 현실적 박탈감과 불안감이 더욱 심해지자 한국인 대중들사이에서는 또 다른 현실적 자각과 불만, 욕망이 싹트기 시작했다.

2. 퇴폐와 일탈로 흐른 욕망

서구적 생활문화에 대한 사고 능력을 갖추지 못한 한국인 대중은 걸핏하면 무분별한 정서와 분위기, '기분[気持]'에 휘둘렸다. 도시인들에게 유난히 인기가 있었던 카페의 정조(情調)가 무엇이냐는 질문에 "客들의 기분과 정서"라고 답하는 식이었다.[46] 특히 데카당스적 퇴폐주의의 영향을 받았다고 자처하던 '룸펜'들은 "십오전짜리 차 한잔 시켜놓고 센치한 레코-딍에 취하여 멀거니 앉어있는"[47] 병적 감수성과 탐미적 경향을 드러냈다.

서구적 생활문화의 이입과 더불어 공창이나 유곽에서는 공공연히 성매매가 자행되었다. 덩달아 성적 환상과 육욕(肉慾)을 자극하는 각종 문물이 넘쳐나면서 대중의 원초적 욕망을 부추겼다. 멀쩡한 사교 공간으로 알려진 '카페'는 차츰 '여급'의 성을 매매하는 유곽[48]이

---

45 김진송, 『서울에 딴스홀을 許하라』, 현실문화, 1999, 319~321쪽.

46 인텔리 여성이 남의 첩이 되는 동기마저 "기분('그 여자는 언제나 기모찌라고 한다')"이라고 대수롭지 않게 말하는 경우도 있었다.(朴露兒, 「카페의 情調, 서울맛 서울情調」, 『별건곤』 1929년 9월호)

47 최영수, 「장소가 씌우는 일기」, 『사해공론』 1936년 11월호.

되어갔고 온천 등지에도 "인육시장(人肉市場)"이라 불리는 매춘업소가 진출했다.[49]

성의 상품화[50]로 대중들의 이성관에도 혼란이 일어나 직업여성과 나누는 무차별적 성의 소비[51]가 '사랑', '연애'라 불렸다. 직업여성의 유형도 갈수록 다양해져 "숍 걸, 데파트 걸, 바 걸, 웨이트레스, 버스 걸, 엘리베이터 걸, 헬로 걸, 티넷 걸, 가이드 걸" 등이 연이어 등장했고 변태적인 방법으로 성적 욕구를 충족시켜 주는 "스틱걸, 핸드걸, 키스걸, 마네킹걸(백의껄), 스튜릿트껄" 등이 출현했다. 급기야 모르핀을 조직적으로 밀매하는 "아편굴"이 전국 곳곳에서 성업하면서 갖가지 사회적 문제를 낳았다.[52]

경성 '긴레이(銀鈴) 카페'의 여급들(서울역사박물관 소장)

서구적 생활문화에 대한 대중의 과도한 욕망은 실용적 측면보다 체면과 위신, 허영심을 채우는 과시로 이어졌다. 연주할 줄도 모르는 피아노를 거금으로 사들여 과시하는 소설 「피아노」의 주인공처럼[53] 분수에 맞지 않는 값비싼 생활용품을 선호하는 풍조가 유행했다.

---

48 1911년 '타이거' 카페 이래 1930년대 후반 전시체제기에 접어들기 전까지 1920~1930년대는 '카페 전성기'였다.(소래섭, 『에로 그로 넌센스 : 근대적 자극의 탄생』, 살림, 2005, 40~48쪽) 경성에 1936년 술과 음식, 환락을 제공하는 일본인카페 96개소, 바 2개소, 조선인카페 20개소, 바 16개소에 여성종사자 약 1천여 명이 있었다.(矢野干城, 『新版大京城案內』, 京城都市文化硏究所, 1936, pp.187~188)

49 유광열, 「대경성의 점경」, 『사해공론』 1935년 10월호.

50 북학학인, 『삼천리』 1935년 11월호.

51 서지영, 「소비하는 여성들 : 1920~30년대 경성과 욕망의 경제학」, 『한국여성학』 26-1, 한국여성학회, 2010, 141쪽.

52 「자아의 반성과 성의 있는 취체해야」, 「그 정책을 의심한다」, 「사회와 가족이 협력하자」, 「법률적 제재를 기다릴 뿐이다」(『신민』 1927년 9월호).

53 『개벽』, 1922년 11월호.

그런 서구적 생활문화의 향유에 대해 일부 지식인은 "청신한 감각의 세계, 기분적인 도취의 세계"가 만든 "아름다운 근대의 무지개"라 예찬했다.[54] 하지만 대다수 지식인들은 근대문명의 의미를 깨닫지 못한 채 서구적 생활문화의 외형만을 모방하다 퇴폐와 일탈에 빠진 식민지의 현실을 "겉치장만 하고 속은 썩어 드러가는 마굴(魔窟)"[55]이라 비판했다. 서구적 생활문화를 맹목적으로 탐닉하는 대중은 "게을음백이요 낭비성이 만코 무기력"하며 "허식적이요 무목적이며 소비일면적"인 "불건전한 몽유병자들",[56] "정신병자이며 변태성욕자인 문명병자들"[57]이라 비난했다.

3. 대중적 욕망의 분출

1920년대 중반 이래 한국에서의 서구적 생활문화에 대한 무지와 오해, 타락, 일탈은 이를 의도적으로 이입한 식민당국이 식민지 대중을 부추긴 결과였다. 그들의 용의주도함에 비해 이를 탐닉하는 식민지 대중에게는 자각 능력이 부족했기에 그들 중 일부는 미개한 식민지 발전을 위해 근대문물을 이입시켰다는 식민지배자의 주장을 타당하다고 옹호하기도 했다.

1920년대에 들어서자 서구적 생활문화는 한국인 대중들에게 한층 가까워졌다. 일반인은 사용하기 어렵던 '전신(電信)'과 '전어기(傳語機)', '상수도', '전등', '전차' 등 문명의 이기를 일상생활에서 접할 수 있게 되었다. 1920년대 중반으로 접어들자 '활동사진'이 볼거리가 되고 '라디오'가 대중매체로 이용되었으며 선교사들이 소개한 '서양 스포츠'가 눈요깃감으로 등장했다.[58]

---

54 『별건곤』 1929년 9월호.
55 『별건곤』 1929년 9월호.
56 김기림, 『김기림 전집』 5권, 심설당, 1988, 386~389쪽.
57 『별건곤』 1930년 1월호.

당대인이 선망하는 서구적 생활용품을 팔던 '조지야백화점'과 '미츠코시백화점'(서울역사박물관 소장)

백화점이나 일본상점은 '쇼우 윈도우 전시방식'으로 낯설고 신기한 물건들을 진열하면서 대중들의 시선을 사로잡았다. 특히 일본인들의 주거지였던 남산 인근 진고개의 일본상점에서는 "활긔가 잇고 풍성풍성하며 진렬창(陳列窓)"[59]에 전시된 "모다 갑진 물건과 찬란한 물품이 사람의 눈을 현혹하며 발길을 끌지 안는 것이 업"었다.

1922년에 발표된 현진건의 소설「피아노」에는 근대식 가옥 안에 진열된 서구적 생활용품들이 구체적이고 사실적으로 묘사되어 있다.

---

58 조형근,「식민지 대중문화와 대중의 부상 : 취향과 유행의 혼종성을 중심으로」,『사회와 역사』111, 한국사회사학회, 2016, 91~93쪽.

59 鄭秀日,「진고개, 서울맛 서울情調」,『별건곤』1929년 9월호.

마루는 한복판에 도화심목(桃花心木) 테이블을 놓고, 그 주위를 소파로 둘러 응접실로 맨들었다. 그리고 안방은 침실, 건넌방은 서재, 뜰아랫방은 식당으로 정하였다. 놋그릇은 위생에 해롭다 하여 사기그릇, 유리그릇만 사용하기로 하고, 세간도 조선의(朝鮮衣)걸이, 삼층장 같은 것은 거창스럽다 하여 전부 폐지하였다. 누구든지 그 집에 들어 서면 첫눈에 뜨이는 것은 마루 정면 바람벽 한가운데 놓인, 큰 체경 박힌 양복장과 그 양편, 화류목으로 맨든 소쇄한 탁자에 아기자기하게 얹힌 사기그릇, 유리그릇이리라.[60]

날로 증가하는 잡지나 신문 역시 서구적 생활문화에 대한 정보와 광고로 식민지 대중의 일상에 영향을 미치기 시작했다. 『신여성』이나 『여성』, 『별건곤』, 『삼천리』 등 여성이 즐겨 보는 잡지는 '화장품 고르는 법', '우산 빠는 법', '옷 입는 법', '다이어트 법' 등 자질구레한 생활방식을 소개하면서 일상의 변화를 부추겼다.

기사나 소설에서 서구적 생활문화를 소개하며 외국어를 섞어 쓰는 것도 당시의 유행이었다. "최근에는 스케이트와 스키이 힐이 유행되고 있는 것도 흥미있습니다. 대체로 옷감이 러프한 때에는 구두는 플레인토에 굵은 스트랩과 레이싱뿐이 좋은 것"이란 기사[61]나 "새몬 핑크색 화려한 오버, 토오크형 모자, 모르타르를 바른 벽과 하얀 화강석 기둥을 가진 문화주택, 피아노와 장식으로 만든 맨틀 피이스, 센또루이스, 부루우스와 파아날, 벤다아, 룸바 등의 춤과 음식, 그리고 막스 패터 클렌싱 크림과 립스틱" 등의 소설 문면이 그런 유행을 보여주는 예다.[62]

1930년대 초가 되자 경성을 비롯한 대도시에 이입된 서구적 생활문화는 더욱 다양해지고 다채로워졌다. 대중들은 '삘딩', '아스팔트', '전차', '백화점의 쇼윈도우', '가로등' 등으

---

60 『개벽』 1922년 11월호.

61 『여성』 1936년 4월호.

62 김성환, 「1930년대 대중소설과 소비문화의 관계양상 연구」, 한국현대문학회 편, 『한국문학과 풍속』, 국학자료원, 2002, 140쪽.

로 장식된[63] 도시 번화가를 오가며 '연애', '데이트', '산보', '벚꽃놀이'를 즐겼다. 혹은 '빵'과 '설탕', '빠나나', '어름사탕', '라무네드', '파피스', '껌', '파우다' 등을 먹고 마시며 '라파로마' 등 서양 노래를 부르고 '영화'를 보는 "멋진 일상"을 누렸다.[64]

드디어 한국인 대중은 새로운 생활문화가 안겨주는 "앗슬앗슬한 묘기와 짜릿짜릿한 몸짓에 황홀히 정신을 잃"을 지경에 빠져 "놀라움과 찬탄", "부러움과 동경", "놀람과 경악, 몽환과 심취"[65]에 사로잡혔다. 그리하여 "조흔 물건이나 맛조흔 것을 사보"는 것을 평생소원[66]으로 여기게 되고 마침내 "아릿광대적 복색(服色)까지도 모방하려는"[67] 충동에 사로잡히곤 했다.

서구적 생활문화를 접한 한국인 대중의 욕망은 한껏 부풀어 올랐고 그 생활용품을 소유하면 누구나 평등해질 수 있다는 '자본주의적 균질성'을 기대하게 되었다. 그런 기대가 커지면서 '평등 계약'에 의한 '대중사회'가 도래할지도 모른다는 희망까지 갖게 되었다.[68]

IV. 대중의 전유(專有)와 혼종

1. 폭력이 은폐된 생활문화

하지만 서구적 생활문화로 인해 한국인 대중이 갖게 된 기대와 희망은 헛된 욕망이자 허위의식이었다. 그들이 희망하듯 '평등 계약'과 '대중사회 도래'가 쉽게 이루어지기 어려

---

63 夕影, 「아스팔트의딸」(一), 『조선일보』 1934년 1월 1일 자.
64 이서구, 「모뽀 모걸의 신춘 행락 경제학」, 『별건곤』 1932년 5월호.
65 "실로 별텬지(別天地)에 들어슨 늣김", 鄭秀日, 「진고개, 서울맛 서울情調」, 『별건곤』 1929년 9월호.
66 『별건곤』, 1929년 9월호.
67 朴露兒, 「십년 후 유행」, 『별건곤』 1930년 1월호.
68 신명직, 앞의 책, 37쪽, 40쪽.

운 근본적 원인은 식민지 경제의 취약성에 있었다. 1930년대 중반에 이르러서도 한국의 현실은 "生産力의 發展에 있어서 桎梏으로 轉化"했고 "生産力의 보담높은 階段으로의 發展은 現今의 生産關係가 存在하는 限 絶對的으로 不可能"했다. 따라서 "文化形態를 決定하는 原因으로서의 社會關係는 이文化로 하여금 後退的保守的인 것"에 불과했다.[69]

식민제국이 서구적 생활문화를 식민지에 이입한 의도는 지배와 수탈 수단으로 활용하기 위함이었지 한국인 대중에게 문화적 충족을 안겨주겠다는 선의가 아니었다. 1920년대 중반 서구적 생활문화 대부분이 대중의 가시권에 들어왔다 해도 이를 실제로 향유할 수 있는 계층은 "양행(洋行)꾼"이라 불리는 극소수 특권층이나 상류층뿐이었다.

당시의 한국인 대다수는 고등교육을 받고도 고용의 기회를 얻지 못해 "대학 졸업생 거지 반이 취직을 못 하야 거리로 방황"하는 실정이었다.[70] 모처럼 취업을 해도 신분이 상승되거나 권력, 지위를 누리기는커녕 대중교통이나 공중위생의 혜택마저 받지 못하고 "노동의 균형이 없는 생활이 낳은 취미성"에 사로잡힌 채 "노동을 혐기하고 생산을 도회(韜晦)한 방랑군"[71]으로 도시를 떠돌았다.

그래서 그들은 "철 지난 양복, 마누라의 반지, 회중시계, 심하면 마누라의 단 한 벌 있는 비단치마라도 잡혀"야 하는[72] 형편이었기에 "구멍난 양말을 반짝거리는 구두에 감추어 신고"[73] 백화점의 '대매출'로 구한 '미끼상품'이나 야시(夜市)에서 구한 값싼 모조품으로 몸을 치장하고 백화점 '승강긔'를 타고 콧바람을 쐬는 것으로 욕망을 달래야 했다.[74]

일상생활과 균형을 이루지 못하는 도덕이나 예술 또한 식민지 대중에게는 '문화적 폭력'이었다.[75] 현진건의 소설 「빈처」에 등장하는 문필가의 아내는 평소 가난을 인내하며 용

69 李淸源, 「現代文化에 對하야」, 『朝鮮中央日報』 1936년 2월 6일 자.
70 安夕影, 「어디서 그 돈이 생길가」, 『조선일보』 1930년 4월 8일 자.
71 적라산인, 「모던 수제數題」, 『신민』 1930년 7월호.
72 남일, 「월급쟁이의 철학」, 『혜성』 1931년 8월호.
73 이서구, 앞의 글.
74 최병택 외, 『경성리포트』, 시공사, 2009, 139쪽.

케 살아오다가도 "보수(報酬) 없는 독서와 가치(價値) 없는 창작(創作)"에 대한 회의와 "월급과 주권(株券), 사무원 경기대회에서의 우월한 성적"에 대한 선망 사이에서 '양산'이 촉발하는 "강(强)한 물질"의 욕망에 사로잡히는 모습을 드러낸다.

경성 혼마치(현 명동)의 번화가 모습
(서울역사박물관 소장)

2. 욕망이 낳은 자아분열

서구적 생활문화로 인한 외부로부터의 충격에 반응하는 한국인 대중의 태도는 타자 의존적이었다. 서구적 생활문화가 욕망한다고 향유할 수 있는 게 아니라는 사실을 깨달은 한국인 대중은 "他者에 의해 慾望되는 價値를 지닌 存在가 되기를" 원하며 "他者가 나를 自律的 價値로 認定하기를" 바라며 "他者의 慾望을 慾望하는"[76] 자아의식을 갖게 되었다.

서구 영화에서 본 서양인의 외모에 대한 선망이 그런 의식에 의해 싹튼 사고였다. 서구 영화에 열광하던 당시의 대중은 박태원의 소설「애욕」에서처럼 "레지놀드 데니같이 생겼다", "콘스탠스 베넷 비슷하다", "초즈랩트 비슷하나", "로버트 몽고메리를 제법 닮았는데" 등의 말투를 즐겨 사용했다. 그래서 저마다 "세계의 애인"이라 일컬어지던 "메리이 픽풔드나 가르보, 웨스트, 디트리히" 등 서양 배우들의[77] 연애 방식이나 생활, 행동거지, 외모를 모방하고자 애썼다.

---

75 김진송, 앞의 책, 33~34쪽.

76 『여성』 1938년 3월호.

77 하소(夏蘇),「영화가 백면상(百面相)」, 『조광』 1937년 12월호.

급기야 미남, 미녀라면 서구인의 체형과 얼굴을 닮은 "키는 두부(頭部) 전체의 기리의 팔배(八部) 얼골 기리의 십배, 얼골은 머리 난 데서부터 눈썹까지 눈썹에서 코밋까지 코밋에서 아래턱까지가 갓(等分)고, 안면은 손바닥과 거리가 갓고, 두팔을 벌려서 그 기리가 키와 갓"아야 한다고 여겼다.[78]

소위 '여성계 지도자'라는 사람도 이에 동조하여 "구미여자는 대체에 있어서 동양여자에 비해 색이 희고 키가 크고 코가 높고 눈이 깊으며 그 행동은 분명하고 진취성이 많으며 행동이 많고 상식이 많고 매사에 총명하다"[79]는 글로 서양인의 신체와 지혜, 상식을 높이 평가했다. 그런 인종차별적 사고는 피부미용 치료제를 선전하는 "흑인이 변하여 미인이 된다"는 과장된 광고 문구에서도 드러났다.[80]

그로부터 한국인 대중은 스스로를 "富의 集積과 문화적 爛熟도 없이 오직 그 結果인 頹廢的인 思潮만 合流하려"는 "얼치기"[81]라 여기는 자기 비하에 빠졌다. 말하자면 그들은 '욕망하는 자아'와 '현실적 자아', '바라보는 자아'와 '바라보이는 자아'로 나뉜 의식을 갖게 됨으로써 자아의식의 분열을 겪기 시작한 것이다.

그런 자아분열은 당대의 '선각자'를 자처하던 이광수도 겪고 있었다. 국내에서는 동서양을 넘나드는 지식을 자랑하던 그도 막상 외국에서 서구의 백인을 만나자 속절없는 자기 비하에 빠지고 말았던 것이다.[82]

한국인 대중의 자아분열을 부추긴 것은 한편에서는 서구적 생활문화를 권하면서 다른 편으로는 욕망을 억압하는 이율배반적 사회 상황이었다. 그 모순을 간파할 만한 주체적 인식을 추지 못했던 당시의 한국인 대중은 결국 자신들이 욕망하는 서구적 생활문화를

---

78 김주리, 『모던 걸, 여우 목도리를 버려라』, 살림, 2005, 78~79쪽 재인용.
79 나혜석, 「반도여성에게」, 『삼천리』 1935년 6월호.
80 김진송, 앞의 책, 301쪽에서 재인용.
81 『여성』 1938년 3월호.
82 「거울과 마조 안자」, 『청춘』 1917년 5월호.

서구적 근대문물을 갖춘 부산 '철도호텔'의 객실과 중앙홀 모습(부경근대사료연구소 소장)

누리지 못하는 자기 자신을 비하하게 되었던 것이다.

3. 주체적 전유(專有)

그런데 에드몬트 후설은 "인간은 자신을 돌아봄으로써 존재를 이해하는 반성적 자질을 가졌다"고 했다. 그 말처럼 한국인 대중도 차차 반성(反省, reflection)을 통해 자아분열을 극복하는 단계에 접어들었다.

그로부터 그들은 서구적 생활문화를 자기식대로 이해하고 자신의 생활 조건에 맞게 응용하는 주체적 '전유(專有, appropriation)'를 도모하기 시작했다. 더불어 서구적 생활문화의 연원을 "아메리카니즘을 모체로 하고 이 세상에 생겨난 일부 소비계급의 문화적 생활 형식"이라 생각하게 되면서[83] 이를 한국에 이입한 식민제국 일본 역시 서구화를 받아들인 객체임을 깨달았다.

---

83 『별건곤』 1930년 1월호.

그러면서 한국인 대중은 특히 미국문화에 대해 "일제의 식민 통치로 인한 분노와 모욕을 견뎌내기 위한 우회적 반감의 표현이자 민주주의와 인도주의, 풍요와 자유, 노예해방의 나라 미국에 투사한 기대감"[84]을 갖게 되었다. 이에 그들은 대중문화를 포함한 청교도 정신 등을 미국 등 서구에서 직접 수입하기로 작정하고 그 실천에 나섰다.[85]

당시 한국에서는 홍난파, 현제명 등 미국에서 유학한 '한국 근대음악의 선구자'들이 교회와 학교에서 서양음악을 가르치고 있었다. 한국인 대중은 라틴음악이건 샹송이건 재즈건 외래음악 모두를 "미국 음악"이라는 뜻의 "쟈즈(ジャズ)"라 부르며 의도적으로 이를 선호하고 장려했다. 1930년대에 일제가 미국음악을 '적성음악(敵性音樂)'이라 규정하고 "박멸 캠페인"을 벌이는 상황에서도[86] 그들은 이를 직수입하여 향유하고자 노력했고 그런 행위를 마치 일제에 맞서는 우회적 저항이라 생각했다.

한국인 대중은 레코드 취입을 비롯한 영화 제작, 공연 등의 지원을 통해서도 주체적 전유를 실천했다. 대중이 사재기에 나선 『삼천리』사의 가정용 '교육 레코드'는 발매 수개월 만에 무려 4~5만 장이 팔려나갔다.[87] 1922년에 제작된 영화 〈춘향전〉과 1926년의 〈아리랑〉은 그들의 애호에 힘입어 "과거의 조선 영화를 모조리 불살라 버렸다"는 찬사를 받았다.[88] 그런가 하면 극장에 운집한 한국인 대중은 가수 이난영이 부르는 노래 「목포의 눈물」을 듣고 폭동을 일으키거나 집단적으로 실신하는 열광적인 모습도 보여주었다.

1920년대 중반 이후 한국인 대중은 자신과 가족의 '안녕'을 기원하고 '권위'와 '존재'를 증명하기 위해 기념사진을 촬영하곤 했다.[89] 혹은 "가장 우리의 향토미를 발휘할 수 있는

---

84 "황인종 일본의 식민 지배에 대한 문화적 부정이자 거부이며 식민 지배라는 현실의 중압감을 덜어내는 집단적 탈주, 문화 심리적 탈주."(유선영, 「황색식민지의 근대성과 아메리카나이제이션」, 장석만 외, 『한국 근대성 연구의 길을 묻다』, 돌베개, 2006, 283쪽)

85 유선영, 앞의 책, 190~196쪽.

86 박홍원, 「대중가요의 변화 : 금지곡의 사회사」, 부산대민족문화연구소, 『기록으로 보는 생활사』, 국가기록원, 2007, 254쪽.

87 「신춘에는 어떤 노래가 유행할까」, 『삼천리』 1933년 3월호.

88 승일, 「라디오, 스포츠, 키네마」, 『별건곤』 1926년 1월호.

곡"[90]이라는 '신민요'를 만들어 부르거나 "서양 곡보나 악기를 사용"한 반주를 곁들인 '속요'를 녹음이나 레코드에 담아 유포하기도 했다.[91]

나아가 한국인 대중은 주체적이고 전략적이며 능동적인 전유로 서구적 생활문화와 한국 전래문화가 뒤섞인 혼종(混種, hybrid)의 산물을 만들어내기 시작했다. 서양식 조끼를 입고 중절모자에 구두를 곁들인 한국인 중년남성의 차림새가 나타났고 "평안도식 머리로 소위 꼬도리채"에 "시체(時體) 치마", "하얀 양말"과 "검은 고무신"[92]을 갖춰 신는 젊은 한국인 여성의 차림새가 유행하기 시작했다.

당대의 지식인들 중에는 "한복 입고 부츠 신은 여인"과 같은 혼종을 "꼴불견이고 그로테스크한 모습"이라 비판하는 사람이 적지 않았다.[93] 그러나 다시 생각하면 그것은 서구적 생활문화의 이념과 기술을 주체적으로 전유하여 제국주의적 식민주의에 맞서는 '저항적 혼종' 방식이었다. 한국인 대중은 그런 방식을 통해 국권 상실과 전래가치 붕괴, 정체성 상실이라는 위기를 극복하기 위한 노력을 계속했다.

이처럼 1920년대 중반부터 1930년대 중반에 이르는 동안 한국인 대중은 피동적인 서구적 생활문화의 주체적 전유에 나섰다. 비록 서구적 생활문화 전래 초기에는 극심한 충격에 빠져 전래의 주술적 사고를 동원하거나 소유와 향유의 욕망에 시달렸고 일탈과 퇴폐에 빠지기도 했다. 더불어 서구적 생활문화만 누릴 수 있게 되면 '대중사회'가 도래할지도 모른다는 희망과 기대가 좌절되자 자아분열을 겪기도 했다.

하지만 한국인 대중은 차차 자아분열을 극복하고 주체적이고 의도적이며 전략적인 전유를 통해 서구적 생활문화를 응용하는 '저항적 혼종'을 추구하였다.

---

89 『동아일보』 1935년 2월 12일자.

90 「신춘에는 어떤 노래가 유행할까」, 『삼천리』 1933년 3월호.

91 이하윤, 「조선사람 심금을 울니는 노래」, 『삼천리』 1933년 3월호.

92 김안서, 「가을 거리의 남녀 풍경 : 시골 여인의」, 『별건곤』 1930년 11월호.

93 김주리, 앞의 책, 62쪽 재인용; 근대기의 문화적 혼종에 대한 그러한 비판적 시각은 오늘날의 근대문화 연구자들 상당수도 가고 있다.

4장

생활문화의 전유, 초상사진

Ⅰ. 일상 생활문화로서의 초상사진

불과 20여 년 전만 해도 일반 가정의 마루나 안방, 거실, 관공서나 회사의 회의실, 응접실에는 어김없이 초상사진이 걸려 있었다. 특히 종가의 한옥 대청마루는 어김없이 아들, 딸, 손자, 손녀 등의 돌이나 백일, 졸업식, 결혼식에 찍은 사진과 더불어 조상이나 가장의 초상사진이 장식하곤 했다.[1]

여기서는 그 낯익은 풍경의 연원을 구명하고자 한다. 이를 위해 근대기부터 오늘날까지 어떤 동기와 과정에 의해 초상사진이란 도시민속이 형성되고 전승되었는지를 살펴보고자 한다.

---

1 "이십년 전만 해도 우리 집에, 오십 년 전에 시집오기 전에는 친정에 갓 쓰고 도포 입고 수염 기른 어른들 사진을 대청마루에 주욱 걸어놓았다. 개중에 죽은 어른도 있고 산 사람도 있고, 집안 어른들 사진과 가족들 사진을 찍어 걸어놓았다. 그런데 이제는 없다. 요즘 젊은 아이들이 촌스럽다고 못 걸게 한다. 그래서 사진은 모두 앨범에 넣어 두고 본다."(경북 경주시 서악동 김외숙(70세) 인터뷰)

그동안 근대문물 이입에 대한 기존 논의 대다수는 주체와 대상을 '외부의 주체화 대 내부의 타자화'로 단순화시켰다.[2] 그로 인해 논자의 의도와 달리 식민지배자의 주체성과 역량을 지나치게 강조되거나 정당화되는 모순이 빚어졌다.

한편으로 역사학이나 사회학 분야에서의 기존 논의는 문화에 대한 거시적 고찰에만 몰두해 일상생활의 의미를 찾아내지 못한 경우가 많았다.

초상사진에 관한 기존 논의에서도 인종적 편견이나 근대식민주의, 국가주의 등에 이용된 측면만 다루거나 시대에 따른 단편적 유행으로만 고찰한 경우가 많았다. 그런 기존 논의의 한계를 극복하려면 근대기 식민제국이 식민지에서 펼친 지배 정책[3]이나 일상생활을 강제한 '규율 권력'[4] 관련 견해 등을 참조하여 초상사진의 연원과 활용 사례를 두루 분석해야 하리라 본다.

이에 여기서는 초상사진을 이입한 식민지배자의 의도와 함께 이를 수용한 한국인 대중의 경험과 인식, 태도를 통해[5] 식민지인의 자아의식이 투사된 도시민속이 형성, 전승된 맥락을 살피고자 한다.

이를 위해 먼저 근대기 일본 천황의 '어진영' 제도와 더불어 이를 참고한 대한제국 황제의 '어진' 제도를 살펴보고자 한다. 나아가 그 영향이 식민지 대중에게 미치면서 초상사진과 영정사진 제작 관행, 가족사진 유행으로 이어진 과정을 살피고자 한다. 이를 통해 초상사진의 제작과 보급, 유포가 근대식민주의나 국가주의, 가족주의와 함께 대중의 주체적 의식을 함축한 도시민속이었음을 구명할 수 있으리라 본다.

---

2 홍선표 외, 『근대의 첫경험 : 개화기 일상문화를 중심으로』, 이화여대 출판부, 2006, 171쪽.

3 윤해동, 「동아시아 식민주의의 근대적 성격」, 가천대 아시아문화연구소, 『동아시아의 기억과 방법으로서의 서사』, 역락, 2012, 304쪽.

4 정근식, 「식민지 일상생활 연구의 의의와 과제」, 정근식 · 공제욱 편저,『식민지의 일상, 지배와 균열』, 문화과학사, 2006, 3쪽; 조형근 · 박명규, 「식민 권력의 식민지 재현 전략」, 한국사회사학회, 『사회와 역사』 제 90집, 2011; 권혁희, 「일제시대 사진엽서에 나타난 '재현의 정치학'」, 『한국문화인류학』 36-1, 한국문화인류학회, 2003 참조.

5 제프리 배첸 지음, 김인 옮김, 『사진의 고고학』, 이매진, 2006, 34쪽.

Ⅱ. 제국주의 일본의 '어진영' 보급

1. 근대기 식민주의와 사진

근대주의란 인간의 이지(理智)로 사물의 이치를 깨우치고 사실을 인식하는 사고방식이라 할 수 있다. 그 사고방식은 표상에 대한 믿음과 인지(認知)를 구하기 위해 오감 중에서도 특히 시각에 의존하는 특성을 지니고 있다.[6] 그래서 사물의 외양과 인간의 신체, 풍경과 지리 등을 인지하는 근대주의는 시각을 통해 욕망을 추구하는 이데올로기를 수반하기도 했다.

14세기 이래 서구인들은 단지 '보는' 것만이 아니라 '바라보는' 욕망의 부추김에 의한 근대주의를 이데올로기로 세계 탐색과 식민지 개척에 나섰다. 19세기 제국주의 일본의 조선 침탈과 지배도 시각적 발견에서 발전한 소유와 지배의 욕망이 추동한 과정이자 결과였다.

식민지 발견과 지배에 나선 제국주의자들은 유독 식민지를 피사체로 한 사진 촬영에 관심이 컸다. 사진은 단지 대상의 객관적 재현만이 아니라 식민지의 '미개함'과 '낙후성'을 입증하는 증거로 활용할 수 있었기 때문이다. 그런 사진 자료를 축적한 식민제국은 이를 식민지를 개선할 책임이나 권한이 자신들에게 있다는 당위론 조작의 근거로 활용했다.

제국주의 일본 역시 사진을 활용해 19세기 한국이 "원시적이고 낙후되었으며 여성적이고 목가적이며 수동적인" 나라임을 포착했다.[7] 나아가 이를 근거로 "조선을 활기차고 능동적으로 바꾸어낼 사명이 우리에게 있다"고 주장하며 식민지에 대한 멸시와 지배, 개선을 합리화하고자 했다.[8] 나아가 그들은 의도적 조작이라는 '재현 전략'은 숨기면서 사진을 통해 이미지를 제시하는 정치 기술을 구사했다.

---

6 박정자, 『시선은 권력이다』, 기파랑, 2011, 122~123쪽.

7 권혁희, 앞의 논문, 200쪽.

8 조형근 · 박명규, 앞의 글, 202쪽.

절대 권력을 지닌 존재로 떠받들고자 하는 천황의 초상사진을 제작해 국민들에게 숭배 대상으로 여기라고 강제한 것 역시 그런 '사진 정치'였다. 자국 내에서 사진을 통한 권력의 시각화로 '국민', '국가', '정체성' 등을 국민에게 주입하는 데 성공한[9] 일제는 식민지에서도 이를 유도해 식민 지배의 이념과 명분을 관철시키려 했다.[10]

그렇다면 식민지 한국의 대중이 식민제국의 의도를 순순히 받아들여 내면화했는지가 의문이다. 영국이 지배하던 식민지 인도의 대중은 '야만인 만들기'를 위한 '사진 정치'에 '문명인 따라 하기'로 저항했다.[11] 그처럼 식민지 한국의 대중도 일제의 '사진 정치'를 주체적 전유(專有)하여 나름의 활용 방안을 모색했을 가능성을 충분히 상정할 수 있다. 여기서는 그런 가능성까지를 염두에 두고 근대기 이래 한국인 대중이 어떻게 초상사진을 활용하여 그와 관련된 도시민속을 형성하고 전승했는지 살펴보고자 한다.

식민지를 바라보는 일제의 관점이 담긴 사진
(부경근대사료연구소 소장)

2. 일본 천황의 '어진영' 보급

군주나 조상의 초상을 봉안(奉安)하는 제도는 19세기 동아시아뿐 아니라 그 이전 시대의

---

9 다키 코지 지음, 박삼헌 옮김, 『천황의 초상』, 소명출판, 2007, 89쪽.

10 호미 바바, 나병철 역, 『문화의 위치 : 탈식민주의 문화이론』, 소명출판, 2002, 102쪽.

11 이광수, 「'야만인 만들기'와 '문명인 따라 하기' : 빅토리아 시기 식민지 인도에서의 초상사진이 갖는 사회적 의미」, 『역사와 세계』 49집, 효원사학회, 2016, 36쪽.

서구에서도 궁정이나 귀족 가문에서도 행해지던 관행이었다. 특히 19세기 서구 각국은 군주의 초상을 피식민지 공관이나 광장에 게시하거나 메달에 새겨 국민들에게 배포하거나 외교사절에 증정하는 교환용 선물로 활용했다. 이후 무한 복제가 가능한 사진이 발명되면서 군주의 초상사진 제작, 배포가 쉬워지자 그들은 이를 국민을 훈육하는 도구로 활용하기 시작했다.[12]

일본은 군주제 수립 초기부터 서구 제국의 초상사진 제도를 따르기로 하고 천황의 초상사진을 제작하면서 백인처럼 보이도록 촬영해 서구적 이미지를 덧입히려 했다.[13] 1880년대 이후로는 천황의 초상화를 장막에만 보존하던 전 시대의 관행을 버리고 이를 대중 앞에 공개하기로 결정했다. 이를 위해 "근대화된 시각적 공간을 확장해 전통적, 도덕적 요청이 용솟음치도록 하자"는 지침을 마련해 사진으로 국민들의 천황 숭배를 유도하고자 했다.

드디어 1889년에는 천황의 전국 순행(巡幸)을 계기로 '어진영(御眞影)'을 제작해 공관과 교육기관 등에 배부하는 보급제도를 시행하여 천황제의 공고화를 꾀했다.[14] 고대부터 마을 신사에서 받아온 부적을 가정에 모시는 관행을 갖고 있던 일본인들로서는 궁내성과 문부성에서 받아온 '어진영'을 현(縣), 군(郡), 학교에 봉안하는 일이 낯설지 않았다.

하지만 '어진영'의 봉안은 부적의 안치와 전혀 차원이 다른 일이었다. '어진영' 보급은 신민(臣民)으로서의 국민들이 신화적 역사와 이미지를 배경으로 "신앙의 대상"이자 "정신적 도덕의 근원"이며 "집중된 덕(德)"으로 부각된 천황을 떠받들게 하는 정치 기술이었다.[15]

서양식 군복을 입고 한껏 위엄을 갖춘 '어진영(御眞影)' 속 천황은 인간이면서도 시간을 초월한 신성한 존재라는 '이중적 신체'를 가진 존재임이 강조되었다. 따라서 그것을 봉안하

---

12 다카시 후지타니 지음, 한석정 옮김, 『화려한 군주』, 이산, 2003, 207~209쪽.

13 조은영, 「미국 시각문화 속의 메이지 천황 : 초상사진, 인종주의, 제국 이데올로기」, 『美術史論壇』 통권 32호, 星岡文化財團, 2011, 152쪽.

14 大平祐一, 『日本型社會論の射程 : 「帝國化」する世界の中で』, 文理閣, 2005, pp.228~232.

15 다키 코지 지음, 박삼헌 옮김, 앞의 책, 66쪽, 3쪽, 195~198쪽, 213쪽.

는 의식은 신체를 유형적으로 시각화한 '어진영'을 통해 개념적이고 추상적인 신성성을 재확인하는 방식이어야 했다.[16] 이 제도를 정립하기 위해 일본 당국은 '어진영'을 실제로 천황을 대하는 것과 똑같은 의전(儀典)으로 모시라는 지침을 전국의 관공서와 학교에 내려 보냈다. 이 지침을 전달받은 일선에서는 별도의 '봉안전'을 지어 '어진영' 안치와 숭배 의식(儀式)을 거행했다.

1890년 가나가와현 요코스카에서는 '어진영'을 맞이하고자 관공서 수장을 비롯한 마을 사람 전체가 마중을 나왔다. "어진영"이란 현수막을 앞세운 행렬이 경찰의 호위 아래 천황의 초상사진을 봉안 장소로 운반한 다음에는 국가 제창과 더불어 관내 주요 인사와 학생이 배례하는 의식이 거행되었다.

특히 일선 교육기관에는 '어진영'을 천황의 신체와 동일시하는 모범을 보이라는 지침이 내려졌다. 이에 따르느라 한 학교에서는 '봉안전'에 화재가 발생하자 교장이 천황의 초상사진을 구하고자 불길로 뛰어들었다 목숨을 잃는 일까지 벌어졌다[17] 1940년 경성의 덕수소학교에 화재가 발생했을 때에도 학교 측은 인명구조를 제쳐둔 채 '어진영'과 '교육칙어'부터 꺼내 경성부청에 봉안하느라 소동을 벌였다.

1890년대에 들어와 일본은 국가에 가족을 복속시키기 위한 '가족국가 이데올로기'를 주창하면서 "국가가 곧 가족"이라는 담론을 만들어 유포했다. 이에 따라 "군신 간의 의(義)와 부자 간의 친(親)은 절대적 동일성"을 갖고 있으므로 국민 전체는 천황을 가부장으로 여기는 "신비로운 가족"임을 천명했다.[18]

일본 당국은 그런 이데올로기를 보급하기 위해 엄부(嚴父)이자 자부(慈父)인 천황과 모성애를 지닌 황후의 모습이 담긴 황실 가족사진을 제작, 유포하여 국민을 가족으로 소환하고자 했다. 그런 '사진 정치'는 가족 단위인 이에[家]를 국가에 귀속시키는 방식으로 포괄범

---

16 다카시 후지타니 지음, 한석정 옮김, 앞의 책, 201쪽.

17 다키 코지 지음, 박삼헌 옮김, 앞의 책, 179쪽, 206쪽, 210~214쪽.

18 다카시 후지타니 지음, 한석정 옮김, 위의 책, 239쪽; 다키 코지 지음, 박삼헌 옮김, 위의 책, 186~187쪽.

위를 넓히다 태평양전쟁 막바지에는 “온 세계가 하나의 가정”이란 비약적 논리를 낳았다.[19]

‘제국주의적 가족주의’는 식민지의 종속성을 강조하는 ‘내선일체론(內鮮一體論)’에도 활용되었다. 그러자 일부 한국 지식인들은 “일본은 부모국”이라 맞장구를 치며 이에 호응했다.[20][21]

식민지에서 시행된 ‘어진영’ 봉안 제도의 정치적 위력이나 사회적 영향은 식민본국과 크게 다르지 않았다. 초대 통감으로 식민지에 부임한 이토오 히로부미는 대한제국 관리들에게 천황의 ‘어진영’을 비롯해 유럽식 군복을 차려입은 황족과 고위 관료의 초상사진을 선물로 건넸다. 그 초상사진은 식민 통치에 부화뇌동하던 한국 관료들 사이에서 인기를 끌면서 제국주의적 식민주의를 이식하는 정치 도구의 역할을 톡톡히 해냈다.

‘어진영’ 보급 정책은 식민지 한국에서의 식민주의 유포 과정에서도 효과를 발휘했다. 1937년 천황의 ‘어진영’이 각급 학교에 하사된다는 소식이 전해지자 당대의 한국 언론들은 “봉배(封拜)의 광영(光榮)”, “파격의 분부”, “미증유의 감격” 등의 미사여구를 구사하며 호들갑을 떨었다.[22]

일부 한국인 대중은 ‘어진영’뿐 아니라 일제 유력자의 영정도 숭배의 대상으로 여겼다. 1940년 제작된 일제의 선전영화 〈지원병〉에는 면학에 힘쓰는 학생의 방에 걸린 이토오 히로부미의 초상사진이 등장했다.

---

19 다키 코지 지음, 박삼헌 옮김, 앞의 책, 190쪽.

20 전미경, 『근대계몽기 가족론과 국민생산 프로젝트』, 소명, 2006, 19쪽.

21 ‘국가는 어른이고 국민은 자식’이라는 ‘가족 국가주의’ 담론은 해방 후의 국민국가에서 되살아나 “국가가 위기에 처했을 때는 가족 중 누군가 소환되어 희생되어도 좋다”는 사고를 퍼뜨렸다. 물론 위기에 처한 국가를 위해 희생하는 것은 숭고한 일이다. 하지만 국민이 자발적이고 능동적인 애국심의 주체가 아니라 국가의 정치 기술과 이데올로기에 의해 피동적이고 비자발적으로 이용당하는 것은 국가를 위한 진정한 봉사나 헌신이라 보기 어렵다.

22 『조선일보』, 1937년 11월 12일 자, 12월 22일 자, 23일 자; 『동아일보』, 1937년 11월 12일 자, 12월 22일 자, 24일 자.

Ⅲ. 대한제국의 '어진(御眞)' 보급과 대중의 전유

1. 대한제국 황제의 '어진' 보급

가. 황제의 '어진' 보급

1876년 개항 전후 중국과 일본에 파견되었던 사절단은 현지에서 접한 근대문물 중에서도 유독 사진에 관심이 컸다. 그 덕에 사진을 도입하려는 움직임도 빨라져 1880년에는 한국인 김용원이 일본인에게 사진술을 배웠고 1884년에는 그와 지운영이 동업하는 촬영국이 문을 열었다.[23]

하지만 사진이 처음 도입되던 시기에는 다양한 괴소문이 퍼지고 각종 금기가 난무해 사진 촬영에 응하려는 사람이 많지 않았다. 당시 떠돌던 괴소문은 "서양 사람들은 어린아이를 잡아 솥에 삶고 응달에 말려 가루를 낸 다음 마법 상자에 넣어 사진을 만든다", "사진 현상액은 어린애를 솥에서 삶아 죽여 만든다", "사진기가 담벼락을 비추면 무너진다", "사진기로 나무를 비추면 말라 죽는다", "어린애의 눈으로 사진기 렌즈를 만든다" "세 명이 사진을 찍으면 가운데 있던 사람은 얼마 살지 못하고 죽는다" "부부가 함께 촬영하면 이별한다" 등이었다. 사람이 운명한 후 3일 이내에는 사진 촬영을 금하거나 눈 감은 사람의 모습을 찍지 못하게 하는 금기도 퍼졌다.

그러나 개화파 인사와 왕족, 고관들이 사진을 수집품, 선물, 기념품으로 주고받는다는 사실이 알려지면서 괴소문과 금기는 사라진 대신 날로 사진의 인기가 치솟았다. 그러자 총독부 고위인사와 서양인, 한국인 부유층이 몰려 문전성시를 이룬 경성의 유명 사진관은 가격 할인과 할부, 외상, 경품 등의 판촉 행사를 벌이기도 했다.[24]

---

23 『한성순보』, 1884년 2월 14일 자.

24 최인진, 『한국사진사』, 눈빛, 1999, 218쪽.

고종의 '어진'과 황실 가족사진(국립고궁박물관 소장)

1907년 대한제국은 군주의 '어진(御眞)'을 감춰두던 조선조의 관행을 버리고 일본의 '어진영' 제도를 받아들여 황제의'어진'의 제작과 보급에 나섰다. 더불어 고종과 순종 혹은 순종과 순종비 모습을 담은 황실 가족사진을 촬영해 공개했고 순종 황제의 즉위를 기념하는 사진엽서와 순행하는 모습을 담은 사진첩을 발행, 배포했다. '어진'의 배경에는 왕가의 집물과 근대문물을 두루 배치해 '전통'과 '개화'를 동시에 추구하겠다는 실용적 사고를 드러내기도 했다.[25]

대한제국은 '어진'을 통해 국민들 사이에 '충군(忠君)', '애국(愛國)', '민족' 관념이 퍼지면

25 권행가, 「사진 속에 재현된 대한제국 황제의 표상」, 『한국근대미술사학』 16호, 한국근대미술사학회, 2006, 36쪽.

황제의 권한이 강화되고 정통성도 확보될 것이라 기대했다. 과연 대한제국이 제작해 보급한 '어진'을 접한 한국인 대중의 관심은 뜨거웠다. 1901년 『그리스도신문』이 황제의 탄신일에 '어진'을 경품으로 증정하겠다는 광고를 게재하자 대중은 앞다투어 신문 구매에 나섰다. 항간에는 고종 황제가 황실의 건재를 알리기 위해 암묵적으로 이에 동조했다는 소문까지 돌았다.[26] 이후 '어진'을 판촉물로 제공하려는 상업적 시도가 계속되자 당국이 이를 제지했지만 대중의 요구는 여전했다.[27]

그런데 일제의 간섭이 한층 노골화된 1909년경 단발한 황제의 모습이 담긴 '어진'을 본 함경도 경성의 주민들은 "이것은 폐하의 참 사진이 아니다"라며 이를 소각하는 소동을 벌였다.[28] '어진'을 통해 망국의 조짐을 엿본 한국인 대중들은 대한제국에 대한 실망과 일제에 대한 항의를 그런 식으로 드러냈다.

결국 1910년 대한제국은 멸망했고 식민지 대중은 더 이상 황제의 '어진'을 소유할 수 없게 되었다. 그러자 일제는 더욱 적극적이고 노골적인 태도로 천황의 '어진영' 보급을 통한 식민지인의 훈육 정책을 시작했다.

나. '어진'을 본뜬 초상사진

1886년 중국 상하이의 중서서원(中西書院)에 머물던 윤치호는 벽 위의 고종황제 '어진' 아래 자기 부친의 초상사진을 걸었다.[29] 외세의 침탈로 위기에 처한 나라의 군주와 가친의 사진으로 자신의 구심점을 확인하려 한 이 행위는 일반인이 초상사진을 게시한 첫 사례였다. 그러자 이를 본뜬 상류층 인사들도 가장이나 집안 어른의 초상사진을 집에 걸기 시작

---

26 권행가, 앞의 논문, 24쪽; 박청아, 「한국 근대 초상화 연구 : 초상사진과의 관계를 중심으로」, 『미술사연구』 17호, 미술사연구회, 2003, 220쪽.

27 권행가, 위의 논문, 30쪽.

28 『대한매일신보』, 1909년 6월 26일 자.

29 윤치호, 『윤치호 일기』 권1, 국사편찬위원회, 1973, 191쪽.

하면서 그 풍습이 차츰 일반 대중들에게 퍼져나갔다.

1895년에는 '단발령' 시행에 항의하던 한국인 대중들 사이에 상투를 튼 마지막 모습을 초상사진으로 남기는 풍습이 유행했다.[30] 그 역시 국가적 위기와 충격, 혼돈의 상황에서 초상사진으로 자신의 정체성을 확인하고 보존하려 한 행위였다.

1910년 식민당국은 이토오 히로부미를 척살한 안중근의 처형에 때맞춰 그를 범죄자로 부각시키기 위해 "이토공 암살자 안중근"이란 제목의 사진엽서를 발행했다. 그런데 막상 그 엽서가 시중에서 발매되자 안중근을 흠모하던 대중이 앞다투어 이를 대량으로 구매했고 이에 놀란 일제는 엽서 판매를 중단시켰다.[31] 3·1운동 이듬해인 1920년 독자들의 요청에 응해 신문지 한 면에 3·1 만세운동 관련자 48인의 초상사진을 게재한 『동아일보』는 이후 13년간 같은 사진을 게재해 한국인 대중의 찬사를 받았다.[32]

대한제국 황제의 '어진'이나 독립운동가의 초상사진에 대한 대중의 관심과 선호는 '영정(影幀)'을 모시는 풍속을 낳았다. 본래 '영정'이란 용어는 『조선왕조실록』에서 "고인을 닮지 않은 초상화를 모시는 풍습"을 비판하고자 사용한 용어였고[33] 『가례(家禮)』에서는 가묘를 만들기 어려운 가정에서 당(堂)에 모시거나 혼백 뒤에 놓는 초상화를 일컫는 명칭이었다.[34]

그런데 1926년 발간된 『순종 국장기념 사진첩』에는 누가 어떤 목적으로 만들었는지는 모르나 순종의 생전 모습에 굵고 검은 테두리를 두른 '영정'이 실렸다. 그로부터 4년 후인 1930년에 거행된 독립투사 김좌진의 장례에서도 그와 유사한 '영정'이 사용되었다.

---

30 최인진, 앞의 책, 171쪽; 최길성, 『영상이 말하는 식민지 조선』, 민속원, 2010, 170쪽.

31 김수현·정창현, 『제국의 억압과 저항의 사회사』, 민속원, 2011, 110~111쪽.

32 『동아일보』, 1920년 7월 12일 자, 1923년 3월 19일 자, 1924년 4월 8일 자, 1925년 10월 22일 자, 1927년 1월 13일 자, 1933년 9월 25일 자; 최옥수, 「일제하 민간지의 초상사진 분석」, 중앙대학교 석사학위 논문, 1995 참조.

33 주형일, 「사진과 죽음 : 한국 영정사진의 문제」, 『동아인문학』 37집, 동아인문학회, 2016, 750쪽.

34 국립민속박물관, 『한국 일생 의례 사전』, 2014, 456쪽.

이로부터 상례에서 '영정'을 모시는 풍습이 한국인 대중들 사이에서도 일반적 관행이 되었다. 1934년 공포된「의례준칙」제6조에서는 아예 "幃前에 靈座를 設하고 紙榜 又는 寫眞을 揭함"이라는 규정을 두어 상례에서의 '영정' 사용을 일반적 예법으로 제시했다.

검은 테를 두른 순종황제의 영정
(출처 : 한국저작권위원회)

다. 식민 지배 수단, 초상사진

식민제국은 식민지 대중을 체제에 순응하고 규율에 익숙해지도록 만들어 식민지에서의 권력 관계를 고착시키려 했다. 이를 위해 식민지인에게 계급적 분화에 따른 차별적 대우를 받아들이도록 하려면 초상사진이라는 표상의 사용이 효과적이라 보았다. 이에 일제는 서구 제국의 관행에 천황의 신성성을 강조하는 정치 기술을 가미한 '어진영' 제도를 통해 자국민과 식민지인을 함께 관리, 통제하고자 했다.

그러면서도 일제는 식민지인이 '선량한 황국신민'이면서도 엄연히 계층이 다른 식민지인임을 수시로 강조했다. 이를 위해 식민지인이 도달할 수 있는 '신분 상승'과 '사회 진출'의 한계를 미리 정해놓고 초상사진을 그 수단으로 활용했다. 1906년 세무주사 선발시험을 주관한 식민당국은 시험 직전 응시생의 단체 사진을 촬영해 두었다가 합격자 발표 직후 응시자의 용모를 사진 속 인물과 일일이 대조해 대리시험자를 적발해냈다.[35]

그처럼 식민지인을 예비범죄자로 간주하던 일제는 체포된 독립운동가의 상반신을 정면과 측면에서 찍은 초상사진을 제작하곤 이를 "범죄자의 전형적 모습"이라 선전했다.

그렇듯 초상사진은 식민지인에게 일시적 만족은 안겨 주는 '기술의 근대'의 도구였지 '해방의 근대'를 안겨준 문물은 아니었다. 일제가 초상사진을 식민지인에게 소개하고 이용하도록 부추긴 목적 역시 오로지 식민 통치의 정당화와 이득을 추구하기 위함이었다.

그런 일제의 태도에 동조하던 일부 서구인들 역시 대한제국 황제와 관리의 사진을 제작해 소개하면서 유사한 태도를 취했다. 1905년 프랑스인 프랑뎅은 사진집『한국에서』의 고위직 공무원 사진에 한국인의 성명은 생략한 채 "관리"란 설명을 붙였다.[36] 다시 그는 1909년에는 순종 황제 즉위식 기념엽서를 발행하면서도 고종과 순종의 휘(諱)를 생략한 채 각각 "전(前) 황제", "신(新) 황제"라고만 소개했다.

이처럼 식민통치자와 그들에게 우호적인 서구인의 의식과 시선이 담겨 있는 초상사진은 식민지인을 관리, 통제하기 위해 호명하고 폄하하는 수단이었다. 그러한 사진은 인도를 정복하고 지배하던 영국이 지배자와 피지배자를 시각적으로 구분하기 위해 활용하던 '영국식 의복'과 쓰임새가 유사했다.[37]

라. 대중의 초상사진 전유(專有)

서구에서 발명된 초상사진이 한국에 전래 된 경로는 일본과 청나라 등 다양했지만 이를 국내에서 유행시킨 것은 한국의 특권층과 엘리트 계층이었다. 초상사진이 '존재 확인'의 도구로 유용함을 간파한 그들은 능동적이고 적극적인 태도로 이를 활용했고 그런 특수계층의 인식과 태도는 이내 대중 전체에 확산되었다.

족보나 초상화보다 제작이 쉽고 소지도 간편하면서도 '기억'의 장치이자 '존재 확인'의 도구로 적격인 초상사진은 빠르게 퍼져나갔다. 1908년 음력 정월, 초상사진 촬영 명소로 유명한 경성의 '천연당사진관'은 "한 달 동안 내외국 남녀가 와서 사진 박은 사람이 천여

---

35 『대한매일신보』, 1906년 10월 17일 자.

36 이경민, 『제국의 렌즈』, 산책자, 2010, 209쪽.

37 이광수, 앞의 논문, 48쪽.

명에 달해 미처 수용할 겨를이 없을”[38] 정도의 호황을 누렸다.

1910년대부터는 한국인 대중들 사이에서도 돌이나 결혼, 회갑, 학교의 입학이나 졸업 등 기념할만한 날에 사진관을 찾아가 초상사진을 촬영하는 풍습이 대대적으로 유행했다. 드디어 1930년대 중반에는 “졸업기념으로 박이고 취직으로 쓰자고 박이고 결혼하랴고 박이고 이래작이고 저저래래 박이는 홍수시대는 왓는데”라는 보도가 나올 정도로 “사진 범남시대”가 도래했다.[39]

당시의 초상사진은 ‘영정’과 마찬가지로 정인(情人)을 떠올리는 물건으로도 여겨졌다. 식민지 대중들 사이에 자살이 유행처럼 퍼져가던 192,30년대 신문 지면에는 “여자의 사진을 품고 자살, 남대문통 가부 여관에서”, “애인의 사진 품고 철도 자살한 여자”, “실연의 청년 선유타 투신 한강에, 명대 법과 박영룡이란 명함과 여자와 박은 사진 발견” 류의 기사가 자주 실리곤 했다.[40]

일제강점기에는 일본식 가족 관념과 서구의

경성 무교정의 ‘키쿠다(菊田)사진관’과 가족사진
(서울역사박물관 소장)

---

38 『대한매일신보』, 1908년 3월 4일자.

39 『동아일보』, 1935년 2월 12일 자.

40 『동아일보』, 1924년 2월 21일 자; 『매일신보』, 1929년 10월 4일 자; 『동아일보』, 1934년 9월 8일 자.

핵가족 개념이 뒤섞인 호주제가 시행되면서 가족주의 관념이 널리 퍼졌다. 1920년대 이래 탈향(脫鄕)과 이주, 출병(出兵) 등으로 인해 수시로 가정이 해체될 위기에 시달리던 한국인 대중들 사이에서는 가족사진을 촬영하는 유행이 퍼졌다.[41] 그 가족사진은 일제가 보급한 국가주의적 가족주의 이데올로기의 영향의 산물이면서도 한편으로는 한국인 대중이 국가주의에 길항(拮抗)하는 수단이었다.

Ⅳ. 국민국가와 북한의 초상사진 활용

1. 국가 지도자의 초상사진 활용

해방 후 국민국가를 수립한 한국에서도 지도자의 초상사진을 보급하는 관행은 그대로 지켜졌다. 국가 기관이나 정당은 대통령을 비롯한 지도자의 초상사진을 게시하여 권력을 가시화하고 국민과 공무원, 당원의 복종을 요구하는 동시에 소속감을 고취시키려 했다. 대통령의 초상사진을 전국 각 관공서에 걸어놓는 관행은 1948년 제1공화국이 수립 시점부터 오늘날까지도 지켜지고 있다.

제1공화국에서는 1956년 발행된 5백 환 권 화폐 한가운데에 대통령 초상사진을 실었다. 그런데 흔히 지폐를 반으로 접어 보관하는 한국인들의 습관으로 인해 대통령의 모습이 훼손되기 일쑤였다. 이를 "불경(不敬)"이라 여긴 당국은 한국조폐공사에 지시해 초상사진 위치를 한쪽에 치우쳐 싣게 했다.[42]

---

41 실물로 남아있는 193,40년대의 가족사진이 그런 부부나 핵가족의 동반 이미지를 보여준다.(안동대학교 박물관, 『사진으로 보는 근대 안동』, 2002, 31~53쪽)

42 신성한 천황의 초상이 더러운 대중의 손에 다뤄지게 되는 일을 막고자 천황의 초상을 화폐에 새기는 일을 거부한 1872년 일본 궁정의 조치와 유사하다.(다키 코지 지음, 박삼헌 옮김, 앞의 책, 103~104쪽) 식민지 한국에서 메이지 천황의 인쇄상태가 불량하거나 허가된 사진 이외의 것을 게재했을 때 처벌할 수 있게 한

화폐의 초상사진에 등장하던 이승만 대통령이 4.19 의거로 축출되자 시인 김수영은 이런 시를 썼다.

우선 그 놈의 사진을 떼어서 밑씻개로 하자.
그 지긋지긋한 놈의 사진을 떼어서
조용히 개굴창에 넣고
썩어진 어제와 결별하자.

1968년 「국민교육헌장」이 반포될 무렵 각급 학교 교실 정면에는 대통령의 초상사진이 교사와 학생들을 내려다보며 감시하고 통제하는 소실점에 걸려 있었다. 1970년대 '충효사상(忠孝思想)'이 강조되던 시절에도 대통령의 초상사진은 국가주의 이념 전파의 수단으로 활용되었다.

그러한 경우의 대통령의 초상사진을 신생 독립국에 필요한 지도자상 창출의 수단이라 볼 여지도 있다. 하지만 한국에서의 그것은 '어진영'을 보급해 국민을 훈육함으로써 국가주의를 고취시키고 식민 지배를 정당화하려던 일제의 정치 기술의 재현이었다.

국민국가에서는 일본과 대한제국이 천황과 황제의 가족사진을 제작, 유포하던 관행도 되풀이되었다. 1948년 정부 수립 직후 당국은 "국부(國父)"라 불리던 이승만 대통령과 영부인 프란체스카 여사를 찍은 가족사진을 국민에게 배포해 국민을 자식으로 소환했다. 마찬가지로 박정희 대통령 재임 기간에도 대통령 부부의 사진이나 자녀들과 함께 찍은 가족사진을 유포함으로써 국민을 자녀의 위치에 서도록 유도하는 정치 기술이 구사되었다. 대중들도 여전히 가정의 정체성을 확인하고 단란과 화목을 도모하고자 가족사진을 찍어 대청마루나 안방, 거실 등에 걸어 두었다.

법률 제정은 북한에서 '제1호 사진'을 훼손할 경우 가혹한 처벌을 가하는 조치로 재현되었다.

하지만 1980년대까지 어디서나 흔하게 볼 수 있던 초상사진은 "영정을 집에 걸어 두면 좋지 않다"는 속설이 퍼지면서 1990년대 이후 점차 가정에서 사라져갔다.[43] 다만 독거노인이 사는 몇몇 가정에서는 지금도 방 안에 초상사진과 가족사진이 나란히 걸린 모습을 볼 수 있다.

2000년대에도 가문에서 대를 이어 운영하는 기업체나 업소는 여전히 초상사진을 정통성의 상징으로 활용하고 있다. '부산밀면'의 원조라 주장하는 부산 우암동 'N냉면'은 식당 안에는 1953년 북한 흥남에서 부산으로 피난와서 처음으로 '밀면'을 만들었다는 고(故)이○순과 그 뒤를 이은 고(故)정○금, 현재 식당을 운영하는 이○복(68세)의 초상사진이 걸려 있다.[44]

부산 N냉면점에 걸린 창업주와 운영자 사진

2. 북한의 초상사진 활용

초상사진으로 국가 지도자의 권위를 강조하는 관행은 해방 후 북한에서도 답습, 재현되었다. 북한 당국은 공공장소를 비롯한 가정에까지 지도자의 초상사진을 게시하여 국가가 요구하는 규율을 주입하는 방법으로 활용하고 있다.

2002년 북한 신포에 파견되어 경수로사업단 공사 현장에서는 남한 측 기술자가 김정일 국방위원장의 초상화가 실린 『노동신문』 1면을 화장지 대용으로 사용하는 일이 벌어졌다. 이를 "중대 사건"이라 본 북한 당국이 대대적인 항의를 제기하는 바람에 수십 일간 공사가 지연되면서 막대한 재정 손실이 발생했다.

---

43 동삼2동 안원찬(80세) 인터뷰.

44 우암동 'N냉면' 사장 유○우(43세) 인터뷰.

또 2003년 북한 평양에서는 민가에서 발생한 화재 현장에서 유향림이라는 아홉 살 소녀가 김정일 위원장의 초상화를 구하겠다며 불길 속으로 뛰어들었다 목숨을 잃었다. 그러자 북한 당국은 소녀의 행위를 높이 치하하며 그 아이가 다니던 초등학교 명칭을 '유향림소학교'로 바꾸었다.[45]

같은 해인 2003년에는 아시안게임이 열린 경북 예천에서도 김정일 국방위원장의 초상사진이 실린 현수막으로 인해 소동이 벌어졌다. 버스를 타고 도로 위를 이동하던 북한 응원단은 도로변의 현수막에 실린 김정일 국방위원장의 사진이 비에 젖은 모습을 보고 눈물을 흘리며 항의를 제기했다.

2004년 북한 용천에서 일어난 폭발 사고 현장에서도 주민 하나가 김일성 주석과 김정일 국방위원장의 초상화를 보호하겠다며 무너지는 건물로 뛰어들었다 사망하는 일이 발생했다.

지금도 신문에 게재된 지도자의 초상사진을 '1호 사진'이라 부르는 북한에서는 신문지를 접었다가 사진에 줄이 남기만 해도 이를 "불경(不敬)스러운 행위"로 간주해 엄하게 처벌한다. 그처럼 초상사진으로 지도자의 이미지를 강조하여 대중을 사진 속으로 소환함으로써 정치체제의 안정을 꾀하는 것은 일제강점기에 행해지던 '사진 정치'의 유습이라 할 수 있겠다.

Ⅴ. 초상사진 전유(專有)의 맥락

근대기 일제가 시행한 '어진영' 봉안 제도는 자국민과 식민지인을 훈육시켜 체제의 안정을 도모하려던 정치 기술이었다. 이를 참고한 대한제국도 황제의 '어진'을 보급해 국민

45 북한 월간 화보『조선』, 2006년 6월호 참조; 변영욱,「김정은의 이미지 관리 전략 :『노동신문』'1호 사진'을 중심으로」,『현대북한연구』16권 2호, 북한대학원대학교 북한미시연구소, 2013, 219쪽.

의 애국심을 진작시키고 황실을 보호하고자 했다.

한국인 대중은 식민 침탈 상황에서 대한제국 황제의 '어진'을 소유하여 독립 의지를 다짐했고 그 연장선에서 조상이나 가장의 초상사진을 섬기는 풍습을 만들어냈다. 나아가 장례에서 고인의 초상사진을 '영정'으로 사용함으로써 망인을 기억하고 기리는 도시민속을 만들어 정착시켰다. 한국인 대중이 그처럼 초상사진이나 가족사진을 선호한 까닭은 족보 제작이나 선영(先塋) 조성에 비해 간단하고 비용도 적게 드는 데다 일체감을 다지고 단합을 도모하기에 적절했기 때문이었다.

해방 후 대한민국이나 북한의 정권 역시 지도자의 권위를 지키고 신성시하도록 장려하는 수단으로 초상사진을 활용했다. 한편으로는 지도자의 가족사진도 제작, 보급해 국민을 소환하는 정치 기술도 구사했다.

눈여겨볼 대목은 한국인 대중이 국민 훈육이나 식민 지배, 애국심 고취에 활용된 정치 기술이었던 초상사진을 주체적으로 전유해 위기 상황에 맞서고 가족의 응집력을 북돋는 수단으로 삼았다는 점이다.

그렇듯 오늘날 유행하는 '셀카 붐'이나 '인생샷' 역시 익명을 조장하고 요구하는 시대적 흐름을 거부하는 대중이 나름의 주체성을 살리고자 만들고 전하는 도시민속이라 볼 수 있겠다.

5장

'동래권번'과 '동래기영회'의 혼종성

Ⅰ. 식민지의 문화적 혼종

1. 문화적 혼종의 추구

근대기 한국의 문화에 대한 기존 견해는 주로 외부의 침탈로 인한 불평등을 비판해 왔다. 하지만 외부 침탈에 대한 대항을 단지 "전통과 민족 수호"로만 보는 견해는 엉뚱한 결과를 낳을 수 있다. 일제강점기 최남선이 '내선일체(內鮮一體) 이데올로기'에 저항하기 위해 내세운 '민족주의'는 도리어 그들이 주장한 '문화적 동질성' 주장에 악용되었다. 이는 폐쇄적 전통론이나 민족주의가 식민제국주의들이 즐겨 내세우는 '문명/야만의 대립구조'나 '선민사상'과 마찬가지로 '상상의 산물'이었기 때문이다. 그처럼 '민족'과 '전통'이라는 추상적이고 대립적 개념을 사용한 논의는 민족 구성원을 분열시킬 뿐 아니라 피지배자의 변용과 창출이라는 유연하고 전략적인 저항 방식마저 간과하게 만들 위험이 있다.[1]

그러므로 일제강점기 식민 지배 하에서의 외래문화 수용에 대해 논하려면 수용자인 한국인 대중의 주체적이고도 유연하며 다양한 대응 논리나 방식을 다각적으로 살펴야 한다. 이에 여기서는 동래의 한국인 민간 조직 '동래기영회'와 '동래권번'의 활동을 통해 이질적 외래문화를 수용하여 전래문화와 접목시킨 혼종화(hybidazation)[2]를 살펴보고자 한다. 이를 위해 호미 바바의 '양가성 원리'[3]와 미하일 바흐친의 '의도적 혼종'[4] 이론을 원용하여 타자화의 대상이었던 식민지인이 식민지배자를 역으로 타자화한 전략적 대응[5] 방법과 의미에 대해 고찰하고자 한다.

2. 식민지 민간 조직과 문화정책

가. 일본인 민간 조직

개항 이래 한반도에 대한 침탈에 나선 일본은 조일수호조규와 조일무역규칙을 빌미로 개항지 부산에서 일본 화폐 유통, 수출입상품에 대한 관세 폐지, 쌀과 잡곡의 수출을 전개했다. 개항 당시의 간행이정(間行里程)이 조계(租界) 사방 100리까지로 확대되어 일본 상인이 부산 인근을 자유롭게 드나들며 수출입상품을 유통시킨 결과 1902년에는 드디어 수입초과 현상이 벌어졌다.

1906년 '일한(日韓) 상품 박람회'를 계기로 한국인들 사이에 일본상품 선호 붐이 일자 일본인들은 '부산의 번영'을 도모한다며 부산과 동래 지역으로 몰려왔다. 일본인 관료 출신자와 민간인이 함께 만든 '부산번영회'는 부산의 번영을 도모하겠다는 목표 아래 월례회를 갖고 사교와 이익에 관한 각종 문제를 논의했다. 같은 해에는 25년 이상 부산에서 거주한

---

1 太田好信, 『民族誌的近代への介入 - 文化を語る權利は誰にあるのか』, 人文書院, 2002, p.18.

2 박상기, 「탈식민주의의 양가성과 혼종성」, 『탈식민주의 이론과 쟁점』, 문학과 지성사, 2003, 230쪽.

3 호미 바바, 나병철 옮김, 『문화의 위치』, 소명출판, 2002, 180쪽.

4 박상기, 위의 논문, 250쪽.

5 그레이엄 페치, 윤효녕 옮김, 「대화주의와 탈식민화」, 『바흐친과 문화이론』, 문학과 지성사, 1995, 106쪽.

일본인 기업가 36명이 '기로회'[6]란 모임을 만들어 매년 봄가을에 대회를 개최하고 기념사업을 펼쳤다.

1912년에는 상의(商議) 의원과 각 은행 대표자 등이 부산 상공업자들의 영업상 이해를 도모하기 위해 '부산상공간화회(釜山商工懇話会)'란 친목 단체를 조직한 것 외에도 각종 취미활동과 친목, 이익 옹호를 도모하려는 다양한 일본인 단체들이 줄지어 생겨났다.

그중에서도 1914년 일본인 기업인을 비롯한 재부 일본인 민단의 전직 간부, 학교 조합 의원 등이 모여 만든 '부산갑인회'의 활동이 두드러졌다. 이 단체는 부제(府制) 실시를 앞두고 시행된 민단 해체에 항의하고자 만들었지만[7] 실제로는 민단과 부제(府制)의 문제만이 아니라 식민정책에 대해서도 폭넓은 의견을 개진했다.

스스로 지방 권력 담당자임을 자처한 '부산갑인회' 회원들은 한국인의 배일(排日) 의식에 대응함으로써 식민 침탈을 조직적으로 후원하고 식민 지배와 통치에도 조력하겠다는 포부를 공공연히 밝혔다.[8] 이들이 조선총독부 산하 공식조직을 도와 일정한 역할을 맡겠다고 밝힌 분야는 토목을 비롯한 교육, 위생 의료, 군사, 치안, 그리고 사회사업과 국민정신작흥(作興) 운동, 자력갱생과 민력(民力) 함양 운동, 청소년단 지도, 국민체육 증진 운동 등 실로 다양했다.

이러한 일본인들의 조직 결성이나 활동은 부산과 동래의 한국인들을 크게 자극해 각종 민간 조직을 결성 혹은 재건해야겠다는 생각을 갖게 했다. 한국인 소상공인들은 금융자본

---

6 『부산일보』, 1916년 1월 27일 자.

7 釜山甲寅會, 『日鮮通交史 - 附釜山史 近代記』, 1916, p.316; 『부산일보』, 1915년 5월 18일 자.

8 '갑인회'는 조선 총독에게 보낸 진정서에서 자신들이 단순한 민간단체가 아니라 "학교, 도로, 산업, 위생, 경비의 일들을 부담하고 일선인(日鮮人) 동화 정책에 적극 호응 …(중략)… 단순한 이민(移民)의 종류가 아니고 도시를 건설하고 주의 주장을 가진 자치단체로서 대륙 발전을 위한 선구자"라 천명했다. 아울러 식민지배자의 우월성을 드러내고 피식민지인의 열등성을 강조하며 "일한 합병의 취지는 조선인을 우리 일본과 동일시하고 동일한 대우를 한다는 것입니다만 우월한 민족에게는 우월한 제도가 필요하고 미개한 민족에게는 미개한 제도가 필요한데 일선인(日鮮人) 간의 능력 습관이 다름에도 불구하고 막연히 두 민족을 혼동하여 동일 제도 아래 둔다는 것은 공평을 잃은 처사"라고 주장했다.(釜山甲寅會, ibid., pp.118~121)

축적을 위해 전래의 계(契)를 계승하면서도 회식을 겸해 낙찰을 받는 일본식 '다노모시코우[賴母子講]', '무징[無盡]'을 본뜬 새로운 계를 만들었다. 수산 분야에서도 한국 어업인들은 일본 어업인들과 상호협력하기 위해 계약을 체결하거나 스스로 일본인이 만든 조합에 회원으로 가입했다.[9]

그 밖에도 부산과 동래의 한국인들은 다각적으로 일본인과의 전략적 제휴와 협력에 나섰다.[10] 1912년에는 한국인이 주도한 '구포은행' 발족에 일본인 자본가들이 참여했고 1916년에는 일본인 상업회의소와 한국인 상업회의소의 통합이 성사되었다.[11] 1926년의 '전기부영을 위한 동래 면민대회'에서는 동래의 일본인과 한국인이 같은 지역민이라는 공감대를 바탕으로 독점기업과 행정당국에 함께 맞서 활동했다.[12]

나. 식민지의 대중문화

식민 지배에 나선 일제는 서구로부터 수입한 근대 과학과 기술을 기준으로 우열을 구분하는 문명관에 따라 문화정책을 시행했다.[13] 그런데 일제가 부산과 동래 등 한국에 이입한 것은 일본문화 중에서도 대체로 자극적이고 말초적이며 저급한 대중문화였다. 민족 간에도 우열이 존재한다는 사회진화론을 신봉하던 식민당국은 자신들 멋대로 '미개지'라 규정한 한국에 주로 대중문화를 이입했다.

개항기 이래 부두나 건설 현장 등에서 일하는 남성 수가 늘어난 부산은 유교적 가치관에 억눌렸던 성적 욕망이 폭발하기에 안성맞춤인 도시였다. 이를 눈치챈 일본은 신식문물 소

---

9 김승, 「부산의 일본인 이주어촌 건설 과정」, 『해항도시의 역사적 형성과 문화교섭』, 한국해양대 국제해양문제연구소, 2010, 138~139쪽.

10 朴海玉, 「釜山の都市プランの變遷」, 千田禾念 編, 『東アジアの 都市形態と 文明史』, 國際日本文化研究センター, 2004, p.353.

11 『부산일보』, 1915년 8월 16일 자.

12 김승, 『근대 부산의 일본인사회와 문화변용』, 선인, 2014, 328쪽.

13 미즈노 나오키 지음, 장선태 옮김, 『생활 속의 식민지주의』, 산처럼, 2007, 20쪽; 고마고메 다케시, 오성철 외 옮김, 『식민제국 일본의 문화통합』, 역사비평사, 2008, 123쪽.

개를 핑계로 부산을 한국 최대의 유곽(遊廓)과 공창(公娼) 지정지로 만들었다. 그런 시설에서 벌어지는 예창기(藝娼妓)의 공연과 매춘은 삽시간에 한국인의 풍속을 바꾸어 놓았다. 아울러 곡마단, 신파극 등 대중공연과 활동사진 역시 소개되자마자 한국인들의 눈길을 사로잡으며 오락과 유흥문화를 퍼뜨렸다.

3. 동래의 대중문화와 민간 조직

부산이 일약 '세계도시'로 개발되자 조선시대까지 경상도의 행정과 교역 중심지였던 동래는 식민주의적 자장권(磁場圈)에 놓인 '주변부'가 되었다. 그러면서도 전래문물이 남아있던 동래는 외래문물이 직접적으로 이입된 부산에 비해 문화적 혼종이 일어나기에 적합한 지역이었다.

동래의 전래문물 중에서도 일본인들의 관심이 가장 큰 대상은 신라 시대부터 유명한 온천이었다. 그들에게 온천은 농사를 마친 후 성지를 순례하고 돌아오는 길에 반드시 들르던 필수코스였다.[14] 그래서 그들은 자유로운 출입이 금지된 왜관 시절에도 죽음을 무릅쓰고 동래에 가기를 원했던 것이다.

1920년대 동래온천장 욕장(부경근대사료연구소 소장)

1882년 휴양과 환락을 위한 '동래온천장' 개발을 시작한 일제는 1907년 봉래각 등 일본식 여관을 짓고 정원을 조

14 八岩まどか, 『温泉と日本人』, 青弓社, 2002, p.32.

성하였으며 1909년에는 부산역에서 출발하는 경편철도를 부설했다. '동래온천장'은 벚꽃 축제와 단풍놀이를 비롯해 일본 국내에도 없는 여관의 내탕(內湯),[15] 일본 게이샤와 한국 기생이 접대와 공연, 도쿄에서 송출되는 라디오방송 청취, 테니스 게임을 즐길 수 있는 휴양지이자 위락시설이 되었다. 정계와 재계 권력층과 부상(富商), 유학생과 언론인, 문인 등 프티부르주아 남성들이 취미와 사교, 유흥을 목적으로 드나들던 그곳은 훗날 부상병을 위한 치료소로도 운영되었다.

'동래온천장'에서 활동한 한국인 민간 조직으로는 관기 출신이 조직한 '동래권번'이 있었다. 그들은 제국의 시선이 구성한 '식민지의 은유'이자 정치적 긴장을 완화하는 기제에 그치지 않고[16] 나름대로 자신들의 권익을 지키며 지역을 위하는 활동도 전개했다.

동래에 존재한 또 다른 민간 조직으로는 무청(武廳)과 작청(作廳)의 인사권과 재정을 장악했던 중인들의 모임 '동래기영회'가 있었다.[17] 이들은 부산으로 이주한 일본인 기업가나 상인들의 조직 결성과 활동에서 자극을 받아 '동래기영회'를 중흥해 육영사업을 펼치고 지방정치에 참여했다.

이들 양자는 참여자나 모임의 성격 모두 다른 점이 많았지만 공통점도 놀라울 만큼 많았다. 그들은 각자의 활동을 통해 주체적으로 외래문화와 전래문화의 교류와 접변, 혼종을 추구하면서도 전래문화의 전수와 공연에 의기투합하는 모습을 보여주었다.

'동래권번'이나 '동래기영회'의 활동에 대해 기존논문이나 향토사는 주로 "전통과 민족주의 수호" 측면만을 강조했다. 그러나 '동래권번'이나 '동래기영회'의 진면목을 제대로 평가하려면 그들이 추구한 전략적이고 저항적인 혼종의 양상과 의미를 정확하고 충실하게 파악해야 하리라 본다.

---

15 부산근대역사관 학예연구실, 『근대 관광을 시작하다』, 2007, 206쪽.

16 서지영, 「상실과 부재의 시공간 : 1930년대 요리점과 기생」, 『정신문화연구』 32(3), 한국학중앙연구원, 2009, 172쪽, 189쪽.

17 변광석, 「동래기영회의 활동과 변화를 통해 본 지역성」, 『역사와 경계』 84, 부산경남사학회, 2012, 78쪽, 80쪽.

Ⅱ. '동래기영회'의 중흥과 활동

1. '동래기영회'의 중흥

'동래기영회'는 1846년 "수시로 모여 잔치를 베풀고 정의를 두텁게 하며 들놀음 등으로 정취를 돋우"기 위해 만든 무임들의 모임 '기영계(耆英稧)'가 그 뿌리였다. 다시 1853년 조직을 재건한 이들은 1863년 "도화원에 모여 풍류를 즐기면서 시를 짓는" '상춘시사(賞春詩社)'를 결성했다. 이어 1876년에는 "고을의 공론(公論)에 따라 기영회(耆英會)의 터전인 학소대 아래 도화동에 노인정(老人亭)을 세우고 건물을 증축하며 나무를 심어 가꾸"는 한편 매년 봄가을에 연회(宴會)를 열어 시를 짓고 풍류를 즐겼다.[18]

이들을 자극한 것은 개항 이후 부산으로 이주해 이권을 추구하는 한편 "식민지 발전의 선구자가 되겠다"며 육영사업 등을 전개한 일본인 거류민회와 거류민단, 특히 '부산갑인회'의 존재와 활동이었다. 일단 중흥을 이룩한 '동래기영회'는 심기일전하는 뜻에서 조직을 정비하고 경제력을 확보해 지방 권력 장악[19]과 근대 교육 후원, 지역민의 이권 수호 등 갖가지 활동을 전개했다.

2. '동래기영회'의 활동

개항 무렵 부산과 동래에 머물던 한국인과 일본인은 모두 근대 교육에 대한 관심이 컸다. 일본인 교사가 일본어를 가르치는 개성학교 입학 희망자가 날로 급증했고 조선어와 일본어를 함께 가르치는 부산항공립소학교와 공립부산상업학교도 마찬가지였다. 이에

---

18 동래기영회, 『財團法人 東萊耆英會 170年史』, 2016, 69~71쪽.

19 손숙경, 「19세기 중반 동래 지역 기영회 결성과 그 역사적 의미」, 『역사와 경계』 83, 부산경남사학회, 2012, 77~78쪽.

동래 '장관청'에 있는 '동래기영회'

학교 측은 일본어 시험을 통과한 사람에 한해 입학을 허가하고 예습과에서 일정한 수준에 도달한 사람에게만 본과 진학을 허락해야 했다.[20]

'동래기영회'는 기왕에 축적해둔 경제력을 활용해 근대 교육을 통한 근대문물 수용을 지원하는 한편 "교육과 계몽에 의한 국권 회복"이라는 나름의 목표에 따라 육영사업에 필요한 부지와 자금을 희사하거나 직접적인 학교 운영에 나섰다.

1898년 '동래기영회'는 지역사회에서는 처음으로 동래부학교를 설립했다. 하지만 1903년의 한문소학교 철폐에 이어 1904년 동래부학교마저 폐교되자 1906년에는 개양학교(開陽學校) 설립을 후원해 한국인 학생들에게 가르친 일본어로 근대적 외래 문명과 새로운 문화 수용의 바탕을 마련하고자 했다. 그러나 모처럼 후원에 나선 개양학교가 "친일(親日)의 아성(牙城)"이라 불리자 그들은 1906년에는 온천 운영 관리권을 회수하는 방법으로 후원을 중단해 폐교에 이르게 했다.[21]

1906년 '동래기영회'는 개교 이념으로 "유교의 전통을 이어받은 인본주의 사상과 민족자주독립의 민족주의 사상과 신문화를 받아들여 조국의 근대화를 기하려는 합리주의 사상"을 천명한 삼락학교를 설립했다. 이듬해에는 수면노소신사총회(首面老少紳士總會)에서 전

---

20 부산에서는 1877년 한국 최초의 초등교육 실시 이래 1888년 부산항공립소학교, 1892년 공립부산상업학교가 설립되고 1896년 박기종이 영주동에 일본 '가이세이조(開成所)'('가이세이학교(開成學校)')에서 이름을 딴 개성학교를 세웠다.(차철욱 · 양흥숙, 「개항기 부산항의 조선인과 일본인의 관계 형성」, 仁荷大學校 韓國學硏究所, 『韓國學硏究』 제26집, 2012, 28~32쪽 참고)

21 동래기영회, 앞의 책, 76~77쪽.

재산인 1천 2백 두락을 희사해 이 학교를 지원하기로 했다.

그와 함께 "갓밝이[東明之光]가 찾아올 것을 기원한다"는 뜻의 교명을 지닌 동명학교 설립에 착수했다. 하지만 1915년 조선총독부의 개정 사립학교령 제정, 공포로 이 학교 졸업생의 상급학교 진학이 어려워지자 1917년 교명을 사립동래고등보통학교로 바꾸었다.

1919년 '동래기영회'의 설립 취지를 잘 알고 있던 동래고보 학생들은 3.1운동에 적극 참여했고 이로 인해 졸업 후 진학뿐 아니라 취직에도 어려움을 겪게 되었다. 이에 '동래기영회'는 1922년 사립동래고등보통학교를 교육 당국에 넘기고 학교 운영에서 물러났다.

1907년 '동래기영회'는 '국채보상운동'의 취지를 이어받은 동래부국채보상일심회 발기에 참여하는 한편 시구 개정선 변경, 시장 이전과 공설화, 온천탕 읍영화 등 지역 현안 해결에 대한 의견을 적극적으로 개진했다. 1910년에는 지방제도 개편에 대한 항의와 지방자치 논의, 국권 회복을 주장하는 민의소 설립과 취지서 작성에 나섰으며 1920년대에는 지방자치제 시행에 부응, 면협과 읍회 신거에 출마하고 일본인들과 지방 권력을 분점해 동래읍 운영에 참여했다.[22]

그와 함께 '동래기영회'는 임진왜란 당시의 선열들을 모신 송공단(宋公壇)을 비롯한 거사단(去思壇)과 칠총제(七塚祭) 등에서의 향사(享祀)를 주관하고 관묘(關廟) 중수와 제향도 적극 지원했다.

---

22 '동래기영회'가 지방자치제에 참여한 행위에 대해서는 오늘날 "일제에 대한 협력"이라 비판하는 시각도 있지만 그 진정한 의도와 더불어 공과를 두루 살펴야 한다는 견해 역시 적지 않다.(홍순권, 『근대도시와 지방권력 - 한말 일제하 부산의 도시발전과 지방세력의 형성』, 선인, 2010, 291쪽, 437~438쪽)

Ⅲ. '동래권번'의 결성과 활동

1. '동래권번'의 결성

조선 시대 각 고을 관아는 교방을 설치하고 기생을 배속시켜 관리와 사신 등을 위한 각종 연회에서의 접대를 담당케 했다. 1868년까지는 동래부에서도 교방 소속 '관기(官妓)', '지방기(地方妓)', '예기(藝妓)' 20명과 행수기생 3명이 그와 같은 임무를 수행했다.[23]

1904년 일제는 문득 "풍속 개량"을 명분으로 관아의 교방을 없애고 게이샤를 소속시킨 일본의 '권번'('견번(見番)' 혹은 '검번(檢番)')을 본뜬 기생 조직을 만들라고 촉구했다. 처음엔 일본공사관 산하 경성영사관이 창기조합을 구성하라고 강요하더니 1908년에는 통감부 경시청이 '기생 단속령'과 '창기 단속령'을 발표했다. 이에 1908년 결성된 '경성유녀조합'이 경시청에 설립청원서를 제출, 1909년 '창기조합'으로 개칭하면서 운영 허가를 받았다.[24]

동래에서도 1910년의 교방 해체 이후 아전과 유지의 자제가 기생과 양녀 등을 모아 '기생조합'을 만들어 1912년 '동래예기조합'으로 개칭하고 사무실을 동래구 명륜동 357번지

---

23 송혜영 · 서치상, 「경상좌수영 관아의 배치구성과 변화과정 연구」, 『대한건축학회 논문집 - 계획계』 31(7), 대한건축학회, 2015, 110쪽; 오진호, 「조선 후기 동래부의 악공, 기생의 공연활동 연구 - 18~19세기 사료를 중심으로」, 『한국음악문화연구』 1, 한국음악문화학회, 2010, 120~121쪽.

24 근대기의 기생에 관한 기존 논의로는 다음과 같은 논저가 있다. : 권도희, 「20세기 전반 민속악계 형성에 관한 음악사회사적 연구」, 서울대 박사학위논문, 2003; 손정목, 『일제강점기 도시사회상연구』, 일지사, 1996; 이경민, 『기생은 어떻게 만들어졌는가 : 근대기생의 탄생과 표상공간』, 아카이브북스, 2005; 황미연, 『권번과 기생으로 본 식민지 근대성 - 일제강점기 전라북도를 중심으로』, 민속원, 2013; 宋芳松, 「漢城妓生組合所의 藝術社會史的 照明 : 大韓帝國 末期를 중심으로」, 『韓國學報』 제29권 제4호 통권113호, 일지사, 2003; 송연옥, 「대한제국기의 '기생단속령', '창기단속령' : 일제 식민화와 공창제 도입의 준비과정」, 『한국사론』 40호, 서울대 국사학과, 1998; 서지영, 「식민지 시대 기생연구(Ⅱ) : 기생조합의 성격을 중심으로」, 『한국고전여성문학연구』 10집, 한국고전여성문학회, 2005; 즈타니 사야카, 「여악을 전승한 예인으로서의 기생에 대한 왜곡에 관한 연구 Ⅱ : 기생과 공창제도와의 관련성을 중심으로」, 『한국학(구 정신문화연구)』 43(2), 한국학중앙연구원, 2020; 김용욱, 『부산의 역사와 정신 2』, 전망, 2001; 최해군, 『부산 7000년, 그 영욕의 발자취(2)』, 地平, 1997.

에 두었다.[25] 다시 1915년에는 전국의 예창기 조합 명칭을 일본식으로 바꾸라는 당국의 지시에 따라 '동래예기조합'도 '동래권번'이라 개칭하였다.[26] 이후 1940년대에는 동래의 한국인 기생의 거처를 온천장으로 옮기라는 지침에 따라 '동래권번'도 "온천동 188번지 기생정(妓生町)"에 주소를 두었다.[27]

식민당국이 일본식 권번 제도를 한국에 도입한 목적은 한국 기생의 본격적 감독, 관리를 위해서였다.[28] 그들은 관(官)에 적(籍)을 두었던 기생이 대중을 상대하는 접대나 공연에 나서면 풍속에 미치는 영향이 지대할 것이라 보고 미리 그 대책을 마련했던 것이다.

그런데 식민당국은 한국인 기생이 공식적으로 면천(免賤)된 존재임에도 불구하고 예기와 창기의 구분 없이 "유녀(遊女)"라는 명칭을 사용했다. 실제로 교방을 떠난 한국인 기생은 손님 접대에 응해야 했고 예기(藝妓) 역시 예외가 아니었다. 그로부터 '기생 = 술 = 성적 도구'로 이미지가 왜곡되었고 신문 기사나 풍속자료집, 공식 문건 등도 "갈보", "창기", "매춘부(賣春婦)"라 기록하면서 편견을 조장했다.[29] 특히 태평양전쟁으로 경기가 침체된 1940년대 한국인 기생들은 "접대부"라 불리는 모욕을 감수하며 접대에 나서야 하는 처지가 되었다.

한국인 기생을 성적인 대상으로 바라보는 시각은 1926년의 '동래온천장'을 소개하는 부산 관광 안내 책자에서도 엿볼 수 있다.

---

25 성기숙, 『한국전통춤연구』, 현대미학사, 1999, 474~475쪽.

26 '권번'은 이름부터 운영방식까지를 모두 일본 게이샤 조합(芸者組合)의 범례를 따른 조직이었다. 일본에서는 17세기 에도시대 이래 요시하라 유곽에서 일하는 게이샤들의 출입을 관리, 감독하며 포주집과 요리점, 요정 등을 연결시켜 주던 사무소의 이름을 '권번'이라 불렀다. 메이지 시대 이래에는 자발적으로 게이샤가 된 여성들이 오키야(置屋), 오차야(お茶屋), 요리점(料理店) 등의 조합에 가입해 차반(茶番), 사카반(酒番), 모치반(餠番)의 구분에 따라 뇨코바(女工場)에서 교육을 받고 카부렌조(歌舞練場)에서 공연에 나섰다.(金美英, 「妓生と芸者のアイデンティティの比較」, 『일본사상』 제31호, 한국일본사상사학회, 2016, 73쪽)

27 (株)東萊觀光호텔 企劃室, 『東萊溫川小誌』, (株)東萊觀光호텔, 1991, 133쪽.

28 가와무라 미나토 지음, 유재순 옮김, 『말하는 꽃, 기생』, 소담출판사, 2000, 169쪽; 임종국, 『밤의 일제 침략사』, 한빛문화사, 1984, 20쪽.

29 宋芳松, 앞의 논문, 15쪽.

해어화(解語花)는 사계절 그치지 않고 눈이 부시게 흐드러지게 피어있습니다. 또 기생의 치마에 조선 풍정을 펴 담으며 가볍게 술을 마시고 낮은 소리로 노래하며 따뜻함과 부드러움을 찾는 것도 한 흥취요, 끝없이 솟아올라 마르지 않는 온천물에 여진과 여수를 씻어 보내는 것도 하나의 득입니다.[30]

2. '동래권번'의 활동

일찍이 정노식은 『조선창극사』에서 "妓生으로 말하면 그 學習이 오직 聲樂으로 時調歌詞 絃樂으로 玄琴 伽倻琴 또 舞蹈等에 限하였고 雜歌나 唱劇調 같은 것은 絶對禁物이었으니 이것이 곧 妓生의 操"라 했다.[31] 과연 1899년 유성기 음반 시험 청취에는 세 부류의 음악인이 초청되었는데 그들 중 관기(官妓)는 가사(歌詞)만을 녹음했고[32] 1907년 미국 컬럼비아사 음반 녹음에서도 관기 최홍매는 유산가, 백발가, 사설시조만 불렀다.[33] 1900년대 초 두 차례의 진연(進宴)과 사설극장 무대에서도 궁중정재 레퍼토리는 관기에게만 주어졌으며 여악(女樂)의 명맥도 1907년까지는 유지되었다.[34] 이처럼 교방은 해체되었지만 관기 출신들은 정노식이 말한 "妓生의 操"를 지키며 공연에 임했다.

그런 한국인 기생들의 학습 내용에 지대한 변화가 일어난 시기는 1910년대였다. 1910년대에 들어와 각종 대중음악이 유행하고 공연 횟수가 늘어나자 공연담당자들은 무명색이나 삼패에게도 '예기(藝妓)'란 호칭을 붙여 공연무대에 세웠다. 그처럼 일패와 삼패가 같

---

30 大田增一, 『釜山案內』, 釜山觀光協會, 1926, p.29.

31 鄭魯湜 著, 『朝鮮唱劇史』, 朝鮮日報社, 1940, p.233.

32 권도희, 「20세기 기생의 음악사회사적 연구」, 『한국음악연구』 제29권, 한국국악학회, 2001, 321쪽.

33 한국정신문화연구원 편, 『한국유성기음반총목록』, 민속원, 1998, 17~18쪽.

34 송방송, 「대한제국 시절의 진연과 관기들의 정재공연 - 고종신축년진연의궤의 정재여령을 중심으로」, 『한국무용사학회 논문집』 제1호, 한국무용사학회, 2003, 102~146쪽.

은 무대에 오르자 위계질서가 무너지면서 공연 레퍼토리를 구분해 맡기던 불문율도 사라졌다.[35]

급기야 1920년대 말 대중매체를 통해 대중문화가 활발하게 보급되자 레퍼토리가 다양해지면서 기생들 간의 경쟁은 더욱 치열해졌다. 이를 부추기듯 1930년대 이후 기생의 레퍼토리는 전래음악에서 신민요 등으로 확대되었다.[36]

당시 '동래권번' 기생들이 부르던 노래에도 가사와 시조 외에 잡가, 가곡 등이 두루 포함돼 있었다.[37] 이는 '동래온천장'을 드나드는 관객들의 요청에 응하기 위한 불가피한 선곡이었다. 그러면서도 그들은 춘향가 등 판소리를 먼저 배우고 "민족의식"이 담긴 '안중근열사가'나 '유관순열사가'를 익힌 다음에야 다른 노래를 학습할 수 있었다.[38]

'동래권번' 기생들은 다양한 노래 외에 장삼무, 승무, 입무, 남무, 검무, 춘앵무, 무산향, 남무바지, 남중속무(살풀이춤), 정재무에 더하여 서양 무도와 내지무(內地舞) 등도 배워야 했다. 더불어 거문고, 가야금, 생황, 단소 외에 양금, 샤미센 등 외국 악기의 연주와 손님을 접대하는 태도와 범절도 익혔다.[39]

한국인 기생과 일본인 게이샤가 어우러진 '동래온천장'의 풍경은 다양하고 다채로웠다. "분단장을 하고 머리를 쪽찐 우리 기생들과 기모노 차림에 게다를 날렵하게 끌며 잔발로 걸음을 옮기는 게이샤의 모습이 뒤섞였"고 "우리의 장중하고 깊은 맛을 지닌 북 장단이나 장구 장단에 맞춰 기생들이 뽑아대는 심청가(沈淸歌)나 적벽가(赤壁歌) 소리가 은은하게 바람

---

35 서지영, 「식민지 시대 기생 연구(1)」, 『정신문화연구』 28(2), 한국학중앙연구원, 2005, 275쪽.

36 권도희, 앞의 논문, 343쪽, 335~336쪽.

37 추정금, 「동래권번에 관한 연구 : 학습 내용과 공연활동 중심으로」, 중앙대학교 대학원 석사논문, 2004, 24쪽.

38 권도희, 위의 논문, 339쪽. '안중근열사가'와 '유관순열사가', '윤봉길열사가', '이준열사가'는 일제강점기에 판소리 명창 박동실이 만들어 한승호, 김동준, 장월중선, 김소희 등에게 전한 창작판소리다.('안중근의사 숭모회 웹사이트' : http://patriot.or.kr/05.community/submenu5701.php/newnews/?code=free&idx=11759&ptype=view)

39 이주희 · 추정금, 「동래권번에 관한 연구 : 학습 내용과 기생의 활동 중심으로」, 『무용예술학연구』 24집, 2008, 162쪽; 추정금, 앞의 논문, 27쪽.

권번 기생의 춤사위와 동래온천장 객실 모습(부경근대사료연구소 소장)

을 타고 울려 퍼"지는 가운데 "일본 게이샤들이 간드러진 샤미샌 반주에 맞춰 '야래 쪼이쪼이' 하고 불러대는 도도이쯔와 고우타의 가락이 맞장구를 치듯 울려" 퍼졌다.[40]

그처럼 '동래온천장'은 '동래권번' 기생들이 국악이나 판소리에 한국무용으로 흥을 돋우고 '오키야(置屋)권번' 게이샤들이 "샤미센(三味線)을 퉁기며 나니와부시(浪花節), 도도이쯔(都都逸), 고우타(小唄) 등의 민요와 봉오도리(盆踊) 춤을 추며 손님들 시중"을 드는 식으로 양국의 문화가 뒤섞이는 공간이었다.

1926년 출판된 『부산안내』를 보면 '동래온천장'에서는 '동래예기권번'과 '동래권번조합'에 소속된 예기 50명과 동래 읍내 기생 58명이 '오키야(置屋)권번' 소속 일본인 게이샤와 함께 활동하고 있다고 기록되어 있다.[41]

---

40 (株)東萊觀光호텔 企劃室, 앞의 책, 143~144쪽.

이곳에서 특별한 모임이 있을 경우엔 한국인들도 일본식 요정을 자유롭게 드나들었고 반대의 경우 역시 마찬가지였다. 1920년대 동래온천 방문자는 하루 평균 548명으로 그중 일본인이 225명, 한국인이 323명으로 단연 한국인이 많았다. 하지만 당시 부산과 동래 인구 중 일본인 비율이 상대적으로 낮았음을 참조하면 그들의 방문자 수가 적었다고 보기는 어렵다.[42]

'동래권번' 기생들은 '동래온천장'에서의 공연 외에도 작품 발표회를 개최하고 라디오방송에 출연하거나 해외 공연에 나서는 등 다양한 활동을 전개했다. 특히 그들은 당시 대중에게 인기를 끌던 창극 공연의 수익금으로 사무실을 짓기도 했다.[43] 19세기 말 청나라에서 받아들인 창극에 대해 정노식은 "기생들의 絶代禁物"이었다고 말했지만 '동래권번' 기생들은 그러한 전시대의 불문율에 구애받지 않았던 것이다.

IV. 민간 조직의 '저항적 혼종성' 추구

1. 민간 조직 활동의 양가성

가. '동래기영회' 활동의 양가성

---

41 大田增一, op. cit., p.38, p.46.

42 다케구니 토모야스 지음, 소재두 옮김, 『한국 온천 이야기』, 논형, 2006, 175쪽.

43 국립문화재연구소, 『입춤 한량무 검무』, 국립문화재연구소, 1989, 40쪽.

식민지배자의 논리는 단선적으로만 비판하기 어려운 까닭은 그들의 지배와 통치 논리, 감정 등이 편향된 것만이 아니었기 때문이다. 일제 역시 식민지 한국을 업신여기고 조롱하면서도 전근대기까지는 자신들보다 문화 수준이 높았던 한국에 대해 호기심과 더불어 두려움을 갖고 있었다.

그래서 식민당국은 한국의 전래문화를 일부 허용하여 한국인을 회유하려는 전략도 구사했다.[44] 동래 지역민 수만 명이 참가하던 '동래부 줄다리기'를 허가해 반일 운동을 억제하고 "융화를 꾀하"려던 조치가 그런 사례였다.[45]

그런 이중적 의식을 지닌 식민지배자들은 수시로 식민지인들에게 "우리를 흉내 내도 좋지만 똑같아지진 말아다오", "닮아도 좋으나 같다고 믿지는 말라"는 언질을 주었다. 그런 사고를 갖고 있었기에 그들은 식민지인에게 근대적 외래문물을 권하면서도 "이것을 사용해 비슷해지더라도 똑같아졌다고 믿지는 말라"는 단서를 덧붙이곤 했다. 이를 잘 보여주는 예가 부산의 일본인 기업가 모임 '부산갑인회'가 식민당국에 보낸 진정서에서의 "(한일 양국인에게) 동일 제도를 적용하면 공평성을 잃을 것"이라거나 "한일 양국인을 똑같이 대우하면 애써 구축한 일본인의 우월한 지위가 훼손될 것"이라는 언급이다.

그런 식민지배자의 양가적 태도에 대응하는 '동래기영회'도 똑같은 태도로 처신했다. 한편으로는 민족주의를 강조하고 배일사상과 저항 의지를 북돋우면서도 다른 편으로는 근대문물을 수용하고 근대 교육을 장려하고 지방정치에 참여했다. 1906년 삼락학교를 설립한 그들은 "많은 학생을 수용하기 어려울 뿐 아니라 소학교를 졸업한 후 다시 진학할 학교가 없으면 교육을 무엇으로 발전시킬 것이며 학생들을 장차 무엇으로 성취시킬 것인가?"라는 언명으로[46] 민족주의와 근대주의를 함께 추구하겠다는 의지를 드러냈던 것이다.

---

44 김태억, 「일제 식민통치의 기조」, 한일관계사연구논집 편찬위원회, 『일제 식민지지배의 구조와 성격』, 경인문화사, 2005, 134~135쪽.

45 구술 / 문장원, 편집 / 신경란, 『동래사람은 팔만 올리도 춤이 덴다 캤어』, 뿌리깊은 나무, 1991, 35~43쪽.

46 동래고등학교, 『동래고등학교 80년사』, 1978, 52쪽.

'동래기영회'가 근대 교육에 기울인 노력은 1898년 동래부학교에서의 일본어 교육에서도 확인할 수 있다. 당시 이 학교에서 일본인 교사 가미다니 테키가 가르친 일본어와 산수의 수업시수는 한국인 교사 2인의 한문보다 훨씬 많았다. 1900년부터 일어과를 병설해 교세를 키운 동래부학교는 "일어 학교" 외에도 일본어 교육에 힘쓰던 개성학교와 흡사하여 "개성학교 동래분교"라 불릴 정도였다. 이후 개교한 개양학교에서도 한국어 교과목은 없어도 일본어 과목은 존재했으며 명륜학교 교과목에 배당된 일본어 수업시수 역시 국어보다 많았다.[47]

나. '동래권번' 활동의 양가성

한국 기생들을 권번에 소속되도록 강제한 일제는 그들이 풍속을 좌우하는 중요한 존재라 여기면서도 모멸적인 의미에서 '유녀(遊女)'라 호칭하며 그들에 대한 현실적 처우에도 무관심했다.

그러다보니 '동래온천장'에서 접대와 공연에 나서는 일본인 게이샤와 한국인 기생 사이에는 엄연한 차별이 존재했다. 일본 게이샤들에게는 그곳이 '황국의 꿈'이 실현된 '해외 진출' 무대였지만 '동래권번' 기생들에게는 생계 해결을 위해 접대와 공연을 벌이는 접객업소였다. 그처럼 판이한 양자 간의 처지로 인해 '동래온천장'에서의 공연에는 '식민지 관광체험'과 '전래문화'라는 양가적 속성이 함께 담겨 있었다.

'동래권번' 기생들만 보더라도 그들은 외래문물인 서양과 일본의 가무 공연을 펼치고 외국어로 접대를 하면서도 판소리와 민요, 살풀이, 굿거리(입춤), 동래고무(鼓舞)나 동래 한량춤, 가야금 산조 등 전래문화의 맥을[48] 잇고자 노력했다. 더구나 그들은 일본식 권번에 소속되었으면서도 식민당국의 요구를 거부하는 이중적 태도를 수시로 드러냈다. 그러한

---

47 부산광역시, 『부산시사』, 1989, 914쪽.

48 국립부산국악원, 『청화당 김온경의 삶과 예술』, 2010, 160~177쪽; 오진호, 「부산지역 전통음악의 연구현황과 과제」, 부산발전연구원, 『2008 부산학연구』, 2008, 166~167쪽; 이주희 · 추정금, 앞의 논문, 158쪽.

이중적 속성이야말로 호미 바바가 말한 "차이를 인정하고 부인하는 다중적이고 모순적인 믿음의 형태"[49]로서의 '양가적 혼종성'이라 할 수 있다.

'동래권번' 기생들의 태도와 행적이 그처럼 양가적이었기 때문에 오늘날까지도 "식민 지배자의 제국주의적 의지에 순응했다"는 비판과 "전통과 민족문화를 수호했다"는 옹호가 엇갈리는 것도 사실이다.

하지만 '동래권번' 기생들의 학습이나 공연, 활동, 존재는 단지 추상적이고 선험적인 '식민주의'나 '제국주의', '전통', '민족'이란 관념으로만 설명하기 어렵다. 그들은 그런 관념들을 식민지인으로서의 인식을 투사한 기예나 활동[50]으로 재맥락화했기 때문이다. 그 경우의 '전통'은 프란츠 파농의 말처럼 "문화를 출발점으로 민족을 증명한 게 아니라 점령군에 대항하여 벌이는 투쟁 가운데 표명한 문화"를 구사함으로써 "냉혹한 식민 지배에 대항하고 투쟁하느라 의미가 변화된 전통"이었다.[51]

그러므로 '동래권번' 기생들의 활동은 식민주의자들이 내세운 '문명 vs. 야만'이라는 추상적 관념을 해체한 실천의 결과라 할 수 있다.

2. '저항적 혼종성' 추구

가. '양가적 혼종성' 추구

일제 식민당국은 식민지 한국에 근대문물을 이입하고 지방 권력 배분과 보통교육 등을 권했다.

하지만 그것은 우월한 자신들을 닮으라는 것이지 자신들과 같아지길 바라고 벌인 정책이 아니었다. 도리어 그들은 동일화로 인해 지배 대상과 자신들과 똑같아지면 차이의 소

---

49 이석구, 「전유의 틈새 : 호미 바바의 '식민주체'와 그 문제점」, 『안과 밖』 1, 한국비평이론학회, 2000, 232쪽.

50 太田好信, op. cit., p.18.

51 프란츠 파농 / 박종렬 옮김, 『大地의 저주받은 者들』, 광민사, 1979, 179~180쪽.

멸로 권위가 사라질 것을 염려했다. 그래서 식민지배자들은 자신들을 닮으려 애쓰는 식민지인들이 흉내에 능하다고 '조롱'하면서도 그로부터의 결과가 '흉내 내기'와 '조롱' 사이의 '모방'에 그치기를 바랐다.

그러면서도 그들은 행여 식민지인이 자신들과 동일해질까 염려하여 꾸준히 '부분적 차이'를 만들고 유지하려 했다.[52] 그런 '부분적 차이'를 위해 식민지배자들은 식민지를 문명화를 명분으로 근대 교육을 소개하고 '동래기영회'가 설립한 동명학교 설립을 허가하고도 제국주의적 이데올로기가 담긴 교육 지침을 수시로 내려보냈다.

그 지침의 내용은 한국인이 저술했거나 한국 관련 내용이 상세한 교과서는 사립학교령에 정해진 국정(國政)과 국시(國是)에 맞지 않으니 사용하지 말라는 것이었다.[53] 1911년 동명학교에서 가르치는 역사나 지리 과목의 내용 대부분은 일본에 관한 것이었고 한국 관련 사항은 극히 일부만이 포함돼 있었다.[54] 더불어 수신(修身), 규칙, 복종, 위생 덕목을 강조하며 동경 표준시 사용, 원족, 운동회, 조례 체조, 급장제, 당번제, 집단체조, 애국 조례 등을 시행하라는 내용도 포함되어 있었다.[55]

그런 '부분적 차이'는 '동래온천장'에서의 한국 기생과 일본 게이샤의 수입에서도 볼 수 있었다. 1931년 '동래권번' 예기 20명이 받는 연간 화대 액수는 약 1만 3천 원인 데 비해 일본인 게이샤 45명의 액수는 약 30만 7천 원으로 무려 10배 이상이었다.[56] 식민지배자가 만드는

---

52 정윤길, 「내 것인 듯 내 것 아닌 내 것 같은 욕망 - 탈식민주의 담론의 양가성」, 『현대사상』 15, 대구대학교 현대사상연구소, 2015, 180쪽.

53 일제는 동명학교 설립을 인가하면서 전달한 주의사항은 "徽文舘發行 高等小學修身書中等修身教科書, 高等小學讀本 鄭寅琥著 最新初等 大韓地理 玄采著 中等教科東國史略, 普成舘發行 新編大韓地理"는 교과서로 부적당하니 다른 책을 쓰라는 것과 "初等 大韓歷史"는 사용인가청원서를 제출하되 서명과 저자명과 발행자명을 자세히 적으라는 지시였다. 이에 대해 『동래고등학교80년사』는 "친일적 매국정부(親日的賣國政府)가 통감부(統監府)의 방침에 따라 사학기관을 통제하려는 목적에서 취해진 조치"라 일갈했다. (동래고등학교, 앞의 책, 88~89쪽)

54 동래고등학교, 위의 책, 109쪽.

55 『부산일보』, 1915년 11월 5일 자.

56 『동아일보』, 1931년 1월 30일 자.

1930년대 초반 동래온천장 전경(부경근대사료연구소 소장)

이런 '부분적 차이'가 지속적으로 축적되면서 식민지인은 위협과 좌절에 시달리게 마련이었다.

이를 인지한 '동래권번'과 '동래기영회'는 그 '부분적 차이'가 단일한 의미로 환원되지

않도록 '양가적 혼종성'을 구사하는 전략을 전개했다.

'동래권번'은 일단 식민당국의 요구에 따라 일본과 서양 가무를 배워 접대와 공연에 나섰고 '동래기영회'는 일본어 교육을 실시하거나 지방자치에 참여했다. 그 과정에서 '내치동화(內治同和)'나 '일선동화(日鮮融和)'로 인해 빚어진 갈등도 감내했다.

그러면서도 '동래기영회'는 식민지배자의 단선적 장악을 저지하고자 동래 지역 일본인들과 함께 지방자치에 참여해 지방 권력을 분점하고 이익을 도모했으며 '동래권번'은 일본에 가서 일본 춤과 노래로 경합을 벌여 탁월한 기량을 인정받았다. 이는 단순한 '흉내 내기'가 아니라 식민지배자의 목소리를 끌어냄으로써 그 안에 숨겨진 식민 지배 의도를 폭로하고 권위적 담론을 무력화시키는 방법이었다.[57]

> "일본 가서도 일본 노래해보면 유금선 씨만땅 일본 노래 잘하는 사람이 없어. 히로시마를 가든지 시모노세끼를 가든지 호여 연회가 있어 노래를 불러 보마. 일분 가수들하고 해가 둘이서 맞붙이 놓으마 말이야 참 잘해. 애놈들이 탄복을 하구마는. 일본 노래를 자아 만땅 마이 아는 아아가 벨로이 없그든."[58]

나아가 '동래권번'과 '동래기영회'는 식민당국이 이입한 외래문화를 수용, 모방하면서도 전래문화를 보존, 전승하는 전략도 구

---

57 로버트. J. C. 영 지음, 이경란 외 옮김, 『식민욕망』, 북코리아, 2013, 48쪽, 94쪽.

58 구술 / 문장원, 편집 / 신경란, 앞의 책, 136쪽.

사했다. 그것은 식민지배자와의 사이에 존재하는 '부분적 차이'를 인지하면서도 짐짓 융합과 대화를 도모하는 '의도적 혼종성' 추구였다.

그렇게 '동래기영회'와 '동래권번'은 식민지배자의 외래문화 이입에 대응하면서 전래문화를 수호하는 혼종을 이룩했다. 이는 추상적이고 선험적인 혼종성(hybridity) 추구가 아니라 타자의 양가성을 역이용하는 역사적 시공간에서의 구체적 혼종화(hybidazation)였다.[59]

나. '저항적 혼종성' 추구

한편 '동래권번'과 '동래기영회'는 식민지배자가 이입한 외래문물을 적극적으로 수용하면서도 독자적 상상력으로 재구축한 주체성으로 타자의 언어를 역이용하는 '저항적 혼종성'[60]을 추구했다.

'동래기영회'는 "근대문명을 수용하면서도 식민 지배에 저항하는 정신을 추구하자"는 설립 취지로 동명학교와 동래고보의 교사와 학생을 감화시켰다. 이에 그들은 역사교사가 권한『월남망국사』등을 읽고 식민 지배에 대한 저항 의식을 키운 뒤 수시로 "교과서 금지 정책 반대", "무능교사 퇴출", "차별교육 철폐" 등을 주장하며 동맹휴교를 벌였다. 특히 동래고보에서는 식민당국의 사립학교령에 반발한 교사들이 비밀리에 학생들에게 한국사와 한국 지리를 가르쳤다.[61] 그 영향으로 1919년 이 학교에서는 졸업생들과 교사들의 독려로 만세운동에 150명이 참가하여 그중 26명이 처벌을 받거나 죽거나 다쳤다. 그럼에도 1920년대 동래고보 교과목에 조선어 과목이 포함되자 학생들은 교사로 부임한 한글학자 최현배로부터 2년에 걸쳐 '말본'과 '독본'을 배웠다.

'동래기영회' 회원들이 지방자치에 참여해 지역사회를 이끌어가는 주체로 나선 것도 우회적 저항의 방법이었다. 1910년 지방제도 개편에 따라 실시된 면협(面協), 읍회(邑會) 선거에

---

59 박상기, 앞의 논문, 230쪽.

60 피터 버크 지음, 강상우 옮김 / 이택광 해제,『문화 혼종성』, 이음, 2012, 181쪽.

61 동래고등학교, 앞의 책, 119~120쪽.

출마해 의원으로 선출된 그들은 1920년대에도 계속 지방 권력을 장악했다.[62] 특히 면협 의원 선거에서는 다른 도시와 달리 일본인 세력이 미약한 동래의 상황을 이용해 7명인 일본인 의원의 네 배에 달하는 28명의 한국인 의원이 의석을 장악했다.

그처럼 지방 권력을 장악하여 도시정비 사업과 '동래온천장' 경영에 참여하겠다는 의사를 밝힌 '동래기영회'는 1931년 동래온천 굴착권을 놓고 만철(滿鐵)과 치열하게 대립했다.[63] 다시 2년 뒤인 1933년에는 '동래온천장'의 여관 운영과 온천 굴착권을 요구해 '동래기영회'에 관계된 한국인 17명이 동래온천주식회사 주주가 되었다.[64]

'동래권번' 기생들 역시 일제의 식민 지배와 통치에 응하면서도 주체적 활동을 펼치는 '저항적 혼종성'을 추구했다. 그들은 식민당국의 지시대로 권번을 조직하고 다문화적 가무의 학습과 공연, 접대에 나서면서도 대한제국 황제의 국상(國喪)에 만장(挽章)을 짓고 곡을 했으며 '조선물산장려운동'과 '단연(斷煙) 운동'에도 자발적으로 참여했다.[65]

그런가 하면 그들은 '북명학원'이란 기생학교를 설립, 운영하고 '동래권번'을 주식조직(株式組織)으로 인정해달라고 당국에 요청했으며[66] 식민당국의 매독검사에 항의하는 뜻에서 "자유 폐업"을 선언했다. 한편 그들은 일본식 놀이와 일본 민요를 강권하고 여자청년단을 조직해 군사훈련을 하라는 식민당국의 요구에는 무대응으로 일관하는 당찬 태도를 보였다.

그처럼 '동래기영회'와 '동래권번'은 식민지배자로부터 배운 방식으로 그들에게 대항하는 '저항적 혼종성'을 추구해 타자화의 주체를 역으로 타자화[67]하여 "식민주의 문화 지형

---

62 홍순권, 앞의 책, 455쪽.

63 『부산일보』, 1931년 9월 4일 자; 『조선일보』, 1931년 9월 21일 자.

64 김용욱, 『부산의 역사와 정신 2』, 전망, 2001, 565쪽.

65 이주희 · 추정금, 앞의 논문, 159쪽, 175쪽.

66 『부산일보』, 1929년 5월 2일 자; 『매일신보』, 1928년 3월 30일 자; 『부산일보』, 1932년 11월 1일 자.

67 호미 바바는 이를 "식민주의적 부인의 효과를 역전시켜 부인된 다른 지식들이 지배 담론에 틈입하여 그 권위의 토대를 소외시키는 방법"이라 정의한다.(로버트. J. C. 영 지음, 이경란 외 옮김, 앞의 책,49쪽; 그레이

에 틈새를 내는 전략"[68]을 구사했다.

그들이 전래문화 재현에 의기투합하여 함께 노력한 점도 특기할 만하다. 기왕에도 동래의 한국인들은 음력 8월 15일부터 15일간 매일 저녁 동래천 제방에 무대를 만들어 연예인과 기생이 출연하는 연예회를 개최해왔다.[69] '동래야류' 전승을 후원해오던 '동래기영회'는 매년 봄가을 '동래권번' 기생들을 초청해 '밥상 놀음'과 '고무(鼓舞)',[70] '동래학춤'을 공연토록 주선하는 한편 타 도시 명인, 명창을 초빙한 합동공연도 개최했다.[71]

V. 동래 민간 조직의 혼종성

'동래기영회'는 부산에 진출한 일본 민간인들의 활동으로부터 자극과 영향을 받아 조직을 중흥했으며 '동래권번'은 일제의 강요에 따라 만든 조직에 소속되어 접대와 공연에 나섰던 민간 조직이다.

그들의 활동에 대해 식민지배자의 문화정책이나 통치 방식에 부응한 측면만 비판하거나 전래문화를 계승하고 지역의 권익을 수호한 측면만 부각시키는 상반된 견해는 모두 온당치 못하다고 본다. 그런 일면적 고찰은 자칫 식민지배자의 위력의 과장이나 추상적이고 선험적인 민족주의 관념에 매몰될 우려가 있기 때문이다.

'동래기영회'와 '동래권번'은 식민지배자가 이입한 외래문화를 수용하면서도 그에 주체적으로 대응하여 전래문화를 지키고 지역의 이익을 도모하는 '양가적 혼종성'을 추구했

엄 페치, 윤효녕 옮김, 앞의 책, 106쪽)

68 유선영, 「황색식민지의 西洋映畵 관람과 소비의 정치, 1934-1942」, 공제욱 외, 『식민지의 일상, 지배와 균열』, 문화과학사, 2006, 483쪽.

69 다케구니 토모야스 지음, 소재두 옮김, 앞의 책, 175쪽.

70 구술/문장원, 편집/신경란, 앞의 책, 44쪽.

71 국립문화재연구소, 앞의 책, 106쪽.

다. 그들이 추구한 '양가적 혼종성'은 시대적 정황에 적극적으로 대응하면서도 식민지배자가 내세운 '우열'의 단선적 담론을 주체적으로 전복하고 재맥락화했다는 점에서 '저항적 혼종성'이라고도 부를 수 있겠다.

6장

미국 대중음악의 수용과 변용

Ⅰ. 민속음악으로서의 대중음악

민요 전문가를 비롯한 한국 민속학 연구자 대부분은 현대 대중음악을 '민속음악'으로 인정하지 않는다. 그 음악에 신성성, 공동체성은 부족한 반면 오락성과 개별성은 지나치다고 보기 때문일 것이다.

하지만 '민속음악'이 고정불변의 속성과 고태(古態)만을 지닌 노래만을 지칭하는 명칭은 아니라 본다. '민속음악'을 당대 대중의 심성이 투사된 음악이라 주장하는 이영미는 "대중매체에 의해 박제화된 노래가 민중의 자발성에 의한 민요의 재창조를 억제함으로써 예술창조자를 완제품 소비자로 전락시켜 음악의 공동체적 창조와 향유를 가로막았다"고 지적했다.[1] 그의 말처럼 시대에 따라 변하고 새로 만들어지는 것이 '전통'이듯 '민속음악' 역시

---

1 이영미, 「일제시대의 대중가요」, 『대중가요 2집』, 실천문학사, 1984, 117쪽.

시대에 따라 변화되고 창출되는 장르라 정의할 수 있다. 그렇다면 강등학의 견해처럼[2] 시대에 따라 나타나고 사라지는 현대 대중음악도 얼마든지 '민속음악'으로 볼 수 있다. 그 예로 19세기 한국 대중들 사이에서 유행한 잡가를 비롯해 미국의 '지테코(zydeco)'와 '웨스턴 스윙', '텍사스 컨트리 뮤직' 등은 엄연한 '민속음악'으로 인정받았다.[3]

대중음악은 당대성과 도시성, 대중성 등을 지닌 도시민속이라 할 수 있다. "민속학의 기치 아래 생겨난 대중문화는 도시 노동계급의 군중 문화로 보는 게 바람직하다"는 주장[4]을 따른다면 그것은 개별적 작품[art]이 아니라 사회적 예술[arts]이다.

허버트 J. 갠즈는 대중문화가 직업이나 가정생활과 연관된 이데올로기, 정치, 사회 환경, 매체와 결부되어 있다고 했는데[5] 이는 도시민속 역시 마찬가지다. 그렇다면 현대 대중음악이 기술과 자본에 좌우되기 쉽고 대중적 취향이 자주 변한다는 특성을 감안하더라도 대중음악 역시 그 정의에 부합하므로 이를 민속음악이라 인정해도 문제가 없다고 본다. 현대 대중음악을 '민속음악'이라 인정하면 "현대의 예술적 커뮤니케이션"이나 "현대 사회생활에서의 예술적 행동" 혹은 "현대의 일상생활에서 누리는 미학" 등 다양한 정의의 원용으로 도시민속 연구 범위를 넓힐 수 있다.

특히 한국에서 "사회현상"이라고까지 일컬어진 소위 '7080 음악'도 연구 대상에 포함시킬 수 있을 것이다. 그동안의 '7080 음악'에 대한 기존 논의는 주로 '미8군 무대'와 방송 등을 통한 기원과 전파, 대중문화에 미친 영향 등에 주목한 견해들이었다. 한지수를 비롯한 이나영 · 정민우 등의 연구[6]는 주로 "소비의 다수성", "이해의 용이성"을 지적하면서[7] 대중

---

2 강등학, 「19세기 이후 대중가요의 동향과 외래양식 이입의 문제」, 『인문과학』 31집, 성균관대 인문과학연구소, 2001, 261쪽.

3 Francis Edward Abernethy, 『What's going on? in modren Texas folklore』, The Encino Press, Austin, 1976, pp.205~257.

4 존 스토리 지음, 유영민 옮김, 『대중문화란 무엇인가』, 태학사, 2011, 15~16쪽.

5 허버트 J. 갠스 저, 강현두 역, 『대중문화와 고급문화』, 나남출판, 1998, 33쪽, 150~157쪽.

6 한지수, 「미8군 쇼무대를 통한 미국 대중음악의 국내 유입 양상」, 『음악과 문화』 제20호, 세계음악학회, 2009; 이나영 · 정민우, 「탈/식민성의 공간, 이태원과 한국의 대중음악 : 이태원 '클럽'들의 형성과 변화 과

에게 전파한 가수나 작곡자 등 전문음악인의 역할을 고찰했다. 이에 대해 이영미는 그들의 논의가 대중음악에 담긴 대중의 심리와 주체적 역할을 포함한 전파 과정 등을 균형 잡힌 시각으로 바라보지 못했다고 비판했다.[8]

대중음악을 균형 잡힌 시각으로 바라보려면 존 톰린슨의 견해처럼[9] 문화제국주의적 특성만이 아니라 대중의 주체적 수용과 향유를 근거로 고찰해야 한다. 그처럼 취향 대중이 소비하는 취향 문화로서의 특성 구명을 위해서는 허버트 J. 갠즈가 권유한 대로 오락, 정보, 인생 미화, 미학 중 어떤 가치를 추구했고 여가문화, 심미적 문화, 선택문화, 부분문화, 대항문화 중 어디에 속하는지도 고찰해야 한다.[10]

기존 논의가 지닌 그 밖의 문제로는 주로 서울에서 활동하던 유명음악인만을 다루다 보니 부산 등 여타 지역에서의 '미8군 무대' 출신 음악인의 활동과 지역민의 반응에 대한 언급이 부족하다는 점도 지적할 수 있다.

이에 여기서는 1950년대 이래 부산에서 활동한 '미8군 무대 출신' 연주자를 비롯한 방송인, DJ, 지역민의 역할과 의식, 감수성 등을 근거로 미국 대중음악의 전파 과정을 '발신(發信)'과 '전신(傳信)', '수신(受信)'의 단계로 나누어 살피고자 한다. 이를 위해 관련 문헌을 비롯해 '미8군 무대' 연주자와 음악평론가, 전 음악감상실 DJ와 방송국 DJ, 그리고 '하얄리아 부대' 인근 범전동 지역민을 대상으로 실시한 인터뷰 내용을 참고하고자 한다.

정을 중심으로(1950-1991)」, 『사회와 역사』 통권 87호, 한국사회사학회, 2010; 박상용, 『노래로 세상 엿보기』, 서조, 1997; 선성원, 『8군쇼에서 랩까지』, 아름출판사, 1993; 선성원, 『대중음악의 뿌리』, 꾼, 1996; 연세영, 『대중음악 돋보기』, 꾼, 1998; 이우용, 『우리 대중음악 읽기』, 창공사, 1996; 주철환, 『숨은 노래 찾기』, 문음사, 1991; 신현준 외, 『한국 팝의 고고학 1960』, 한길아트, 1998; 신현준 외, 『한국 팝의 고고학 1970』, 한길아트, 1998; 김창남, 「민중가요의 대중음악사적 의의」, 『民族文化論叢』 제35집, 嶺南大學校民族文化研究所, 2007.

7 서우석, 『음악과 현상』, 문학과 지성사, 1989, 83쪽.

8 이영미, 「대중가요 연구에 있어서의 균형 잡기」, 『인문과학』 31, 성균관대학교 인문과학연구소, 2001, 285쪽.

9 존 톰린슨, 강대인 역, 『문화제국주의』, 나남출판, 1994, 26쪽.

10 허버트 J. 갠스 저, 강현두 역, 앞의 책, 21~35쪽.

여기서 미국 대중음악의 전파지로 소개하는 부산은 근대기 일제의 식민 지배와 미군의 진주로 '이중의 타자화'를 겪은 도시였다. 그 흔적이 부산 원도심의 일제강점기 건축물과 텍사스촌, 국제시장의 깡통시장과 부전시장의 공구상가 등에 남아있다.

미군은 1945년 부산에 해방군으로 진주했다가 1949년 6월 일시적으로 물러갔다가 1950년 6.25 전란의 발발로 다시 돌아와 주둔부대를 창설했다. 그로부터 부산은 1950년대부터 1960년대에 걸쳐 한국에서 가장 빠르고 광범위하게 미국 대중음악이 전파된 도시가 되었다.

그런 부산에서는 1960년대 말 이래 한국식 팝송과 포크 송이 대대적으로 유행했고 1970년대 중반에는 '대마초 파동'으로 방송 출연이 금지된 유명 가수와 작곡가, 연주자, 방송인 등이 찾아와 활동을 벌였다.

그러는 동안 부산의 음악인과 대중은 문화제국주의적 식민화를 경험하면서도 나름의 주체적 자각에 의해 탈식민화를 주도해 미국 대중음악의 '발신'과 '전신', '수신' 과정에 직간접적으로 참여했다.

Ⅱ. '미8군 무대'와 미국 대중음악

1. '미8군 무대'의 설치

6 · 25 전란 발발 직후 한국에 진주한 미군은 부산 연지동과 범전동에 물자와 무기의 보급을 관리할 부산기지사령부를 주둔시켰다. 그 자리는 1930년 식민당국이 운영하던 경마장이 있었으며 중일 전쟁기에는 일본군 병참기지, 태평양전쟁기에는 임시훈련소와 물자 야적장으로 사용된 곳이었다.

6.25 전란이 끝나자 이곳에는 '캠프 하야리아'라는 이름을 지닌 부대가 들어섰다. '하야리아'는 "아름다운 초원"이란 뜻의 북미 원주민 언어로 초대 사령관의 고향 지명에서 따온

부산에 주둔한 하야리아부대 전경(부경근대사료연구소 소장)과 인근 상가

것이라 한다.

세칭 "리틀 아메리카"[11]였던 하야리아부대 영내에는 주한미군이 사용할 군수물자 보급 창고 외에 부산권의 미군 부대원이 머물 숙소가 건립되었다. 그에 따라 부대 인근 마을 '기지촌'은 일제강점기의 "식민적 공간"에서 외래문화가 퍼져나가는 "문화의 경계 지대"로 변모되었다.[12]

한국 내에서도 별세계였던 그 '기지촌'에서는 미군 부대에서 흘러나온 음식 찌꺼기를 뒤섞은 '꿀꿀이죽'이 시장에서 영양식으로 팔렸고, 미군과 교제하며 미군 부대를 자유롭

---

11 유현, 「리틀아메리카에서 부산시민공원으로」, 『항도부산』 제38호, 부산시사편찬실, 2019, 163쪽.

12 "미국과 한국과의 관계 속에서 구성되는 경계지대"(김은실, 「지구화 시대 근대의 탈영토화된 공간으로서 이태원에 대한 민족지적 연구」, 『변화하는 여성문화 움직이는 지구촌』, 푸른사상, 2004), "식민적 공간"(최종일, 「이태원 공간에 나타난 '아메리카나이제이션(Americanization)'에 관한 연구」, 서울대학교 언론정보학과 석사학위 논문, 2003).

게 출입하며 PX를 이용하는 '양색씨'가 특권층으로 여겨졌다. 주민들에게 명절처럼 여겨지던 미국독립기념일이나 사육제에는 전국에서 모여든 장사꾼들이 미국 달러로 물건을 사고팔았다. 그곳에서는 하루라도 빨리 미국문화를 받아들이려는 욕망이 들끓는 가운데 미군이 읽다 버린 주간지가 미국에 대한 선망을 부추겼고 「베니 굿맨 스토리」 등 미국영화가 미국 사회와 문화에 대해 가르쳤다.

하야리아부대에서 발신된 미국문화는 빠른 속도로 부산을 비롯한 한국의 대중들에게 전파되었다. 그 과정에서 어느 것이 고급문화이고 대중문화인지, '미국음악'의 기원이나 장르가 무엇인지는 중요한 고려사항이 아니었다.

기왕에도 한국에서는 근대기 미국에서 유학한 홍난파와 현제명 등이 소개한 '미국음악'은 '미국 문명'과 동일시되어 온 터였다.[13] 라틴음악이나 샹송 등 서양음악 모두를 '미국음악'이란 의미에서의 '쟈즈(ジャズ)'라 부르던 한국에서 미국 문화에 대한 관심은 "식민 지배라는 현실의 중압감을 덜어내는 집단적 탈주, 문화 심리적 탈주"였다.[14] 특히 '미국음악'은 일제가 1930년대 후반부터 이를 경원시하다[15] 1940년대 초반 아예 '적국의 문화'로 몰아 금지해도[16] 여전히 한국인들 사이에서 인기를 끌었다. 더구나 1945년 해방을 안겨주고 1950년 6.25 전란에 참전한 '구원자'의 문화였던 '미국음악'은 관심과 선망의 대상이 될 수밖에 없었다.

---

13 이소영, 「서양음악의 수용과 전통음악의 변화」, 역사문제연구소, 『전통과 서구의 충돌』, 역사비평사, 1988, 112쪽.

14 유선영, 「황색 식민지의 근대성과 아메리카나이제이션」, 『한국 근대성 연구의 길을 묻다』, 돌베개, 2006, 283쪽.

15 김예림, 「전시기 오락정책과 '문화'로서의 우생학」, 정용화 외, 『일제하 서구 문명의 수용과 근대성』, 혜안, 2008, 235~236쪽.

16 박흥원, 「대중가요의 변화 - 금지곡의 사회사」, 부산대민족문화연구소, 『기록으로 보는 생활사』, 국가기록원, 2007, 254쪽.

하야리아부대 '클럽' 내부의 모습

그런 터에 주한미군은 이국의 전장에 파견된 병사들의 향수를 조국애로 치환시키려는 '하위문화 편성정책'[17][18]에 따라 부대 안에 미군 장사병이 여흥을 즐길 무대를 설치해 대중음악을 즐기게 했다. 1950년대 초반에는 그 무대에서 미국에서 불러온 유명연예인의 위문공연을 펼쳤으나 차차 한국 음악인들이 바톤을 넘겨받았다. 그들은 부산에 있던 미군 후생부에 등록을 한 다음 부산을 비롯한 용산, 이태원, 평택 등 전국의 미군 부대에서의 공연에 나섰다. 이에 1952년부터는 '뉴요커', '쓰리 에이' 등 한국인 흥행 단체가 '미8군 무대'의 공연인 '미8군 쇼'를 맡기 시작했다.

1955년 서울에 본부를 설치한 미8군은 용산을 비롯한 부산, 이태원, 평택 등 전국의 미군 부대에 음식과 술을 제공하고 휴게실, 스탠드바, 홀을 갖춘 '클럽'[19]을 마련했다. 전성기

---

17 허버트 J. 갠스 저, 강현두 역, 앞의 책, 191~195쪽.

18 이는 태평양전쟁을 일으킨 일본군이 1941년경 "전시(戰時) 명랑성" 이데올로기를 고취하고자 '능률 증진'과 '건실한 기풍 조장', '생산 확충', '국가적 봉공(奉公) 의식 고취' 도구로 오락을 활용한 것과 흡사한 정책이었다.(계광순, 「총독부고등관 제씨가 전시하 조선 민중에 전하는 서」, 『삼천리』, 삼천리사, 1941년 4월호)

19 연주자 김화남(68세) 인터뷰.

에 무려 246개소에 달했던 그 '클럽'에서 공연할 한국 음악인을 공급하기 위해 1957년 설립된 '화양(KEAA, 한국연예대행연합회, 한국연예주식회사)'을 필두로 '유니버셜', '삼진', '공영', '대영', '삼진', '아주연예' 등의 연예 대행사가 줄지어 생겨났다.

부산의 경우 3명이 사장이 이끄는 '유니버셜'에 소속된 밴드만 해도 6인조 '더블 샵' 외에 '박중사 밴드'를 비롯한 12인조 악단 5개 등 모두 6개나 되었다. 그 밴드마다 드럼, 색소폰, 피아노, 베이스 기타, 퍼스트 기타, 트럼펫 연주자가 소속되어 있었으니 어림잡아 총 4,50명의 음악인이 지역에서 활동을 하고 있었던 셈이다.[20] 게다가 초창기 '미8군 무대'에는 악기만 연주하는 밴드 위주의 한국인 공연단이 섰으나 차차 노래와 춤을 선보이는 가수와 댄서가 참여하면서 더욱 규모가 커졌다.

'미8군 무대'에서 연주하는 밴드는 대행사에 전속된 '하우스 밴드'와 전국을 순회하는 '플로어 밴드', 임시로 팀을 구성하는 '오픈 밴드'로 구분되었다. 부산의 경우 전창선[21]이 이끌던 '하우스 밴드' 외의 대다수 '플로어 밴드'는 대구 비행장을 비롯해 왜관, 군산 비행장, 대전 미사일 기지, 진천, 의정부 미 2사단, 동두천 7사단 등을 찾아가 짧으면 1개월, 길면 6개월씩 여관에 머물며 연주에 나섰다.

'미8군 무대' 안팎에서 한국 음악인이 겪는 경험은 이색적이고 호사스러웠다. 공연을 위해 미군 부대를 드나드는 연주자들은 '프리 패스'라 불리는 출입증을 지니고 부대를 자유롭게 드나들었다. 짧은 거리를 이동하는 경우에는 트럭이나 '셋버스'라 불리는 리무진을 탔지만 거리가 길면 미군 열차의 연주자 전용칸을 무료로 사용했다. 그렇게 공연할 부대에 도착하면 미군 사병들이 정문까지 마중을 나와 "아티스트가 왔다"며 무등을 태워 무대까지 데려다주었다.

---

20 밴드 마스터 전창선(71세) 인터뷰.

21 전창선은 1941년 원주 출생으로 마산에서 성장한 후 초등학교 시절 군악대 연주에 감명을 받아 음악에 뜻을 두고 마산공고 밴드부를 거쳐 한국군 부대 군악대원으로 근무하며 '미군 후생사업'에 참여했고 연예 대행사 '유니버셜'을 통해 '미8군 무대'로 진출했으며 1965년부터 20년간 부산 등지의 '미8군 무대'에 섰다.

대다수 한국인이 굶주리던 시절에도 그들은 미군 부대 안에서 닭, 콜라, 햄버거, 맥주를 마음껏 즐기는 호사를 누렸다. 초창기엔 보수 대신 받은 맥주 등을 팔아 생활했지만 차차 고정급을 받으면서부터 가계가 안정되었다.

당시의 '미8군 무대' 시설과 음악인 수급, 청중 확보는 오늘날의 기준에 비추어 보아도 매우 체계적이었다.[22] 미군 부대마다 설치된 '클럽'은 문화원 격인 '서비스 클럽', 장교용 '오피서 클럽', 부사관용 '탑 파이브 클럽', 사병용 '로우 포 클럽'으로 나뉘어져 있었고 그 각각의 '클럽'마다 연주되는 음악 장르가 달랐다. '오피서 클럽'에서는 주로 스탠다드 팝이나 세미 클래식, '탑 파이브 클럽'에서는 댄스 음악이나 재즈, '로우 포 클럽'에서는 록이나 R&B, 컨트리 뮤직 등이 연주되었다.[23]

'미8군 무대' 공연은 월요일을 제외한 6일간 저녁 7시부터 밤 10시 30분까지 3시간 동안 45분을 연주하고 15분씩 휴식하는 순서로 진행됐다. 특별무대가 마련되는 토, 일요일에는 무용, 코미디, 마술을 2시간 동안 공연을 한 다음 남은 1시간에는 전속밴드와 외지에서 온 밴드가 협연을 펼쳤다.[24]

전창선이 주로 연주에 나선 '캠프 하야리아' 공연에서는 거의 매일 밤 300명에서 400명을 헤아리는 부사관들이 150여 평의 '탑 파이브 클럽'을 가득 채우고 여흥을 즐겼다. 미군 장사병들은 고향에서 유행하는 조니 캐시의 「아이 워크 더 라인」, 멀 해가드의 「오키 프롬 머스코키」 등의 노래를 한국에서 라이브로 듣는다는 사실에 놀라고 감격했다. 그런 음악과 함께 「키다리 미스터 김」으로 인기를 얻은 이금희, "지미 핸드릭스를 닮은 재키"로 알려진 기타의 명인 신중현, '베니 김 쇼'를 이끌던 김영순, '현 시스터즈'의 현미, 혜성처럼 나타나 다수의 히트곡을 낸 작곡가 이봉조, '웨스턴 쥬빌리' 쇼단의 서수남 등이 기량을 발휘해 미군 장사병의 박수 갈채를 받았다.

---

22 신현준 외, 『한국 팝의 고고학 1960』, 한길아트, 1998, 28~29쪽.

23 한지수, 앞의 논문, 139쪽; 신현준 외, 『한국 팝의 고고학 1960』, 앞의 책, 30쪽.

24 밴드 마스터 전창선(71세) 인터뷰.

'미8군 무대'에서 공연하는 한국 음악인 가운데는 체계적으로 음악교육을 받지 못한 사람도 상당수였다. 하지만 개인적 사정이 어떻든 공연을 하려면 누구나 영어로 노래를 불러야 하고 미국 본토 수준의 연주를 해야 하므로 누구나 기를 쓰고 연습과 공부에 매달렸다.

그처럼 열의는 넘쳐도 변변한 연습실은 물론 악보조차 없는 미군 부대는 음악을 배우고 연습하기에 열악한 환경이었다. 그래서 대다수 한국 음악인들은 부대 내에 설치된 쥬크박스에서 흘러나오는 노래와 연주를 들으며 채보(採譜)를 하거나 미군들이 본국에서 들고 온 『메모리 북』이나 『송 폴리오』, 『스토크 어레인지먼트』, 『다운 비트』 등의 음악 잡지를 구해 읽으며 독학을 했다. 서울 용산의 미군 부대 같으면 제대로 음악을 공부한 전문가들이 지나가던 길에 조언을 던져주기도 했지만 부산에서는 그런 기회조차 얻기 어려웠다.

그런 상황에서도 한국 음악인들은 애초의 6개월에서 3, 4개월로 주기가 짧아진 정기 오디션을 치러야 했고 그걸 무사히 통과해야 "미8군 음악인"으로 인정받아 전국의 '미8군 무대'에 설 수 있었다. 그것도 가능하면 높은 등급을 받아야 전국 여러 곳의 미군 부대로부터 초청을 받을 수 있었다.

한국 음악인들은 오디션 통과를 위해 매일 오전 7시부터 저녁 7시 공연 전까지 꼬박 4시간 이상 연습에 열중했다. 연습할 공간이 마땅치 않으면 아침부터 부대에 들어가 어디엔가 자리를 마련하고 연습에 연습을 거듭했다.

> 자신 있게 연주할 수 있는 곡목을 70개에서 100개 적어 내면 그중 가장 까다로운 곡 세 곡을 골라 시키는 식으로 오디션이 진행됐다. 심사는 미국 국방성이 파견한 9명의 미국인이 맡았는데 그들이 워낙 음악에 고수였으므로 멤버 중 한 사람이 작은 실수만 해도 금방 알아챘다. 그렇게 되면 밴드 전체가 '탈락'을 하므로 낭패가 아닐 수 없었다. 오디션 성적은 AA, A, B, C, D 5등급으로, AA를 받아야 '미8군 무대' 여러 군데서 오더를 받을 수 있었으므로 오디션 성적이 실력이자 수입이었고, 어찌 생각하면 목숨이었다. 그래서 오디션을 통과하고자 말 그대로 목숨을 걸고 연습만 해야 했다.[25]

그 오디션에서 가장 높은 등급 '더블 A'를 받은 음악인의 월 소득은 무려 3천 달러에 달했다. '더블 샵'의 경우 밴드 전체에게 주어진 1,300달러 중 300달러를 대행사에 주고 남는 돈을 6명의 단원들끼리 나누어도 그 액수가 당시 공무원 봉급의 7~8배가 넘었다.

당시의 '미8군 무대' 음악인들은 나름대로 외화 획득에 기여한 존재들이었다. 한국의 수출액이 100만 달러를 밑돌던 1950년대에 주한미군이 '미8군 무대' 출연 한국 연예인에게 지불한 공연료는 월평균 8만~12만 달러, 1년 통산 120만 달러에 달했기 때문이다.

2. '미8군 무대'를 통한 음악 전파

6.25 전란 직후인 1950년대 초반만 해도 한국인 대중에게 친숙한 대중음악은 박재홍을 비롯한 명국환, 박설희 등이 주도하던 트로트였다. '한국 레코드 제작의 발상지'를 자부하던 부산에는 1947년 설립된 남항동 '코로나 레코드'를 비롯해 아미동 '도미도 레코드', 남부민동 '빅토리 레코드', 당감동 '스타 레코드', 범일동 '고향 레코드', 전포동 '오메가 레코드', 국제시장 '아리랑 레코드' 등 음반 제작 전문 회사가 즐비했는데 그 회사마다 취입하는 노래도 대부분이 트로트 음악이었다.

당시의 한국인 대중들 역시 트로트 음악에 익숙했으므로 최고의 인기곡은 1952년의 「굳세어라 금순아」를 비롯한 「경상도 아가씨」, 「부산행진곡」, 「해운대 엘레지」, 「항구의 사랑」 등이었다. 특히 이향과 피난살이의 비애를 노래한 「굳세어라 금순아」는 남녀노소 모두에게 사랑받은 공전의 히트곡이었다.

6.25 전란이 끝나고 휴전이 되자 "혈맹(血盟)" 미국의 군사력과 경제력을 등에 업은 미국의 대중문화의 영향은 빠르고 깊숙하게 한국 사회로 스며들었다. 밴드 마스터 전창선의 경우처럼 국군 군악대원이 되어 미군 후생사업에 나서고 '미8군 무대'에 서게 된 동기를

---

25 연주자 김화남(68세) 인터뷰.

부여한 것은 초등학교 시절 미군 부대 주변에서 들었던 '미국음악'이었다.

그리고 다시 '미8군 무대'에서 공연을 하게 된 전창선을 비롯해 박춘석, 김광수, 이봉조 등 한국 음악인은 미국 대중음악을 전파하는 전신자(傳信者)가 되었고 그들이 연주하는 음악은 인기리에 대중 속으로 퍼져 나갔다. 그 급속하고 혼란스러운 전파 과정에서 '맘보'를 비롯한 '왈츠', '부기', '탱고', '스윙', '폴카', '룸바' 등 댄스 용어가 음악 장르로 잘못 알려지는 웃지 못할 일도 벌어졌다.[26]

'미8군 무대' 안에서 연주되는 음악 중에는 농촌에서 도시로 진입한 시골내기의 향수와 다문화적 감수성이 복합적으로 담긴 '컨트리 뮤직'이 미군 장사병에게 단연 인기였다. 그와 함께 1930년대 이래 미국에서 유행한 '지테코(zydeco)'를 비롯해 '웨스턴 스윙' 등의 민속음악도 인기를 끌었는데 특히 흑인들의 설움이 담긴 노래 '웨스턴 스윙'의 서정적 리듬이나 가사[27]에 대한 그들의 열광은 대단했다.

1950년대 중반까지 '미8군 무대' 연주자 출신으로 한국 대중음악계의 스타가 된 신중현도 미군 장사병이 미국 토속음악을 선호했다는 점에는 여지없이 동의했다.

> 비틀즈의 「Wanna Hold Your Hand」가 빌보드 챠트 1위를 해도 미8군 무대에서는 별 의미를 두지 않았다. 무엇보다 가장 미국적인 노래, 즉 컨트리 뮤직 또는 그것이 록으로 발전한 캘리포니아(또는 웨스트 코스트) 록을 듣고 싶어 했다. 자신들의 민속음악을 록과 결합한 'hillbilly'나 'rockabilly'도 좋아했다. 바꿔 말하면 거기는 그들의 향수를 달래줄 수 있는 가장 미국적 음악만이 살아남는 곳이었다.[28]

---

26 서대정, 『현대영화연구』 4호, 현대영화연구소, 2007, 102쪽.

27 Edited by FRANCIS EDWARD ABERNETHY, op. cit., p.229, pp.247~248., pp.205~257.

28 『한국일보』, 2003년 4월 7일 자.

'미8군 무대'에서 인기를 얻은 '컨트리 뮤직'은 이내 한국인 대중에게 전파되었다. 이역의 전장에 파견된 미군 장사병과 피난과 산업화로 실향의 서러움에 젖어있던 한국인 대중이 지닌 망향의 감정이 매우 흡사했기 때문이었다. "미국 대중음악의 한국판"이라 평가받던[29] 펄 시스터즈를 비롯해 김추자, 임희숙, 신중현, 데블스, 라스트 찬스 등이 부른 노래 대다수는 '향수'가 주제였다.

아울러 한국인 대중의 미국 대중음악 선호를 부추긴 것은 미국문화에 대한 선망과 동경이었다. 1958년에 발표된 노래「남성 넘버원」의 가사에서 "미국 유학과 영어 바람"을 비판한 것과 정반대로 미국인이 누리는 자유와 풍요에 대한 희구가 한국인 대중의 마음에 뿌리를 내리기 시작했던 것이다.

그래서 '미8군 무대' 연주자들의 생각에 '미국음악'은 미국에서 직수입하거나 미국문화의 바탕 위에서 배워야 제대로 이해할 수 있다는 인식이 확고했다.

> 서양음악은 상업적으로 수용되었고 생활에 여유가 있어야 누릴 수 있다. 팝에서 재즈로 취미가 바뀌는 것이야말로 여유가 있어야 가능하며 알고 들어야 깊이가 느껴진다. 경제적 형편이 넉넉지 못한 한국에는 재즈를 즐기는 마니아가 드물고, 설령 있다 해도 그 진수를 맛보기 어렵다.
> 일본을 통해 간접 수입하는 경우에는 편곡 자체가 다르다. 어려운 부분을 빼고 쉬운 부분만 선택해 자기 문화에 맞게 편곡하므로 정통이라 보기 어렵다. 음악인이라면 미국에 가서 공부하며 생활을 해야 그 경험으로부터 국가부터 동요까지 미국 음악의 바탕을 알 수 있다.[30]

---

29 신현준 외, 『한국 팝의 고고학 1960』, 앞의 책, 298쪽, 230쪽.

30 밴드 마스터 전창선(71세) 인터뷰.

Ⅲ. 미국 대중음악의 확산과 수용

1. '미8군 무대' 음악의 확산

1960년대 초반에는 미국 대중음악의 영향을 받은 패티김의 「초우」를 비롯해 현미의 「보고 싶은 얼굴」, 최희준의 「하숙생」 등 소위 '이지 리스닝(easy listening) 음악'이 대중적 인기를 끌었다. 이는 본래 프랭크 시나트라의 노래처럼 미국의 백인이 쉽게 들을 수 있는 음악을 뜻했지만 한국에서는 흔히 화성과 선율, 음색과 분위기가 미국 대중음악과 흡사한 것 혹은 방송을 통해 청취자가 편하게 들을 수 있는 음악이란 뜻으로 통용되었다.

하지만 1960년대 중반까지도 미국 대중음악은 나이트클럽에서 연주되는 곡목 중 일부였을 뿐 한국인 대중이 애호하는 대상이 아니었다. 한명숙이나 현미, 패티 김 등이 구사하는 흑인풍의 저음이나 신중현의 현란한 기타 연주는 생소하게 여겨졌다. 「부베의 연인」, 「진주조개잡이」 등의 번안곡 역시 미국문화를 이해하는 일부 계층이나 애호하는 노래란 인식이 일반적이었다.

이 무렵 한국인 대중이 즐기던 음악은 역시 트로트였다. 특히 부산에서는 해방 후 20여 년이 지난 시점에도 여전히 트로트 풍의 일본가요가 유행의 있었다. 광복동 네거리에서 충무로에 이르는 남포동 대로변 일본식 2층 목조 가옥에 자리 잡은 '무학성'을 비롯한 클럽이 부산 전체에 300개소에서 400개소에 달했다.[31] 그곳에서 연주되고 불리는 노래는 외항 선원이 갖고 들어오는 LP 레코드나 일본 라디오방송을 통해 알려진 미소라 히바리 등의 일본 트로트 곡이었다.

부산의 대중들에게 인기를 끌던 극장식 쇼에서 연주되고 불리는 노래 역시 트로트가 대세였다. 당시 부산에서 영화 상영과 공연을 겸하던 극장으로는 '부산극장', '동아극장', '문

---

31 연주자 임남식(76세) 인터뷰.

'미8군 출신' 밴드의 1960년대 공연 모습
(전창선 사진 제공)

화극장', '제일극장', '남포극장', '자유극장', '시민관' 외에도 '삼일극장', '삼성극장', '보림극장', '중앙극장', '초량극장', '대도극장' 등이 유명했다. 저마다 A, B, C 등급이 매겨진 그 극장에 설치된 무대에서는 부산 출신의 나훈아를 비롯한 남진, 김세레나, 박재란, 김상국, 은방울 자매 등의 가수와 고계화, 이상화 등이 이끄는 악단이 트로트와 민요에 간혹 재즈곡을 섞어 연주를 했다.[32]

1960년대 대중가요 가사의 주제는 대체로 '이별', '옛사랑', '떠난 임', '삶(삶의 애환 · 세태 풍자)', '육친(어머니 · 형제)' 아니면 '자연 · 전원생활'이었다.[33] 대중은 '슬픔'과 '비애', '사랑'과 '이별', '희망'과 '낙관' 등을 그린 가사에 자신의 감수성을 투사해 노래하길 즐겼다.[34] 그러한 당시 대중의 의식과 감정은 '육친'과 더불어 '전원'에서 '옛사랑'을 누리던 안정적 삶을 떠나 '떠난 임'과의 '이별'이란 변동을 겪으며 비판에 빠졌다가 '순정'과 '배려', '인정', '망향', '사랑', '희망'으로 위안을 받는 패턴의 반복이었다.

특히 부산의 대중들이 애창하던 백야성의「마도로스 부기」, 고봉산의「아메리카 마도로스」, 백야성의「잘 있거라 부산항」과「용두산 엘레지」역시 주제는 '이별'이었다. 그처럼 트로트 음악에 담긴 '향수'나 '이별의 아픔'은 고향을 잃고 객지를 떠돌던 6.25 전란기부터 고향을 떠나 도시로 이주한 산업화기까지의 일관된 대중적 정서였다.

---

32 대중가요 평론가 김종욱(65세) 인터뷰.

33 최상진 외,「대중가요 가사분석을 통한 한국인의 정서 분석」,『한국심리학회지』20권, 한국심리학회, 2001, 51쪽.

34 김창남, 앞의 논문, 128쪽.

그런데 1965년 문득 정부는 “왜색가요 청산”을 명분으로 이미자의 「동백아가씨」 등을 금지곡으로 지정하며 트로트 음악에 대한 간섭과 통제에 나섰다. 그 서슬에 「잘 있거라 부산항」을 부른 백야성이 “일본식 창법”이란 비난을 견디지 못하고 은퇴했으며 서로의 음반을 “왜색”이라 헐뜯던 부산의 레코드 회사들도 하나둘 문을 닫았다.[35] 그로부터 트로트 음악 위주로 한국 대중음악을 이끌던 부산 대중음악계는 침체 일로로 접어들었다.

트로트 음악의 사양화는 한국 대중음악계에 커다란 변화를 불러일으켰다. 극장식 쇼 무대에서 현미, 패티 김 등이 구사하는 미국풍의 밝고 경쾌한 리듬의 노래가 주목을 받기 시작했고 일본노래 일색이던 캬바레에서의 연주곡목에도 미국 팝송이 섞이게 되었다. 일본가요 일색이던 ‘클럽’에서도 「기타 솔로」, 「마리아 엘레나」, 「기타 맨」, 「샹하이 트위스트」, 「인 더 무드」 등의 곡목이 연주되기 시작했다.

당시의 정부로서도 영어원문 가사를 사용하고 미국 본토의 반주를 모방하는 미국 대중음악에 대해서는 간섭할 명분이 없었다. 그 덕에 1960년대 중반 이후 미국 대중음악은 트로트 음악이 비워 놓은 자리를 차지하며 각광받기 시작했다.

1965년 미군이 참전한 베트남전쟁이 격화되자 한때 30만에 달하던 주한미군 병력이 5만까지 줄어들었고 그에 따라 ‘미8군 무대’도 대폭 축소되었다. 사태가 그렇게 흘러가자 길옥윤 등 작곡가를 비롯해 최희준, 한명숙, 현미, 서수남 등의 가수도 ‘미8군 무대’를 떠나 한국인 대중들 앞에 나서야 했다.[36]

부산에서도 ‘미8군 무대 출신’ 음악인들이 ‘크라운 나이트클럽’과 ‘극동호텔 나이트클럽’을 비롯해 ‘크라운 나이트클럽’, ‘반도호텔 나이트클럽’, ‘관광호텔 나이트클럽’, ‘피닉스호텔 나이트클럽’, ‘곤포의 집’ 등의 무대에서 연주를 시작했다. 이어 그들은 ‘동양제일’, “백화당”, “미화당”, “아세아”, “미도파”, “호반”, “동아” 등의 캬바레에서도 소수의 사업가나

35 방송 DJ 도병찬(61세) 인터뷰.

36 신현준 외, 『한국 팝의 고고학 1960』, 앞의 책, 45쪽.

1970년대 콤보밴드의 공연 모습
(저작물명 : 1971년 콤보밴드 연주, 저작(권)자 : 셀수스협동조합, 출처 : 한국저작권위원회)

외국인을 위한 댄스곡 연주에 나섰다.

그러면서도 스스로를 '1악회'라 부르던 '미8군 무대 출신' 음악인들은 바나 클럽에서 공연하는 '2악회', 요정에서 공연하는 '3악회'와 여간해선 어울리지 않았다.[37]

차차 그들은 한국인의 정서에 맞는 음률에 한국어 가사를 붙인 노래를 발표하기 시작했다. '재키(히키 신)'란 예명으로 1957년부터 '미8군 무대'에 선 신중현이 밴드 '애드 포'를 결성하여 1964년 「빗속의 여인」과 「커피 한 잔」을 히트시키며 그 흐름의 선두 주자로 나섰다. 이어 최희준을 비롯해 한명숙, 현미, 김치캣츠, 김시스터즈, 박형준, 위키리, 유주용, 이춘희, 이금희, 김계자, 김상국, 패티김 등의 가수와 이봉조, 길옥윤, 김인배, 김강섭 등의 연주자가 그에 합류했다. 그들이 구사하는 음악은 '미8군 무대'에서 익힌 미국 대중음악에 트로트의 5음계, '이지 리스닝 음악'의 7음계가 함께 섞인 혼종적인 것이었다. 그와 함께 '미8군 무대'의 '캠프 쇼'를 모방한 극장식 쇼가 인기를 끌면서 기타와 바이올린, 금관악기로 구성된 '빅 밴드'의 연주가 일반화되었다.

2. 한국적 포크 음악과 록 음악

1960년대 중후반에 이르자 연주와 편곡, 가창에 능한 젊은 한국 음악인들이[38] 미국 팝송

37 연주일 임남식(76세) 인터뷰.

을 편곡하고 영어 가사를 한국어로 번안한 노래를 부르기 시작했다. 그로부터 본격적으로 미국 대중음악이 수용되면서 한국적 포크 음악과 록 음악이 형성되었다. 이 과정에서 '미8군 무대 출신' 음악인들을 통한 '이지 리스닝 계열'의 미국 스탠다드 팝이 전파되면서 한국 대중음악에서도 7음계와 기능 화음 체계, 화성 중심의 반주가 일반화되었다.

1960년대 말에는 서울 무교동 '세시봉'에 모인 조영남, 송창식, 윤형주 등이 연이어 노래를 취입하고 '청개구리', '오비스 캐빈' 등의 무대에 섰다. 1968년에 결성된 트윈 폴리오는 드라마 센터 무대에서 「자마이카 페어웰」, 「키스로 봉한 편지」, 「렛 잇 비 미」 등을 불렀고 현지에서 미국 대중음악을 익힌 한대수가 그들의 활동에 합류했다. 한편에서는 밥 딜런, 피터 폴 앤 매리, 존 바에즈 등의 저항적 노래를 익힌 김민기가 문예 운동, 야학 운영과 함께 탈춤, 소리굿, 민요 확산 운동을 펼치며 시국을 풍자하는 노래를 작사, 작곡했다.[39]

이 무렵의 한국 포크 음악을 연주하던 관현악 밴드는 미국 스탠다드 팝의 다양하고 화려한 7음계와 기능화성을 활용한 담백한 음색[40]과 서정적 리듬, 단조로운 멜로디를 구사했다. 아울러 그 음악을 노래할 때는 순수하고 약하고 소박하고 작은 것들을 예찬하는 목가적 가사를 구술적 가창에 담으려 했다.[41]

한국 포크 음악의 발신지(發信地)가 어디냐는 물음에 '미8군 무대 출신 음악인'들과 일부 평론가들은 대뜸 '미8군 무대'를 꼽았다. '미8군 무대'에서 흘러나온 미국 대중음악이 평소 AFKN과 미국영화를 통해 미국문화에 익숙해진 한국 대중들로부터 반향을 불러일으키면서 한국 포크 음악이 형성됐다는 것이다.

그들은 한국 록 음악 역시 '미8군 무대'에서 발신(發信)되었다고 주장하며 그 근거로 '미8군 무대 출신'으로 "한국 록의 원조"가 된 신중현이 선호한 도시 문명과 댄디즘, 청년의 일

---

38 김창남 엮음, 『대중음악의 이해』, 한울아카데미, 2012, 274~275쪽.

39 신현준 외, 『한국 팝의 고고학 1970』, 2005, 31~32쪽.

40 김창남 엮음, 위의 책, 185쪽, 275쪽.

41 이영미, 『한국대중가요사』, 민속원, 2009, 244쪽.

탈, 신체적 욕망 등을 들었다. 또 보컬그룹이나 그룹사운드가 구사하는 '소울 · 사이키 사운드'와 '일렉트로닉 사운드'에 깔리는 리듬과 공격적 드럼 연주, 내지르는 창법 역시 '미8군 무대'에서 받은 영향이라 보았다.[42]

이처럼 한국 포크 음악과 록 음악은 '미8군 무대'에서 연주되던 미국 스탠다드 팝과 트위스트 댄스 음악, 재즈, 그리고 로큰롤 등의 영향으로 형성되었다는 견해가 지배적이었다.

3. 부산에서 전파된 미국 대중음악

부산의 경우 미국 대중음악은 '미8군 무대'를 모방한 쇼 무대를 비롯해 음악다방과 음악감상실 혹은 라디오 등을 통해 전파되었다.[43] 그렇게 본다면 음악다방과 음악감상실 DJ, 방송인도 당연히 미국 대중음악의 전신자(傳信者)로 보아야 할 것이다.

1950년대 이후 1970년대 중반까지 부산의 대중문화 중심지는 광복동이었다. 이곳에 1953년 문을 연 '아포로 음악감상실'은 '미8군 무대'를 드나들기 어려웠던 부산의 대중이 "아방가르드 문화"인 미국 대중음악을 접하는 장소였다. 1960년대가 되자 이곳에는 '무아(無我)'를 비롯한 '칸타빌레' 등 30여 개소가 넘는 음악감상실과 '목촌', '수다방', '청다방' 등의 음악다방이 들어서 DJ만도 100여 명을 헤아렸으며[44] 외국을 드나드는 외항선 선원들 덕분에 서울에서도 구할 수 없는 레코드 최신판이 넘쳐났다.

부산의 음악감상실과 음악다방 DJ가 미국 팝송을 배우는 경로는 비교적 단순했다. 우선 1950년부터 주한미군을 위한 AFKN의 팝송 프로그램 '아메리칸 탑 포티(American Top 40)'를 듣는 방법이 있었다. 하지만 그 방송의 출력이 낮아 부산의 대부분 지역에서 청취가 어려웠으므로 열성적인 DJ들은 '캠프 하야리아' 인근에 월세방을 얻어 방송을 들으며 팝송

---

42 박애경, 「한국 포크와 록의 연대기」, 김창남 엮음, 앞의 책, 285쪽.

43 신현준, 『가요, 케이팝 그리고 그 너머』, 돌베개, 2013, 132~133쪽.

44 음악감상실 DJ 정병호(50세) 인터뷰.

을 공부했다. 또 다른 방법은 미국에서 출판된『롤링 스톤』등의 음악 잡지를 구해 부지런히 읽으며 팝송 관련 지식을 습득하는 것이었다. 그렇게 미국 팝송을 공부한 음악감상실 '무아'의 DJ 중에는 실력을 인정받아 제주 MBC PD로 발탁되어 간 사람도 있었다.[45]

그 무렵만 해도 이렇다 할 문화시설이 없던 부산에서 음악감상실은 복합문화공간의 역할을 했다.[46] 1970년 문을 연 음악감상실 '무아'에서는 전속 DJ 5, 6명이 뮤직 박스를 지키며 요일별로 다른 장르의 신청 음악을 들려주었다. 그곳에서 주말에 열리는 '장기자랑'과 '프리 스테이지', '일요스페셜' 등의 프로그램은 가수 지망생들이 대중음악계로 진출하는 데뷔무대였다. 실제로 '무아'에서의 공연으로 인기를 얻은그룹 '도시의 그림자', '칸' 등이 전국대학가요제에서 입상을 하고 돌아와 축하공연을 펼치기도 했다.

그처럼 인기를 끌던 음악감상실 '무아'는 170여 평의 실내에 놓인 280석의 자리가 주중과 주말의 구분 없이 언제나 만석이었다. 특히 참석자 모두가 2시간에 걸쳐 노래를 부르는 일요일에는 자리가 부족해 보조석까지 마련할 정도였다.

> '무아'는 오전 10시에 문을 열어 오후 10시 30분에 닫았다. 1970년대 초반에 700원 하던 입장료를 내고 극장식 홀에 들어가면 요구르트를 하나씩 받았는데 그것 하나만 받고 하루를 머물어도 전혀 탓하지 않았다. 점심 무렵에는 도장을 받고 밖으로 나가 밥을 사 먹고 다시 들어오는 사람도 많았다. 실내에서는 담배를 피우는 것은 물론 대화마저 금지사항이었다.
> DJ마다 클래식, 팝, 록 중 자신이 소개에 능한 장르의 곡목을 들려주며 깊이 있고 수준 높은 해설을 했으므로 음악 마니아들이 많이 몰렸다. 고등학생은 출입이 금지돼 있었지만 실제로는 많이 드나들었고 자신이 사귀는 연인에게 문화 수준을 과시하던 데이트코스였다.[47]

---

45 방송국 DJ 도병찬(61세) 인터뷰.
46 음악감상실 DJ 윤주은(52세) 인터뷰.
47 음악감상실 DJ 정병호(50세) 인터뷰.

당시 음악감상실과 음악다방을 드나든 경험자의 회고에 따르면 어두운 실내의 정돈된 의자에 앉아 말없이 음악을 듣던 태도는 마치 성전에서 예배를 드리는 것처럼 엄숙하고 진지했다 한다. 방송 금지곡이었던 김민기나 퀸 등의 노래를 자유롭게 들을 수 있던 그 공간은 독재정치와 억압적 교육풍토에 짓눌려 있던 당대의 청년들에게 "해방구"이자 "위안의 공간"이었다. 그런 경험을 통해 '팝 키즈(pop kids)'가 된 젊은이들은 차차 전축을 사고 레코드판을 사 모으기 시작하면서 저절로 팝송 매니아가 되었다.

4. 미국 대중음악의 향유

그러나 DJ가 음악을 틀어주던 음악감상실이나 음악다방은 공급자 중심이었기 때문에 대중음악 붐을 확산시키는 데 한계가 있었다. 화려한 무대와 역량 있는 가수, 연주자를 내세워 인기를 끌던 TV 방송 역시 1960년대에는 수상기 보급 대수가 워낙 적어 음악의 대중화에 미치는 영향이 제한적이었다.

그에 비해 라디오방송은 전파를 수신하는 시공간이 자유롭고 중고등학생을 포함한 청취자 확보가 쉬워 대중음악 전파에 유리했다. 게다가 라디오방송 청취자들은 단지 방송만 듣는 게 아니라 '엽서 보내기', '전화 리퀘스트' 등 적극적 태도까지 갖추고 있었다.

이를 간파한 MBC와 TBC 라디오는 1963년 PD출신 DJ 최동욱과 이종환을 앞세워 팝송 프로그램 편성 시간을 늘렸다. 1964년에는 DBS의 '탑 튠 쇼', '3시의 다이얼' 등의 프로그램이 편성되었고 1970년 하반기에는 CBS, MBC, TBC 라디오가 경쟁적으로 새로운 팝송 프로그램을 선보였다.

이 무렵 부산MBC는 지역방송으로선 특이하게 라디오 심야 프로그램 '별이 빛나는 밤에'의 자체 제작에 나서 음악감상실 '무아'의 DJ 출신 유문규에게 진행을 맡겨 이후 30년간 이를 이끌게 했다. 또 1970년부터 2년간은 매일 오후 방송되는 '4시에 만납시다'란 프로그램을 통해 밴드 마스터 전창선이 '미국음악'을 소개하기도 했다.[48]

1970년대에 들어서자 전축, LP 레코드판, 카세트테이프가 널리 보급되면서 음악의 소비량과 함께 소통의 기회[49]도 증가했다. 특히 카세트테이프는 "테이프 음악 없이는 어떤 공동체도 존재하지 않으며 테이프 레코드는 근대 산업의 전부를 의미한다"는 말을 입증하듯 대중음악 확산에 절대적인 기여를 했다.[50]

대중음악을 접할 기회가 늘어나면서 한국인 대중이 미국 대중음악을 현실과 연결하여 바라보는 이해 역시 한층 깊어졌다.[51] 그제야 그들은 포크 음악이 제1차세계대전 직후의 보헤미안 열풍과 193,40년대 미국 '민중 문화'의 상징이었다가 1950년대의 '포크 송 리바이벌 운동'을 통해 되살아난 장르임을 알게 되었다. 다시 1960년대에는 그 음악이 '반(反)문화 운동'과 '청년문화(Youth Culture)'[52], 그리고 "플라워 무브먼트(flower movement)"라 불리던 히피 문화의 상징이 되었음도 이해했다.

1970년대 후반기가 되자 '미8군 무대'에서 전자기타와 드럼으로 연주되던 록 음악이 대학생들에 의해 연주되기 시작했다.[53] 이를 연주하는 대학생들은 그 음악이 영미의 블루스와 컨트리, 웨스턴 음악 간의 이종교배를 통해 태어난 체제 저항적 장르임을 알고 있었다. 그들은 특히 록 음악이 미국의 백인 음악 '컨트리 앤드 웨스턴'과 흑인음악 '블루스'를 접합하면서 반(反)문화적 구전민요 정신과 반전(反戰), 민권(民權) 등의 주장을 담고 있다는 점도 깨달은 터였다.[54]

미국 대중음악의 영향을 전유한 1970년대 한국의 대중과 청년, 대학생들은 시대를 평가하고 사회적 고난을 극복할 음악 장르를 만들었다. 그들이 산업사회에 대한 불만과 공동체

---

48 밴드 마스터 전창선(71세) 인터뷰.

49 존 스토리 지음, 유영민 옮김, 앞의 책, 129쪽.

50 C. Castoridis, 「Reflections on 'Rationality' and 'Development'」, 『Thesis Eleven』 No.10., SAGE Publications, 1985, p.34.

51 방송국 DJ 도병찬(61세) 인터뷰.

52 허버트 J. 갠스 저, 강현두 역, 앞의 책, 136~145쪽.

53 이영미, 앞의 책, 290~293쪽.

54 김창남 엮음, 앞의 책, 29쪽.

에 대한 향수 등을 투사한 포크 음악과 기성세대와 독재체제에 대한 저항 의식을 담은 록 음악을 당대인들은 "민중음악"이라 불렀다.

5. 대중음악과 청년문화

1970년대에 들어서자 정부는 다시 '금지곡 지정'이라는 수단을 동원해 대중음악에 대한 간섭과 통제에 나섰다. 1971년 양희은의 「아침이슬」과 1974년 이정선의 「거리」 등의 방송이 금지되었는데 '아침이슬'은 KBS에서 '건전 가요상'까지 받았음에도 단지 '민중가요'라는 이유로 금지곡이 되었다. 그처럼 금지곡 지정 기준은 정부 담당자조차 "음악 자체가 아니라 대중의 성향과 태도 등 음악 외적 문제"[55]라 얼버무릴 정도로 모호했다.

그러자 대중은 금지곡을 지정하고 "건전한 기풍"을 요구하는 정부의 조치에 냉소를 보내는 한편 시대에 대한 풍자와 저항, 산업사회의 소외와 고독, 번민을 담은 노래를 더욱 열렬하게 선호했다. 때마침 미국 백인 노동자들의 비애를 담은 민속음악 '레드 넥 록'[56]이 도입되어 한국 청년들을 자극했다. 이에 청년들은 일부러 금지곡을 퍼뜨리고 레코드를 사재기하며 노랫말을 바꿔 부르는 방법으로 저항 의식을 드러냈다.

그런 상황에서 정부는 "외래 풍조의 무분별한 도입과 모방을 막는다"는 구실로 '장발(長髮)'과 '미니스커트' 단속에 나섰다. 그러자 청년들은 되레 '팝송'과 '청바지', '통기타' 등 "청년문화"를 퍼뜨리고 '고고장'을 드나드는 저항적 태도를 보였다. 그들은 오후 7시에 들어가 통금 단속을 피해 오전 4시까지 머물던 '고고장' 출입을 퇴폐와 저항을 결부시키는 전략[57]으로 여겼다.

1975년의 '대마초 파동'은 이장희를 비롯한 가수들의 구속에 이어 많은 음악인들의 방

---

55 문옥배, 『한국 금지곡의 사회사』, 예솔, 2004, 145쪽.

56 Edited by FRANCIS EDWARD ABERNETHY, op. cit., pp.259~280.

57 김창남, 『대중문화의 이해』, 한울아카데미, 2003 참조.

송 출연 금지라는 사태로 이어졌다. 그러자 이른바 "대마초 음악인"으로 지목된 방송인과 DJ, 가수 등은 부산을 찾아 광복동 등지의 클럽에서 연주 활동을 시작했다. 그들이 부산을 찾은 까닭은 대중문화가 발달된 터에 다수의 음악다방과 음악감상실이 존재하는 데다 정부의 대중음악 억압에 대한 비판적 분위기가 형성돼 있었기 때문이다. 그 덕에 부산의 대중들은 한국의 수준급 대중음악인들의 공연을 가까운 거리에서 지켜볼 수 있었다.

Ⅳ. 미국 대중음악의 주체적 향유

근대기 이래 한국인 대중은 전래민요만으로는 감정을 달래거나 사회적 모순을 극복할 힘을 얻기 어려웠다.[58] 그런 터에 그들은 대중음악으로 고독과 번민, 아쉬움과 서러움을 달래곤 했다. 1935년 가수 이난영이 「목포의 눈물」을 부르는 공연장에서 한국인 청중은 실신하거나 폭동을 일으키는 한편 개화기부터 교회나 학교를 통해 접한 '미국음악'에 자유와 동경, 향수의 감정을 투사했다.

그런 한국인 대중은 1950년대 '미8군 무대'에서 전파된 미국 대중음악을 주체적으로 전유(專有)하여 한국적 포크와 록 음악을 창출했다. 미국 대중음악이 그렇게 수용되고 재창조된 이유나 과정에 대해서는 다양한 주장과 견해, 설명이 제기되었다.

먼저 한국인이 "자유와 민주, 평화를 안겨준 "은혜로운 국가" 미국의 국력과 대중음악을 동일시하여 강대국의 이식을 수용했다는 견해가 있다.[59] 혹은 스탠다드 팝을 비롯한 미국 대중음악이 인간이라면 거부하기 어려운 '절대음감'을 갖고 있기 때문이라는 의견도 제시되었다. 그런가 하면 1960년대 이후의 한국인 대중이 미국 대중음악에 압제적 정치

58 장유정, 『오빠는 풍각쟁이야』, 민음 in, 2006, 360~361쪽.

59 이영미, 「한국대중가요사 연구의 현단계」, 『대중서사연구』 12, 대중서사학회, 2004, 135쪽.

풍토와 산업화로 인한 소외와 고독, 불만, 아쉬움, 번민의 감정을 투사했다는 설명도 제기됐다.[60]

하지만 그 무엇보다 강한 주장은 '미8군 무대'에서 발신된 미국 대중음악이 한국인 대중들의 향수를 달래주었기 때문이라는 견해다. 그에 따르면 6.25 전란으로 이역에 파견된 미군 장사병뿐 아니라 피난과 산업화로 객지를 떠돌던 한국 대중이 그 음악으로 위로를 받았다는 것이다.

대중의 대중음악 선호 경향에 대한 프랑크푸르트학파와 허버트 J. 갠스의 견해 중 어느 편이 타당한지는 오늘날에도 여전히 논란거리다. "대중은 수동적 존재이므로 정치적 허위의식을 내면화하여 지배 권력의 의식 조작에 휘둘리게 마련"이라거나 "대중은 근대 이후의 문화민주주의에 힘입어 예술적 생산물을 향유한다"는 양측의 주장 모두 나름대로 일리가 있기 때문이다.

부산의 경우를 살펴보면 1950년대 이래 '미8군 무대 출신 음악인'들의 전신에 힘입어 빠르고 폭넓고 다양한 미국 대중음악 전파가 가능했다. 1960년대 말부터는 음악감상실과 음악다방, 라디오방송, LP 레코드와 카세트테이프 보급을 통해 팝송과 포크, 록 음악이 널리 확산되었다. 그런 현상을 "문화제국주의 전파와 확산"이라 본다면[61] 부산에서의 미국 대중음악 수용은 한낱 "문화 식민지화"에 불과하다.

하지만 한국인 대중은 강대국에서 이입되어 위력을 과시하고 자본주의적 이익을 탐하는 문화제국주의에 대응하는 과정에서 주체적으로 개입할 '문화적 틈새'를 찾아냈다.[62] 그들은 미국 대중음악을 수용했을 뿐만 아니라 이를 전유하여 저항과 풍자 정신을 담은 '민

---

60 주창윤, 「1975년 전후 한국 당대문화의 지형과 형성과정」, 『한국언론학보』 51권 4호, 한국언론학회, 2007, 26쪽.

61 존 톰린슨, 강대인 역, 앞의 책, 26쪽.

62 유선영, 「홀눈 정체성의 역사 : 한국 문화현상 분석을 위한 개념 틀 연구」, 『언론정보학보』 43-2, 언론정보학회, 1998, 452쪽.

중음악'을 창출했다. 그리곤 그것을 시대에 대한 풍자와 체제에 대해 저항하고 삶의 모순을 극복하고 위안하는 수단으로 삼았다. 그런 과정과 결과야말로 주체적 전유에 의한 '문화적 위치감각'[63]과 '문화적 정체성'[64]의 획득 혹은 '탈(脫)식민화', '탈(脫)입지화'를 거쳐 이룩해낸 '재(再)입지화'라 부를 수 있겠다.

'미8군 무대 출신' 음악인들의 거리공연 모습

오늘날도 부산의 '미8군 출신 음악인'들은 미국 대중음악에서 얻은 자양분을 토대로 창출된 한국 대중음악의 유포와 확산에 힘쓰고 있다. 그들은 "원로 음악인" 대우를 받으며 악단을 조직해 활동하거나 '가야문화축제', '영도다리 축제', '광복로 축제' 등 지자체 축제에 연주자로 참여한다. 한편으로는 '7080 음악회' 등의 노래교실을 운영하며 작곡과 작사, 편곡과 조율, 음악교육과 음악치료에도 나서고 있다. 특히 TBC 전속악단장을 역임한 김경호가 중심이 되어 만든 단체 '찾아가는 실버 뮤지션'은 부산시 '예비사회적기업'으로 선정되어 매년 '부산실버가요제'를 주관하고 있다.

그처럼 대중이 일상적인 축제나 문화행사, 노래교실 등을 통해 향유하는 것이 대중음악이고 보면 이를 '민속음악'이라 불러도 무방하리라 본다.

---

63 호미 바바, 나병철 역, 『문화의 위치』, 소명출판, 2002, 279쪽.
64 존 톰린슨, 강대인 역, 앞의 책, 178~179쪽.

제2부

표준화를 극복한 지역성

7장

지역연구 방법론의 적용

Ⅰ. 도시민속의 '지역' 개념

도시민속은 도시에 전해지는 민속이다. 여기서 도시란 단지 물리적 공간이 아니라 민속이 형성되는 의미론적 장소로서의 '지역'이다.

그럼에도 한국 도시민속에 대한 기존 견해 대다수는 도시를 새롭게 설정된 '지역'이 아니라 농어촌이 연장된 공간으로 간주했다. 근대기 이래 도시가 갖게 된 특성은 도외시한 채 '고향'이나 '향리', '향토'와 동일하게 '풍요(豊饒)'와 '다산(多産)', '제액초복(除厄招福)' 등 전근대적 '전통 민속'이 전해진 곳이라 보았다.[1]

하지만 한국의 도시는 근대기 이래 식민 지배와 중앙집권적 통치에 의한 군국주의, 식

---

1 임재해, 「민속학의 새 영역과 방법으로서 도시민속학의 재인식」, 『민속연구』 6, 안동대 민속학연구소, 1996, 23~55쪽; 최원오, 「도시민속지 만들기와 도시민속학의 가능성 - 서울역사박물관의 도시민속지 검토를 통해서」, 『민속학연구』 25, 국립민속박물관, 2009, 5~30쪽.

민주의, 자본주의 등으로 인한 서구화와 근대화가 진행된 공간이다. 그런 도시에서 형성된 가치관과 생활 습관이 근대 이전과 판이한 점을 고려하면 한국 도시민속을 전래민속의 변형이라 보는 견해는 일국적(一國的) 환원론이라 보아야 한다.

이에 비해 중국의 도시민속 연구자들은 근대기 이래 격심한 변화를 겪은 도시의 민속은 '향촌 민속'과 단절되었다고 보고 향촌에서 흘러들어온 일부 민속 역시 이질적 외래민속과의 접촉에 의해 변용된 것으로 보았다.[2]

근대기 이래의 역사적 배경, 사회적 상황과 연관시켜 한국 도시민속의 진정성(authenticity)[3]을 고찰하려면 우선 도시를 지적 구조물(知的 構造物, mental constructs)로 발명된 '지역'으로 보고 그에 맞는 방법론[4]을 찾아내어 적용해야 한다. 지역연구 방법론은 근대화와 서구화가 추구하는 '보편'과 '중심' 가치에 대응하는 지역민의 주체적, 비판적인 사고와 교호적(交互的), 간주관적(間主觀的, intersubjective) 상호작용을 존중하는 방식이다.[5] 그 방법론의 취지는 지역의 문화와 역사의 특수성을 존중하면서도 세계와의 소통을 추구하는 글로컬리즘(glocalism)과의 취지와도 일치한다.

지역연구에 활용할 만한 방법 중에서도 가장 유용한 것은 외부로부터의 선험적 의미를 지역민의 주체적 입장에 맞게 전환, 변화시키는 '전유(appropriation)[6]'라 본다. 중국 민속학자

---

2 陶思炎 等, 『中国都市民俗学』, 东南大学出版社, 2004, p.2.

3 여기서의 '진정성'이란 지역의 현상이나 문제에 대한 외부로부터의 부단한 영향에 대한 내부 지역민의 인식이 결합되어 형성된 '장소적 정체성'을 의미하며, 'authentikos(진짜)'라는 그리스어에서 유래된 이 말은 '진실성', '진짜성', '독창성', '진본성', '지역성'으로도 번역된다.

4 지역연구는 여행기를 비롯한 다양한 연원에서 출발한 학제적 연구로서, 근대기 제국주의 식민지연구와 2차대전 후 냉전기의 정책학문에서 1980년대 후반 제3세계 연구로 확대되었다. 초창기의 민족학과 문화비교론에서 문화상대주의와 오리엔탈리즘, 포스트모더니즘, 해체주의, 제3세계 문화이론을 수렴하면서 논리가 더 다양해져, 포스트모더니즘과 탈(脫)식민주의, 탈(脫)중심주의로 식민제국주의나 중앙중심주의를 벗어난 피식민지와 변방의 문화적 독자성을 찾는 다차원적 연구가 활발하며 지리학, 사회학, 문화론, 정치학이 두루 응용된 학제적 연구가 상당량 축적되어 있다.

5 Mittelman, James H., 「What's in a name? Global, International, and Regional Studies」, 『Globalizations』 10(4), Routledge, 2013, p.517.

들은 근대기 이래 서구열강으로부터 받아들인 외래문화를 자신들의 것으로 전유한 생활 문화에 "화이부동(和而不同)"의 정신이 담겼다고 자부한다. 그들은 그런 예로 춘지예[春节]의 '호텔 야식', '밤새워 TV 보기', '전화나 e-메일로 하는 새해 인사', '가족여행', '외국 여행', '아이들의 인터넷카페 출입' 등을 든다.[7]

여기서는 부산을 예로 들어 지역연구 방법론 활용에 의한 한국 도시민속의 형성과 적응 사례를 살피고자 한다. 부산은 근대기 이래 '타자화'화 '표준화'에 의해 근대적 제도나 풍속, 문명이 이입되어 지역성이 모호하다는 평가를 받은 도시이기도 하다. 하지만 방법론을 달리 적용하여 고찰하면 이 도시에서도 외부로부터의 영향과 요구, 간섭을 주체적 전유하여 형성, 전승한 도시민속 사례를 찾을 수 있으리라 본다.

Ⅱ. 지역연구 방법론의 활용

1. 지역의 진정성

중국에서는 근대도시를 지역민의 생활 습관과 의식(儀式), 휴가, 친교와 연관된 시장, 박물관, 주택, 거리, 민예품, 음식, 오락 등 전래민속과 외래민속의 전승과 이입, 선택과 변형이 이루어지는 공간으로 본다.[8] 근대기 상하이의 도시민속에 지역의 진정성이 담겨 있다고 본 차이펑밍은 그런 예로 1850년대 이래 상하이에 이입된 '창살', '유리', '전등', '전보', '전화', '상수도', '명주', '담요', '양산', '비누', '수건', '펜', '잉크', '양지', '치약', '칫솔' 등을 들었다. 특히 공 · 상업 경제, 과학기술의 산물인 서구 문물을 받아들이는 과정에서 형성

---

6 한국문학평론가협회 편, 『문학비평 용어사전(하)』, 국학자료원, 2006, 785쪽.

7 陶思炎 等, op. cit., pp.12~14.

8 陶思炎 等, ibid., pp.10~15, pp.15~17.

된 '경정(競艇)'과 '경마' 등 서방 민속과 '연애결혼', '복식', '오락' 등 반(反)전통적 민속에 "통일성 없는 다양함"과 "혼잡산란(混杂散乱)"이라는 상하이의 지역성이 담겼다고 보았다.[9]

부산의 지역민도 이민족의 식민 지배와 중앙집권적 통치를 겪으며 굴곡진 삶에서 얻은 지혜와 정서, 애환 등을 담은 도시민속을 만들어 지역의 진정성을 담아냈다. 그런 예가 일제강점기의 '생선회'와 '오뎅'을 비롯해 '이층집', '활동사진', '신파극', '정사(情死)', '유곽', '왜관의 매음', '일본군 보물', 6.25 전란기와 그 이후 산업화기에 나타난 '하꼬방(はこ房)'이나 '꿀꿀이죽(유엔탕)', '공동화장실', '급수차', '하꼬방', '품팔이', '노점상', '깡깡이질', '밀면'과 '돼지국밥', '통술집'과 '자갈치시장', '밀무역', '밀수' 등이다.

부산의 도시민속은 전래민속과의 연관성이 희박하거나 전혀 낯선 외래문물과의 융합을 통해 새롭게 창출된 것들이었다. 그러면서도 지역민들이 보존 운동을 벌여 지켜낸 '영도다리'의 예에서 보듯 그 민속에는 역사적 기억과 삶에서의 체험을 바탕으로 한 지역의 진정성이 함축되어 있었다.

2. '지역'의 주체로서의 지역민

근대기 이래 한국의 도시 대다수는 이주민의 잦은 전출과 전입으로 이합집산이 심한 공간이었으므로 정체성을 유지하기 어려웠다. 지역민 가운데 토박이가 소수에 불과해 '향토'라 부르기 어려웠고 식민제국이나 국민국가의 지배와 통치를 받는 '지방'이었기에 지역민이 주체적 역할을 하는 '지역'으로 보기에도 적절치 않았다.

그러나 지역연구 방법론에 의하면 도시는 '지적 구조물로 발명된 '지역'이다. 실제로 근대기 이래 도시인의 '고향'이 어디인가를 생각해보면 '타향'인 현재의 거주지도 여행자나 관광객, 체류자, 전입자, 타향민, 외국인에게나 '열려있는 고향', '제2의 고향'이 될 수 있

---

9 蔡丰明 著, 『上海都市民俗』, 学林出版社, 2001, pp.14~15, pp.22~23. pp.8~9.

다.[10] 그러므로 도시민속 연구는 지역민의 사고와 정서가 투사된 도시의 경관에서 '지역'으로서의 진정성을 찾아내야 한다.

부산에서 그에 해당하는 예로는 귀환 동포와 이주민, 피난민이 '아지매 신화'를 만들어 낸 자갈치시장, 시대의 변천에 따라 공동묘지가 주택지가 된 아미동, 마사(馬舍)를 주택으로 바꿔 사람이 살기 시작한 범일동, 우사(牛舍)를 주택으로 개조한 우암동 등을 들 수 있다.[11] "부산의 자궁"이라 불리는 그 공간들은 노령화와 저출산, 주택 노후화, 공공시설 미비에도 불구하고 역사적 자원과 생활문화가 저장되어 있고 이웃 간의 관용과 유대, 친밀감, 공동체 의식이 살아있는 '지역'이다. 그처럼 지역민이 역사적 흐름과 사회적 상황을 주체적으로 수용하고 변형시키며 공동체를 만들어 지켜온 공간이야말로 도시민속 연구에 적절한 진정성을 지닌 곳이라 할 수 있다.

그처럼 진정성을 지닌 '지역'의 예로는 해방 직후 모국으로 돌아오려다 실패한 재일교포들이 집단적으로 거주하는 시모노세키의 "똥굴동네"를 들 수 있다.[12] 그 마을은 20세기 초반 건달과 기녀, 유민, 걸인 등의 공동체 '동향공회(同乡公会)', '동업공회(同业公会)' 등이 형성된 상하이 외곽지역과 유사한 공간이라 할 수 있다.[13]

---

10 이와모토 미치야는 '故郷'은 부모 세대가 태어나 자란 고장이고 '고향[ふるさと]은 타인이 태어난 곳이지만 도시인이 상상하는 마음의 고향을 의미한다고 보았다.(岩本通弥, 「フオーワロリズム」, op. cit., pp.22~26; 나리타 류이치 저, 한일비교문화세미나 역, 『고향이라는 이야기』, 동국대학교 출판부, 2007, 208~209쪽) 아카사카 노리오는 그래서 지금 새삼스럽게 '고향은 어디인가'라고 물을 수 있다고 했다.(赤坂憲雄, 「いま, 故郷はどこにあるか」, 中路正恒, 『地域学への招待』, 角川学芸出版, 2010, pp.58~59, p.72)

11 부산광역시 편, 『산복도로 르네상스 마스터플랜』, 2011, 17쪽.

12 島村恭則, 「下關の朝鮮半島系住民たち」, 篠原徹 編, 『越境』, 朝倉書店, 2003, pp.9~36.

13 蔡丰明 著, op. cit., pp.12~13.

Ⅲ. 지역연구 방법론 적용

1. 지역연구 방법론의 의의

가. '타자화'에 대한 비판

'지적 구조물'로서의 '지역'은 이미 존재하는 공간이 아니라 인위적 관점이 적용되어 만들어진 발명의 결과물이다. 그런 '지역'을 외부적 주체가 일방적으로 마련한 사전지식이나 선입견 등 '타자화(他者化)'의 논리에만 의존하여 연구하면 '위험한 편의성'에 매몰될 수 있다.

물론 지역연구(Regional Studies, Area Studies)를 하려면 먼저 근대화에 성공해 강한 문명을 갖춘 세력의 약한 문명에 대한 억압적이고 일방적인 '타자화'는 인정할 수밖에 없다. 그럼에도 불구하고 지역연구는 그에 대한 인정과 더불어 비판도 제기하는 '파마콘(pharmacon)적 이중성'을 지녀야 한다.

근대기 이래 한국 도시에서의 '타자화'는 유독 부정적이었다. 식민제국의 일방적 서구화와 근대화 과정에서 자행된 '타자화'는 식민지의 지역성을 부정했다. 그 '타자화'는 근대화를 도모하고자 기능과 효율을 중시하는 196,70년대 중앙집권적 국민국가의 통치에서도 여전히 지속되었다. 이는 마치 세계를 우호 지역/적대 지역, 지역민을 아군/적군으로 나누던 1948년 이전의 미국이 그 후로도 적(敵)이 바뀔 때마다 지역을 달리 정의하고 대외정책 가이드를 바꾸어온 것과 흡사했다.[14]

한국 도시민속 연구는 의당 남반부에 대한 북반부의 지배, 강대국의 압력에 의한 신자유주의나 지구화(globalization) 등을 포함해[15] '타자화'를 비판해야 한다.[16] 그 과정에서 근대기

---

14 Khosrowja, Hossein, 「A Brief History of Area Studies and International Studies」, Arab Studies Quarterly, 33, Hoover Institution on War, Revolution, & Peace of Stanford University, 2011, p.132.

15 미국은 냉전시대의 주적(主敵) 소련이 붕괴하자 이란을 새로운 적으로 규정하고 "포악한 정권을 응징한

이래 '타자화'에 의해 자행된 의사(疑似) 서구화와 근대주의, 식민주의도 비판의 대상으로 삼아야 한다. 그래야만 근대기 이래 오늘날까지 식민당국이나 정부의 '타자화'에 의해 형성된 도시민속과 소위 '중앙'의 연구기관과 대학이 주도해 온 지역민속 연구의 '표준화' 관행도 극복할 수 있다.

나. '간(間)주관성'의 추구

근대기 이래 도시 공간은 더 이상 동질적 문화를 간직한 '향토'라 여기기 어렵게 변모되었다. 특히 외부에 개방된 도시일수록 외래문물의 이입으로 인한 충격으로 전래문화가 소멸, 혼합, 변질된 경우가 많았다.

21세기에 들어선 오늘날도 서구강대국이 세계질서를 구축하고 신(新)식민주의를 행사하는 '타자화'가 위력은 여전하다. '타자화'는 지역민이 외부에 대응하는 동기를 부여하기도 하지만 다른 지역과의 차이에 의한 비교와 경쟁, 대립, 충돌을 불러일으키는 동인이다. '타자화'에 의한 '지역화(regionalization)'는 흔히 공간의 상호배타성과 불균등성을 부각시키고 격차를 확인함으로써 타자 간의 배타적 갈등과 차별을 낳기 때문이다. 이런 "악마적 행로"가 계속되는 한 지구는 근대기와 마찬가지로 오늘날과 미래에도 식민제국주의가 다른 지역을 억압하고 수탈하는 폐해를 감내할 수밖에 없다.[17]

그로부터 벗어나려면 지역의 내부적 가치를 지키면서도 외부적 도전에 대응하는 간(間)주관적(inter-subjective) 관점으로 지구화와 지역화를 함께 추구하는 지역연구가 필요하다. 그

다"는 명분 아래 정치를 비롯해 인권과 여성문제까지 간여해왔다. 하지만 이처럼 자신의 문화를 절대적 우위에 놓고 대상을 타자화하는 태도로는 대상 지역의 진정성에 접근할 수 없다. 강대국의 억압에 맞서 약자나 소수의 저항 과정에서 '지역'이 강조되는 것도 그 때문이며 냉전체제 종식으로 시들하던 지역연구가 2001년 미국 펜타곤과 세계무역센터 테러로 다시 조명을 받게 된 아이러니가 주목된다.(Khosrowja, ibid., p.132, p.140)

16 小林忠雄,『都市民俗学』, 名著出版, 1990, p.12.

17 Khosrowja, ibid., p.133.

러자면 지구화(globalization)에 부화뇌동하는 일국적 문화에 대한 집착을 버리고 세계와 지지와 협력, 방해와 간섭을 주고받으면서도 지역의 가치와 의미를 찾아내야 한다.

근대기 이래 한국 도시에서는 식민 지배와 중앙집권적 통치를 위해 실용과 기능이 중시되고 강조되었다. 그런 도시에 살면서도 지역민은 외부의 자극을 일단 수용한 이후에는 주체적 전유를 통해 생활방식을 바꾸며 운명을 조절해 왔다. 따라서 지역연구 방법론을 통한 한국 도시민속 연구에서도 그들이 구사했던 전유의 방법으로 간(間)주관성[18]을 활용하여 지역적이고도 지구적인 지역문화의 가치를 구명해야 한다.

3. 지역연구 방법론

가. '지역' 구분으로 인한 갈등

'지역'의 구분은 일단 지역 간에 갈등을 유발하는 원인이 된다. "특정 문화가 영향을 미치는 '지역'이란 다른 공간과 배타적이거나, 그렇지 않거나, 그렇지 못하기 때문"[19]이다. 특히 '중앙'과 '지방'의 구분은 전자가 후자에 비해 우월하다는 선입견에 의해 편견을 부풀리게 마련이다. 그런 구분은 흔히 식민제국과 중앙집권적 국가권력이 피식민지나 지방을 차별하는 논리에 따라[20] 침략과 지배, 통치를 위한 이데올로기로 수렴된다.[21]

---

18 '간(間)주관성'이란 후설의 실증과 객관의 비판으로서의 '간주관성(상호주관성, 공동주관성, intersubjectivity)'으로부터 이어지는 현상학과 해석학, 의사소통행위 이론 등에 해당하는 용어다.(박인철, 『현상학과 상호문화성』, 아카넷, 2015, 105~155쪽; 폴 리쾨르 / 박병수 · 남기영 편역, 『텍스트에서 행동으로』, 아카넷, 2004, 271~ 298쪽)

19 존스톤 외 저, 한국지리연구회 역, 『현대인문지리학사전』, 한울, 1992, 141~142쪽.

20 고마고메 타케시 저, 오성철 외 역, 『식민제국 일본의 문화통합』, 역사비평사, 2008, 139~142쪽.

21 통합이데올로기를 지닌 제국주의적 국가가 다른 지역을 정복, 회유, 동화하는 방법으로 중국은 인(仁) 사상의 실현 정도로 '문명국' 여부를 판단해 "東方禮儀之國"를 만들어냈고 근대 유럽은 세계를 '유럽'과 '비유럽'으로 나누어 미개지를 탐험하고 정복, 침탈하는 빌미로 삼았으며 이를 이어받은 근대 국민국가는 '중심부'를 설정함으로써 '주변부'를 만들어 자신들의 목표에 따라 역할과 기능을 부여했다.

그런 폐단을 바로잡으려면 식민제국주의와 중앙중심적 관점에 의해 특정한 지역을 구분하는 작위를 비판해야 한다. 그러자면 '지방' 대신 '지역'이라는 어휘를 사용해 '중심' 대 '주변' 구도를 타파하고 지역민의 독자적이고 주체적인 인식을 근거로 지역성을 파악해야 한다. 그럼으로써 편견과 선입견이 개입된 '향토'나 '지방'의 민속보다 지역민의 주체적 실존적 자각이 담긴 '지역'의 민속을 파악해야 한다. 지역민 중에서도 전국적으로 알려진 인물의 내력보다 비록 지식이 부족하고 지위가 낮더라도 개인적이고 특수한 경험을 지닌 사람의 구술 내용이나 생애담에 귀를 기울여야 한다.

나. '지역' 단위 설정

'지역'의 단위는 흔히 국제관계나 행정상의 편의에 따라 국가군(國家群)과 국가, 군(郡), 현(縣), 향(鄕) 혹은 마을로 구분된다. 그 단위는 다시 민족주의나 역사적 교훈, 이데올로기, 신앙 등에 따른 하부 단위를 거느리는 것처럼 설명된다.

하지만 그런 설정은 단지 '상상의 소산'에 불과하고 지역민의 삶과 무관한 경우가 많다. 근대기 이래 지역의 고유문화만을 근거로 삼은 '향토'나 중앙중심적 권력이 이용 가치를 따져 설정한 '지방'은 실체가 모호한 명칭이었다. "* * 씨 관향(貫鄕)"이란 '향토'조차 다른 가문과의 구별을 위해 설정된 것이므로 자라나는 세대로선 관심을 갖지 않게 되었다. "경제도시"나 "군사도시", "항구도시" 등 '지방'의 명칭 역시 중앙정부의 개발주의적 관점을 보여주는 기능적 명명법에 불과했다.

이제부터라도 온당하게 '지역'을 파악하려면 제국주의적 식민 지배나 중앙집권적 통치에 의한 '타자화'나 '표준화'를 배척해야 한다. 나아가 어떤 '지역'이든 고유한 의미를 지닌 공간이라는 전제 아래 독자적 범위와 성격, 명칭을 파악해야 한다.[22] 그래야 인류가 유목

---

22 쓰치야 겐지, 「문화의 번역 - 의미공간의 성립」, 야노 토루 편, 아시아지역경제연구회 옮김, 『지역연구의 방법』, 전예원, 1997, 250쪽.

생활을 끝내고 정주(定住)를 시작하면서 '뱀의 영역'과 차별화한 '인간의 영역'처럼[23] 실제적 삶에 근거한 '지역' 단위를 설정할 수 있다.

특히 '신(新)유목 시대'이자 탈근대기인 오늘날에는 '향토'나 '지방'이 아니라 탈근대적, 탈식민적 논리에 의거해 '탈(脫)영토화'와 '재(再)영토화'[24]가 일어난 새로운 '지역' 단위 설정이 필요하다. 그러자면 지역민의 삶과 연계된 생태, 역사, 사회와 문화 등 '지역민의 삶과 자연의 조화', '지역의 내력과 변화의 양상', '고유문화와 변동하는 문화의 상관관계' 등에 주목해야 한다. 예컨대 '지역'이 지역민의 삶을 토대로 한 "어항(漁港) 도시", "도자기 도시", "인삼 도시" 등으로 명명되어야 지역의 진정성을 드러낼 수 있고 이를 근거로 한 도시민속 연구도 가능하리라 본다.

다. '지역' 구성 요소의 연결

민속연구를 위한 '지역'의 진정성을 파악하거나 드러내려면 민속학개론[25]에 제시된 것과 같은 선험적 체계에 맞춰 조사항목을 설정하고 자료를 수집하는 '표준화'의 관행부터 고쳐야 한다. 특수한 지역에 대한 조사에서는 그런 체계와 전혀 다른 조사항목을 설정해야[26] 진정성을 함축한 지역민속을 파악할 수 있다.

그럼에도 기존의 민속지는 '자연, 지리적 환경, 주거, 인구와 마을의 형성과 변천, 사회적 배경, 가족생활과 친족 생활, 촌락의 공동생활, 기술과 산업, 교육, 문화유적, 지명, 방언, 유물과 유적, 인물' 등의 천편일률적 조사항목을 설정하고 그중 '문화'의 하부 항목으

---

23 中路正恒, 「地域学の基本問題」, 中路正恒, 『地域学への招待』, 角川学芸出版, 2010, pp.17~20.

24 들뢰즈, 질 · 펠릭스 가타리 저, 김재인 역, 『천개의 고원』, 새물결, 2001, 112~113쪽.

25 장철수는 남한, 북한, 중국교포, 미국, 일본, 중국 등의 민속학 개론서 체계를 상세하게 비교하여 차이를 고찰하면서 '의식주, 세시풍속, 통과의례, 민속신앙, 민속예술, 구비문학' 항목을 분류체계로 제시했다.(장철수, 『한국 민속학의 체계적 접근』, 민속원, 2000, 82~105쪽)

26 김창민, 「마을 조사와 연구에 대한 비판적 성찰」, 한국민속학회, 『한국민속학』 47집, 2008, 20쪽; 임재해, 「민속조사보고, 무엇을 어떻게 담아낼 것인가?」, 안동대학교 민속학연구소, 『민속연구』 12집, 민속원, 2003, 48쪽.

로 '민속', '신앙, 세시풍속, 통과의례, 전설과 민담, 민요, 생애담' 등을 덧붙이곤 했다.[27] 그런 조사항목 아래 연구자가 수집한 자료를 일방적이고 임의적으로 정한 기준과 근거에 따라 배치하는 게 일반적인 민속지 작성 방식이었다.

그러다 보니 조사된 내용의 '생태', '역사', '사회', '문화' 측면을 살피려면 번거로운 재조합이 불가피했다.[28] 게다가 '민속'이 '문화'의 하부 항목으로 배치되어 있어 '민속의 지역'은 짐작할 수 있지만 '지역민속'의 파악은 어렵고 '민속'이 다른 조사항목이나 분야의 자료로 여겨질 가능성도 컸다.

지역연구 방법론에서는 지역민의 세계관과 삶의 환경, 조건 등으로부터 파악한 생태와 역사, 사회, 문화, 인간 등[29]을 기본적 지역 구성 요소로 본다. 즉, '생태'(지역의 범위, 지리적 특성(기후, 강우량 등), '역사'(역사와 내력), '사회'(주민조직, 행정, 산업, 교통, 교육, 시장 등), '문화'(종교, 문화재, 동제나 축제 등) 등을 기본요소로 파악한 후 그 각각의 중요도와 상호 간의 선후(先後) 관계, 영향, 연결, 배제, 충돌을 고려함으로써 지역의 동태적 변화를 입체적, 간(間)주관적 관점으로 파악하는 방법이다.[30]

---

27 문화인류학 조사항목은 대체로 '세계관, 언어, 생계, 결혼, 민속, 도시, 촌락 형태, 취락 경관, 문화, 가족이나 친지, 종교, 생태, 인구(종족성, 집단정체성, 소수민족, 도시 내 지역사회, 기업공동체)' 등이다. 이에 비해 마을지는 대체로 '자연환경, 사회적 배경, 인구의 이동, 마을의 형성과 변천, 지명, 언어, 교육, 충효열, 향약·계, 인물, 유물·유적, 민속, 신앙, 전설과 일화, 민요, 생애담' 등을 조사항목으로 설정한다.

28 남성진은 마을개관 조사의 조사항목으로 "(1)지리적 위치와 자연환경, (2)역사와 문화환경, (3)인구와 사회조직, (4)생업과 경제활동"을 제시하면서 민속 관련 하위항목으로는 (2)에서 ③신앙, ④연행민속, ⑤구전문학, ⑧상징경관(신성구역(성소), 곳집, 치성바위, 문중 제각, 수구막이)를 설정했다.(남성진, 「마을개관」, 임재해 외, 『민속조사의 현장과 방법』, 민속원, 2010, 108~111쪽) 이처럼 마을민속 조사 이전 단계로 마을개관 조사를 행할 필요는 인정할 수 있으나 장차 민속을 중심으로 연구보고서를 쓰기 위한 조사항목 간 입체적 관련성은 제시하지 않은 채 "원구마을의 사회·문화적 특성"으로 글을 마무리했다.

29 인문지리 연구는 인간에 의해 창조된 환경을 다루고자 자연과학과 인문·사회과학 범위를 학제적으로 포괄하여 인간에 의한 인구 변화, 취락 분포, 역사적 내력, 교통 등에 대한 학제적이고 통합연구(integrated studies)를 추구한다. 조선시대 『세종실록지리지』나 『팔도지리지』, 『동국여지승람』, 읍지(邑誌) 등을 비롯해 각 고을 인심과 풍속, 역사와 문화, 물자 등을 기록한 『택리지』는 오늘날의 인문지리와 유사한 체제와 내용을 갖추고 있다.

30 최인학은 "민속학도 문화를 관측하기 위해서는 지역적 관계라는 배경을 전제로 하여서 이해하지 않으면

하지만 이 방법을 사용하며 지역의 특정 요소만을 중시해서는 지역민의 삶을 좌우하는 동태성의 입체적 파악이 어렵다. 따라서 '지역'을 구성하는 '생태', '역사', '사회', '문화'[31] 등의 요소를 연결시키려면 그것을 통어하는 주체로서의 '인간'을 간과하지 말아야 한다.[32] 이를 위해 후루카와 히사오는 '인간'을 상위에 놓고 다른 요소의 선택적 친화력을 고찰하는 방법을 제시했다.[33] 그가 제시한 모델에 따라 '인간' 항목을 추가하면 지역민이 주체가 되어 '생태', '역사', '사회', '문화' 등의 항목을 연결하는 바를 비교적 명료하게 드러내 보일 수 있다.[34]

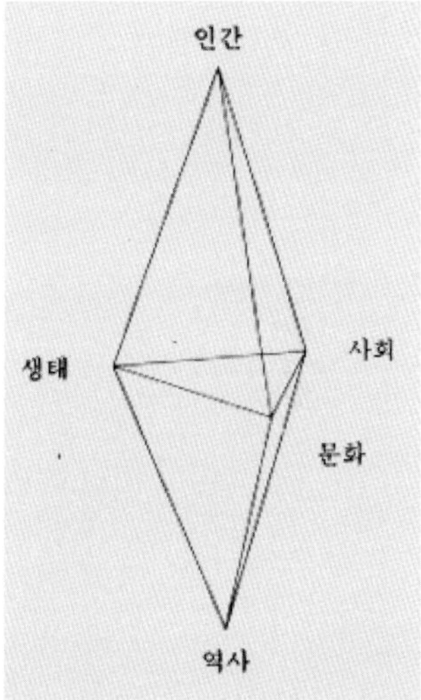

후루카와 히사오의 지역성 도출 모델
(후루카와 히사오, 「현지조사 - 걷기 · 보기 · 듣기」, 야노 토루, 아시아지역경제연구회 옮김, 『지역연구의 방법』, 전예원, 1997, 181쪽에서 전재한 그림)

이를 적용한 예로 부산 영도의 '출가해녀'의 어로(漁撈)에 대해서는 '출가해녀'와 '영도 해녀' 출현, 신구세대 갈등 등의 '인간' 항목을 상위에 놓고 채취수산물, 작업구역, 작업 도구, 작업방식 등의 '생태' 항목과 19세기의 '출가해녀' 이주, '해녀촌', 이주사 등의 '역사' 항목, '물옷' 도입, 소득, 일상 변화, 판매업 시작 등의 '사회' 항목, '불

안 된다"는 견해를 제기했고,(김동욱 · 최인학 · 최길성 · 최래옥 공저, 『한국민속학』, 새문사, 1988, 80쪽) 임재해도 "일반적으로 지역성 논의에서 가장 기반이 되는 준거는 지리적인 것"이라 했다.(임재해, 『민속문화를 읽는 열쇠말』, 민속원, 2004, 200쪽)

31 "마을사, 마을사회, 마을문화, 마을의 터를 이루는 생태학적 관심의 축."(임재해, 『마을민속 조사연구 방법』, 민속원, 2007, 201쪽, 298쪽)

32 山内節, 「ロ - カルな場所からの出発」, 中路正恒, op. cit., p.306.

33 후루카와 히사오, 「현지조사 - 걷기 · 보기 · 듣기」, 야노 토루, 아시아지역경제연구회 옮김, 『지역연구의 방법』, 전예원, 1997, 181쪽.

34 후루카와 히사오, 위의 논문, 181쪽. : 민속의 기본적 속성이 인간의 사고나 행위를 전제로 한 것임을 생각하면 '인간' 항목을 추가해야 한다고 본다.

턱', 공동휴무, 회식, 관광 소멸, 용왕제 단절 등의 '문화' 항목을 연관지어 고찰할 수 있다. 특별히 '인간' 항목에서의 신구세대 갈등을 언급하려면 '생태' 항목의 채취수산물, '역사' 항목의 '출가해녀' 이주, '사회' 항목의 '물옷' 도입, '문화' 항목의 '불턱' 등을 연관시키면 설명이 수월해진다.

이를 참조하여 지역의 구성 요소를 담은 민속의 분류를 예시하면 다음과 같다.

ㄱ.인간민속 : '이주 민속', '가문 · 가족 민속', '기능인 · 직업인 민속', '장애인 민속', '젠더 민속' 등

ㄴ.생태민속 : '기후 · 지리 민속', '취락 · 주거 민속', '농어산촌 민속', '도서(島嶼) 민속' 등

ㄷ.역사민속 : '지역사 민속', '전설 민속', '역사인물 민속', '문화재 민속' 등

ㄹ.사회민속 : '교육 민속', '교통 민속', '정치 민속', '산업 · 상업 민속', '사회운동 민속', '일상 · 일상용품 민속', '다문화 민속', '질병 · 의료 민속', '범죄 · 일탈 민속' 등

ㅁ.문화민속 : '연희 · 축제 민속', '여가 · 여행 · 관광 민속', '유무형 문화유산 민속', '의사소통 민속' 등

라. '지역성'의 파악

지역연구에서는 일정한 '지역'에서의 '생태'와 '역사', '사회', '문화', '인간' 등의 역동적 연결 과정에서 가장 강력한 응집력을 지닌 요소가 '지역성(authenticity)'을 주도하고 결정하는 것으로 본다.[35] 여기서의 '지역성'이란 '지역의 진정성'과 동의어이거나 '에토스(ethos)'와 유사한 의미로, 한 '지역'의 본질적 정신적 특성인 기풍, 관습, 정신, 윤리성, 예술작품에 흐르는 정서를 총칭하는 말이다.

근대기 이래 한국 도시는 선험적이며 고정적인 정체성이 아니라 사회구조나 사회그룹,

35 山内節, 「ロ－カルな場所からの出発」, 中路正恒, op. cit., p.306.

사회관계, 삶의 구조, 사회단체 등 당대적이고 역동적인 변화에 의해 형성된 '지적 구조물'이다. 따라서 그 도시는 전통적이거나 의타적 속성을 지닌 '향토'나 '지방'이 아니라 지역민이 주체적으로 특징이나 정서, 분위기를 만든 '지역'이므로 그 지역성은 외부의 '타자화'나 보편성이 강조된 '표준화'가 아니라 지역민 자신의 관심과 이익, 목적에 의해 형성된 것으로서 파악되어야 한다.

달리 말해 도시민속 연구는 주체적이고 독립적으로 "지역에 자신을 접촉시킬 수 있다는 가능성을 믿는 지역민의 마음"[36]에 의해 형성된 지역성을 톺아내야 한다. 그럴 때 비로소 도시는 정체된 공간인 'city'가 아니라 지역민이 역사적 흐름과 사회적 변화에 대응[37]하는 과정에서 도시민속을 형성하고 전승하는 역동적 'urban'으로 여겨질 수 있다.[38]

IV. 지역연구 방법론을 원용한 도시민속 연구

그동안의 한국 도시민속 연구에서는 역사적 배경과 사회적 상황에 대한 문제의식이 부족했을 뿐만 아니라 민속 현상이 형성되고 전승되는 도시 자체에 대한 고찰이 미비했다.

그런 문제점을 개선하려면 우선 '지역'에 대한 연구에서 조사항목 설정과 그들의 연결을 통해 지역성을 도출하는 방법론을 정립할 필요가 있다.

이를 바탕으로 근대기 이래 식민 지배와 중앙집권적 통치 과정에서 지역을 억압하는 '타자화' 논리와 임의로 규정하는 '표준화' 논리를 비판하고 배척해야 한다. 그러자면 지역연구 방법론을 활용하여 도시의 지역민이 주체적으로 추구한 진정성을 파악하고 그것을 토대로 도시민속을 구명해야 하리라 본다.

---

36 中路正恒, 「地域学の基本問題」, 中路正恒, op. cit., pp.14~15.

37 小川直之, 「地域差と地域性」, 宮田登 編集, 『民俗の思想』, 朝倉書店, 1998, pp.193~194.

38 Toelken, Barre, 『The Dynamics of Folklore』, Utah State University Press, 1996, p.43.

8장

부산 지역의 도시민속 고찰

Ⅰ. 지역문화로서의 지역민속

21세기의 화두는 '지역'의 가치를 어떻게 발굴하고 활용할 것이냐로 요약할 수 있다. 이를 위해서는 우선 지난 세기까지의 식민주의와 중앙집권주의가 조장한 '중심과 주변'의 이분법적 논리에서 탈피해야 한다. 나아가 '지역'을 외부로부터의 '타자화'와 '표준화'에 의해 설정되고 평가되는 객체적 공간이 아니라 독자적이고 특수한 문화를 지닌 주체적 공간으로 인식해야 한다.

그간 한국의 '지역'에 대한 기존 논의 중에는 외래문물의 수용 양상에 대한 분석과 비판한 견해는 많았으나 지역민의 주체적 대응 방식에 주목한 경우는 드물었다.

이에 여기서는 부산 지역을 예로 들어 지역민의 구술사와 생애담을 비롯한 지역사 등 기존의 논의를 활용한 도시민속 연구 방법을 모색하고자 한다. 더불어 지역민이 주체적으로 형성하고 전승한 지역민속을 연구한 성과에 대해서도 고찰하고자 한다.

II. 지역민속 연구방법 재검토

1. 부산 지역문화의 특성

부산은 일제의 식민 지배와 국민국가의 중앙집권적 통치에 의해 지속적 '타자화'를 겪어온 '개항지'이자 '식민지', '피난지', '산업도시'였다. 1876년 개항 이후에는 일본관리관청과 전관거류지 지정과 1906년 부산부가 구획되었고 1910년 한일합방과 더불어 일제의 식민 지배가 시작되었다. 이후 해방기의 귀환 동포와 6.25 전란기의 피난민, 산업화기의 이농민 등의 정착지이자 피난지, 산업도시가 되었다.

부산의 문화가 변모한 변곡점을 일제강점기와 6.25 전란기로 보고 당시에 출현한 도시민속을 개괄하면 다음과 같다.

일제강점기에는 '신사'와 '유곽'을 비롯해 '다다미'와 '후즈마', '이로리', '문화주택(이층집)' 등 일본 생활문물을 비롯해 '활동사진'[1]과 '신파극', '게이샤의 작품발표회' 등의 공연물과 '오뎅', '생선회' 등이 이입되었다. '용두산신사'가 굽어보는 일본인 거주 구역에는 '다다미'와 '후즈마'를 갖춘 화양절충형(和洋折衝型) '문화주택'이 즐비하게 들어섰다.

1905년 부산에 항만이 건설되자 일제의 수탈로 토지를 잃은 김해, 양산 등 전국의 이농민들이 "가난하고 고된 머슴살이 집어치우고 부산포에 나가 깽깽이나 하자"며 이 도시로 몰려들었다. 그들은 시내 주변 산기슭에 토굴을 지어 거처를 마련하고 "한바 노가다"라 불리는 부두의 하역노동자가 되어 일하면서 수시로 일본인의 수탈에 맞서 파업을 일으키기도 했다.

---

1 부산에는 1908년 신파극이 처음 들어오고 1913년 극장 〈행좌〉가 문을 열었으며 1922년에 〈토월회〉가 신극(新劇)을 공연했다. 1924년 7월에 한국 최초의 영화제작사 조선키네마를 만들어 "海의 悲曲"를 제작한 도시다.(홍영철, 「부산 최초의 극장 『행좌』의 역사성 검증 보고」, 『BFC Report』 Vo.25, 부산영상위원회, 2008 SPRING, 48~51쪽)

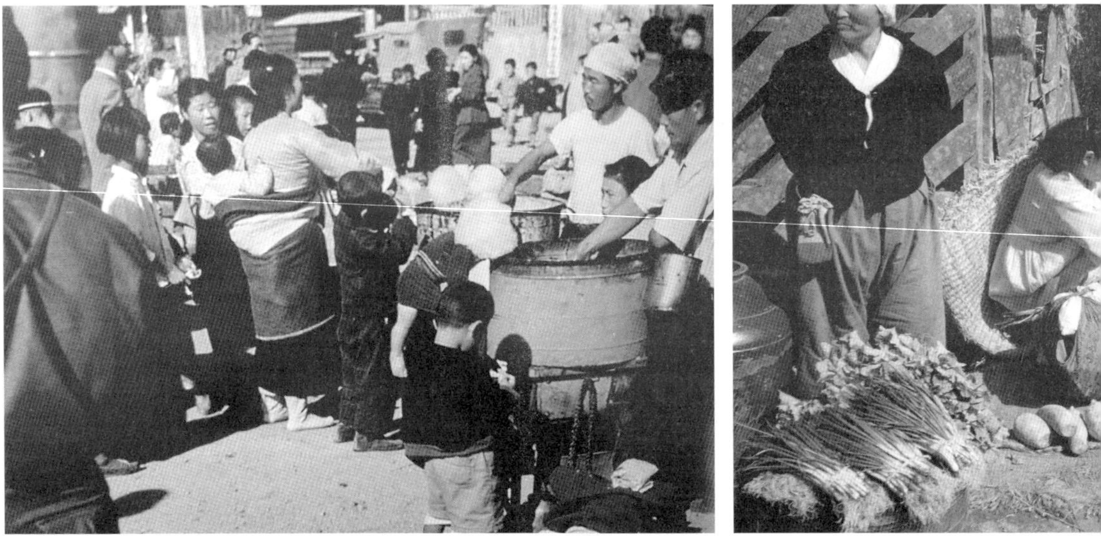

6.25 전란기 부산의 노점상 모습(부경근대사료연구소 소장)

6.25 전란기 부산을 찾은 피난민은 '돼지국밥'과 '밀면'으로 허기를 달래고 '공동화장실'을 사용하며 '급수차'가 드나드는 '달동네'의 '하꼬방'에 거처를 마련했다. 그 와중에도 잃어버린 가족의 안부를 묻느라 '영도다리 점집'과 '영선동 UN고개 점집' 앞에 줄을 섰으며 "얌생이 몰기"라 불리던 미군 부대에서의 군수품 절도를 감행했다.[2] 몸이 약한 노인이나 어린이 등은 배급소나 종교단체가 나누어주던, 분유에 삶은 보리쌀이나 강냉이 가루를 섞은 '우유죽'을 영양식으로 즐겨 먹었다.

피난민 남자들은 '품팔이'나 '노점상', '지게질', '운반일', 여자들은 '재봉질', '박음질', '단춧구멍 내기', '다림질'로 가계를 꾸렸다. 새로 생긴 이색직종인 미군 부대에서 흘러나온 음식 찌꺼기를 끓여 파는 '유엔탕 장사', 깡통을 펴서 판잣집 지붕을 만드는 '깡깡이업',

---

2 부산광역시 중구청, 『한국전쟁 체험수기』, 40계단 기념관, 2005, 113쪽.

바다에 떠다니는 나무를 주워 땔감으로 파는 '전마선업', 철길에서 땔감을 줍는 '코크스 수집', 담배를 말아 파는 '담배말이업', 구제품 옷가지나 자물쇠를 걸치고 다니며 파는 '샌드위치 맨', 보자기와 바리캉, 손거울만 들고 골목을 누비며 이발을 해주는 '떠돌이 이발사' 등도 나타났다.

6.25 전란기의 격변을 치르면서 상본(商本), 공본(工本) 사회로 변화된 부산에서는 새로 생겨난 문물과 생활방식이 적지 않았다. 체면을 차리던 의식은 사라졌고 누구나 환경과 처지에 맞춰 몸을 놀려 생존을 추구하자니 예의와 염치보다는 실용과 이익을 중시하게 되었다.

2. 부산 지역민속의 연구

근대기 이래 부산의 지역민속은 역사적 배경과 사회적 상황에 따라 변화된 생활문화를 바탕으로 형성되고 전승되었다.[3] 그런데도 상투적 '전통민속'을 기록한 기존의 부산 지역민속 연구는[4] 존재하지도 않는 사례를 나열한 경우가 많았다. 이는 정부가 전국 민속을 조사한 『전국민속종합조사보고서』나 고려대학교가 발간한 『민족문화사대계』의 분류 체계와 기준에 따라 지역민속을 발굴하고 정리한 '표준화' 결과였다. 필자가 1987년 편찬된 『동구 향토지』 내용에 대해 전수 조사를 해보니 대다수 민속 항목이 아예 존재하지 않았다. 2001년에 출판된 『남구의 민속과 문화』도 상당 부분이

---

3 小川直之, 「地域差と地域性」, 宮田登 編集, 『民俗の思想』, 朝倉書店, 1998, pp.193~194.

4 부산의 지역민속 연구로 김승찬의 『민속학산고』(제일문화사, 1980)를 비롯한 『부산지방의 세시풍속』(세종출판사, 1999), 강용권의 『민속문화답사기 : 부산, 경남 편』(세종, 1989)에서 세시민속, 통과의례민속, 민속예능민속으로 '들놀음'과 '충렬사 제향', '망께소리', '대리지신밟기', '동래줄다리기' 등이 소개되었다. 장르별로 김승찬 등의 『부산민요집성』(세종출판사, 2002), 김성수의 『민속학춤 연구』(한림원, 2005), 김승찬·황경숙의 『부산의 당제』(부산광역시, 2005) 등이 있으며 황경숙은 『부산의 민속문화』(세종출판사, 2003)에서 '산성마을의 세시풍속'을 비롯해 '범방, 장전 마을의 민간요법', '부산지방 민요에 나타난 여성의 의식세계', '부산의 영동할미제' 등을 다루었다.

실제와 달랐고 2005년에 나온 『수영구의 민속과 문화』에서도 지역민속과 일치하는 항목은 '민간신앙' 한 가지뿐이었다.

그런 조사나 연구 결과가 도출된 이유는 지역민의 주체적 시점과 실제 생활을 도외시했기 때문이었다. 그처럼 틀에 박힌 '표준화'에 의한 지역민속 고찰은 식민 지배를 위해 자의적이고 인위적으로 '타자'의 발명과 전혀 다르지 않았다.[5] 근대기 이래 '개항지'나 '식민도시', '피난도시', '산업도시'가 된 부산의 도시민속 역시 마찬가지였다. 따라서 이는 후쿠다 아지오가 『일본민속사전』에서 정의한 "근대적이고 서구적인 문화통합과 사회변동으로 구관인습(舊慣因習)이 변하고 새로운 문화적 기준이 만들어진 결과"라 보기 어려웠다.

부산의 지역민속은 근대적 외래문물인 '지식'과 '기술', '제도', '위생' 등의 영향으로 혼종적이고 개방적이며 대중적인 특성을 갖게 되었다. 개중에는 명절의 '귀성'을 비롯해 'X-mas'나 '발렌타인데이' 등 전에 없던 풍속과 서구와 일본의 의례가 뒤섞인 결혼식과 장례, 외래문물의 영향으로 형성된 가정신앙과 마을신앙, 놀이가 적지 않았다. 현대에 이르러서도 전래의 주술을 계승해 기원을 담은 '자동차 고사'나 '입학기원 상품' 등 전대미문의 도시민속이 나타났다.

그러한 한국 도시민속에 대한 설명은 농촌의 영향을 강조하는 '도비연속론(都鄙連續論)'보다 새로운 문화 이입과 수용, 파급을 인정하는 '독자생성론'이 타당하게 여겨지는 경우가 상대적으로 많았다. 그럼에도 불구하고 이를 "전통민속의 재현이나 연장, 변형"이라 단정하는 견해에는[6] 일정한 한계가 있다고 본다. 근대기 이래 도시민속에 '풍요'와 '다산(多産)', '제액초복(除厄招福)' 등 전근대적 가치를 부여하는 것도 무리라 하겠다.

특히 부산은 "동래로부터 전통을 이어받은 도시"라거나 "전통문화의 바탕에 근대문화

---

5 야노 토루, 「지역연구란 무엇인가」, 야노 토루 엮음, 아시아지역경제연구회 옮김, 『지역연구의 방법』, 전예원, 1997, 26~27쪽.

6 임재해는 도시민속이 (가)도시 본디의 전통적인 것, (나)동시대에 생성된 것, (다)시골의 것이 도시에서 변용된 것, (라)외래의 문화가 변용된 것, (마)도시의 주변지역에 영향을 미치고 있는 것 등으로 보았다. (임재해, 「민속학과 도시민속학」, 김선풍 외, 『한국민속학의 새로운 민속과 과제』, 집문당, 1996, 174쪽)

가 이식된 도시"라 보기 어렵다. 1957년 동래가 부산의 일부로 편입되기 이전 80여 년간 부산은 외부에서 이입된 민속으로 인해 전래민속이 변화하거나 새롭게 태어나던 공간이었다.

부산의 지역민 역시 토박이보다 외국인과 귀환 동포, 이주민, 피난민이 더 많았으며 이주민이 만든 향우회도 다양했다. 그중에서도 "부산에 거주하며 이북에 원적을 둔 자로서 월남한 도민과 그 자녀"를 회원으로 거느린 '이북 오도민회'는 '내국 디아스포라'의 특성이 뚜렷한 단체다. 또 80만 명의 회원 수를 자랑하는 '호남향우회' 역시 15개 지회와 110여 개 분회, 20여 개 시 군별 조직을 거느린 대규모 단체였다. 그런 이주민의 삶에 주목한 혹자는 "포용성이 넓은 대신 고유한 주인이 없어 능력과 실력이 있는 사람이 주인이 되는 자유와 평등"을 '부산의 정신'이라 말했다.

한편 부산은 선원이나 공장 노동자, 소상인, 컨테이너 차량 운전자, 직업적 윤락여성 등 열악한 환경에 처한 지역민이 삶을 영위해온 도시였다. 이곳이야말로 임재해가 일찍이 천명한 "달동네 빈민들과 노숙자, 노점상, 날품팔이꾼, 접대부들, 성매매자 등 도시하층민의 삶을 통한 도시민속"이 풍부한 도시라 할 수 있었다.[7] 그런 만큼 그들이 부산의 도시민속을 발굴하고 조사하려면 다양하고도 치밀하며 적절한 조사 방법론이 필요하다.

이에 여기서는 지역민속의 지역성과 지역민의 주체적 인식을 파악하기 위해 역사학과 문학 이론에서 사용하는 방법론의 원용 방안을 모색해보고자 한다.

---

7 임재해, 「도시속의 민속문화 전승양상과 도시민속학의 새 지평」, 『실천민속학연구』 제9호, 실천민속학회, 2007, 33~35쪽.

Ⅲ. 지역사 연구로부터의 시사

1. 지역사 연구방법론

1970년대까지의 지역사 연구는 주로 문헌 자료를 참조한 집단사(국가사)나 객관사, 일반사, 정치사, 주요 인물사 기술에 주력해왔다. 1980년대 이후 역사학계는 그런 기존 연구 방식을 반성하고 개인사, 주관사, 특수사, 문화 사회사, 민중사, 구술사 방법론 등을 활용하여 지역의 진정성 파악에 나설 것이라 천명했다.

특히 특수사 연구를 위해서는 기존의 정치 구도를 비판적으로 재검토하자는 견해가 제기되었다. 즉 그동안 '중앙' 대 '지방'의 불평등하고 이분법적인 구분으로 중앙을 권력과 지식의 중심으로 여기는 구도를 해체하기 위해 '중심' 대 '주변'의 구도에 의해 설정된 '지방'을 '지역'으로 대치하고 그 경계와 단위도 새롭게 설정하자는 주장이었다.[8]

더불어 문헌 자료보다 개인적이고 주관적인 구술 과정의 기억에서 근거를 찾아 '사회적 틀(social framework)'의 면모를 파악하자는 구술사 연구 방법도 제안되었다.[9] 그에 따르면 역사적 배경과 사회적 상황을 추측할 수 있는 근거를 지역민의 경험이 담긴 구술에서도 구하자는 것이었다. 그 구술 내용을 잘 이용하여 역사를 새롭게 정리하고 지역정체성을 파악하는 근거로 삼으려는 연구방법이었다.[10] 이를 권하는 견해는 기존의 'History' 대신 계층적 약자인 민중과 공간적 약자인 지역, 사회적 약자인 여성 등의 구술을 자료로 삼는 'Histories'의 기술이 바람직하다고 주장했다.

---

8 이훈상, 「타자로서의 '지방'과 중앙의 헤게모니」, 한국사연구회 편, 『지방사 연구의 현황과 과제』, 경인문화사, 2001 참조 바람.

9 안병직, 「한국 사회에서 '기억'과 '역사'」, 『역사학보』, 1993, 280~281쪽.

10 윤택림은 구술사가 개인과 사회의 관계를 담고 있는 생애사처럼 민족과 국가가 주체가 되는 중앙 중심적 연구, 국가 전체사에 대한 역사 연구로 인해 가려졌던 평범한 개인의 체험을 드러내는 데 강점이 있다고 보았다.(윤택림 외, 『새로운 역사 쓰기를 위한 구술사 연구방법론』, 아르케, 2006, 53쪽)

그 밖의 새로운 지역사 연구 방법으로 식민지배자가 각종 광고나 포스터, 엽서, 사진 등을 이용해 식민지인의 자발적 복종을 유도한 메커니즘을 찾아내려는 시도도 있었다.

2. 부산 지역사 연구와 민속자료

부산에서의 지역사 연구는 다른 지역에 비해 비교적 늦게 시작된 편이었다.

1965년 부산시사편찬위원회가 간행한 『부산약사』는 왜구의 횡포나 임진왜란에서의 항전, 부산의 근대적 발전에 초점을 맞춘 기술이었다.

1970년대에는 국가주의 이데올로기가 강조되는 와중에 부산 출신 인사의 중앙 진출이 활발하고 경제적으로도 수도권과의 교류가 활발했다. 그런 탓인지 지역에 대한 관심이 희박해 특별히 부산의 지역성이 강조되지 않았다. 그럼에도 1976년 부산일보사가 간행한 『개항100년 - 부산사의 재조명』에서는 사회변화, 해운, 군사, 항만, 상업 등의 항목 아래 일제의 침탈에 저항한 내력 중심으로 지역사가 서술되었다. 하지만 해운, 항만 등 지역산업은 국가 전체의 산업 중 '지방'이 담당한 역할이었다는 점에서 지역의 독자적 자산이라 부르기 어려웠다.

1980년 전후 역사학계는 국가사 중심의 연구와 서술 태도를 반성하면서 이후로는 지역사 연구에 매진하겠다는 목표를 새롭게 설정했다. 이에 대학 연구소와 개인 연구자, 동호인 중심으로 '향토사'를 연구모임이 결성되었고 언론사와 기업도 이를 후원하고 나섰다. 그 결과 전국에서 '부산학', '인천학', '서울학' 등이 나타나면서 지역의 문학, 예술, 정치, 경제와 관련된 연구 성과가 축적되어 1995년 지방선거가 실시될 무렵에는 지역정치권에 지역정체성 찾기를 조언할 정도에 이르렀다.

이후 부산 지역사 집필에서는 정사와 야사를 넘나드는 서술이 선호되는 가운데 지역민의 시각에서 바라본 역사가 풍부한 시각적 자료와 함께 기술되었다.

그 예로 2003년 부산경남역사연구소가 출간한 『(시민을 위한) 부산의 역사』는 이야기투의 서술로 도심 유적과 일상 문화 등을 소개하면서 문화재 현황, 고지도, 박물관 일람표,

답사지 안내도 등을 첨부했다. 2005년 부산 중구청이 펴낸『(記錄寫眞으로 보는) 釜山·釜山港 130년』역시 초가집과 한복차림의 행인 모습과 관부연락선, 세관, 상품전시관, 우체국, 백화점 등 건물 등을 담은 사진을 실었다. 2007년 부산박물관이 펴낸『사진엽서, 부산의 근대를 이야기하다』는 근대기 부산의 여러 모습이 담긴 엽서를 수록하고 간략한 설명을 덧붙였다.

그로부터 차츰 역사적 관점에서 다소 벗어난 것까지 포괄한 다양한 자료를 발굴, 소개하면서 그에 대한 기술도 서술에 해석을 곁들이는 방식을 택했다. 그 예로 2005년에 나온『부산, 역사 향기를 찾아서』에서는 왜관을 "한일교류의 중심지", 세관을 "근대성의 공간", 동래별장을 "일본식 건물과 정원의 특징을 지닌 공간"으로 보는 해석이 곁들여졌다.

그런 폭넓고 다양한 자료 발굴과 해석이 수반된 지역사에는 지역민속 연구에 원용할 만한 내용도 상당수 포함되어 있었다. 기왕에 나왔던 지역문화 관련 저술로부터 받은 영향으로 지역사에서 다루는 자료의 범위가 넓어지고 이야기 투의 서술이 채택되었기 때문이었다. 그 예로 1965년 출간된 박원표의『부산의 고금』은 부정, 비리, 사건, 사고와 더불어 '기생', '권번' '통술집', '다방', '자갈치시장' 등의 항목 외에 '춤바람과 성 문란', '예식장의 고지서' 등 다양한 내용을 다루었다. 1997년 나온 이종률의『(테마로 보는) 부산항 이야기』역시 근대 이후의 다양한 야사를 이야기 투로 서술하면서 왜관 관련 '매음', '기생', '밀무역', 관부연락선 관련 '투신', '야욕', '모욕', 그리고 '함바', '노가다', '익사체', '테러', '파업', 그리고 '밀수특공대', '밀수', '적기 보물찾기' 등의 항목에 대한 상세한 내용을 수록했다.

그런 흐름을 이어받은『부산의 역사와 문화』는 부산의 불교, 유학, 전통문학, 현대문학, 민속 등의 항목 아래 '대동굿'을 "생활공동체 문화"로, '동래들놀음', '수영들놀음'을 "지역문화"로 소개했다. 더불어 '공사창(公私娼)', '빈민굴', '기생'이나 '다방', '공사창', '함바', '노가다', '시장' 등 일반인이 관심을 가질 만한 자료도 폭넓게 발굴, 소개했다.

Ⅳ. 지역민속에 대한 지역민의 관점

1. 서사로서의 지역민속

지역민속을 연구하려면 지역의 내력만이 아니라 구술사나 생애담에 드러난 지역민의 내면과 생활풍습 등도 반드시 참고해야 한다. 이는 이미 1930년대부터 미국 민속학과 문화인류학이 행해온 지역민속 연구 방법이었다.

1980년대 후반부터 한국에서도 대중문화와 소비문화, 민주화운동, 노동운동, 반공 이데올로기 등과 관련된 개인적 구술사와 생애사를 발굴, 분석한 연구가 활발하게 전개되었다.

부산에서도 구술사나 생애담을 채록해 지역민의 일상을 구조적으로 드러내 보이려는 시도가 전개되었다. 그 예가 1972년에 나온 최민식의 영상 자료집『얼굴, 부산의 100인』을 비롯해 1986년 뿌리깊은나무가 출간한『(한국의 발견) 부산 : 한반도와 한국사람』, 그리고 같은 출판사가 1991년 내놓은『민중자서전』시리즈에 속한『동래 사람은 팔만 올리도 춤이 넨다 캤어』, 그리고 2007년에 출판된 박성서의『한국전쟁과 대중가요 기록 & 증언』등이었다.

구술사와 생애담을 지역민속 연구에 활용할 바에야 서사 이론을 원용하는 것도 바람직한 방법이었다. 한국에서는 민담구조론을 구술사나 생애담 분석에 활용하는 경우는 있어도 서사 이론을 민속 연구에 적용하지는 않았다.

하지만 포텔리와 알레산드로는 생애담 분석 방법을 설명하면서 서사 이론을 민속 연구에 이용하라고 권했다.[11] 특히 서사 이론 중에서도 '누가 말하는 주체인가?(Who's talking in the narrative?)'를 밝히는 시점론은 발화 주체가 사용하는 술어의 의미나 개념부터 그에 담긴 이

11 Porteli, Alessandro,『The Death of Luigi Trastulli and Other Stories : Form and Meaning in Oral History』, State University of New York Press, 1991, pp.48~49.

념과 철학, 세계관 파악에 유용한 방법이다.

이를 지역민속 연구에 적용하면 화자의 인식과 세계관에 대한 분석을 통해 민속 형성과 전승 주체를 구명할 수 있다.[12] 특히 '작가', '내포작가', '서술자', '주인공'을 구분한 S. 채트먼의 이론[13]을 응용하면 '연구자 대 지역민', '중앙의 관점 대 지역의 관점', '전통적 관점 대 현실의 관점', '연구자의 관점 대 지역민의 관점' 구분에 도움을 받을 수 있을 것이다.

2. 시점론을 적용한 서사 분석

가. '중앙'의 관점과 '지역'의 관점

'중앙'의 관점과 '지역'의 관점 사이에는 아놀드 토인비가 구분한 '코끼리의 눈'과 '토끼의 눈'의 차이가 존재한다. 한국에서 전해지는 지지(地誌)나 읍지(邑誌)는 효율적 지방 통치를 도모하려는 '중앙'의 관점으로 작성한 자료였지 '지역'의 관점에 의한 것이 아니었다. 식민제국이나 국민국가의 정부 기관과 대학 연구소 등이 전국을 대상으로 전개한 지역민속 조사에서도 '중앙'의 관점이 당연시되었다.[14]

그런 '중앙'의 관점으로 보면 부산은 단지 일제강점기의 식민지이자 6.25 전란기의 피난지일 뿐 서구적 근대문물의 수용과 전신에 기여한 도시나 국난 극복의 주체가 아니었다. 또 그렇게 일정한 관점이 미리 설정되면 지역민속 연구를 위한 자료 조사와 발굴, 분석, 해석의 범위와 내용도 한계가 설정되게 마련이다.

나. '전통'의 관점'과 '현실'의 관점

근대기 이래 한국 도시민속을 '전통'의 관점으로 바라보거나 '전통의 산물'이라 여기는

---

12 웨인 C. 부우드, 『소설의 수사학』, 새문사, 1985, 415~456쪽.

13 Seymour Chatman, 『Story and Discourse』, Cornell University, 1980, p.151.

14 남근우, 『'조선민속학'과 식민주의』, 동국대학교출판부, 2008, 123~133쪽 참조.

연구자들은 대체로 외래민속의 영향과 그로 인한 전래민속의 변화를 도외시한다.

하지만 '전통'이란 고정불변의 실체가 아니라 국민국가가 형성되는 근대기에 의식, 형성, 구축된 것이거나 "과거적 요소와 현실적 요소를 연관시켜 이해하려는 정치적 의도나 상상력으로 구축된 것"일 수도 있다.[15] 근대기 이래의 역사적 배경과 사회적 상황에 의해 형성된 지역민속의 가치와 의미는 '전통'보다 '현실'의 관점으로 파악해야 한다.

6.25 전란기 부산에서 피난민이 만든 임시 주거시설 '하꼬방'은 비록 구조는 전래의 가옥과 다르더라도 생활을 영위하며 안정을 취하고 위안을 얻던 '방'임에 분명했다. '하꼬방'에 그런 속성이 함축되어 있었기 때문에 유승훈의 말처럼 훗날 '노래방'이나 'PC방', '찜질방' 등을 통해 '방 문화'가 재현되었을 것이다.

1950년대 초반 부산 영주터널 근처 피난민들의 '하꼬방'
(부경근대사료연구소 소장)

15 岩竹美加子,『民俗學の政治性 - アメリカ民俗學100年目の省察から』, 未來社, 1996, pp.25~26, p.30.

다. '연구자'의 관점과 '지역민'의 관점

지역민속을 바라보는 연구자와 지역민의 관점 사이에는 현격한 차이가 존재한다. 특히 편견과 오해에 시달리는 지역민속의 경우 지역민은 그에 대한 접근이나 공개를 꺼리기 마련이므로 연구자의 조사나 자료 수집이 어렵다. 더구나 그런 지역민속의 조사 과정에서 연구자가 사무적이거나 위압적인 관점을 드러내기라도 하면 지역민이 협조를 거부하여 결국 실상을 파악하지 못하게 된다.

부산의 지역민들은 6.25 전란기에 경험한 '하꼬방'이나 '비둘기집', '까꼬막 언덕', '산복도로', '얌생이 몰기', '유엔탕' 등의 지역민속을 대체로 "부끄러운 경험"이라 여긴다.[16] 종군위안부의 체험담이나 '깡깡이아지매'의 생애담을 비롯해 폭력과 매춘, 밀수 등과 관련된 경험은 더욱 은폐된 지역민속이다. 일본 시모노세키의 "똥굴동네"[17]에 거주하는 한국인들의 일제 치하 경험과 해방 직후의 귀국 실패담, 일본인의 인분을 퍼주며 살아온 내력 역시 "부끄럽다"거나 "수치스럽다"고 여겨지긴 마찬가지다. 우카이 사토시의 말처럼 그런 감정은 진정 부끄러워해야 할 역사나 사회가 민간에 떠넘긴 것[18]임에도 현실에서는 여전히 지역민의 잘못 때문인 것처럼 여겨진다.

그런 "민감한 소재"[19]를 지닌 지역민속을 발굴, 조사하려는 연구자는 일반적이고 포괄적인 배경지식[20]에 담긴 객관적 관점 대신 지역민과 간(間)주관적 관점을 공유해야 한다.

---

16 부산의 도시민속 연구로 황경숙의 「영업용 차량 운전자들의 자동차고사와 속신 : 부산지역을 중심으로」, 『한국민속학』 42집, 2005; 「특용차(소방차 · 구급차) 운전자들의 자동차고사와 속신문화」, 『한국민족문화』 30집, 2007; 박재환, 『부산의 장터』, 부산발전연구원 부산학연구센터, 2007 중 '제 IV장 시장과 민속문화'; 김정하, 「부산의 일본귀신담에 대한 도시민속학적 고찰」, 『동북아문화연구』 17집, 2008 등이 있다.

17 島村恭則, 「境界都市の民俗学 - 下關の朝鮮半島系住民たち」, 篠原徹 編, 『越境』, 朝倉書店, 2003, pp.9~23.

18 우카이 사토시, 박성관, 「어떤 감정의 미래 - 〈부끄러움〉의 역사성」, 『흔적 1』, 문화과학사, 2001, 17~62쪽.

19 줄리아 크레인 외 공저, 한경구 외 공역, 『문화인류학 현지조사방법』, 일조각, 1996, 121쪽.

20 맥도널드, 「구비문학의 현장조사」, 나경수, 리처드 M. 도슨 편저, 나경수 역저, 『민속조사 방법론』, 전남대 출판부, 1995, 48쪽.

일본 시모노세키의 한국인 집단거주지 '똥굴동네'

그럼으로써 서로 원활한 대화와 소통을 나누어야 지역민속의 가치에 대해 공감할 수 있고, 그래야 비로소 지역민들은 개방적이고 협조적인 태도로 연구자를 대하게 된다.[21]

V. 지역에 의한, 지역을 위한, 지역의 민속

지역민속으로서의 도시민속은 식민제국이나 중앙집권적 국민국가가 자행한 '타자화'

21 윤택림 외, 앞의 책, 55쪽.

와 '표준화'를 떨쳐내고 지역민의 실존적 존재 의미를 근거로 '지역'의 진정성(authenticity)을 파악해야 한다.

그러자면 지역민속 연구에 역사학에서의 지역사 연구 방법과 서사 이론에서의 시점론을 원용할 필요가 있다. 지역사 연구방법론에서는 개인사, 주관사, 특수사, 문화 사회사, 민중사 자료를 발굴하는 방법론, 서사 이론에서는 '누가 발화의 주체인가'를 파악하는 시점론을 원용하면 지역민속 연구에 필요한 '지역'의 관점과 '현실'의 관점, '지역민'의 관점을 갖출 수 있을 것이다.

9장

어업지역에서의 어촌민속 전승

Ⅰ. 어업 지역의 어촌민속 전승

어촌이나 어항 등 어업 지역에서는 전래민속이 지속되기도 하지만 당면한 상황이나 지역민의 요구에 따라 새로운 형태로 변화하기도 한다. 어촌민속의 지속이나 변화를 주도하는 주체는 어업인들의 조직체인 어촌계다.

일제 치하 어업조합에서 출발해 수협 조합으로 전환된 어촌계[1]는 어업인들의 모임 중 가장 권한이 막강하고 응집력이 강하다. 그들은 마을 어장 이용을 비롯한 자율 관리, 어업 공동체 사업뿐만 아니라 어민 대상 교육과 행사, '어촌체험마을사업', '도시형관광어촌마

---

1 1962년부터 마을공동체나 노반계 대신 어촌계 단위로 면허취득이 허용되자 어촌계는 시군구별로 수협 조합원에 한해 계원자격을 주었다. 1975년에는 수협법 개정으로 어업면허 우선권을 갖고 어촌 공동시설 설치와 운영, 공동 구매사업 및 판매, 그리고 어업자금 알선사업 등을 전개했다. 어촌계원이 되려면 해당지역 수협 조합원으로서 소정의 출자금을 내고 배를 소유하여 연간 60일 이상 해상에서 조업해야 하고 다년간 그 지역에서 살아야 하므로 여전히 일반인의 어촌계 진입이 어렵고 그 과정 자체가 비리의 동기가 되기도 한다.

을사업' 등을 주도하며 동제, 당제, 별신굿, 풍어제 등 어촌민속 관련 행사를 주관 혹은 주최한다.[2]

어촌계의 역할과 기능, 권한은 시대적 흐름과 사회적 상황에 따른 어업 지역의 변화와 무관치 않다. 이는 어장(漁場), 어종(魚種), 업종(業種)과 어장 관리 방법이 달라지기 때문인데 특히 지선어장의 비중이 낮은 '도시어항'에서의 사업은 갈수록 다양해지는 추세다. 전래의 '어촌'에서 '도시어항'으로 변모된 어업 지역에서는 어촌민속의 전승 동기와 양상, 역할도 크게 달라지고 있다.

이에 여기서는 어업 지역을 '어촌'과 '도시어항'을 대비하여 그 각각의 지역에서 어촌민속이 어떻게 전승되고 변화되는지를 살피고자 한다. 이를 위해 부산, 경남의 '어촌'이나 '도시어항' 중에서도 동제를 시행하고 도시축제를 개최하며 별신굿을 유치해 풍어제를 치르는 등 어촌민속과 관련된 어촌계 활동이 두드러진 지역을 선정했다. 먼저 전래의 경관(景觀)을 간직하고 '잡는 어업'을 유지하는 '어촌'의 예로 경남 남해군 문항마을과 홍현마을, 다음으로 대도시 인근에 위치하며 '기르는 어업(양식)'보다 '유어(遊漁)'에 주력하는 '도시어항'의 예로 부산 사하구 다대동과 영도구 동삼동을 들었다.

Ⅱ. '어촌'과 '도시 어항'의 어촌계

1. 어촌의 운영 주체인 어촌계

가. 경남 문항어촌계

2 어촌계의 어촌 민속 관리에 관한 기존 논의에서는 "마을굿 전승 주체로서의 '노반계'의 역할"(조정현, 2012), "어촌문화와의 연관성"(김희재, 2014), "어촌에서의 별신굿의 사회적 기능"(공기태, 2014) 혹은 "지역 해양 축제의 문화관광 자원화"(양위주 · 이미순, 2008) 등의 주제가 다루어졌다.

경남 남해군 설천면 문항마을은 굴과 피조개, 바지락, 김 등 양식을 주업으로 하는 '어촌'으로 마을의 70호 가구 중 10호가 어업에 종사해 남해군에서도 유독 어업인 비율이 높은 지역이다. 이 마을 패류는 일제강점기부터 "검역을 안 해도 먹을 수 있다"고 소문이 날 정도로 품질이 좋아 오늘날에도 호당 연간 소득 3천만 원을 안겨준다.

1968년 출자금 5백 원을 낸 28명이 결성한 문항마을 어촌계는 초창기에 직접 어로에 나서지 않고 백합양식을 하는 외지인에게 어장을 빌려주고 임대료를 받았다. 그러나 주민들 사이에서 이에 대한 비판이 제기되었고 1973년부터는 이장 정○표가 어촌계원 아닌 사람들을 준동해 백합 채취에 나섰다. 이에 1975년 어촌계가 외지인이 물러간 양식장을 직영하면서 1988년에만도 피조개 수매로만 4억 원 이상의 수익을 올려 호당 6백만 원씩 배분했다.[3]

어촌계의 자립에는 갖가지 어려움이 존재한다. 2017년 현재도 자체적 사업수행 능력을 갖춘 어촌계는 전국의 2천 29개 중 9%인 1백 70개뿐이고 절반 이상은 운영 능력이 취약한 실정이다.

진작부터 그런 어려움을 겪어온 문항어촌계는 1995년 마을에 '유어장(遊漁場)'을 설치하고 '어촌체험마을' 운영을 시작해 연간 2, 3억 원의 수익을 호당 4백만 원씩 배분했다. 이후 문항마을은 전국 제1의 '어촌체험마을' 자리를 굳혔고 이 사업에 대한 마을주민의 호응도 한껏 높아졌다.

하지만 차차 '어촌체험마을' 사업 운영을 둘러싸고 주민들이 분열되면서 갈등이 싹트기 시작했다.[4] '어촌 체험' 안내에 나선 주민 간에 일당을 둘러싼 시비가 끊이지 않고 았으며 '유어장(遊漁場)' 운영으로 거둔 소득의 분배를 둘러싼 형평성 문제가 제기되었다. 단기간에 지나치게 많은 체험객을 수용하는 바람에 체험장으로 사용하는 개펄이 고형화(固形化)되자

---

3 문항마을 전어촌계장 정○표(74세) 인터뷰.

4 남해군 체험마을연합회 사무국장 박○아(42세) 인터뷰.

문항마을의 '어촌체험마을' 사업

"환경을 보존하기 위해서는 안식년제가 필요하다"고 건의한 사무장 J가 일부 주민들의 항의로 해고되는 일도 벌어졌다.[5]

그런 상황에서 벌어진 지선(支線) 재설정도 문항어촌계의 위세를 크게 약화시켰다. 6.25 전란 당시 국군 병사의 시신을 수습한 공을 인정받아 설정된 문항마을 지선은 마을 규모에 비해 지나치게 넓었다. 뒤늦게 이에 대해 이의를 제기한 인근 마을 항의를 무시할 수 없어 지선을 다시 설정하고 보니 문항어촌계의 관할 영역은 크게 줄어들었다.[6]

그런 어려움을 겪던 문항마을은 어촌계가 중심이 되어 '어촌체험마을' 운영 방법을 개선하고 주민조직을 재정비하면서 분열을 수습하고 갈등을 봉합해나갔다.[7] 1998년부터는 '논밭 3백 평 소유, 5년 이상 마을 거주, 어선 소유, 동네에 대한 협조' 등을 조건으로 비어촌계원에게도 문호를 개방, 6개월마다 신입 계원을 받기로 하면서 어촌계도 재조직했다.

---

5 문항마을 전 사무장 J(45) 인터뷰.

6 문항마을 전 이장 정○웅(75세) 인터뷰.

7 문항마을 전 어촌계장 정○표(74세) 인터뷰.

나. 경남 홍현어촌계

경남 남해군 남면 홍현마을은 예로부터 소라가 많이 난다 하여 "라라" 혹은 지역민의 성격이 강직하다 하여 "물직"이나 "무지기"라 불렸다. 그러다 1895년 행정구역이 개편되면서 인근 산세의 모양이 무지개처럼 보인다는 뜻을 담아 지명을 '홍현(虹峴)'으로 바꾸었다.

홍현마을 가구 1백 8호는 어촌계원인 가구 50호, 비어촌계원 58호, 해녀 11호로 구성되어 있었다. 이 마을 어촌계는 '수협 조합원으로 출자금 1백 50만 원을 내고 배를 소유해야 하며 3년 이상 어업에 종사해야 한다'는 자격을 갖추어야 가입할 수 있다. 홍현어촌계는 계원 전체가 거둔 수익금과 해산물을철저히 분배함은 물론 해녀나 잠수기업자 등이 해산물 수익금을 비어촌계원에게 나누어주고 마을 운영비를 대납해주어 지역민들의 인심을 얻었다.

이 마을 어장에 문어, 해삼, 소라, 전복 등이 풍부한 이유는 해저에 돌이 많기 때문이라 한다. 1999년에는 그 풍부한 지역특산물을 소개하고자 전국 최초로 '전복 축제'를 개최했으며 농촌진흥청에 의해 '살고 싶고 가보고 싶은 농촌마을 100선'에 선정되었다. 이에 홍현어촌계는 방풍림과 석방렴, '홍현해라우지체험관' 등 마을의 유적과 시설을 활용한 어촌 체험과 민박 등의 사업을 시행했다. 그 밖에도 '마을 10대 명소'를 지정하고 스토리텔링 기법을 활용한 '이야기 따라 동네 한 바퀴' 프로그램을 운영하는 한편[8] 홍현마을 자체적으로 '석방렴 축제'도 개최했다.

2. '도시어항'의 주체인 어촌계

가. 부산 다대어촌계

'다대팔경(多大八景)'으로 유명한 부산 사하구 다대동은 예로부터 '답달(畓達)', '다다라(多多羅)', '다다라(多多良)'라 불려온 '도시어항'이었다.[9] 조선시대 국방의 요지였던 탓에 첨사영이

---

8 홍현마을 전 이장 김옥진(67세) 인터뷰.

설치된 이 지역에는 다대포객사를 비롯한 윤공단, 다대포성 등 다수의 유적이 존재한다.

다대동은 1906년 무렵 일본 후쿠오카에서 이주해온 일본인 어민들이 이주어촌을 건설하고 지예망어업으로 멸치를 잡아 부산 시내 공판장으로 내보내던 어항이었다. 1942년 부산에 편입되면서 각종 근교 산업이 발달한 이곳은 해방 후 1960년대에 반도목재를 비롯한 원자재 가공 공장과 보성냉장, 신우농수산 등 수산물보관업체가 들어와 지금도 운되고 있다. 다대동에는 1970년대에는 대단위 아파트단지와 더불어 국제여객부두가 건설되었고 2002년에는 부산아시안게임 당시 북한 응원단이 타고 온 배가 정박했으며 이후 금강산관광 시작과 더불어 여객선 기항지로 이용되었다. 2009년 세계에서 가장 크고 높은 분수가 완공된 해수욕장에서는 매년 여름 '청소년바다축제'가 열리고 있다.

부산광역시 수협 소속 어촌계 중 가장 규모가 큰 다대어촌계 계원은 어선업자 2백 53명을 비롯해 해녀 30명 등 무려 2백 83명에 달한다. 그 밖에도 이 마을에는 어업에 종사하는 수협 조합원이거나 횟집 등을 운영하는 비(非)어촌계원이 2백여 명이나 존재한다. 어촌계 규정에는 "2백 50만 원~3백만 원의 출자금을 내고 어선을 소유하면 누구나 계원이 될 수 있다"고 정하고 있지만 보유자산 문제 등으로 어촌계 진입은 사실상 불가능하다. 그래서 이 마을에서는 어촌계원과 비어촌계원 사이에는 각종 보상금이나 수익금 배분을 둘러싼 갈등이 오랫동안 지속돼왔다.

다대어촌계는 2011년 '자율 관리어업 최우수 모범공동체'로 선정될 만큼 계원 간의 결속력과 운영 성과, 사업 실적이 뛰어난 어민조직이었다. 계원들은 주로 자망어선으로 방어와 삼치, 아귀를 잡으며 파래와 김 양식을 겸해 왔다. 그런데 1987년 낙동강 하구둑 완공으로 강물의 흐름과 조수간만의 차가 변하면서 어종이 줄어들어 1994년에는 고대구리어업마저 전면 금지되었다. 이에 어촌계원들은 연근해에서 아귀나 낙지, 장어를 잡는 재래식 어로에 주력했고 그중 아귀잡이만으로도 하루 1백~1백 50만 원씩의 수익을 올리는 어부

9 부산광역시 시사편찬위원회, 『부산의 자연마을』 5권, 부산광역시, 2010, 328~339쪽.

25명은 독자적 영어법인까지 결성했다.

나. 부산 동삼어촌계

신석기시대 동삼동패총으로 유명한 부산 영도구 동삼동에는 '아랫서발(下西跋)', '검정바우(黑岩)', '웃서발(上西跋)' 등의 옛 지명이 곳곳에 남아있다. 부산의 대표적 '도시어항'으로 알려진 천혜의 양항(良港)이지만 마을의 역사는 짧은 편이다.

1970년대까지도 이곳은 어족자원이 풍부한 현해탄을 옆에 두고도 지역민의 40%만이 단순 어로에 종사하는 터라 어획물 유통시설조차 갖추지 못한 어촌이었다. 그러다 1989년경 인근 관광지 태종대를 잇는 도로가 개통되면서 횟집과 숙박업소가 들어섰다. 이어 소규모 항구가 조성되면서 소형기선저인망어업(고데구리)으로 생선을 잡아 시내에 내다 팔기 시작했다.

현재 동삼어촌계에는 연안유자망어업인 20명, 연안통발어업인 20명, 복합어업인 20명, 해녀 90명 외에 소수의 낚시어선 운영자 등 1백 75명이 소속되어 있다. 동삼어촌계 계원이 되려면 "4백만 원을 출자하고 어선을 소유해 10년 이상 어업에 종사하며 연간 60일 이상 조업으로 연간 1백 20만 원 이상의 소득을 올려야 한다"는 가입조건을 갖추어야 한다.

2000년대에 들어와 동삼어촌계는 도심에 인접한 '도시어항'의 이점을 살려 어로보다 '도시형관광어촌만들기' 사업에 치중하기 시작했다. 2009년에는 국비 9천만 원을 받아 '자율관리어업선진특별사업'에 나서고 '어촌체험휴양마을사업'으로 해상낚시터와 체험학습장 운영과 더불어 요트 운송업을 시작하고 수산물 직매장도 설치했다.

다시 2018년부터는 국비와 시비(市費) 각 50%로 총사업비 1백 30억 원이 투입되는 '해상낚시복합타운'을 조성하고 낚시 잔교, 가두리 시설, 인공어초, 수중 전망대 등도 설치했다. 이 밖에도 연안 정비사업과 함께 어항과 어촌이 공존하는 복합어장 건설과 어선수리소와 쇼핑몰 등 다양한 시설을 갖춘 피셔리나 조성도 추진 중이다.[10]

---

10 동삼동 전 어촌계장 김광석(58세) 인터뷰.

Ⅲ. 어촌과 '도시어항'의 어촌민속 전승

1. 어촌의 어촌민속 지원

가. 어촌의 동제(洞祭) 지원

어촌민속의 보존과 전승은 어촌계 본연의 임무나 목적이 아니다. 하지만 어촌계는 어업을 비롯한 각종 사업 추진에 꼭 필요한 지역민 단합의 동기를 얻을 수 있으므로 어촌민속을 대단히 중시한다. 다만 '어촌'과 '도시어항'의 환경이나 형편이 저마다 다르기 때문에 어촌민속 보존이나 전승의 방식도 그에 따라 달라지게 마련이다.

어촌계가 전래 어촌민속을 보존하는 사례는 경남 남해군 설천면 문항마을에서 볼 수 있었다. 문항마을이 속한 남해군은 5백여 년 전 바다로 떠내려온 최영 장군의 영정을 미조면 미조리에 모시는 등 다양한 해양 민속을 전승하는 지역이다. 그중에서도 문항마을 어촌계는 매년 정월 대보름마다의 '풍어제'와 10월 보름의 동제를 꼬박꼬박 개최해왔다.[11] 동제를 지내는 경비는 예전 호당 1되씩 거두는 쌀로 충당했으나 규모가 축소된 후로는 1반부터 6반까지의 마을주민이 번갈아 마련하고 있으며 문항어촌계는 이 행사에 매년 30만 원을 지원해왔다.

같은 남해군의 홍현마을에서도 임진왜란 이래 매년 10월 보름날 산신과 지신, 용왕신을 모시는 동제를 지내왔다.[12] 그 경비는 2016년의 경우 53세대가 각 1만 원씩 갹출하여 마련

---

11 문항마을 전 이장 정○웅(75세) 인터뷰.

12 제사를 치르기 7일 전 제관들은 하얀색 두루마기를 포함하여 제복을 준비한다. 유사는 '밥무덤' 3개소와 자택 대문에 왼새끼로 꼰 금줄에 고추와 숯, 한지를 꽂아 준비해두고 '밥무덤'에 뿌릴 새로운 황토를 마련한다. 특히 유사는 음력 10월 15일을 기준하여 전 3일 후 3일 몸가짐과 언행을 조심한다. 유사는 제사 당일 목욕을 정갈히 하고 제복을 입고 머적골 수원지로 향하는데 가는 길에 행인을 만나면 집으로 돌아가서 다시 출발한다. 이장은 방송으로 유사가 이동하는 시간에 맞추어 잠시 외출을 자제하도록 주민에게 알린다. 수원지에 도착한 유사는 먼저 세수를 하고 일배(一拜)를 올린 다음 양초와 향을 피우고 과일을 진설하고 일배(一杯)하며 다시 제주를 올리고 일배(도합 3배) 한 후 하산하는 것으로 산신제가 종료된다. 제사 절차

했는데 이와 별도로 홍현어촌계는 해삼, 전복, 소라 등의 제물로 동제를 지원해왔다.

홍현마을에서 제관과 유사를 선발하는 기준 등 동제를 준비하는 과정이 매우 엄격했다. 생기복덕(生氣福德)을 갖춘 사람을 가려 제관을 정하고 일단 선발된 당사자는 합방을 피하는 등 철저하게 금기를 지켰다. 제의는 마을 안쪽 머적골 수원지에서 엄숙하고 경건한 분위기 속에서 유교식으로 지냈다. 동제를 지낸 다음 날에는 주민들이 한데 모여 제수(祭需) 음식을 나누어 먹으며 이듬해 제관을 뽑고 결산보고를 하면서 마을 대소사도 함께 의논했다.

나. 전래 어촌민속의 전승

남해군의 대다수 어업 지역에서는 동제를 비롯해 '밥구덕'이나 '물밥', '명일제사', '도깨비 쫓는 제', 섣달그믐 뱃고사 등의 어촌민속이 전승되고 있었다. 특히 '밥무덤', '밥돌', '조상'이라고도 부르는 '밥구덕' 모시기는[13] 전국에서 남해군에서만 행해지는 민속이었다. 홍현마을 입구에서도 3백 년 된 모과나무 아래를 비롯한 세 군데에 '밥구덕'을 볼 수 있었다. '밥구덕' 모시는 민속에 대해 홍현마을 주민은 "예로부터 쌀이 귀하던 곳이기 때문에 특별히 밥을 신성시해서"라고 설명했다.[14]

이 마을 동제에서 '밥구덕'을 모시는 절차는 다음과 같았다.

는 '홀판'을 참조해가며 대축과 집사의 안내로 집에서 제사를 모시는 유교식 방식과 절차를 따른다. 제사상의 차림은 안쪽에서 첫째 줄에 메와 나물을 3그릇씩 담고 나머지는 큰 그릇에 메(밥)을 담아 수저를 여러 개 꽂은 다음에 나물과 탕을 올리고 상의 좌우 끝에 떡을 차리며 술잔을 3개 준비해 각각 산신, 지신, 용왕신 앞에 올린다. 둘째 줄에는 수어, 낭태, 써대, 돔 - - - - 갈치 등 생선류를 차리고, 셋째 줄에는 전류와 대구전, 명태전, 문어, 멍게, 소라, 해삼, 새우 등 해물류와 닭고기, 쇠고기, 계란, 두부 등을 차리고, 넷째 줄에는 조율(棗栗), 시이(柿梨), 유자, 포도, 사과 수박 등 과일을 차린다.(홍현마을 전 이장 김옥진(67세) 인터뷰)

13 남해군 창선면 광천리의 경우 당산이 세 개로 우물당산, 강천당산, 본마당당산이 있다. 우물당산에서만 제사를 지내고 강천과 본마당 당산에는 밥만 묻는다. 밥만 묻는 곳을 '밥구덕'이라 하는데 여기에 밥을 묻는 것은 제사를 지냈다는 뜻이라 한다. 또 남면 가천마을에서는 길이 30㎝, 폭 20㎝ 정도 돌을 얹은 탑 안에 밥을 묻기도 한다. 제사 며칠 전 밥구덕에 대나무를 세워 사이사이에 한지를 꽂은 금줄을 건다.(국립민속박물관, 『경남어촌민속지』, 2002, 477쪽, 479쪽)

14 홍현마을 전 이장 김옥진(67세) 인터뷰.

유사는 제사 이레 전에 밥무덤 주위에 대나무를 3개씩 세우고 왼새끼를 꼬아 고추, 숯 한지를 3개씩 꽂은 금줄을 대나무에 둘러 묶어둔다. 제사를 모신 후 차기 유사와 함께 밥무덤으로 가서 넓적한 판돌을 들고 한지에 곱게 싼 햇밥을 놓은 다음에 깨끗한 새 황토로 덮어준다. 이후 판돌을 원래대로 놓고 돌 위에 막걸리를 붓고 소금도 뿌린다.

인근 문항마을도 '밥구덕'을 모시는 민속을 거행하고 있었다. 이곳에서는 홍현마을과 달리 먼저 판돌을 도끼로 두드린 다음 그 아래에 예전에는 목화씨나 콩, 팥, 수수 대신 명주 씨앗을 넣어주다 오늘날에는 그 대신 불에 그을린 돼지고기를 사용하고 있었다. 그런가 하면 남해군 남면 평산 2리 마을에서는 돌 밑에 종이에 싼 밥을 넣는 방식으로 '밥구덕' 모시기를 거행했다.

한편 남해군의 다른 마을인 설천면 모천리와 창선면 오용리에서는 돌멩이를 모아 '조산'이라 부르는 탑을 쌓고 그 꼭대기에 '상돌'을 놓는 민속이 전해지고 있었다. 그중 오용리에서는 동제를 지내기 전 '조산' 앞에 황토를 뿌려 부정을 막고 제의가 끝나면 제물을 진설하고 메구를 쳤다. 그 후 다시 조산 앞 '박돌' 밑에 흙과 목화씨, 음식 등을 집어넣으며 "부락이 잘 되라"는 축원을 올렸다.[15]

그와 달리 창선면 신흥리 마을에는 '명일제사'라 불리는 섣달그믐 제의가 전승되고 있었다. 이는 전날 쌀을 담아 수건으로 덮어둔 위에 남아있는 "새때죽(혹은 발대죽)" 혹은 "야음"이라 부르는 흔적을 살피는 제의였다. 이튿날인 섣달그믐에는 초저녁 8시경 안청 뒤에 마련한 제사상에 밥과 나물국을 네 번 올리고 술 한 잔을 따른 후 절을 한 번 하는 '명일제사'를 모셨다.

같은 날 이 마을에서는 '도깨비 쫓는 제'도 치렀다. 도깨비의 신체로 여기는 빗자루나 부엌의 작대기 앞에 메밀떡을 만들어 뿌리며 "잘 먹고 잘 가라", "식구들 건강하고 객지에

---

15 국립민속박물관, 앞의 책, 481~482쪽.

나간 아이들 건강하게 해 달라"고 빌었다.

2. '도시어항'에서의 어촌민속 지원

가. 다대어촌계의 동제 지원

'도시어항'인 부산 사하구 다대동과 영도구 동삼동에서는 어촌계의 주도 아래 당제와 축제, 풍어제 등 여러 종류의 어촌민속이 함께 전승되었다.

부산 사하구 다대동 홍치마을에서는 2백여 년 전에 시작된 당제가 지금까지 거행되고 있었다. 이 당제의 효험에 대해 마을 사람들은 "그 덕에 전쟁이고 뱃일이고 고향 떠나도 죽은 사람이 없다"고 말했다.[16]

홍치마을 당제가 치러지는 노거수 아래 1.6평 제당 내부에는 '堂上神母', '上祖神母'라 쓴 위패 두 개가 제단 위에 나란히 모셔져 있었다. 매년 음력 정월 4일 자정에 지내는 당제는 오랫동안 무녀에게 맡겨지다 20여 년 전부터는 인근의 태고종 사찰 문수사의 승려에게 위탁되었다.

제의는 제당 밖에서 산신제를 지내고 제당 안에 들어가 할배제, 할매제를 올린 다음 태고종 불경 신중청, 산신청, 당산청, 용왕청을 암송하는 절차로 진행되었다. 특이하게 이 마을 사람들은 동제 현장을 절대 참관하지 않으며 제사 후의 음복도 하지 않았다. 주민들의 참여는 50만 원의 경비를 갹출해 두었다가 당제 이튿날 승려에게 전달하는 게 전부였다.

부산 사하구 다대동에서도 윤공단 앞 울창한 소나무 아래 주산당에서 매년 음력 정월 초하루 자정 무녀의 주재로 당제를 치렀다. 3.9평 넓이의 주산당은 3층으로 이루어져 있는데 제왕당할매를 모신 1층에는 제단 위에 '西山城隍大神位', '北山城隍大神位', '東山城隍大神位'라 쓴 위패와 제기가 놓여 있었고 2층에는 용왕, 3층에는 산신이 모셔져 있었다.

---

16 홍치마을 어촌계장 손재영(61세) 인터뷰.

다대동에는 이 제당을 3층으로 지었기 때문에 공사를 맡았던 목수 집안이 망하고 교통사고가 자주 일어났으며 동네 청년이 죽어 동네가 시끄러워졌다는 속설이 전해져왔다.[17] 그래선지 다대동 주민들은 제당과 관련된 이야기는 들어본 적이 없다고 말하며 당제에 대해서도 무관심한 태도를 드러냈다.

나. 동삼어촌계의 동제 지원

부산 영도구 동삼동에서도 매년 정월 14일에 치르는 당제가 1백 50여 년 전부터 전승되어왔다.

이 마을 중리산 자락 '아랫서발'이라 불리는 지점에는 10여 평의 대지의 석축 위에 시멘트 담장을 두르고 벽돌을 쌓아 지은 3평 남짓한 당집 '할배당'이 있었다. 제실 안의 화강석 제단 위의 향로와 향대, 촛대와 함께 '山靈神 位前'이라 쓴 위패를 중심으로 그 왼쪽에는 조화로 만든 무궁화와 '洞中安樂之神廟'라 써넣은 액자와 약사불 액자, 다시 오른쪽에는 산신령을 그려 넣은 액자와 조화 등이 놓여 있었다.

"상당(上堂)"이라 불리는 이 '할배당'과 함께 마을 안에는 "하당(下堂)"인 할매당'이 있었다. 마을 사람들이 "골매기할매"라는 친숙한 이름으로 부르는 이 당집에는 1959년 사라호 태풍 이후 구해다 심은 수령 50년의 소나무 아래 제단이 있고 그 양옆에는 향로와 더불어 정화수 담는 그릇 2개가 놓여 있었다.

1980년대 후반 이후 '할배당' 자리가 예비군훈련장 부지에 포함되어 일반인의 출입이 어려워지자 당제에 대한 주민들의 인식이 희박해졌다. 덩달아 제관과 제수도 바뀌어 제관은 무당에게 맡기게 되었고 제수 역시 돼지 한 마리에서 돼지머리 하나와 소 갈비짝 한 점으로 간소화되었다. 동제 비용은 마을 원로들 모임 '일리회'가 지출해왔으며 그중 일부는 오랫동안 동삼동에서 해녀로 일해온 강난화가 지원했다.[18]

---

17 김승찬 · 황경숙, 『부산의 당제』, 부산광역시 시사편찬위원회, 2005, 257~259쪽.

Ⅳ. 전승 민속의 지속과 변모

1. 전래 어촌민속의 지속

가. 재래식 어업과 '유어(遊漁)'

불과 20년 전까지만 해도 어부들의 꿈은 큰 배를 타고 먼 바다로 나가 만선(滿船)을 하는 것이었다. 하지만 어부들이 노령화되고 감척 사업이 진행되면서 더 이상 그런 꿈을 가진 어업인은 찾기 어려워졌다. 어로 해역은 연안 가까운 곳으로 좁혀졌고 어종(魚種) 역시 홍현마을의 문어나 갈치, 다대동의 아귀처럼 재래식 어법으로 잡는 것이 주를 이루었다.

'어촌'에서는 어로보다 문항마을의 '쏙잡이', '맨손 고기 잡기', '개막이', 홍현마을의 '석방렴에서 고기잡기' 등의 프로그램을 운영하는 '어촌체험마을'사업에 더 힘을 쏟았다. 특히 동삼동과 같은 대도시 안의 '도시어항'에서는 가까운 바다에서 고등어나 전어, 돔 등을 잡는 낚시나 낚시꾼을 배에 태워 고기가 잘 잡히는 포인트에 데려다주는 '유어업(遊漁業)' 종사자가 늘어나는 추세였다.

나. 전래 어촌민속의 보존

특이하게도 '어촌'에 해당하는 어업 지역에서는 전래의 어촌민속을 보존하려고 노력하는 모습을 볼 수 있었다. '어촌'인 경남 남해군 홍현마을에서는 일단 제관으로 선발되면 스스로 사람 만나기를 자제하고 행동거지를 조심하고 외출을 삼가는 등 철저히 금기를 지켰다. 같은 남해군 창선면 신흥마을에서도 당제를 치르는 10월 보름날 제의를 올리는 시간대에는 외지인의 출입을 막고 개 짖는 소리가 나지 않도록 주의했다.

이처럼 '어촌' 주민이 전래의 어촌민속 보존에 힘쓰는 이유에 대해서는 여러 가지 해석

---

18 이균옥 외, 『동삼풍어제』, 국립해양박물관, 2013, 36~38쪽.

이 가능하다고 본다.

우선 시대적 변화가 심할수록 그에 비례해 저항이 커지기 때문에 어촌민속을 중시한다고 볼 수 있다. 주민들 사이에 산업화와 도시화로 인한 어업 지역 소멸을 막으려면 어촌민속을 지켜 정체성을 수호해야 한다는 공감대가 형성되었다는 것이다.

다음으로 '어촌' 주민 대다수가 어로와 함께 농경에 종사하며 농경 세시력(歲時曆)을 따르기 때문에 어촌민속을 보존한다고 볼 수 있다. 어로와 농경의 풍요를 함께 기원하는 데는 동일한 세시력에 따라 행하는 어촌민속이 적절했던 것이다. 실제로 경남지역에서는 첫 출어를 앞둔 어가(漁家)의 고사나 용왕제에서 '부정치기'를 행하며 깻대나 짚단을 사용한다.[19] 칠월칠석이나 백중에도 배에서 내린 선원이 농사꾼들과 어울려 국수를 먹으며 벌이는 풋굿[草宴]에서 어로와 농경의 조화를 엿볼 수 있다.

마지막으로 '어촌' 주민들은 어촌민속을 통해 전래문화를 지킨다는 자부심을 갖게 되고 관광객들은 그로부터 '고향'의 이미지를 느낄 수 있기 때문이다.

2. 어촌민속의 변화

가. 어촌계의 전략적 대처

'도시어항'에 속하는 지역에서는 사회적 변화에 따라 어촌민속도 기능과 역할이 달라졌다.[20] 특히 지역경제 구조적 변화가 심한 지역일수록 어촌민속을 전승하는 어촌계의 입장과 대처 방식이 크게 변했다. '도시어항'의 경제적 주도권이 어부에게서 유어업(遊漁業) 운영자나 상인에게로 넘어가는 상황인 경우 이는 불가피한 변화였다. 관광이나 '어로 체험', 상업의 비중이 커지는 어업 지역에서 비어촌계원과 외부인, 귀어인(歸漁人)이 힘을 합친 요구

---

19 국립민속박물관, 앞의 책, 259~260쪽.

20 송기태, 「동해안 마을어장의 변동과 별신굿의 사회적 기능」, 『도서문화』 43, 목포대 도서문화연구소, 2014, 107쪽.

는 아무리 조직이 공고한 어촌계도 무시할 수 없기 때문이었다.

그런 상황에 처한 '도시어항' 어촌계는 어촌민속을 최대한 활용해 자신들의 위상을 유지하고자 했다. 즉 예전처럼 마을 제의와 생산 의례를 구분하는 게 아니라[21] 그 모두를 아우른 '풍어제'나 '어항축제' 등을 개최하고 실질적 주관자가 되어 주민 단합과 마을의 번영을 도모하는 주체임을 과시하고 인정받으려 했다.

하지만 '도시어항'에서와 달리 '어촌'에서 단기간에 졸속으로 기획된 마을 축제는 성공하기가 어려웠다. 2016년 문항마을은 남해군청이 권장한 '1면 1축제' 정책에 부응해 군비 2천만 원을 포함한 총 5천만 원의 경비로 '참굴 축제'를 개최했다. 그런데 굴이 생산되지 않는 봄에 무리하게 굴 축제를 개최하려다 보니 개최 기간 중 시식용이나 판매용으로 내놓을 물량이 부족했다. 결국 이 축제는 주민을 비롯한 설천초등학교 동창회 등의 적극적 도움에도 불구하고 관람객이 수십 명에 그치는 실패로 끝나고 말았다.

나. 전래 어촌민속의 변화

어촌민속이 크게 변화된 예는 '도시어항' 어촌계가 후원과 주관, 주최를 도맡아 행한 도시축제에서 찾아볼 수 있었다.

다대동에서는 고데구리 어업이 활발하던 1994년경까지는 외지에서 무당을 초청해 거창한 규모의 '풍어제'를 치렀다. 하지만 점차 주민과 관광객의 관심이 바뀌자 다대어촌계는 2010년부터 "수산물 직매와 상가 활성화"를 위해 '다대포어항문화축제'란 도시축제를 개최했다.

2013년의 경우 10월 21일부터 이틀간 개최된 축제의 주관자는 '다대포어항문화축제추진위원회'로 되어 있었지만 실질적 주최자는 다대어촌계였다. 다대어촌계는 이 축제를 위해 행사 두 달 전인 9월부터 세부 계획을 세우고 홍보를 시작했다. 10월 초에는 부산광역시

---

21 이경엽 외, 『바다 · 삶 · 무속』, 민속원, 2015, 18쪽.

와 사하구에 축제 보조금을 신청, 시비 3천 5백만 원, 구비 2천만 원에 자부담 2천만 원 등 총 7천 5백만 원의 예산도 확보했다.[22]

2013년 개최된 '다대포어항문화축제'

축제 준비 과정에서 다대어촌계는 특히 대외적 선전과 홍보에 힘을 쏟았다. 이를 위해 그들은 전체 개최 비용의 절반 이상을 무대 설치비와 공연료로 사용했으며 관내 유력 인사에게 보내는 안내장과 초청장 발송에도 정성을 기울였다. 그런 노력 덕분에 축제 개막일에는 구청장을 비롯한 다수의 기관장과 유지들이 특설무대 단상 위에 올랐으며 유명 가수의 공연으로 관광객을 불러 모으는 성과를 거두었다.

22

(단위 천원)

세부 사업명	금액	산 출 기 초	자금별					비고
			국비	지방비		자부담	기타	
				시비	구비			
합 계	75,000		0	35,000	20,000	20,000	0	
시스템	16,000	무대, 음향, 조명, 영상장비 등		16,000				문화예술과
설치비	3,500	천막, 테이블, 의자등		3,500				〃
홍보비	3,000	포스터, 카다록 등 홍보 인쇄물		3,000				〃
	2,500	현수막 제작 설치		2,500				〃
	2,500	홍보차량, 방송 홍보, 광고				2,500		
공연비	5,000	MC, 팔도각설이, 크로스오버공연, 파워댄스		5,000				수산정책과
	20,000	개막축하공연 출연료 등			20,000			
프로그램	1,200	다대포 후리소리, 길놀이				1,200		
	2,000	페이퍼아트, 싱싱활어잡기				2,000		
	5,000	수산종묘방류		5,000				수산정책과
재료비 기타잡비	14,300	소비촉진 수산물구매, 인건비, 경품 등 기타잡비				14,300		

이에 다대어촌계는 도시축제가 지역 홍보와 더불어 어업, 상업, 관광업 등 여러모로 유용하다는 판단 아래 2017년까지 8천만 원이었던 예산을 이듬해부터는 5백만 원 이상 증액했다.[23]

참고로 2013년 '다대포어항문화축제' 개최 목표를 살펴보면 다음과 같았다.

(1) 축하공연, 체험행사 등 관광객 유치를 위한 프로그램 운영
(2) 도시어촌의 특수성을 부각할 수 있는 해양 관련 프로그램 구성
(3) 먹고 마시는 행사에서 탈피하여 전통문화가 어울리는 행사 운영
(4) 해양 관광지 홍보 및 행복도시 부산 사하구의 이미지 제고
(5) 관광객 유치 및 지역수산물 소비 촉진으로 지역경제 활성화
(6) 국내 · 외 관광객과 지역민이 함께하는 열린 축제 한마당

위에서 보듯 다대어촌계가 도시축제를 개최하는 목표는 "도시어촌 부각"과 "경제 활성화", "주민 단합"과 더불어 "관람객 유치"와 "수산물 판매" 등 지극히 현실적이고 타산적인 것이었다.

'다대포어항문화축제'에서 특별히 눈에 띄는 부분은 어촌민속과 관련된 "독특한 육상문화와 해양 문화가 조화된 지역의 고유한 특성을 가진 공연 및 체험 참여 프로그램"[24]이었다. 이 프로그램을 통해 소개된 다대동 어촌민속은 이 마을에서 저인망어업으로 멸치를 잡을 때 부르던 어로요(漁撈謠) '다대포후릿소리'였다. 이는 1987년 부산시 무형문화재 제7호로 지정된 이래 다대 1동 '다대포후리소리보존협회'가 전승, 보존하는 어촌민속이었다.[25][26] 그 밖에 어촌민속을 응용한 프로그램으로는 "풍물패 길놀이"와 "수산 종묘 방류",

---

23 다대어촌계장 배상욱(63세) 인터뷰.

24 양위주 · 이미순, 「해양축제를 통한 부산권 해양관광 진흥전략」, 『동북아 문화연구』 14집, 동북아시아문화학회, 2008, 308쪽.

"부산 어항 사진전", "싱싱활어 맨손잡기", "다대포후릿소리 전시전" 등이 있었다.

다대어촌계는 도시축제를 통한 관광객 유치와 볼거리, 먹거리, 즐길 거리 제공을 시도하여 나름대로 상당한 성과를 거두었다. 그들은 도시축제 개최로 자신들이 "지역문화 진흥"과 "지역 브랜드 가치 제고", "지역 경제 활성화" 등을 추구하는 주체임을 드러내보일 수 있었던 것이다.

하지만 어촌민속 전승과 관련하여 보면 그런 도시축제는 순기능만 발휘한다고 보기 어려웠다. 축제 프로그램에서의 어촌민속 소개나 시연은 지역민들로부터 전래민속의 외양만 흉내 낸 볼거리에 불과하다는 평가를 받았다. 어촌민속이 지닌 상징성, 신성성, 공동체성, 생산성 등을 부각시키려면 충분한 시간과 공간이 필요했지만 '다대포어항문화축제'에서는 이를 소개하는 자료와 공연무대가 제대로 갖추어지지 않았고 인력과 경비 역시 부족했던 것이다.

3. '도시어항'의 별신굿

가. 풍어제에서의 동해안별신굿 유치

흥미롭게도 '도시어항' 어촌계는 자신들의 위상을 과시하고 주민 단합, 마을 번영, 관광객 유치를 도모하기 위해 동제나 축제보다 원형적 제의를 선호했다.[27] 동삼동어촌계가 60

---

25 부산광역시 시사편찬위원회, 『부산의 자연마을』 5권, 앞의 책, 334쪽.

26 사하구가 2018년 4월 1일 자로 인터넷 홈페이지에 올려놓은 '다대포후릿소리' 설명은 다음과 같다. "후릿소리는 과거에 어민들이 멸치 떼를 잡기 위해 후릿그물로 넓게 둘러치고 벼리 양끝을 끌어당기는 일명 후리잡이를 할 때 부른 노래를 말한다. 그때의 어민들은 후릿소리가 노동의 피로를 덜고 흥을 돋아준다고 여겼다. 그리고 후리잡이가 사라진 지금, 남겨진 후리소리는 그 가치를 인정받아 부산시 지정무형문화재 제7호로 선정되어있다. 후리잡이가 자취를 감춘 것은 1950년 후반에 바다의 치어(稚漁)까지 잡는다 하여 지예망어업을 금지했기 때문인데 다대포에는 그때 사람들이 아직 생존해 있어 그들로 인해 가사, 곡조, 동작이 거의 완벽에 가까울 정도로 전승되고 있다."(http://tour.saha.go.kr/rbs2/modules/freeForm/view.php?rbsIdx=UR_6_32)

여 년 전부터 매년 음력 3월 초마다의 풍어제에서 동해안별신굿을 유치한 것이 이를 잘 보여주는 사례였다.[28]

2009년 동삼동어촌계는 동삼동을 '스토리텔링마을'이자 '어촌체험마을'로 만들겠다는 복합 관광단지 조성 계획을 세웠다. 그에 따라 2010년 자부담 8천만 원을 포함한 국비, 시비, 구비 등 2억 6천만 원을 유치, 연안 해역에 낚시꾼 30명을 수용할 수 있는 바지형 해상 낚시터 2개소를 조성하고 관리선도 배치했다.

그와 더불어 동삼동어촌계는 '풍어'와 '마을 번영'을 기원하는 '동삼풍어제'를 개최하기로 하고 동해안별신굿을 유치하는 한편 주민과 관광객이 함께 참여하는 '민속놀이 체험', '지역특산물 판매', '불우이웃돕기' 등의 프로그램도 함께 마련했다.

2011년 동삼어촌계는 '동삼풍어제'에 동해안별신굿을 유치한 이유에 대해 "중요무형문화재이기 때문"[29]이라 밝혔다. 그들은 2013년 '동삼어촌계풍어제'의 안내문을 작성, 배포하면서도 "중요무형문화재", "악사 부문 기능보유자", "무녀 부문 기능보유자" 등의 사실을 강조했다.

> 동삼어촌계에서는 2011년부터 중요무형문화재 제 82-가호 동해안 별신굿 무녀 부문 기능 보유자인 김영희씨를 모시고 동해안별신굿을 시작했습니다. 굿은 제당에서 마을 수호신을 굿당으로 모신 후 악사 부문 기능보유자인 김용택님과 무녀 부문 기능보유자 김영희님이 주관하여 부정굿, 조상굿, 성주굿, 손님굿, 용왕굿, 산신굿, 지신굿, 뱃내리굿, 거리굿 등을 순서에 의해 진행합니다. 특히 용왕굿은 물을 관장하는 용왕신을 모시는 굿거리로 만선을 축원하기 위하여 배에 선왕기를 꽂고 선주들과 함께 기원하는 선상 기원제를 지냅니다.

---

27 이균옥 외, 앞의 책, 12쪽.
28 국립민속박물관, 앞의 책, 113쪽.
29 이균옥 외, 위의 책, 51쪽.

그 안내문을 통해 동삼어촌계는 자신들이 주체가 되어 '동삼어촌계풍어제'라는 공유제의(共有祭儀)를 개최함으로써 그 물적 기반인 공유자원의 관리주체임을 재차 강조하고 확인했다.[30] 이를 위해 그들은 "중요무형문화재 동해안 별신굿 무녀 부문 기능 보유자"를 그 당위성과 권위를 보장해주는 장치로 활용하고자 했다.

어촌계가 비어촌계원을 포함한 주민 전체의 화합과 사회통합을 추구하는 방법으로 풍어제를 택하는 까닭은 '의례적 혜택의 배분'이 '경제적 배분'보다 더 효과적이라 보기 때문이었다.[31] 동삼어촌계 관계자 역시 연안 정비사업 보상금 등을 지역민에게 배분하는 것보다는 성대한 풍어제 개최가 주민의 만족도 제고에 효과적이라는 생각을 밝힌 바 있다.

나. 별신굿 유치를 둘러싼 논란

동삼어촌계가 '풍어제를 개최하는 목적에는 "지역사회 위상 제고", "정체성 강화"와 함께 "지역경제 활성화"가 포함되어 있었다. 날이 갈수록 어로에 종사하는 어촌계원보다 숙박업소나 횟집 등을 운영하는 비어촌계원의 비율이 늘어나면서 후자가 지역경제를 주도하는 힘 역시 점차 어촌계를 능가하게 되었다.

2013년 동삼어촌계는 풍어제의 명칭을 '동삼어촌계풍어제'로 바꿔 자신들이 행사의 주체임을 명시했지만 그 개최 목적은 '풍어'에만 한정할 수 없었다. 그런 사정은 2013년의 풍어제 안내문에서도 확인할 수 있었다.

> 동삼어촌계풍어제는 1962년 최초로 개최되어 지역의 주민과 어민이 한데로 어우러져 한해의 풍어와 무사 안녕을 기원하는 전통 민속 축제로서 매년 음력 삼월 이튿날 개최합니다.

---

30 권삼문, 「동해 연안 촌락의 자치 관행」, 『민속연구』 4집, 안동대 민속학연구소, 1994, 156쪽.

31 송기태, 앞의 논문, 129~130쪽.

2013년 개최된 '동삼어촌계풍어제'에서의 동해안별신굿

이처럼 풍어제를 개최하는 목적은 "풍어"에서 마을의 "무사 안녕"으로 확대되었고 그 행사를 통해 "어민"과 "지역민"이 "한데로 어우러져"야 한다고 밝혔다. 그로써 이 경우의 동해안별신굿은 풍어만이 아니라 장시의 번영도 기원하는 '장별신굿'(난장 별신굿)의 성격을 지니게 되었다.[32]

2013년 '동삼어촌계풍어제'는 개최 20일 전부터 동삼어촌계가 나서 관내 유관 단체와 유지들에게 안내장을 발송하는 등 홍보에 주력한 덕에 많은 관심을 끌었다. 하지만 홍보가 지나쳤는지 국회의원 선거 기간에 개최된 풍어제에 입후보자와 연예인을 비롯해 지나치게 많은 관객이 몰려들어 행사가 어려울 지경이 되었다. 결국 행사 비용 대부분이 홍보와 공연, 외부인을 위한 음식 구매를 위해 사용되었고 뒤늦게 이를 알아챈 지역민들로부터 강력한 항의가 제기되었다.[33]

---

32 조정현 · 김난주, 「별신굿의 물적 기반과 지역경제」, 『비교민속학』 27집, 비교민속학회, 2004, 201쪽.

풍어제의 개최 목적이나 방식뿐 아니라 동삼어촌계가 유치하는 어촌민속도 어촌계 집행부에 따라 달라졌다.[34] 2014년 계원들의 투표로 선출된 새로운 어촌계장은 '동삼동어촌계풍어제'의 목표를 그 이전과 달리 "매출 증대"와 "지역 홍보"로 설정했다. 그리곤 이를 위해 동해안별신굿이 아니라 전국의 무당들을 초청해 굿판을 벌이겠다는 계획을 세웠다.

당시의 행사를 기획했던 최○완은 훗날의 인터뷰에서 "시대에 맞는 무대"를 선보이기 위해 동삼동풍어제를 "놀이"를 겸한 '문화축제' 형식을 취했다고 밝혔다. 과연 LED 조명으로 장식한 무대를 마련하고 무당들의 굿과 '열두 작두 타기', '초청가수 공연' 등[35]을 펼쳐 보인 굿판은 지역민과 관광객 모두의 관심을 끌었다. 그 해의 풍어제는 이전과 비교할 수 없을 정도로 많은 1천여 명의 관객을 불러 모으는 성황을 기록했다.[36]

33

수입		지출		비고
품목	금액	품목	금액	
영도구청	3,000,000	홍보비	2,560,000	
어민협찬금	4, 130,000	공연비	6,000,000	
찬조금	15,490,000	비품	227,000	
		대나무	350,000	
		건어물	1,345,000	
		과일	1, 152,000	
		음향 외 임대료	965,000	
		돼지고기	2,500,000	
		음료	1,315,000	
		밥과 떡	822,000	
		절값	1,340,000	
		기타 음식준비	6,036,610	
계	22,620,000	계	24,612,610	

34 전 동삼어촌계장 김○석(58세) 인터뷰.

35 (사)한국민속문화삼족오연합회 이사장 최○완(64세) 인터뷰.

36 2017년 3월 30일에 개최된 '제54회 동삼어촌계 풍어제. 어업인의 안녕 기원 만선풍어제(용왕제) 및 한마당 축제'는 오전 9시의 당산참례를 시작으로 축원, 살풀이, 작법에 이은 개회식, 가수의 공연에 이어 무정굿, 당산천황굿, 산신굿, 신장대감거리, 바라춤, 용왕굿, 칠성세준굿, 장군굿, 칠성거리, 초감응거리, 대감굿, 건립굿, 지전무, 극락무, 넑('넋'의 오기인 듯)보내기, 12계단 작두, 그리고 다시 가수의 공연에 이어 노래자랑으로 끝을 맺었다.

다. 지역민의 바람

하지만 2014년부터 4년간 개최된 '동삼어촌계풍어제'에 대해 동삼동 지역민은 갖가지 불만을 제기했다.

2013년 이전의 풍어제에서 무당에게 건네줄 천 원짜리 한 장을 쥐고 하루 종일 동해안별신굿을 지켜보던 마을 노인들은 "풍어제의 굿 치고는 빠진 대목이 너무 많다"고 지적했다.

> "지난 4년간의 풍어제는 어촌계장이 경신연합회 회원들을 끌어들인 것인데, 굿이 커지니 주민들과의 사이에 주고받는 감정이 없다. 보기는 좋은데 한마음을 추스르지 못해 정 붙이기가 어렵더라."[37]

그런 불만과 함께 마을 사람들은 다시 동해안별신굿을 유치하자는 주장을 제기했다. 이에 마을의 원로 모임 '일리회'까지 가세해 "어촌계가 생각을 고쳐 굿을 바꾸어야 한다"는 의견을 제시했다.

결국 2017년 4월의 선거로 당선된 새로운 어촌계장은 '동삼어촌계풍어제'의 내용과 방식을 바꾸겠다고 발표해야 했다.[38] 그에 따라 2018년 4월 17일 개최된 풍어제는 중요무형문화재 13호 강릉단오제 공연팀이 행사를 주관했다. 이로써 동삼어촌계는 마을 주민이 바라는 바를 좇아 원형적 제의에 해당하는 어촌민속을 보존하고 전승하는 선례를 남겼다.

---

37 동삼동 안○찬(80세) 인터뷰.

38 동삼동 일리회 회장 서○호(68세) 인터뷰.

Ⅴ. 어촌민속의 보존과 전승, 변화

경남과 부산의 어업 지역인 '어촌'과 '도시어항'에서는 어촌계의 주도와 지원에 의해 어촌민속이 보존되고 전승되었다. 그러면서도 그 보존과 전승은 어업 지역의 사회적 상황과 경제구조, 주민들의 반응에 따라 양상과 의미가 달라졌다.

최근의 '어촌'이나 '도시어항'은 모두 어업인구가 감소하고 고령화되는 가운데 재래식 어로보다 '어촌체험마을사업' 등 '유어장' 운영에 더욱 관심을 쏟는 게 현실이다. 그런 상황에서 어촌계는 어촌민속을 통해 지역 주민의 단합과 지역정체성 확인, 지역경제 활성화를 위해 다양한 방안을 모색하고 있다.

'어촌'이 그들 나름대로 전래민속을 보존하고자 노력하는 가운데 대도시 안에 위치한 '도시어항' 역시 도시축제를 개최하며 어촌민속 프로그램을 운영했다. 특히 부산의 동삼동에서는 "원형적 제의"에 해당하는 동해안별신굿이나 강릉단오제를 유치했다.

'어촌'이나 '도시어항'의 어촌계는 지역의 정치적 사회적 경제적 현실에 부응해 어촌민속을 활용하는 것을 당연한 임무로 여긴다. 그들은 마을 주민 가운데 비율이 커지면서 점차 지역 운영의 주도권을 좌우하게 된 상업과 관광업, '유어업' 종사자와 어촌계원 간의 단합을 통해 지역을 발전시켜야 하는 현실에 적응하지 않을 수 없는 것이다.

그러면서도 부산 동삼동의 풍어제에서 보듯 어촌계는 원형적 어촌민속을 요구하는 지역민의 의견을 무시하기 어려웠다. 그러한 '도시어항' 지역민의 요구에 의한 어촌민속 보존과 전승의 의미가 각별한 만큼 이에 대해서는 추가적 고찰이 필요하다고 본다.

10장

부산의 일본 귀신담 전승

Ⅰ. 도시전설로서의 일본 귀신담

근대기 이래 형성된 한국의 도시는 기억과 흔적이 축적된 공간이다. 오늘을 살아가는 도시민은 그 기억과 흔적 위에서 새로운 삶을 꾸리며 죽은 사람의 내력에 산 사람의 생애사를 덧붙여간다.

도시에 전해지는 전설에는 그처럼 앞서고 뒤따르며 도시에서 살아가는 도시민의 회한과 성찰, 비판 등이 담겨 있다. 일본 민속학은 '현대민담', '현대전설', '현대 민화', '세상이야기(世間話)'라 부르는 도시전설을 "당대를 살아가는 도시민의 인식이 담긴 이야기"로 정의한 바 있다. 과연 그 주요 내용은 전화나 전차 등 문명의 이기나 학교, 군대 등 제도와 관련된 경험들이다.[1] 그와 흡사한 한국 도시전설에 대해서는 김종대의 『한국의 학교 괴담』[2]

---

1 宮田登, 『都市の民俗學』, 吉川弘文館, 2006, pp.9~12.

을 비롯해 시마무라 다카노리의 「한국의 도시전설 - 한 · 일 비교시점으로부터」[3] 등의 논저를 통해 다각적 분석이 시도된 바 있다.

부산 서구 아미동 18번지와 19번지 일대에서는 언제부턴가 "흰색 기모노를 입고 게다를 신은 일본 귀신이 출몰한다"는 이야기가 전해져 왔다. 그동안 이에 대한 관심이 부족했던 이유는 아마도 내용 자체가 낯설고 어두워 현지 주민과 외부인 모두 언급을 피한 때문이라 보인다. 그럼에도 그 이야기는 "다매체 시대에 오히려 구술성이 회복될 것"이라던 마샬 맥루한의 말처럼 끈질기게 전승되었다.

이 글에서는 식민 지배와 6.25 전란이라는 역사적 배경과 사회적 상황을 바탕으로 지역민의 생애사, 사고와 연관된 일본 귀신담의 연원과 의미, 형성과 전승 양상을 두루 고찰하고자 한다.

II. 일본 귀신담의 형성과 전승

1. 식민지에 남겨진 공동묘지

부산광역시 서구청 연혁은 '아미동'이란 지명에 대해 "1957년 1월 구제 실시와 더불어 나타났다"고 했지만 '아미(蛾眉)'가 어디에서 유래된 말인지는 정확하게 밝히지 못했다. 혹자는 1930년 발행된 부산 지도 속의 지명 '아미산(娥媚山)'에서 처음 사용된 이 말이 움집을 뜻하는 '애막'의 옛말 '아미(蛾眉)'에서 왔다고 말했고 다른 사람은 불교의 영향을 받은 무속 용어 '아미운(阿彌云)'에서 연유된 것이라 했다.[4]

---

2 김종대, 『한국의 학교괴담 : 한국의 학교괴담에 대한 민속학적 탐구』, 다른 세상, 2002 참조.

3 시마무라 다카노리, 「한국의 도시전설 - 한 · 일 비교시점으로부터」, 『일본학지』 15, 계명대일본문화연구소, 1995 참조.

아미동 18번지 일대는 일제강점기 부산에서 사망한 일본인의 유해가 안장된 공동묘지였다. 이곳에 해방 직후와 6.25 전란기에 이주민과 피난민 등이 들어와 가설주택을 지어 거주하면서 그 일대를 주택단지로 만들었다. 지금도 이곳 주택 사이의 계단을 오르다 보면 한자와 가타카나, 히라가나가 음각된 돌들이 축대와 담벼락에 박혀 있다. 이는 본래 망자의 이름이나 가문, 생몰(生沒) 연월일 등을 써넣어 묘지 앞에 세워두었던 비석이나 석등, 토대석 등이었다. 하지만 그 돌 대다수의 표면이 풍화되고 훼손된 탓에 원래의 내용을 식별하기는 어렵다.

아미동의 내력을 확인하려면 지역사를 개항기로 소급해야 한다. 개항과 더불어 부산으로 건너온 일본인들은 1891년 시내 한복판에 있는 복병산에 일본인들의 유해를 안치할 3만여 평의 공동묘지를 만들었다. 그러다 "풍치와 위생을 해친다"는 이유로 묘지를 한군데에 모으기로 하고 1905년 아미산을 공동묘지 부지로 지정, 이듬해부터 시작한 축설(築設)을 1907년에 마쳤다.

이곳에 있던 묘의 수는 정확히 알 수 없지만 2만 4천 90평에 달하는 묘역[5]에 기당 4평 정도의 묘를 썼다고 보면 대략 3천 기 정도가 존재했으리라는 추산이 가능하다. 공동묘지 조성과 함께 아미산, 목도(영도), 부산진 등 세 군데에 흩어져 있던 화장장도 이곳 아미동 19번지로 이전되었다.[6]

그 공동묘지 묘역을 주택지로 만든 주역은 1945년 해방 직후부터 6.25 전란기에 이곳으로 모여든 이주민과 피난민들이었다. 특히 용두산을 비롯해 감만(적기), 영도, 초량, 범일동 등지에 머물던 4,50만 명의 피난민은 1951년 3월 이동금지령이 풀리자 비교적 외진 지역인 이곳 아미동으로 몰려와 '하꼬방'이라 불리는 가설주택을 짓기 시작했다.[7]

---

4 부산광역시 시사편찬위원회, 『부산지명총람 제1권(부산광역시 중 · 서 · 동구편)』, 1995, 247~248쪽.

5 釜山府內務係, 『釜山府衛生施設概要』, 1928, pp.24~25.

6 釜山甲寅會, 『日鮮通交史 - 附釜山史近代記』, 1916, pp.212~213.

7 최해군, 『부산 7000년 그 영욕의 발자취』, 지평, 1997, 99~100쪽.

아미동 주택가에 남아있는 묘지석(좌)과 일본인 묘지 위에 지은 한국인 주택(우)

2. 이주민과 피난민의 '하꼬방'

아미동에서 일본 귀신담 연원을 추적하려면 이곳에서 일본인의 묘지를 훼손하고 가설 주택을 지은 주민의 구술이 필요했다. 다행히 아미동에서 해방기와 6.25 전란기부터 살아온 주민들은 다분히 주저하는 태도를 보이면서도 비교적 소상하게 자신들의 다사다난한 내력을 들려주었다. 그중 가장 풍부하고 정확한 생애담은 1953년부터 아미동 19번지에서 살아온 이상묵으로부터 들을 수 있었다.[8]

8　아미동 이상묵(74세) 인터뷰.

일본 오히타현 히타시에서 거주하다 10세가 된 1945년에 귀국했다. 귀국 직전까지 부친은 지하터널을 파고 그 안에서 총기를 만들던 공장에서 일했다. 귀국하는 동행인은 아버지, 어머니와 할머니, 그리고 숙부 두 분과 7살, 4살 난 여동생이었다. 당시 집안이 꽤 부유했고 귀국 시에는 100여 명 가까운 인부들을 구해 쌀 100가마를 몸에 두르고 배에 오르게 했다. 부산으로 오던 배 안에서는 아버지를 비롯한 일가가 일본도를 들고 "배 삯을 내라"며 야쿠자들과 싸움을 벌이기도 했다.

귀국 후에는 포항으로 가서 살다 전라북도 정읍시 신태인읍에서 40리 정도 들어간 육리(六里)라는 곳에서 5년을 살았다. 당시 한국은 어디를 가나 무법천지로 어수선해 전남에서는 좌익이 사람을 대창으로 찔러 죽이는 일들이 빈번했다. 토목기술을 가진 부친은 전기회사에서 일을 하다 다쳐 불구가 되었고 그러자 〈대한청년단〉 단원들이 집을 마련해 준 일이 있다.

여러 곳을 떠돌던 일가는 1950년 전쟁이 터지자 어디나 어수선한 상황이면 차라리 큰 도시가 낫겠다 싶어 다시 부산으로 왔다. 부산시청으로 찾아가니 대통령의 지시라며 '입주표'를 주며 "아미동 8천막으로 가라"고 했다. 당시 10채 정도 있었던 천막에서 임시로 기거하던 이주민과 피난민들은 1953년 공원묘지를 조금씩 밀고 올라가면서 "비둘기집"이라 부르는 간이주택을 지었다. 간이주택 만드는 방법은 비교적 간단했다. 일본인 묘지 주변의 담을 허물고 비석을 치운 다음에 상석을 들추면 유골을 넣어둔 단지가 석곽(石槨)에 둘러싸여 있었다. 그 단지를 내다 버리고 석곽 위를 다지며 2.5평 정도의 묘지 두 개를 합치면 대략 5평(16.5제곱미터)의 평평한 집터가 완성되었다. 그 위에 루핑 등으로 지붕을 씌우면 "비둘기집"이라 부르는 거주지가 완성되었다.

이곳에서의 난방은 1950년대까지 연탄을 때기도 하고 국제 시장 등지에서 주워 온 나뭇가지 등을 태워 해결했다. 자신은 20년 전 이웃집 한 채를 사들여 층마다 11평인 3층을 지어 전체 평수는 모두 33평에 달한다. 1961년 자신이 25세이던 무렵에는 한일국교정상화 이전임에도 불구하고 해방 전 부산에 살던 일본인들이 찾아와 "조상의 묘에 남은 유골을 찾겠다"며 돌아다니던 일이 기억난다.

이와 유사한 구술은 아미동 주민이자 '아미동토박이회(아토회)' 회원 유수웅에게서도 청취할 수 있었다. 그의 가족은 해방 직후 경남 고성에서 부산으로 이주하면서 곧바로 아미동으로 찾아 들어왔다. 그보다 늦은 6.25 전란기에 한꺼번에 부산으로 몰려든 이주민과 피난민 역시 인근 국제시장에 나가 지게질이나 구두닦이, 엿 장사 등으로 호구지책을 마련하기 용이한 아미동을 피난처로 선호했다.

1951년 3월 이후 이곳에는 피난민을 위한 10여 평 남짓한 천막 10채가 설치되었으며 그 각각의 천막에서 무려 4,50명에 달하는 20세대가 생활해야 했다. 그처럼 열악한 주거환경을 타개하고자 피난민들은 저마다 묘를 허물고 그 자리에 '하꼬방'을 지었다. 그로부터 그들은 아미동 토박이가 되어 지금까지 눌러살고 있다.[9]

Ⅲ. 일본 귀신과 주민의 심리

1. 일본 귀신의 출현

아미동 18번지에서 남의 묘를 훼손하고 가설주택을 지은 주민들은 오랫동안 "공동묘지", "일본 귀신", "도깨비불", "시신", "염장물" 등 어두운 이미지를 뇌리에 간직한 듯싶다.

이상묵은 일본 귀신을 보았다는 이야기를 옆집에서 세탁소를 운영하는 처형으로부터 들었다고 했다. 처형이 보기에 "흰 기모노를 입고 따닥 따닥 게다소리를 내며 걷는 모습"

---

9 아미동 유수웅(65세) 인터뷰.

이 틀림없는 일본 귀신이었다 한다. 그러자 이웃 주민 하나가 그 자리에 상판조차 들어내지 않은 묘가 남아 있기 때문에 귀신이 나온 것이라고 일러주었다 한다.

일본 귀신담을 들려주는 주민은 아미동 곳곳에서 만날 수 있었다. 아미동 2가 경로당에서 만난 노인은 "예전에 하얀 옷을 입은 귀신이 수시로 마을 앞 까치고개를 고개를 넘어다녔다더라"고 했다. 또 다른 주민도 "비가 오는 날이면 여자의 체형을 닮은 푸른 전깃불이 동네에서 허공으로 날아오르곤 했으나 감천동으로 넘어가는 고갯길이 뚫리고 차가 다니면서 그런 현상이 사라졌다더라"는 이야기를 들려주었다.

예전의 화장장 자리에 천주교아파트가 들어선 아미동 2가 216-1번지에서도 귀신이나 도깨비불을 보았다는 주민을 만날 수 있었다. 아파트 거주자 김춘자는 "예전에 아파트 앞 도로의 구덩이 옆에는 우물이 있었는데 우물에 두레박을 넣고 물을 푸려고 몸을 구부렸다 고개를 들자 앞에서 여자 귀신이 지켜보더란다", "화장터 자리에 아파트가 지어진 몇 년 후까지 여자의 비명이 들렸으나 목사 한 사람이 와서 아파트 곳곳에 성수를 뿌린 이후 그 소리가 사라졌다 한다"고 구술했다.[10]

아미동 1가 경로당에서 만난 김영옥, 추유나, 김진자 등 80대 노인들 역시 "직접 보았다는 사람이 한둘이 아니"라며 자신들이 들은 일본 귀신담을 경쟁적으로 풀어놓았다. 그들이 우스개 삼아 들려준 이야기에 따르면 "백골을 담았던 단지에 김치를 담갔더니 김칫국물에 빨갛게 물든 손가락이 나타나 '내 손가락! 내 손가락!' 했다더라"는 것이었다. 특히 연로한 주민들은 "머리 하얀 할배가 샘으로 들어가더라", "상복 입은 사람들이 상여를 메고 가는데 시신은 보이지 않지만 염장물 냄새가 어찌나 고약한지 깨어난 후에도 콧전에 맴돌더라" 등의 꿈 얘기를 실제로 본 것처럼 늘어놓았다.[11]

하지만 그 누구도 직접 귀신을 보았다는 사람은 없었고 이야기하는 투는 언제나"~ 했다

---

10 아미동 김춘자(82세) 인터뷰.

11 아미동 김영옥(88세), 추유나(85세), 김진자(82세) 인터뷰.

더라" 식이었다. 짐작컨대 그런 어투를 사용하는 까닭은 진술 내용과 자신 사이에 거리를 두어 궁극적인 해명은 피하기 위해서인 듯싶었다. 그래선지 그들이 두루뭉술하게 묘사한 귀신의 형상은 무라야마 지준의 『조선의 귀신』을 비롯한 고마쓰 가즈히코의 『일본의 요괴학 사전』 등 귀신 관련 서적 어디에서도 찾아보기 어려웠다.

하지만 또 다른 아미동 주민 상당수는 "일본 귀신 따위는 절대 있을 수 없다", "귀신이란 결국 사람들의 마음이 만들어낸 환상에 불과한 것이다"라는 말로 일본 귀신담 자체를 부정했다. 이곳에서 20년 넘게 살아온 50대 여인 셋은 그에 관한 어떤 이야기도 들은 적이 없다고 했고 또 다른 60대 아낙도 화장장에서 귀신이 나왔다는 이야기는 헛소문에 불과하다고 잘라 말했다.

2. 유해와 묘지 관념

주민들 태도가 어떻든 아미동의 일본 귀신담이 이곳에 남아 있던 일본인 유해와 관련되었다는 점은 분명해 보였다. 먼저 조성된 일본인 공동묘지의 유해를 뒤늦게 이주한 한국인들이 훼손했다는 사실도 의심할 여지가 없었다.

망자의 유해를 잘 모셔야 한다는 한국인이나 일본인의 사고는 유사하다고 볼 수 있다.

한국인들은 망자의 유체와 유해, 유품을 잘 모셔야 고인의 넋을 달랠 수 있다는 전래의 믿음이 돈독했다. 특히 망자의 뼈 보존이 자손의 운명을 좌우한다고 믿는 묘지 신앙이 발전하여 땅에 묻힌 조상의 뼈에서 좋은 기를 물려받아야 자손이 번성한다는 묘지 풍수로 체계화되었다.

그런 터라 1912년 조선총독부가 공동묘지를 장려하는 '묘지취체규칙(墓地取締規則)'를 공포하자 한국인들은 매장을 거부하며 "백골난(白骨亂)"을 벌였다.[12] 그런 반발에 총독부도 어

---

12 지용하, 『韓國林政史』, 명수사, 1964, 153쪽.

쩔 수 없이 지역별로 공동묘지 조성 일자를 달리하여 시행하라는 무마책을 발표해야 했다.[13]

일본인들 역시 육체는 죽어도 영혼은 사라지지 않으며 묘지에 모신 유해는 현세와 같은 생활을 하리라 믿어 생전에 살던 집처럼 묘를 조성하고 영혼을 섬기는 제사는 따로 올렸다.[14] 그들이 시신이나 유해를 모시는 방식은 지역이나 가문마다 달라 사후의 저주나 동티를 막기 위해 시신을 붉게 칠하거나 태중의 태아와 같은 자세로 묻거나 사지를 묶어 굴장(屈葬)을 하는 매장 외에도 화장한 유골 안치나 유골 묻은 자리에 돌 얹어 놓기, 호부(護符) 묻기 등 다양했다.

일반적으로 일본인들은 유체 처리와 제사를 구분하기 때문에 묘에 대한 집착은 약한 것으로 알려져 있다.[15] 하지만 1945년 패전 후 일본 정부는 해외에서 전투 중 사망한 일본군 유골을 찾아 유족에게 인도하려 애쓴 사실을 주목하면 반드시 그렇지만도 않았다. 그들은 1951년부터 문부성과 인양원호청(引揚援護廳) 주도 하에 '해외전몰자 유골 수습단'을 전역(戰域) 각지에 파견,[16] 유골 송환에 거국적 노력을 기울였다.

한국인과 일본인의 유해 관련 사고의 유사성은 동일한 사고의 처리 과정에서 엿볼 수 있었다. 1985년 일본 군마현에서 벌어진 일본 항공기 추락사고나 1997년 미국령 괌에서의 한국 항공기 추락사고 직후 가족의 유해를 찾으려 애쓰던 양국 유족들의 태도에는 아무런 차이가 없었다.

1945년 조상의 묘지를 아미동에 남겨둔 채 귀국한 일본인들에게는 1965년 이전까지 공

---

13 朝鮮總督府, 『施政年報』 四卷, 1914, p.79.

14 下中邦彦, 『アジア歷史事典 7巻』, 平凡社, 1985, p.333.

15 '양묘제(兩墓制)'이 의해 유체 처리에 관한 장지(葬地)와 의례를 행하기 위한 제지(祭地)가 나누어진다.(柳田国男, 『定本柳田国男集 第15巻』, 筑摩書房, 1963, 504쪽) 시신(屍身)을 부정시하고 사령(死靈)을 두려워해 망각하려는 관념이 강하며 '우메바카(埋め墓)'가 '마이리바카(詣り墓)'보다 존중되지는 않는다.(김미영, 『일본의 집과 마을의 민속학』, 민속원, 2002, 183쪽)

16 岩本通弥, 『覚悟と生き方』, 筑摩書房, 1999, pp.177~178.

식적 한국 방문이 허락되지 않았다. 단지 편법적인 경로로 입국한 유족 일부만이 아미동을 찾아와 주민들로부터 질시를 받으며 조상의 유해를 찾겠다고 헤매고 다녔다. 1962년 아미동에 남아있는 일본인의 유해를 한군데 모으라는 부산시장의 지시가 전해진 무렵에는 그런 움직임이 한층 분주해졌다. 하지만 설령 그들이 아미동에서 정확한 묘역의 위치를 찾아낸다 해도 이미 묘가 훼손된 자리에 주택이 지어 진 다음이라 유해 수습은 사실상 불가능했다.

3. 혼령과의 화해

아미동에는 100여 년 전 박씨 할머니가 만들었다는 '아미동 산신당'을 비롯해 1930년대에 건립된 '아미2동 까치골 당산', 195,60년대에 건립된 당산(堂山) 등이 7개소나 된다. 이처럼 전국의 동(洞) 단위의 마을 가운데 가장 당산이 많은 이유에 대해[17] 주민 김형호는 "외지에서 이주해온 주민들이 마음을 모아 의지할 곳을 찾고 현실적 재액을 물리치기 위해서"라고 말했다.[18] 그 7개 당산에 올리는 제사의 제관은 동회장이나 자치위원장, 통장 등이 맡고 경비는 아미동의 각 통의 주민들이 5백 원~1천 원씩 갹출하여 마련했다.

그처럼 당산 제사에 협조적인 아미동 주민들은 이웃을 아끼고 인정을 나누는 선행으로도 널리 알려졌다. 주민 208명이 모여 만든 '1% 사랑 나눔회'나 30명의 회원을 거느린 '아토회(아미동 토박이들의 모임)' 등 주민단체는 "사랑 나누기"나 "독거노인 경로잔치" 등 다양한 기부와 봉사, 자선 활동을 부산의 다른 어느 마을보다 활발하게 전개해왔다.

마을에서 지내는 당산제와 달리 불교사찰인 아미동 2가 까치고개의 대성사는 '아미동

---

17 '남부민동 천마산 산신당', '남부민 3동 천마산 할매당산', '아미동 산제당', '아미2동 까치골 당산', '아미동 대두산 당산', '아미동 아미골 당산', '아미동 산신당' 등이다.(김승찬 · 황경숙, 『부산의 당제』, 부산광역시 시사편찬위원회, 2005 참조)

18 아미동 김형호(71세) 인터뷰.

산신당'을 섬기는 제사를 지내왔다. 그 제의를 올리게 된 연유에 대해 주지 김귀엽은 이렇게 말했다.

> 어느 날 이 절 전(前) 주지의 꿈에 키가 크고 붉은 할머니가 작대기를 짚은 모습으로 나타나 "내게 밥을 좀 다오" 하며 안방에 들어앉았다. 기이하게도 다음날 동사무소에서 사람이 찾아와 '당산을 모셔 달라'고 요청했다. 동이 나서서 그런 요청을 하게 된 까닭은 마을 사람들을 태운 관광버스가 전복되거나 그 역시 마을 사람을 싣고 일터로 가던 승합차가 굴러 사상자가 발생한 사고가 터진 데다 쉰도 안 된 남자가 화장실에서 급사하는 등 연이어 흉흉한 일이 마을에서 발생했기 때문이었다.[19]

그런 제의를 행하는 대성사는 묘지의 훼손으로 무주고혼(無主孤魂)이 된 일본인 혼령을 위한 제사도 지내왔다.

대성사 경내에는 "남무묘법연화경(南無妙法蓮花經)"이란 글씨가 음각된 높이 2미터의 탑이 모셔져 있다. 그 탑은 본래 아미동 18번지 일본인 묘소 옆에 세워져 있던 것으로 어느 주택의 문간에 놓여 있다 절로 옮겨졌다.

그 탑을 옮긴 내력에 대해 주지 김귀엽[20]은 이렇게 설명했다.

대성사로 이전한 법화경 탑

19 김승찬 · 황경숙, 앞의 책, 68~71쪽.

20 아미동 '다대포 후릿소리'나 '구덕망께터다지기', '아미농악' 등은 〈구덕민속예술보존협회〉가 전승하고 있다.(〈구덕민속예술보존협회〉 이사장 김귀엽(68세) 인터뷰)

2005년 타계한 이 절 주지의 꿈에 웬 거사가 나타나 "앞마을에 있는 법화경 탑을 모시라"고 조언했다. 그래서 아미동 18번지를 찾아가 보니 과연 어느 집이 법화경 탑을 문지방으로 사용하고 있었다. 이 집에 살던 성모씨는 그 마을에 살기 시작한 후 언제나 부부간 금실이 좋지 않고 여섯이나 되는 아들도 풍파를 겪어 잘 된 사람이 없었다. 대성사 주지가 연유를 말하니 법화경 탑을 가져가도 좋다고 해서 운반하려 했지만 밑에 고인 연화 좌대는 언덕을 받치고 있어 빼내지 못하고 본체만을 밧줄로 묶어 절로 끌고 왔다.

그 후 대성사에서는 매년 백중일마다 이 탑 앞에서 아미동에 유해를 남긴 일본인들의 혼령을 위해 제사를 지냈다. 하지만 탑을 가져온 후 얼마 후 대통령 영부인이 재일교포 손에 사망하는 일이 벌어져 일본에 대한 감정이 나빠지겠다는 염려에 한동안 제사를 지내지 않았고 법화경 탑의 글씨가 보이지 않도록 종이를 붙여 보관했다. 그랬더니 주지의 목이 막혀 말이 나오지 않았다. 곰곰이 생각하다 법화경비의 글씨를 가렸던 종이를 떼어내자 그제야 말문이 트였다. 이 탑을 모신 후로는 동네에 좋은 일이 많았다. "마사회"란 이름으로 아미동에서 설치던 깡패들이 사라졌으며 아미동을 찾는 일본인 유족들로부터 사례가 답지했다.

그러자 조상의 묘소를 찾을 요량으로 아미동을 찾아왔다 절에 들른 일본인 유족들은 대번에 그 탑의 정체를 알아보곤 "우리가 버리고 간 조상을 위해 제사를 지내주니 너무도 고맙다"고 연신 감사를 표했다. 2011년 해당 사찰에서 연구자들이 조사를 진행하던 날에도 일본에서 건너온 "東京都 世田谷區 成城 原山光南"이란 주소와 이름이 적힌 봉투 안에 감사의 말을 적은 편지가 들어 있었다. 누구의 사령(死靈)이든 조령(祖靈)으로 떠받들어야 한다는 믿음과 묘소의 탑 등에도 영혼이 깃들 수 있다는 믿음을 갖고 있는[21] 일본인들은 대성사가 법화경 탑을 섬기며 제사를 올리는 모습에서 일말의 위안을 받았으리라 본다.

그런 대성사의 제사에 대해서는 일본인의 묘를 허물고 '하꼬방'을 짓고 살아온 아미동

---

21 김미영, 앞의 책, 183쪽.

주민들도 호감을 보였다. 그들은 비록 아미동의 묘소가 한국을 침탈하고 지배한 일본인의 흔적이라 해도 이를 훼손하고 심리적 부담을 안고 살아온 터라 대성사의 처사를 고맙게 느껴진다고 말했다.

IV. '장소적 정체성' 획득의 욕망

1. 사회적 폭력과 귀신 출현

1950년대 초반 아미동 인구는 해방 직후와 6.25 전란기에 몰려든 이주민과 피난민으로 급격히 늘었다. 그렇게 되자 지역민의 정체성과 마을 주민들의 관계에 혼란이 일어났다. 주민들에 따라 시골처럼 소박한 인정을 나누기도 했지만 서로 인사조차 안 하는 냉랭한 태도를 지닌 사람도 적지 않았다.

1906년 이전까지 아미동은 지금의 아미동 1가 파출소 자리는 벚나무가 우거져 있었고 개천에는 사금(砂金)이 넘쳐났다. 그러나 식민지배자들은 그곳에 공동묘지를 조성하고 화장장을 지어 벚꽃과 사금의 아름다움을 "개울물에 염장 물이 한데 섞여 흐르는" 죽음의 이미지로 뒤덮었다.

일제가 자신들의 공동묘지를 설치한 행위가 한국인들에게 카오스적 폭력이었다. 공동묘지가 들어선 탓인지 일제강점기부터 아미동은 범죄자나 폭력배의 소굴이라는 오해와 선입견에 시달렸다. 시내에서 누군가와 시비가 붙었을 때 아미동 혹은 '곡정(谷町, 타니마치)'에 산다고 밝히면 상대가 지레짐작으로 물러설 정도였다.

엄밀히 말해 근대기 이래 지역이 떠안은 역사적 굴곡과 사회적 갈등은 식민당국이나 국가, 사회가 제공한 것이다. 일제강점기와 해방기, 6.25 전란기 부산은 정치적 경제적 혼란과 더불어 폭력이 난무하는 도시였다. 일본 순사는 영장도 없이 한국인을 체포, 구금, 고문했다. 해방기와 전란기에는 우익청년단이 빨갱이를 색출한다는 명분을 앞세워 아무에게나 몽둥이를 휘둘렀다. 공동묘지가 존재했던 아미동은 그런 폭력적인 행태가 환기하는 죽음의 이미지를 지닌 공간이었던 탓에 오해와 선입견에 시달려야 했던 것이다.

귀환동포와 피난민에게는 생존의 위협과 죽음의 공포가 난무하며 헐벗고 굶주린 데다 몸을 누일 공간마저 없는 해방기와 6.25 전란기 상황이 카오스의 극한이었다. 한국인들은 그 카오스에서 벗어나 코스모스를 추구하고자 일본인의 묘를 파괴하고 가설주택을 지었다. 그들이라 해서 생자(生者)의 양택(陽宅)을 만들자고 남의 유택(幽宅)을 훼손하는 일이 윤리에 어긋남을 몰랐을 리 없지만 폭력과 전쟁으로 인한 카오스로부터의 탈피를 코스모스의 추구라 정당화했던 것이다.

하지만 그 일은 결국 그들의 마음에 짙은 그늘, C.G.융이 말한 "인격에서의 열등한 인식" 혹은 "낮고 저급하고 미개하고 적응이 안 되고 다루기 힘든" 그림자 혹은 그림자 이미지를 드리웠다.[22] 아미동 주민이 본 일본 귀신은 그런 마음의 그늘과 그림자가 만들어낸 '공동환상'[23]이었던 것이다. 그런 아미동 주민들로선 불교사찰이 법화경 탑을 모시고 제사를 지내주는 모습에서 비로소 마음의 그늘, 그림자를 물리칠 가능성을 찾았다고 볼 수 있다.

2. 장소로부터의 소외와 정착 욕망

에드워드 랠프는 일정한 공간에서의 경험으로부터 얻은 견해와 의식, 의도를 '장소적 정체성'이라 불렀다. 더불어 그것은 '장소의 정체성'만이 아니라 '장소에 대한 정체성'이므로 그 장소에서 자신이 어떤 존재인가를 자각하게 만드는 요인이라 했다.[24]

경우에 따라서는 무덤도 지역정체성을 형성하고 강화하는 근거로 활용된다. 경기도 고양은 고려조 공양왕 왕릉, 강원도 삼척은 조선조 이성계의 6대조 부부 무덤인 '준경묘'와

---

22 이부영, 『그림자』, 한길사, 1999, 78~80쪽.

23 佐々木高弘, 「記憶する場所」, 小松和彦 編, 『記憶する民俗社会』, 人文書院, 2000, p.142.

24 에드워드 랠프 저, 김덕현 외 역, 『장소와 장소 상실』, 논형, 2005, 109~110쪽.

'영경묘', 경기도 여주는 세종대왕릉을 지역의 상징이라 내세운다.

하지만 아미동 주민 상당수는 일본 귀신담은 물론 그곳이 예전 일본인의 공동묘지였다는 사실조차 언급하길 꺼렸다. 1942년부터 지금까지 아미동에서 가장 오래 살아왔다는 임수만은 어린 시절 공동묘지에서 놀던 기억은 있지만 일본 귀신 이야기는 들어본 적이 없다고 말했다. 그는 자신의 집 현관에 옮겨 놓은 상석(上石)에 대해서도 "그저 돌이라 여길 뿐 별다른 생각이 없다"고 말했다.[25]

아미동 2가 천주교아파트 앞에서 'N 슈퍼'를 운영하는 박승포 역시 과거의 화장장 터에서 나타난다는 '도깨비불'을 과학적으로 설명하려 애썼다. 예전에는 화장을 한 다음 야산에 뼛가루를 뿌리는 일이 잦았는데 뼈에 들어있던 인(燐) 성분이 흐린 날 푸르게 빛나는 모습을 본 사람들이 이를 '도깨비불'로 오인했다는 것이었다.[26]

또 다른 주민은 천주교아파트에 귀신이 나타났다는 이야기가 "시기심을 가진 인근 동네 사람들이 지어낸 것"이라 말했다. 당시로선 주위의 집들과 비교할 때 천주교 아파트가 최신식 주거시설이었기 때문에 그런 이야기를 만들어냈다는 것이다.[27]

그처럼 일본 귀신담을 부인하거나 아미동의 유래를 덮으려는 주민들은 유독 재개발에 대한 관심이 컸다. 그들은 아미동에서도 토지불하나 주택재개발, 경관 관리가 이루어져야 비로소 주거지다운 면모를 갖출 수 있고 개발 차익(差益)을 기대할 수 있다고 주장했다.

V. 사회 혼란에 대한 길항(拮抗)

아미동의 공동묘지와 '하꼬방'은 이민족의 식민 지배와 해방, 6.25 전란이라는 역사가

---

25 아미동 이규호(77세), 임수만(73세) 인터뷰.

26 아미동 박승포(73세) 인터뷰.

27 부산발전연구원, 『부산 사람, 부산 이야기』, 1997, 156쪽.

남긴 기억과 흔적이었고 그것은 사회적 경계의 산물이었다. 해방기와 6.25 전란기에 모여든 이주민과 피난민에게 아미동은 일본인에게는 삶에서 죽음으로 넘어가는 경계였고 이주민에게는 농어촌과 도시의 경계였으며 피난민에게는 고향과 타향의 경계였다.[28]

그런 역사적 굴곡을 경험하며 사회적 경계에 처한 이주민과 피난민들은 카오스를 물리치고 코스모스를 추구하기 위해 묘지를 훼손하고 가설주택을 지었다. 하지만 자신의 양택을 짓자고 남의 유택을 빼앗았다는 미안함은 여전했기에 "흰 기모노를 입고 게다를 신은 일본 귀신"[29]이나 "도깨비불" 등 '유령의 귀환(ghost-like return)'[30] 이미지를 떠올리게 되었다. 이는 비인간적 경쟁을 부추기는 교육 방식과 폭력적 사회질서를 비판하는 학생들이 떠올린 '학교 괴담'[31]에서의 학생 귀신과 흡사한 이미지다. 그런 터에 불교사찰이 일본인 혼령을 위해 제사를 지내주는 모습을 보고 심리적 부담을 덜게 되었다.

가스통 바슐라르는 거주자가 "사상과 추억과 꿈을 통합하는 가장 큰 힘"[32]을 지녔다고 인식하는 공간에서 '장소적 정체성'이 싹튼다고 했다. 식민 통치와 전쟁의 역사가 함께 파묻혀 있는 아미동의 일본 귀신담에 주목하는 이유 역시 그것이 주민들이 지닌 '장소적 정체성'과 연관돼 있기 때문이다. 아미동 주민 상당수는 비록 무덤 위에 지은 가설주택이지만 그곳을 '내 집'으로 여기고 오랜 세월 살다 보니 세상 어디에서도 그보다 편한 안식처는 찾을 수 없을 것이라는 말로 자신들이 지닌 '장소적 정체성'에 대한 생각을 드러냈다.

---

28 한 주민의 기억에 의하면 6.25 전란기에 아미동에 정착한 주민 구성비는 경상도 출신 20%, 이북 출신 30%, 전라도 출신 40%, 그 나머지는 일본 등 외국에서 귀환한 동포라 했다.

29 김정하, 「부산의 일본귀신전설에 대한 도시민속학적 고찰」, 동북아문화학회, 『동북아문화연구』 17집, 2008, 5~22쪽.

30 John J. White, 『Mythology in the Modern Novel』, Princeton Univ. Press, 1971, p.228., p.100.

31 김종대는 '학교 괴담'이 경쟁에 지친 학생들이 불안, 불만이 전래의 이미지에 담긴 것이라 분석했다. 그런 괴담은 비인간적 경쟁을 부추기는 사회에 대한 비판이자 사회적 질서에 대한 저항 의식의 표출이라 볼 수 있다.(김종대, 앞의 책, 108쪽)

32 가스통 바슐라르, 곽광수 옮김, 『공간의 시학』, 민음사, 1996, 118쪽.

2019년 서구청은 전수조사를 통해 2022년 아미동 비석을 부산시 등록문화재로 지정받았다. 같은 해 그 유적은 '한국전쟁기 피난 수도 부산의 유산'에 포함되어 유네스코 세계유산 잠정목록에 등재되었다.

그런 움직임과 결과가 아미동 주민들이 지닌 '장소적 정체성'과 어떤 연관성을 지니고 있는지에 대해선 좀 더 깊은 성찰이 필요하다고 본다.

11장

‘주변부’ 지역민속의 생성과 소멸

Ⅰ. ‘타자화’에 의한 ‘주변부’ 설정

‘주변부’란 애초부터 존재하던 공간이 아니라 어딘가에 ‘중심부’(혹은 ‘핵심부’)가 설정되는 탓에 생겨난 배타적이고 불균등한 지적 구조물(知的 構造物)이다.[1] ‘중심부’의 의도와 시선에 의한 차별과 갈등, 비교로 경쟁과 대립 상황에 처한 ‘주변부’는 지배나 수탈, 착취의 대상이 되곤 한다.[2] 이마뉴엘 월러스타인이 ‘세계체제론’에서 규정했듯 ‘주변부’는 “열악한 지리와 자연환경, 저급한 문화, 저부가가치의 생산품을 산출하는 공간”이기 때문이다.

근대기 동아시아에서는 식민제국은 일방적이며 편의적인 구분에 의해 식민지를 ‘주변부’로 발명하고 차별과 억압, 지배와 침탈을 자행했다. 그런데 해방으로 식민 지배에서 벗

1 쓰치야 겐지, 「문화의 번역 - 의미공간의 성립」, 야노 토루 편, 아시아지역경제연구회 옮김, 『지역연구의 방법』, 전예원, 1997, 250쪽; 中路正恒, 「地域学の基本問題」, 中路正恒, 『地域学への招待』, 角川学芸出版, 2010, pp.17~20.

2 세스 터로우 「세계체제론에서 본 지역 : 보편성과 특수성」, 손명철 편역, 『지역지리와 현대사회이론』, 명보문화사, 1994, 107~19쪽.

어난 국민국가 역시 '주변부' 설정을 반복, 재현하며 '지방'이라는 '주변부'를 발명했고 다시 '지방' 대도시는 자신들 인근의 위성도시나 촌락을 '주변부'로 설정했다.

물론 식민당국과 국민국가가 추구한 '근대화'나 '산업화'의 목적은 달랐지만 '주변부'에 대한 '중심부'의 요구는 양자 모두에게서 크게 다르지 않았다. 과학과 기술을 먼저 받아들인 중앙정부나 대도시 등 '중심부'는 근대화나 과학화, 산업화에 앞서 있게 마련이었다. 그런 '중심부'는 자신의 점유(占有)와 개발, 산업화를 위해 '주변부'를 분획(分劃), 자원 개발과 생산에 필요한 택지 조성과 공장 건축, 인력, 자원, 생필품 공급을 요구한다. 그 경우 '중심부'는 정치적 격변과 경기 변동, 사회적 요구가 반영된 공간이나 자원, 인적 요소의 과학적이고 기술적인 필요와 효율, 기능은 존중하지만 '주변부'의 자연이나 생태자원, 지역문화에는 관심을 갖지 않는다.

지역문화로서의 지역민속을 탐구하는 방안에 대해 E. 이스틴에반스는 특히 생태자원에 의거한 환경과 생활양식에 주목하자고 제안했다.[3] 임재해는 "지리적인 것을 준거로 한 지역성 논의"[4]를 주장했으며 김명자는 입지 조건이나 생업 등과 연관된 지역민속 고찰을 시도했다.[5] 배영동 역시 자연 지리적 조건, 입지 조건, 기후조건을 연결해 지역의 의식주 민속을 파악하고자 했다.[6]

그처럼 비록 지적 구조물로 발명된 '주변부'라 하더라도 그 지역성을 인정하고 활용하기 위해서는 생태자원 등 지역민속의 구성 요소를 활용해야 한다. 알고 보면 '중심부'와 '주변부'는 서로에게 의존하는 "전유관계(專有關係)"를 공유하기 때문이다.[7] 그런 관계에 의해

---

3 에반스(E. Estyn Evans), 「문화지리학자와 생활민속의 탐구」, 리처드 M. 도슨 편저, 나경수 편저, 앞의 책, 195~216쪽.

4 임재해, 『민속문화를 읽는 열쇠말』, 민속원, 2004, 200쪽.

5 김명자, 「마을사회에서 세시풍속의 조사와 연구」, 안동대학교 민속학연구소, 『마을민속조사 어떻게 할 것인가』, 민속원, 2002, 105~124쪽.

6 배영동, 「마을사회의 의식주생활 조사의 관점」, 안동대학교 민속학연구소, 『마을민속조사 어떻게 할 것인가』, 민속원, 2002, 160~165쪽, 139쪽.

7 세스 터로우, 앞의 논문, 107쪽, 116~117쪽.

일반적으로는 '중심부'가 자기중심적 일방적 편의적 요구를 제기하면 '주변부'는 부응하지만 경우에 따라서는 관계가 역전되기도 한다. '주변부'가 생태자원이나 고유의 문화 등 나름의 수단으로 '중심부'를 공략하여 주도권을 확보할 수도 있는 것이다.

여기서는 그런 전유와 역전을 현실화한 예로 부산 강서지역을 들고자 한다. 강서지역은 오랫동안 차별과 소외에 시달려온 '주변부'로 '중심부'를 자처하는 인근 대도시의 요구에 응하면서도 생태자원을 활용한 염업과 근교농업, 수공예업, 어업 등 생태자원을 활용한 산업을 발전시키고 유지해온 지역이었다. 그 지역의 역할을 고찰, 구명하기 위해 기존 참고문헌[8]과 함께 현지에서의 답사 결과와 구술을 활용하고자 한다.

Ⅱ. '주변부'로서의 강서지역

1. 역사적 차별과 소외

부산광역시 서쪽 끝에 위치한 강서지역은 낙동강과 서낙동강으로 둘러싸인 강중도(江中島)이다.

이곳에는 7,000년 전 선사시대에 사람이 거주했음을 보여주는 패총이 남아있다. 비록 지형은 섬이라도 사람이 거주하면 그 역사를 인정받아야 하겠지만 강중도의 내력은 온전

---

8 조명희 외, 『락동강』(영인본), 1991; 부산직할시강서구, 『강서구지』, 강서구청, 1993; 강서향토지발간추진위원회, 『강서향토지』, 1988; 부산발전연구원, 『낙동강 하구 민속어촌 조성 기본계획』, 부산광역시, 2001; 부산광역시사편찬위원회, 『부산의 자연마을』 제2권, 2007; 유승훈, 『우리나라 제염업과 소금민속』, 민속원, 2008; 부산강서문화원, 『사진으로 보는 강서 자연마을』, 2009; 강세우, 『녹산지방의 민속문화』, 가람, 2010; 부산강서문화원, 『강서 문화유산』, 2011; 주경업, 『낙동강 사람들』, 부산민학회, 2012; 부산강서구지편찬위원회, 『강서구지』, 2014; 부산광역시 강서구, 『신(新)강서별곡』, 2014; 황규성, 『지사통(智士洞)의 농경문화』, 1993; 황규성, 『녹산칠십년사(菉山七十年史)』, 1997; 황규성, 『녹산보감(菉山寶鑑)』, 2001; 황규성, 『신강서기(新江西記)』, 인쇄골, 2002; 황규성, 『사암(四岩)마을지』, 2005.

한 지역사로 기술되지 못했다. 고대사에서도 이 지역이 김해의 구야국(狗邪國)을 비롯해 가락국, 가야국, 금관가야, 김해소경 등과 어떤 연관을 지녔는지 명확하지 않다.

강서의 지역사는 흐름은 유구하지만 수시로 궤적이 달라진 낙동강처럼 문면 위에 나타나고 사라지기를 반복했다. 1424년 편찬된『경상도지리지』는 강서지역에 대해 "육지와 수로로 160보 거리의 국농소에 사람이 들어가 산다"고 적었고 다시 1469년의『경상도속찬지리지』는 "명지에 우장(牛場)이 있다"고 썼다. 경작지를 일구고 목축 활동까지 하는 거주지임에도 불구하고 구태여 "들어가 산다", "우장이 있다"고 표현을 보면 이곳이 방외(方外)의 지역으로 여겨졌음을 알 수 있다.

인근 지역민들은 일단 강서지역을 섬으로 규정했다. 1424년『경상도지리지』에 나와 있는 지명을 비롯해 오늘날의 '노량도(鷲梁島)', '명지도(鳴旨島)', '대저도(大渚島)'에는 항상 '섬[島]' 자가 따라다녔다. 그런 관행은 1454년의『세종실록지리지』와 1469년의『경상도속찬지리지』, 그리고 1530년의『신증동국여지승람』도 답습하여 '전산도', '도요저', '덕지도', '압지도', '사두도' 식으로 지명을 표기했으며 2008년 부산광역시와 부산대학교가 펴낸『부산고지도(釜山古地圖)』에 실린 1557년경의『조선팔도지도』에서도 '칠점도', '죽도', '명지도'란 지명이 보인다. 1916년 일제강점기에 작성된 지도에도 낙동강 삼각주 인근 '장유'와 조만강 하류 주변에 있는 습지와 하천, 유로(流路) 등을 그려 넣어 섬의 특징을 뚜렷하게 묘사했다.

그에 비해 강서지역의 육지로 여겨질 만한 기록도 적지 않아,『조선왕조실록』성종 조는 "경상도 양산 대저도가 비록 이름은 섬이지만 육지에서 불과 300여 보 떨어져 있고 남녀 410명의 주민이 비옥한 토지에서 전(田) 200여 결을 경작한다"고 적었다. 다시 1682년경 출간된『동요비고(東輿備攷)』속 동래부와 기장현 지도에도 '칠점산' 외에 '대저도', '요저도', '대덕지도', '덕도', '죽도', '취량도', '명지도' 등이 육지처럼 그려져 있고 1861년 발간된『대동여지도』에서도 낙동강 하구가 육지화되는 모습을 볼 수 있다.

조선시대 섬은 일단 편견과 차별 대상이었다. 이는 1417년 태종이 중앙집권제 강화와 세수 확보, 왜구 약탈, 도서 주민 보호를 위해 울릉도를 비롯한 남부 도서에서의 주거를 금한 공도(空島)정책이 조장한 인식이었다. 이로 인해 고려조까지의 해양 진출 의지는 꺾이고 섬은 범죄자나 왜구가 숨어드는 지역으로 여겨지게 되었다. 강서지역에서의 어업과 목축에 대한 중앙정부의 부정적 시각은『조선왕조실록』중종 조에서의 "대저도 등지에 해채(海採) 하는 자와 목자(牧子) 등이 심히 많아 만일 적변이 있으면 반드시 먼저 화를 받을 것이니 육지로 나와 살게 하는 것이 마땅하다"는 서술에 잘 드러난다.[9]

임진왜란 이후 도서에서의 주거 금지가 완화되고 1882년에는 공도정책 자체가 폐지되었지만 도서(島嶼)는 여전히 방치되었다. 현해탄을 사이에 두고 일본 대마도와 마주 보는 강서지역에서 아무리 왜구의 노략질이 극심해도 정부나 관은 출병하지 않았다. 이처럼 허술한 방어를 틈타 침입한 왜구의 침탈로 지역민이 받은 수난이 그들에게 끌려가다 절명한 소녀의 이름을 딴 '순아도'의 지명과 전설에 고스란히 전해진다.

강서지역 인구는 일제강점기인 1930년대 이래 꾸준히 늘었고 1945년 해방 직후와 6.25 전란기에는 귀환 동포와 피난민의 이주로 더욱 규모가 커졌다. 다시 1960년대 산업화기에는 농어촌을 떠나 부산과 김해 등지를 전전하던 이주민이 대거 이곳으로 몰려들었다. 그처럼 짧은 기간에 인구가 늘어난 터라 강서지역 자연마을에서는 5대 이상 세거한 가문을 찾기 어려웠다.

함께 모여 산 기간은 비록 짧아도 강서지역민은 자기들끼리는 유대가 강한 반면 외부인을 대하는 태도는 폐쇄적이란 소리를 자주 듣는다. 이는 오래전부터 강서지역에서 타지로 출가한 강서 출신 여성을 '섬 안댁'이라 불러온 차별과 편견의 반사작용인 듯싶다.

2. 척박한 자연환경

강서지역은 극심한 자연재해 중에도 홍수로 인한 피해가 커 "지역에 변고가 생기면 섬이 운다"는 뜻의 '명지(鳴旨)'란 지명이 생겨날 정도였다.[10] 1916년부터 1969년까지 이 지역

---

9 『조선왕조실록』중종실록 11권, 중종 5년 5월 21일 자.

에서의 홍수는 한국에서 가장 잦은 연평균 3.5회를 기록했다.[11] 일단 낙동강과 서낙동강에서 홍수가 발생하면 그 피해는 다시 실핏줄처럼 퍼진 지천을 따라 강서 전 지역에 피해를 입히곤 했다.

그럼에도 일제강점기 강서지역의 가치를 파악한 식민당국은 마을과 농장을 유치하기 위해 1931년 낙동강 제방을 비롯한 녹산 수문 등 홍수 방지 시설을 축조했다. 하지만 워낙 부실하게 만들어진 그 제방과 수문은 1933년과 1934년의 연이은 대홍수를 막아주지 못했고 그로 인해 피해를 입은 가락면과 대저면 주민 170명은 아예 만주로 이주해버렸다.[12] 이후에도 1965년 을숙도를 수몰시킨 정도의 대홍수가 1980년대 초반까지 여름마다 발생하자 지역민들은 "메기 하품하듯 홍수가 든다"는 말을 주고받으며 자포자기한 심정으로 살아갔다.

또 이 지역에선 사시사철 불어오는 해풍이 워낙 거세 주택은 다섯 자 이내의 높이로 짓고 처마는 낮게 숙인 모습으로 만들어야 했다. 초가지붕을 덮는 재료로는 바람에 강하고 내구성이 좋은 갈대가 적격이었지만 워낙 값이 비싸 대다수 가정은 볏짚을 사용할 수밖에 없었다.[13]

3. 식수와 식량 문제

강서지역의 토양 대부분에는 바다로부터 스며든 소금기가 배어있어 우물을 파서 식수를 얻기가 어려웠다. 상수도는 1987년 낙동강 하구언이 건설되기 전까지는 이 지역 대다수 마을에 대한 공급이 불가능했다.

---

10 『新增東國輿地勝覽』 권 32, 金海都護府.

11 권혁재, 「낙동강 삼각주의 지형연구」, 대한지리학회, 『지리학 8』, 1973, 8~10쪽.

12 『동아일보』 1934년 10월 19일 자.

13 張保雄, 「洛東江 三角洲地域의 갈대 지붕 民家 硏究」, 『문화역사지리』 제12권 제2호, 2000, 6쪽.

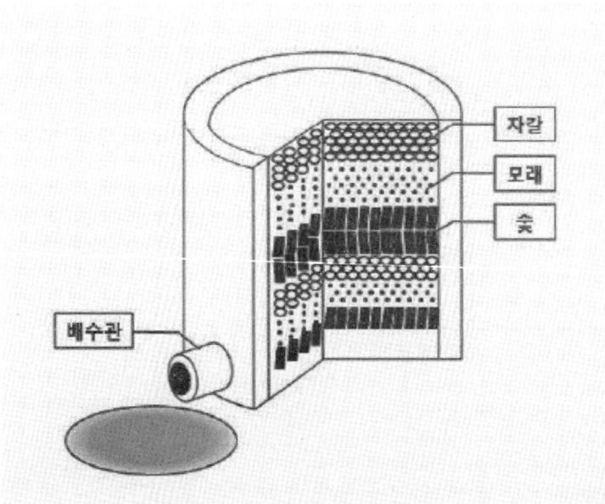

'물받침'
(이훈상 · 김정하 외, 『부산시 낙동강 델타지역 사회민속지』, 동아대학교 석당학술원 한국학연구소, 2015, 20쪽에서 전재한 그림)

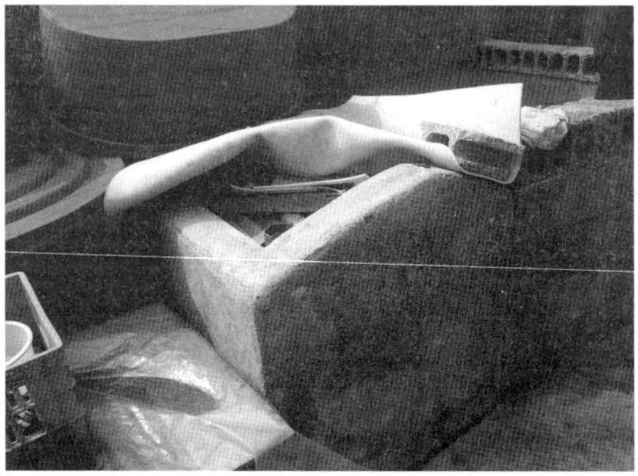

강서지역 개인 가정의 우물

이에 강서지역민들은 궁여지책으로 '세멘(시멘트) 도깡(관)'에 숯과 왕모래, 자갈, 과일 껍질 등을 층층이 쌓은 '물 받침'이라는 간이 정수기를 만들어 사용했다. 하지만 그런 조악한 장치로는 물에 섞인 염분을 거르지 못해 주민들은 그로 인해 고혈압과 심장병 등 온갖 질병에 시달려야 했다. 다행히 높은 지대에 식수를 길어 올릴 수 있는 우물이 있으면 온 마을 주민들이 그 주변으로 모여들었고, 집안에 개별적인 우물을 갖추고 물을 나누어주는 가정은 마을에서 대단한 위세를 누렸다.

또 강서지역에는 벼를 경작할 수 있는 논이 부족해 "강서 처녀는 쌀 한 섬을 못 먹고 시집간다"는 속담이 전해질 정도였다. 농경지에서는 소금을 굽거나 갈대, 파, 토마토 등의 재배가 전부였으므로 '먹거리'는 연중 언제나 부족했다. 특히 춘궁기에는 잡곡이나 고구마 감자 등의 구황식물로 배를 채웠고 그마저 없으면 덜 여문 나락을 삶은 '찐쌀'이나 풋보리로 만든 '떡보리', 들에 자라는 야생 피에서 채취한 '피깃대', 강에서 잡는 민물고기 등으로 허기를 달랬다.

그중에서도 강변의 갈대숲에 서식하는 '갈게(깔게, 깔끼)'는 지역민에게 요긴한 먹거리였다. 주민들은 달 없는 캄캄한 밤 볏짚으로 만든 횃대를 들고 갈대숲을 뒤져 잡은 '갈게'를 장터에 내다 팔거나 '갈게 젓'을 담가 먹었다. 하지만 '갈게잡이'로는 살림에 도움을 받기는 고사하고 배를 채우기도 어려웠기에 그 경험을 회고하는 지역민들은 "깔밭에서 올라오는 냄새에 영혼이 얼룩졌다"고 말하곤 했다.

지역민 중 일부는 '갈게 젓'이나 소금을 배에 싣고 낙동강 상류의 합천 밤마리 포구 등지를 찾아가 쌀과 바꾸어 돌아왔다. 그 쌀을 장터에 내다 팔면 두 배의 이익을 거둘 수 있어 "배 장사"란 말까지 생겼다. 하지만 발동기도 없는 소형 목선을 저어 험한 낙동강 물길을 거슬러 오르는 것은 누구나 해낼 수 있는 일이 아니었다.

3. 교통 문제

한편으로 강서지역 주민들을 인근 도시와 단절된 채 살아가도록 만든 것은 교통수단과 시설 부족이었다.

1932년 개통되어 강서지역 북부와 부산 북부를 이어준 구포교는 1959년 태풍으로 교각이 침하되어 이를 보수하는 데만 무려 10년이 걸렸다. 1973년 건설된 구포낙동장교 덕에 비로소 자동차가 강서지역에 화물을 배달하게 되었지만 그 혜택을 받는 범위는 중부 지역까지로 한정되었다.

1980년대 초까지 강서지역에서 사람과 물건을 실어 나르는 주요 교통수단은 '줄배', '함지배(함티배)', '통통배' 등의 나룻배 아니면 갈대 운반과 고기잡이에 이용되는 목선, 소형동력선 등이었다. 그중에서도 발동기를 달고 낙동강을 횡단하는 '통통배'는 강서의 명지장과 부산 하단장을 오가는 "장배" 구실을 톡톡히 해냈다.[14]

---

14 이훈상 · 김정하 외, 『부산시 낙동강 델타지역 사회민속지』, 동아대학교 석당학술원 한국학연구소, 2015, 20쪽.

하지만 그 어느 배나 운항은 순탄치 않았고 특히 돛을 달고 강서와 하단을 오가던 100여 톤의 여객선의 고장과 사고가 잦았다. 오후 늦게 떠난 마지막 여객선이 강 한복판에서 악천후를 만나거나 기관 고장을 일으키기라도 하면 꼼짝없이 '을숙도' 백사장에 배를 정박시킨 채 낮이 밝기만 기다려야 했다. 어느 해 추석인가는 귀성객을 태우고 하단에서 명지로 오던 배가 가라앉아 수십 명이 익사한 적도 있었다.

강서지역의 주요 교통수단이었던 나룻배

그러다 1987년 바닷물 유입을 막고 농업용수를 안정적으로 확보하기 위한 낙동강하굿둑이 건설되고야 강서구와 을숙도, 부산 사하구가 연결되었다. 이후 낙동강대교와 서낙동강대교를 지나가는 남해고속국도 제2지선(남해지선) 개통으로 녹산교와 녹산 제2교, 명지 인터체인지도 낙동강하굿둑과 이어졌다.

2000년대 들어서자 '국제신도시 조성 계획'이 실시되면서 강서의 '명지'와 부산 하단을 이어주는 버스 노선이 생겼다. 하지만 그로 인해 강서 관내를 오가던 버스 노선이 사라지는 바람에 강서지역 변두리에 사는 지역민은 더욱 고립되는 처지로 내몰렸다.

Ⅲ. 대도시 '주변부'의 모순

1. 염전(鹽田)과 노전(蘆田), 농지(農地)의 변모

유사 이래 강서지역에서는 생태자원을 활용한 염업과 노전(蘆田) 관리, 고기잡이가 지역민의 생업이자 주요 산업이었다.

특히 바다 곁에 있는 강서지역에서는 바닷물에서 소금을 얻는 염업이 발달했다. 강서지역에서의 소금 생산에 관한 기록은 "김해도호부 남쪽의 염소(鹽所)"를 언급한『세종실록지리지』에서 찾아볼 수 있다.

이곳에서의 본격적 제염업은 1731년 어사 박문수의 건의로 지역민의 구휼(救恤)을 위한 공염장 설치와 더불어 시작되었다. 강서지역에서 바닷물을 끓여 만든 자염(煮鹽)은 대구를 비롯한 낙동강 상류 지역부터 멀리 강원, 충청지역 등지에서까지 유통되었다. 그처럼 이곳에서 자염을 생산한 흔적은 오늘날까지 '문초시 염전', '대평등', '밭등', '가매' 등의 지명에 남아있다.

조선시대에 강서 소금이 소득원으로 널리 알려지자 염전에 대한 지역 관리들의 수탈이 극심해졌다. 덩달아 김해와 부산, 대구, 경성 등지에서 자본가들이 몰려와 염전을 사들였다 되팔아 폭리를 취했다. 다시 일제강점기에는 오오이케 츄우스케를 비롯한 일본인 자본가들이 달려들어 강서의 염전 소유와 소금 수탈을 자행했다.

1933년부터 3년간 시행된 낙동강 제방 공사와 수문 건설은 상당수의 염전을 없애는 결과를 낳았다.[15] 이후 일제 말까지 근근이 명맥을 이어온 '명지' 염전은 해방 직후 복구되어 연간 20만 가마의 소금을 생산할 정도로 위세를 키웠다.

하지만 6.25 전란으로 소금 생산과 유통이 한껏 위축되어가던 차에 1959년 부산을 휩쓴 사라호 태풍으로 '신호도' 염전 등 남아있던 제염 시설마저 사라졌다. 이후 1960년대 정부의 천일염 장려 정책으로 받은 자염 생산은 1965년 간척사업으로 갈대밭이 소멸되면서 땔감 부족이라는 치명적 사태에 직면했다. 급기야 1990년대'명지', '녹산' 공업단지 조성을 위해 염전이 매립됨으로써 강서지역에서의 소금 생산은 완전히 중단되었다.

그처럼 '주변부'인 강서지역에서의 염업은 '중심부'를 자처하는 외부 세력의 수탈과 점

---

15 유승훈,『우리나라 제염업과 소금민속』, 민속원, 2008, 115쪽, 121쪽.

유, 제방 축조, 농지조성, 천일염 장려, 간척사업 등에 방해를 받다 결국 중단되기에 이르렀다.

강서지역에서의 생태자원을 활용한 또 다른 산업은 갈대를 가꾸고 기르는 노전(蘆田) 관리였다. 염분 농도가 높아 갈대가 빨리 성장하는 낙동강 습지는 노전 조성에 호조건이었고 그곳에서 자라 품질이 탁월한 강서 갈대는 일찍부터 전국에 이름이 알려졌다.[16] 17세기 이후 노전(蘆田)이 주요 소득원임이 알려지자 궁방(宮房)과 아문(衙門)이 이를 통해 재정을 확보하겠다고 나섰으며 19세기에는 권문세가들의 노전 투자가 성행했다. 그로 인해 '노전계'가 생겨나고 노전 매매와 연관된 입안과 입지, 상속, 매득 등의 거래 방식이 발달했으며 노전 소유권과 세금, 판매금을 둘러싼 전주(田主)와 경작자 간의 분쟁도 자주 발생했다.[17]

일제강점기 식민당국은 한국인 경작자로부터 노전을 빼앗아 국유 재산으로 만든 다음 일본에서 건너온 이주민에게 이를 헐값으로 불하했다.

그런 식민당국의 횡포를 조명희는 소설「락동강」에서 이렇게 기술했다.

> 이 마을 앞 락동강 기슭에는 여러 만평되는 갈밭이 하나 있었다. 이 갈밭이란것도 락동강이 흐르고, 이 마을이 생긴 뒤로부터 그 갈을 베여 자리를 치고 그 갈을 털어 삿갓을 만들고 그 갈을 팔아 옷을 구하고, 밥을 구하였었다. …(중략)… 그 갈밭은 벌써 남의 물건이 되고 말았다. 그것은 이 촌민의 무지로 말미암아, 십년 전에《국유지》로 편입이 되였다가 일본사람 가또란 자에게 국유미간지 불하라는 명의로 넘어가고 말았다."[18]

노전보다 일제가 더욱 수탈에 열을 올린 것은 강서지역의 농지였다. 한일합방 이전인 1894년 조선의 실정을 조사하고 다니던 일본인 밀정은 강서지역이 개간 가능성이 풍부한

---

16 박준성,「조선 후기 金海·梁山 蘆田지대의 노전 소유와 경영」,『국사관논총』63, 1995, 250쪽에서 재인용.

17 한국정신문화연구원,『한국민족문화대백과사전』13권, 1992, 885쪽.

18 조명희 외,『락동강』(영인본), 1991, 127쪽.(띄어쓰기는 원문대로)

지역임을 간파했다. 이에 그는 조선 조정과 지역민의 무능으로 멀쩡한 토지가 방치되어 있으니 이를 개간하면 소출이 엄청날 것이란 보고서를 일본 정부에 제출했다. 그 내용은 비약에 비약을 거듭해 한국의 황무지를 개간하려면 일본 농민을 이주시켜야 한다는 식민 논리로 발전되었다.[19]

1910년 한일합방을 체결한 일제는 강서지역의 토지를 점유한 다음 지역민을 무보수로 징발해 농장 조성과 군사시설 건설 작업에 투입했다. 당시 식민당국이 저지른 가혹했던 억압과 약탈의 흔적은 지금도 강서지역에 '상납청(上納廳)'이란 지명으로 남아있다.

이처럼 20세기 중반까지 힘과 자본을 지닌 조선조 관리나 권문세가, 자본가, 식민당국 등 '중심부'의 존재들은 '주변부'인 강서지역을 수탈하면서 그 피해를 고스란히 지역민에게 전가했다.

그럼에도 불구하고 1960년대부터 30여 년간 강서지역민들은 눈부시고 기적적인 농지 개간 실적을 거두었다.

이 지역 토질 대부분은 작물 재배가 어려운 야생 갈대가 우거진 습지나 늪이었다. 그러므로 섣불리 개간을 하겠다고 그리로 들어갔다간 수렁에 빠지거나 갈대에 베어 죽을 고비를 넘기기 일쑤였다.

1960년대 초반 '순아마을' 주민은 정부의 허락 아래 마을 공동묘지의 흙을 퍼날라 습지와 늪을 메우고야 농사지을 토지를 얻을 수 있었다. 1965년 대홍수로 '을숙도'를 떠난 지역민은 제방 안쪽에 있는 '염막마을'에 정착하고서야 벼와 갈대를 경작할 수 있는 흙을 처음으로 만져보았다.[20]

그처럼 농업이 어려웠으므로 강서지역에 전해오는 농사 관련 속담에서는 지역민들의 근심과 걱정, 고통을 엿볼 수 있다.[21]

---

19 혼마 큐유스케 저, 최혜주 역주, 『조선잡기』, 김영사, 2008, 142~143쪽.

20 염막2구마을 조홍수(87세) 인터뷰.

21 강세우, 『녹산지방의 민속문화』, 가람, 2010, 36쪽.

"입춘에 보리를 뽑아 뿌리 수를 헤아려 보았을 때 한 가닥이면 흉년, 두 가닥이면 평년작, 세 가닥이면 풍년이 들고 날씨가 맑으면 풍년이 든다."

"정월 대보름에 빨래를 하면 벼 포기가 마르며, 참기름을 먹으면 모내기 때 자주 미끄러지고, 방아를 찧으면 논에 구멍이 생긴다."

"정월보름에 처녀들이 널뛰기를 하지 않으면 그 해 발에 가시가 들거나 나물 캐러 가서 가시에 찔린다."

"정월 대보름에 보름밥을 먹고 눈물을 흘리는 이유는 다음날인 열엿새부터 일하러 가야 하기 때문이다."

그러나 1970년대 '중심부'가 '주변부' 강서지역에서 추진한 정책은 지역민들의 농업에 대한 열망이나 노력과 무관한 것이었다. 서낙동강 일원에 대한 대규모 개발에 나선 부산직할시는 강서지역민들이 일구어 온 농토와 주거지를 신도시용 택지나 공단 부지로 바꾸기 시작했던 것이다.

2. 자연마을의 소멸과 생활의 변화

1896년 김해군에 귀속되기 전까지 강서지역 대부분은 오랫동안 김해와 양산에 속해 있었다. 특히 '가덕도'는 창원시 진해구 웅동동과 함께 창원의 일부로 남아있던 기간이 길었다.

1973년 강서지역 대저면의 대저읍 승격으로 시작된 행정구역 개편은 1978년 '대저', '명지', '가락면' 동부(현 강동동 지역)의 부산직할시 편입으로 이어졌고 1983년에 설치되었던 강서출장소는 1989년 강서구로 승격되었다. 강서구 승격과 함께 '가락', '녹산', '천가동'이 부산직할시에 편입된 대신 '범방', '신호', '사암', '지사', '신명' 등의 자연마을이 사라지게 되었다. 이러한 행정구역 개편은 강서지역민의 자기정체성 혼란과 변화는 물론 주민 간 응집력 약화라는 결과를 낳았다.

강서지역의 급속한 변화는 묘제(墓制)에도 영향을 미쳤다. 1970년대 초반까지 강서지역에서는 평지에는 경작지, 그보다 높은 곳에는 주택지, 가장 높은 언덕에는 조상의 묘역을 조성하는 관행이 일반적이었다. 그런데 1976년 무렵 이곳에 김해국제공항이 들어서면서 부산시 당국은 비행기가 이착륙할 때 내려다보이는 경관이 불량하다며 주민들에게 묘의 이장을 강력하게 권했다.[22]

유사한 사례로 강서지역에 지은 주택 지붕 재료의 변화를 들 수 있다. 워낙 비바람이 거센 이 지역의 초가지붕 재료로는 수명이 50년 이상이라는 갈대가 가장 적합했다. 하지만 부산시는 비행기에서 내려다보이는 민가의 갈대지붕이 동남아 후진국과 유사한 인상을 준다는 이유로 그 재료를 바꾸라는 지침을 일선 관청에 하달했다. 이로 인해 강서지역 민가의 지붕은 졸지에 페인트를 칠한 슬레이트나 푸른색 우레탄으로 바뀌게 되었다. 슬레이트와 우레탄이 보급되자 그와 함께 연탄과 기름, 플라스틱 제품 등이 강서지역민의 생활 현장에 모습을 드러냈다.[23]

갈대 지붕과 스레이트 지붕
(이훈상·김정하 외, 『부산시 낙동강 델타지역 사회민속지』, 134쪽, 149쪽에서 전재한 사진)

---

22 張保雄, 앞의 논문, 6쪽.
23 張保雄, 위의 논문, 5쪽.

아울러 대도시 '주변부'가 된 강서지역의 아이들 사이에서는 도시문화가 널리 퍼지기 시작했다. 아이들은 어디선가 들어본 적은 있지만 미처 접해보지 못한 도시문물에 관한 수수께끼를 주고받으며 놀게 되었다.

> "언제나 말다툼이 있는 곳은?(경마장)"
> "비행기 안 화장실은?(공중화장실)"
> "이상한 사람들이 모이는 곳은?(치과)"
> "사람이 즐겨 먹는 피는?(커피)"
> "발이 두 개 달린 소는?(이발소)"[24]

1980년대부터는 '녹산' 지역 28개 주거지가 공단 부지로 편입되면서 공장과 창고가 마을 한복판에 지어지기 시작했다. 당초 그 시설을 짓겠다고 나선 외지인들은 농공(農工) 시설을 운영하겠다며 사용 허가를 받았다. 그러나 나중에 알고 보니 그것은 경공업이나 유통업 생산과 보관 시설이었다. 그 시설의 주인들은 남의 마을 안방을 차지하고 오랜 시간이 지나도 주민과의 교류는커녕 인사조차 나누지 않았다.

강서지역민들의 항의 내용이 적힌 플래카드

2010년 강서지역에서는 '명지국제신도시' 건설에 이어 2014년에는 한국수자원공사와 부산도시공사가 주도하는 '에코

24 강세우, 앞의 책, 33쪽.

델타시티 조성사업'이 시작되었다. 5조 원이 넘는 사업비가 투입된 '에코델타시티 조성사업'은 서낙동강 일대에 8만여 명이 거주하는 첨단산업, 국제물류, 연구개발 복합형 자족도시를 건설하여 국제산업물류지구를 조성하겠다는 계획을 담고 있었다. 이 계획에 따라 '강동동'과 '명지 1동', '대저 2동' 일대에 총 33개 단지의 공동주택을 비롯한 점포주택, 단독주택이 들어서는 상전벽해(桑田碧海)가 벌어지게 되었다.

그러한 사업의 진척에 따라 강서지역 13개 자연마을 주민은 '울며 겨자 먹기'로 이주에 응해야 했다. 하지만 대다수가 8, 9평의 대지를 소유한 주민들로선 아무리 찾아봐도 이주할 대체지를 구하기 어려웠다. 특히 국유지가 많은 '순아 3구' 마을의 경우 사정이 더 심각해 최대 3,000만 원 이내에 불과한 보상금으로는 이주할 주택을 신축할 수 있는 주민은 고작 10% 미만이었다.

그런 상황에 더해 사업이 본격화되자 외지에서 몰려온 투기꾼들이 평당 최대 3백만 원이었던 땅값을 500만 원까지 오르게 했다. 이에 지역민들은 "힘들여 토지를 개간하고 집을 지어 놓으니 이제 와서 쥐꼬리만한 보상금을 주고 나가라는 건 부당하다"고 반발했다. 하지만 사업이 진행되는 토지 85%가 이미 부재지주의 소유가 돼 버린 상황에서는 그들의 항의를 들어줄 곳이 없었다.

결국 자연마을의 인구 감소 속도가 점점 빨라지면서 2015년 이전 1천 호가 모여 살던 '신포마을'의 가구 수는 2백 호까지 줄어들었다. 그 밖에도 '강동동'과 '명지동', '대저동' 일원 9개 행정동과 22개 법정동의 172통 836반의 143개 자연마을도 소멸 위기로 내몰렸다.

IV. 생태자원을 활용한 도시민속

1. 갈대 수공예업과 '노화비' 생산

강서지역의 습지에서 서식하는 갈대는 1960년대 이래 1980년대까지 여러 용도로 활용된 생태자원이었다.

가장 키가 크고 질이 좋아 상품(上品)으로 치는 '정노(正蘆)'는 차양(遮陽)을 비롯해 고추와 솜, 김 건조용 발, '노화비', 삿갓(노립(蘆笠)), 우장(雨裝), 자리(노석(蘆席))를 만드는 재료로 쓰였다. 갈대 이삭에 붙어있던 털은 이불 만드는 솜 대용품이나 관에 시신을 넣을 때 등을 받치는 보공(補空)으로 사용되었다.

구릉에서 자라 중품(中品)으로 분류되는 '추목(秋木)'은 주로 건축 자재로 사용되었다. 비바람의 피해가 많은 강서지역에서 이를 주택 지붕 재료로 사용한 '새나래집', '깔대집'이 많았다. '추목'은 또한 흙 속에 이겨 넣어 빗물 침투를 방지하는 벽('바재') 이나 대나무 담 안쪽에 붙여 세우는 자재, 흙으로 만드는 축대에도 쓰였다.

그에 비해 하품(下品)으로 여기는 '아량(芽良)'은 취사나 자염(煮鹽) 제조용 땔감 혹은 염전을 조성할 때 둑에 이겨 넣는 자재로 이용되었다.

그 밖에도 강서지역민은 갈대를 해독과 해열을 돕는 약재나 소에게 먹이는 사료, 밭에 뿌리는 거름, 춘궁기의 간식으로도 사용했다.

그처럼 생활에 요긴한 갈대였기에 1980년대까지 강서지역에서는 갈대 산업이 번창했다. '을숙도', '명지' 등지에서는 "보리 흉년에도 갈밭 들어가 밥 굶은 사람 없다"는 말이 떠돌며 갈대를 다루는 노동자들의 마을이 형성되었으며 갈대와 관련된 '발막섬', '염밭섬', '염막(簾幕)' 등의 지명이 생겨났다.[25] '영강 포구'에는 갈대만 취급하는 장이 섰고 갈대 수확 시기인 8, 9월에는 '노초 브로커'가 등장했다.[26]

1980년대까지 강서 전역에서 갈대 수공예업이 번창했는데,[27] 그중에서도 '노화비' 제작에 집집마다 온 가족이 매달리곤 했다.

---

25 금천마을 김영곤(68세) 인터뷰.

26 박준성, 앞의 논문, 278~284쪽.

27 1937년 경성상공회의소 발간 「조선에서의 가정공업자료」에 노석(蘆席)과 노립(蘆笠)이 김해지역 공산품 판매액의 56.5%라 기록되었을 정도였다.

지금은 이름조차 생소하지만 가정과 직장에서 청소도구로 애용되던 ‘노화비’는 색실로 엮은 갈꽃 모양이나 날개의 촉감이 좋아 노리개로도 여겨졌다. 1960년대 이후 1980년대까지 전국적으로 유명세를 떨친 강서 특산품 ‘노화비’를 교사 출신인 조흥수는 “강서의 문화유산”이라 불렀다.[28]

강서지역에서도 특히 ‘북정마을’과 ‘염막2구’를 비롯해 다소 외진 ‘금천마을’ 등의 마을은 주민 대다수가 ‘노화비’를 제작하기로 유명했다.[29] 인근에 노전이 없는 ‘금천마을’ 주민은 매일 새벽 십여 리 밖 ‘명지시장’에 가서 재료를 구해야 했다.[30]

‘노화비’ 재료는 양력 7월 중순부터 3개월간 ‘일운도’를 비롯한 ‘을숙도’ 등지에서 수확하는 갈꽃(‘노화(蘆花)’, ‘농아’)이었다. 그중에서도 7월 중순부터 초복 이전에 채취해 방울도 없고 감촉이 고운 ‘오사리’는 바깥쪽 날개, 9월 중순부터 백로 이전에 채취하는 질 낮은 ‘느사리’는 날개 안쪽을 만드는 재료로 사용됐다.

갈꽃 판매 단위는 10줄기나 12줄기 한 묶음이 1단(속), 2단이 한 두름으로,[31] 1970년대의 두름당 가격은 5, 6백 원 정도였다. 시장에서 사온 갈꽃은 일주일 정도 햇볕 좋은 자리에 널어 말려야 재질이 뜨거나 냄새가 나거나 색이 바래거나 부스러지지 않았다.

갈꽃 1백 20두름으로는 두름당 2, 3자루씩 대략 2백 40자루의 ‘노화비’를 만들 수 있었다. 농번기에는 저녁 8시부터 자정까지 하루 4자루를 만드는 게 고작이었지만 농한기에는 온 식구가 달려들어 새벽 4시부터 저녁 8시까지 20여 자루를 만들었다. 특히 겨울철 석 달간에 1천 2백 두름의 재료로 2천 4백 자루를 만들면 그로부터의 수입이 상당했다.

‘노화비’ 제작은 두 사람이 마주 보고 앉아 앞사람에게 갈꽃 열 대 정도를 모은 한 ‘모숨’

---

28 염막2구마을 조흥수(87세) 인터뷰.

29 염막2구마을 정월모(91세) 인터뷰.

30 명지마을 김영대(59세) 인터뷰.

31 10줄기나 12줄기 묶음이 1단(속), 2단이 1두름(20줄기나 24줄기), 50두름이 1동(1,000줄기나 1,200줄기), 10동이면 소형 목선 하나를 채우는 분량 1척(隻)(10,000줄기나 12,000줄기)이었다.

'노화비' 만드는 모습과 완성품

을 건네는 것으로 시작됐다. 이를 받아 든 사람이 갈대로 '마디'를 엮어 상대에게 되돌려주면 먼젓번 사람은 빨강색, 노랑색, 초록색 뜨개용 실로 '모숨' 5개나 7개를 모아 붙인 윗부분에 대나무 자루를 꽂고 주위를 감싸 완성품을 만들어냈다.

'노화비'는 산지 가격이 3천 원에 불과했지만 도매상을 거쳐 김해, 부산 등지의 철물점이나 그릇 가게에서 팔리는 소비자 가격은 무려 1만 5천 원에 달했다.[32] 그처럼 고가의 물건인지라 형편 좋은 집이나 갖추고 사는 물건으로 여겨지던 강서 '노화비'는 없어서 못 팔 정도로 인기가 좋았다.

그러나 인건비가 상승하면서 삼복더위에 강서지역에서는 노전에 들어가 갈꽃을 채취할 인부를 구하기가 점점 어려워졌다. 철새도래지로 지정된 '을숙도'에서의 갈꽃 채취가 금지되고 공장과 창고, 택지 확보를 위해 '대저', '명지', '가락면'의 노전이 매립되었다. 1987년에는 남아 있던 노전도 낙동강하구언 건설과 준설토 적치장, 쓰레기 매립장 설치로 사라지면서 갈꽃 채취가 불가능해졌다. 그 위에 1990년대 이후에는 가정마다 전기 청소기가 보급되고 강서 '노화비'의 3분의 1 가격인 중국산 청소비가 대량으로 수입되면서 강서

32 금천마을 김영곤(66세) 인터뷰.

지역의 '노화비' 수공예업은 맥이 끊어졌다.

하지만 다소곳이 비를 놀려 먼지를 쓸어내는 몸짓은 오늘날 대다수 가정에서 모터 소리 요란한 전기 청소기를 끌고 다니는 모습과 인상 자체가 다르다. 지금도 청도 운문사 등 한국의 불교사찰이나 일본의 신사와 사찰[33]에서는 경내 청소에 반드시 '노화비'를 사용한다.

전래민속에서는 섣달그믐날과 설날 '노화비'로 청소를 할 때 지켜야 하는 민간신앙을 중시했다. 섣달그믐날에는 지나간 해의 불운과 재앙을 내보내기 위해 안에서 밖으로 쓸어내야 하고 정월 초하루에는 그와 반대로 비를 놀려야 복을 불러들일 수 있다고 믿었다.

2. 근교농업과 특산작물 재배

강서지역에서의 농작물 재배는 평범한 농경지처럼 목가적이거나 순조롭지 않았다. 애써 일군 논밭에는 여전히 염기가 배어있어 농작물이 제대로 자라지 않았고 해마다 발생하는 홍수로 농지 자체가 유실되기 일쑤였다.

그럼에도 1950년대 말 이후 강서지역 농민들은 전국에 알려진 근교농업 개척자가 되었다. 1958년 전국 최초로 유리와 기름먹인 한지로 외풍을 막고 내부 온도를 지키는 '하우스 농법'을 개발한 그들은 이태 뒤인 1960년 인근 김해에서 개발, 보급한 '비닐하우스 농법'을 적극 활용해 오이, 호박, 시금치, 당근, 상추 등 다양한 근교농업 작물을 재배했다.

그로부터 강서지역을 전국 최대의 근교농업 단지로 만든 그들은 토질을 고려해가며 중부의 '가락'에서는 쌀농사를 지었고 남부의 '명지'에서는 대파, '녹산'에서는 미나리, '천가'에서는 양파, '강동'에서는 화훼를 재배했다.

---

33 한국에서는 명맥이 끊어진 '노화비' 수공예업이 일본에서는 오늘날까지 가나가와현 아이코군의 나카쓰무라(현 아이카와초 나카쓰)를 비롯한 전국의 공예촌에서 명맥을 잇고 있으며 시중에서 자루당 최고가 22만원에 팔리고 있다.(『Yahoo JAPAN』 https://search.yahoo.co.jp/search?p=%E7%AE%92%E3%81%BB%E3%81%86%E3%81%8D&fr=top_ga1_sa&ei=UTF-8&ts=20284&aq=-1&oq=&at=&ai=e3af1a8a-942b-48a1-8c1d-8afa0a8f3998)

특히 '명지'의 토질은 상류에서 흘러 내려온 사질토(沙質土)에 염기가 배인 데다 영양소를 머금은 바닷바람 덕에 대파 생육에 적합했다. 이를 알아챈 주민들은 높이 쌓은 두둑에서 길게 자란 하부에 강한 단맛을 머금은 대파했다. 그렇게 재배한 '명지 대파'는 "정해놓은 가격이 없다"고 우길 정도의 높은 도매가에도 불구하고 각지로부터 주문이 밀려들어 한때 전국 생산량의 35%를 차지했다.

좀 더 나은 토양을 얻기 위해 노력하던 '명지' 지역민은 뜻밖에도 연탄재가 토질 개선에 효과적임을 알게 되었다. 이에 그들은 날마다 도시에서 쏟아져나오는 연탄 폐기물을 실어다 밭에 뿌려 토질을 개선하고 병충해를 방지하고자 노력했다.[34]

1970년대부터 강서지역에서 재배된 '짭짤이토마토'는 지역민의 기질을 꼭 빼닮은 과일이었다. 이는 우연히 추운 날씨에 습도마저 부족한 환경에 처하자 스스로 그 상황을 이기고 생존하기 위해 달고 짜고 신 맛을 갖추게 된 과일이었다. 그냥 내다 버리기 아까워 팔기 시작한 것이 뜻밖의 인기를 누리며 고가에 팔리기 시작하면서 '짭짤이토마토'는 "강서의 봄"을 상징하는 특산물이 되었다.[35]

한동안 "구포 특산물"로 세간에 알려져 있던 '대저 배'는 일제강점기 하나노조농장이 강서지역 '수봉도'에서 처음 재배한 과일이었다. 이 과일은 1960년대 이후 강서지역 특산물이라는 사실이 알려지면서 전국적 명성을 얻는 것과 동시에 판매경로가 확보되었다.[36]

그 밖에도 강서지역민들은 양봉업을 겸한 시금치, 부추 등을 재배하면서 온화한 날씨를 이용한 이모작을 시도했다. 봄부터 꽃과 토마토, 대파를 길러 수확한 자리에 겨울에는 토마토, 쑥갓, 상추 등의 시설채소를 재배하여 추가소득을 올렸다.

1960년대 후반 이후 근교농업 작물로 유명해진 강서지역에는 인근 대도시 부산, 김해를 비롯한 전국에서 도매상이 몰려와 구매 경쟁을 벌였다. 그 덕에 마을마다 상당액의 공동

---

34 이훈상 · 김정하 외, 앞의 책, 46쪽.

35 대저2동 동장 박용택(56세) 인터뷰.

36 강서구지편찬위원회, 『강서구지』, 강서구, 1993, 464쪽.

강서지역의 근교농업

강서지역의 근교농업
(이훈상 · 김정하 외, 앞의 책, 133쪽에서 전재한 사진)

기금이 축적되었고 명지시장상인회는 주식회사를 만들어 한 단계 높은 발전을 도모했다. 지역민들 사이에서 "강서 사람은 목청이 좀 된다"는 흰소리와 더불어 "대저, 대사, 대지 등 강서의 지명에 대(大)자를 붙인 명명법은 언젠가 번창할 날이 오리라는 예언이었다"는 속설이 떠돌았다.[37]

근교농업이 호황을 누리자 강서지역에서는 오래전에 사라졌던 전래민속이 되살아났다. 매년 단오마다 오른팔로 상대의 무릎을 누르고 당기는 강서지역 특유의 경기 방식으로 승부를 겨루던 '명지알씨름' 대회가 지역민이 운집한 모래사장에서 펼쳐졌다. 추수 직후 마을 어른을 사다리에 태워 돌아오는 풍속이 재연되었고 정월 대보름에 거액의 판돈을 놓고 벌이던 윷놀이 판이 전국의 노름꾼을 불러 모았다.

하지만 1970년대 후반이 되자 강서지역의 근교농업에 먹구름이 밀려왔다. '중심부'가 주도하는 시장 논리에 휘말린 '주변부' 강서지역의 농업인들이 더 나은 소득을 좇아 작목과 영농법을 바꾼 게 가장 큰 원인이었다. 기왕에 다품종 소량 생산으로 자급자족하던 영

37 황규성, 『신(新)강서기』, 인쇄골, 2002, 71~72쪽.

농방식이 환금성 높은 소품종 다량 생산 방식으로 바뀌면서 점점 더 시장과 자본의 지배를 받게 되었던 것이다.

1980년대 이래 강서 전 지역이 근교농업에 치중하면서 쌀 생산 농가에 비해 채소 생산 농가 비율이 두 배 이상으로 커져 공급 과잉이 벌어진 점도 문제였다.[38] 뒤늦게야 "영세 시설재배 농가의 자금과 가격 파동의 악순환을 해결하려면 생산자를 위한 농산물공판장 건립이 필요하다"는 주장이 대두됐다.[39] 하지만 이미 농지 60%를 점유한 외지인이 올린 임대료 탓에 소출액에서 실비를 제하고 남은 소득으로 토지임대료조차 내기 어려워[40] 농민 스스로 대파밭을 갈아엎는 일이 벌어졌다.

그처럼 근교농업이 '주변부'의 취약성을 드러내자 급격히 농경 공동체가 해체되면서 전래민속도 덩달아 소멸되기 시작했다.

3. '가덕도'의 '숭어들이' 어로

바다와 강을 접한 강서지역에서는 예로부터 포구마다 다양한 어종을 잡아 인근 대도시에 내다 팔아왔다. 강서지역의 주요 어종인 전어, 멸치, 연어, 송어, 은어, 볼락을 비롯해 재첩 중에서도 4월부터 9월까지 주낙으로 잡는 민물장어는 바닷장어보다도 귀한 대접을 받았다.[41]

특히 어선 100척을 거느린 제2종 어항 '가덕도' '대항마을'은 '숭어들이'가 주업이었다. '수어(秀魚)', '치어(鯔魚)' 등으로도 불리는 숭어(崇魚)는 다른 지역의 것을 '밀치', '개숭어'라 깎아내리는 자존심 경쟁에도 불구하고 '가덕도' 숭어의 영양과 맛이 으뜸이라는 데는 누구

---

38 강서구지편찬위원회, 앞의 책, 459쪽.
39 강서구지편찬위원회, 위의 책, 460쪽.
40 주경업, 『낙동강 사람들』, 부산민학회, 2012, 250~251쪽.
41 주경업, 위의 책, 16~17쪽.

도 이의가 없었다.

'가덕도'의 '포구나무개'에서 '내동섬'까지의 4㎞ 남짓한 연안에서는 150년 동안 '육소장망(六艘張網)'이라 부르는 '숭어들이'가 전승되어 왔다. 이 어로(漁撈)에서 숭어 떼를 포착해내는 것은 신기에 가까운 어로장의 눈썰미였다. 그는 낮 시간대에는 수면 아래 은은히 감도는 연붉은색이나 적갈색, 한밤중에는 '시거리' 혹은 '희끼'라 부르는 흰 물거품만으로 숭어 떼를 포착해냈다. 일반인으로서 흉내조차 내기 어려운 그 안목을 익히려면 오랜 내공이 필요했으므로 어로장이 되려면 10여 년 가까이 조망이나 부망으로 일해야 했다. 그동안 숭어의 속성, 목선 배치, 그물 다루는 법을 배운 다음에야 비로소 어로장인 원망(망선주, 망지기, 망인) 자리에 오를 수 있었다.[42]

전래의 '숭어들이'는 산기슭에 지어진 조망대에서 숭어 떼를 포착한 어로장의 일사불란한 지휘로 진행되었다. 목선 6척에 나누어 탄 26명의 선원은 "봐라!" 하는 어로장의 호령에 맞춰 '밖목선'으로 숭어가 들어온 입구를 막고 "어구 당겨라!" 하는 지시에 따라 '안목선'으로 퇴로를 차단했다. 다음에는 "안장등 나오라!"는 명령대로 숭어 떼를 포위하고 "뒷배 따르라!"는 지시에 맞춰 '밖장등'과 '안귀잽이', '밖귀잽이' 배가 그물에 갇힌 숭어를 건져 올렸다. 이 어로 방식은 19세기 말 경남의 거제도 칠천도와 통영 산양리에서 고안해낸 것이라 하지만 이를 활용해 가장 많은 숭어를 잡는 곳은 '가덕도'였다.

'숭어들이'로 연간 5억 원의 수익을 올려온 '대항마을'은 다른 지역에 비해 유족했기에 초등학교를 지어 학생들 육성회비도 지원해 줄 수 있었다. 주민들은 숭어 덕에 풍요를 누린다는 생각에 어로 현장에서는 덜 자란 '모치'나 '중부리'를 풀어주었고 '10접'(1만 마리)를 잡은 날에는 서낭기를 내걸고 조업을 멈춰 감사를 표했다. 어로장 역시 평소에 밥 한 수저, 음료수 한 모금을 먹어도 고수레를 잊지 않았다.

그 위에 '숭어들이'를 하는 망대 뒤편에 사당을 지어 놓고 '배선왕(배서낭)'으로 여기는 '할

42 김정하, 『나는 바다로 출근한다』, 산지니, 2023, 22~23쪽.

머니 신위'에게 바치는 가위와 칼, 화장품, 실패 등 여성용품과 여자 고무신 등을 진설해 놓았다. 어로장은 이 사당에 14대를 이어온 어로장의 신위를 모시고 수시로 고사를 지냈다. 특이하게도 '대항마을' 주민들은 현재 '숭어들이'를 지휘하는 어로장도 사후에는 '어로의 신'으로 좌정한다고 믿고 있었다.[43]

'가덕도'의 '숭어들이'는 생태자원을 바탕으로 관행과 수익성, 민속이 빈틈없이 맞물린 민속이므로 웬만한 외부의 힘에는 휘둘리지 않았다. 1980년대까지는 어로장의 집 앞에 목선을 타려는 희망자가 장사진을 쳤고 개중에는 은밀히 뇌물을 건네는 이도 적지 않았다. 강서지역을 비롯해 전국적으로 '가덕도 숭어'의 판매경로 역시 탄탄했다.

하지만 2000년 이후 '가덕도'의 '숭어들이'는 심각한 국면으로 접어들었다. 선원으로 일하겠다는 희망자가 급격히 줄어드는 데다 선원과 어촌계 간의 수익금 배분 비율이 선원 편으로 크게 치우쳤다. 치솟는 선원들 인건비 외에도 어로장, 부어로장, 간사 수당과 유류비 등을 지급하자니 어촌계의 부담이 갈수록 커졌다.

2013년 전후의 전래어법에 의한 '숭어들이'
(『국제신문』 제공)

기계식 들망에 의한 '숭어들이'

43 대항마을 주민 김관일(78세) 인터뷰.

그런 상황을 타개하고자 고심하던 대항어촌계는 구청과 의논해 어구와 어법 관련 법령을 고치고 2013년과 2021년 두 차례에 걸쳐 '내동섬'과 '큰내끝' 어장에 바지선을 세 척씩 띄우고 기계식 들망을 설치했다. 기계식 들망이란 기존의 목선이 해내던 역할을 어장에 띄운 바지선과 망루 뒤에 설치한 양망기(揚網機)에게 맡기는 장치로 이미 거제도에서 사용해본 결과 효능이 입증된 시설이었다. 이후 대항어촌계는 2022년 가을철에도 '포구나무개(끝늘끝디)' 어장에 기계식 들망으로 어로를 전개해 기왕의 수익금에 3, 4억 원을 추가했다.

그로써 일정한 수익이 보장되자 어로장을 비롯한 부어로장, 선장, 선원 모두 어촌계에서 안정적으로 월급을 받게 되었다. 아이로니컬한 점은 기계식 들망 설치 이후 숭어 떼를 포착하고 그물을 들어 올리는 작업을 도맡은 어로장의 존재가 더 중요해졌다는 사실이었다.

그런데 2021년 '가덕도'의 '숭어들이'에 또 다른 위기가 닥쳐왔다. 그해에 '가덕도 신공항 특별법'이 제정되면서 신공항 건설로 지형과 물길이 변했을 때의 '숭어들이'를 계속 여부를 장담할 수 없게 되었다.[44] 이에 '대항마을' 어부들은 170가구의 주민과 함께 '가덕 대항 신공항 생존대책위원회'를 결성하고 "우리는 가덕도 신공항 반대한다", "정든 고향 삶의 터전 우리가 지키자"라는 주장을 적은 플래카드를 내걸었다.

V. '주변부' 지역민속의 가치

부산 강서지역에 거주해온 지역민은 차별과 소외, 척박한 자연환경과 생활환경에 맞서 의지와 지혜로 삶을 영위해 왔다.

1960년대 이후 강서지역민은 생태자원을 활용한 근교농업과 수공예업, 어업에 주력해 부를 축적하는 한편 '명지알씨름' 등 지역민속도 되살려냈다. 그 무렵 강서지역 '명지장터'

---

44 대항어촌계장 김영석(60세) 인터뷰.

에서는 전국 각지에서 몰려온 도매상들이 '명지 대파'와 '짭짤이 토마토', '노화비', '가덕도' 숭어 등을 사기 위해 경쟁을 벌였다.

1980년대만 해도 강서지역민은 나룻배에 채소와 해산물을 싣고 낙동강 건너 장터를 찾아가곤 했다. 그 장터에서 농기구와 운동화 등을 사서 돌아오던 지역민은 강서의 나루터에 들러 거래와 흥정, 혼담을 주고받으며 즐기는 목가적 삶을 누렸다.

2000년대 이후 '주변부' 강서지역의 근교농업과 수공예업, 어업은 '중심부'를 자처하는 인근 대도시의 개발과 산업화, 시장경제에 휘둘리기 시작했다. 공장 입주와 택지 조성 등으로 노전이 매립되고 농지가 소멸되었으며 자연마을이 사라져가고 토지임대료 급등과 농작물 가격 폭락으로 농사마저 포기해야 했다.

이후 강서지역은 '에코델타시티 조성사업'을 비롯한 '가덕도 신공항 건설'로 이른바 "핫플레이스"가 되었지만 지역의 정체성은 사라져가고 공동체는 해체되고 있으며 고유의 민속도 소멸되어 가고 있다.

하지만 향후 이곳에 첨단 시설을 갖춘 도시와 공항이 들어서더라도 생태자원을 활용한 근교농업이나 수공예업, 어업으로 대도시의 관심을 끌고 공략과 역전을 보여준 강서지역 민속의 가치는 살아있을 것이다. 그것은 표면적으로는 '중심부'가 주도하는 개발과 산업화에 뒤처진 듯 보이는 '주변부'가 실제로는 서로 도움을 주고받는 상호보완적 전유 관계를 나누고 있음을 보여준 사례였기 때문이다.

12장

'깡깡이아지매'의 산업민속

Ⅰ. 한국의 근대 '산업민속'

도시민속 연구는 근대 산업 현장에서 일하는 근로자의 생애와 그들에게 남은 기억을 주요 고찰 대상으로 삼는다. 리처드 도슨은 1968년 독일 마르부르크 탄광에서 원시적 생산방식과 근대적 기술 사이를 오가는 근로자의 생애와 문화, 전문용어 등을 조사하고 연구한 결과를 '산업민속'이라 불렀다.[1] 이 연구를 통해 그가 던지고자 한 질문은 "근대 산업의 발달이 과연 인간을 위한 것인가?"였다.

한국에서 '산업민속'에 해당하는 연구로는 '생업 기술'이나 '공예' 등의 대분류 항목에 속한 '전근대적 농경'이나 '수산', '사냥', '축산', '목공예', '도자기공예', '화각공예', '지공예' 등 소분류 항목에 대한 조사 결과가 있다.[2] 하지만 한국 민속학은 '산업민속'을 별도의

1 Edited by Richard M. Dorson, 『Folklore in the Modern World』, MOUTON PUBLISHER, 1978, p.33.

2 고대민족문화연구소, 『한국민속대관』 제5권, 고대민족문화연구소 출판부, 1982, 249~674쪽.

장르로 설정하지 않았으며 산업화 유산에 대한 연구조차 충분히 행하지 않았다. '물질 민속' 장르에 관한 연구도 전근대적 산업이나 기술, 작업 도구나 절차 등에 주목하면서도 정작 그 주체인 근로자에 대한 연구에는 소홀했다.[3]

그에 비해 근대 산업화 유산 목록 작성이나 산업의 변화양상에 대한 건축학이나 도시계획론 분야의 연구 성과는 다대하다. 하지만 산업화 유산의 나열이나 분류, 도시재생 활용 방안에 치중한 그 분야의 연구도 산업화 유산의 의미를 근로자의 삶과 연관시켜 고찰하지는 못했다.

근로자의 생애를 다룬 다수의 논저를 내놓은 사회학도 "노동자 의식의 변화와 실천"이란 논리에 치중해 근로자의 삶을 바라보거나[4] 국가체제의 억압과 폭력을 강조하다 보니 근로자의 일상은 제대로 살피지 않았다. 다만 근로자를 '체제 순응'과 '저항'의 주체로 구분하는 이분법적 시각에 대한 비판과 여공들 나름대로 추구한 가치에 주목한 연구가 돋보이는 정도다.[5]

한국 근대 산업에 대해 논하려면 무엇보다 그것이 서구나 일본에서 이입된 피동적 근대화이자 산업화였으며 '압축적 근대화'[6]로 인한 자체모순을 내포하고 있다는 점을 전제해야 한다. 일제의 식민 통치에 의해 주체성을 결여한 채[7] 추구된 근대화와 산업화는 명분과 실제 상황, 결과 간의 괴리를 낳았고 그런 정황은 해방 후의 국민국가에서도 되풀이되었다.[8]

---

3 임장혁은 '한국민속종합조사'의 '물질문화'에 대한 언급은 의식주, 생산도구(어로), 소재(짚, 풀), 민간 의약, 운반 도구 등에 한정돼 있으며 생산 도구의 경우에도 지역별 생태환경에 따른 어로 기술의 차이나 어로민의 생활상에 대한 내용이 거의 생략되어있다고 지적했다.(임장혁, 「물질문화 조사연구의 성과와 과제」, 『한국민속종합조사의 성과와 민속학사적 의미』, 국립문화재연구소 · 한국민속학회, 2011, 58~92쪽)

4 김경일, 「한국 산업화 시기 노동자의 생애와 시간 - 기억의 재구성과 노동자 정체성의 형성」, 『사회와 역사』 85집, 한국사회사학회, 2009, 7~11쪽.

5 김원, 「한국 산업화 시기 여성 노동자의 '일상'」, 이상록 외, 『일상사로 보는 한국근현대사』, 책과 함께, 2006, 317쪽.

6 장경섭, 『가족 · 생애 · 정치경제 - 압축적 근대성의 미시적 기초』, 창비, 2009, 20~27쪽.

7 이주향, 「주체의 관점에서 본 서구적 근대와 우리의 근대」, 이명현 외, 『근대성과 한국문화의 정체성』, 철학과 현실사, 1998, 82쪽.

일제강점기 식민당국은 주요 도시에 건설한 항만을 '교통과 관광시설'로 위장했지만 실제로는 대륙침공을 위해 구축한 교두보였고 '근대공업자원'으로 개발했다는 탄광 역시 군수물자 제조에 소용되는 에너지원 확보 수단이었다. 그처럼 일제가 지배와 수탈의 수단으로 구축한 근대 산업은 국민국가와 그들의 지원을 받는 기업들에게도 이윤 추구와 기술개발의 방편이었다.

이제라도 한국 도시민속 연구는 처리드 도슨처럼 한국 근대산업화가 진정 근로자를 위한 것이었는지를 물어야 한다. 그러자면 특히 불리한 위치에서 일한 저임금 근로자의 역할과 정서, '신체의 기억'[9] 등을 고찰해야 하리라 본다. 이에 여기서는 부산 영도의 '깡깡이아지매'의 생애담을 둘러싼 산업 환경과 그들의 기억, 주체적 인식 등에 주목하고자 한다.

Ⅱ. 근대산업화의 산물 조선업

1. 근대조선업 발상지, '조선소거리'

가. 근대조선업과 '조선소거리'

부산광역시 영도구 대평동 약 1.5㎞의 연안은 전국에 '조선소거리'로 알려져 있다. 이 지역의 옛 지명은 "바람이 기운차게 일어나는 포구"란 뜻의 '풍발포(風發浦)'를 비롯해 '대풍포

---

8 권태억, 「근대화. 동화. 식민지유산」, 『역사학보』 제165집, 역사학회, 2000, 300~302쪽.

9 '신체의 기억'은 세계의 질서를 이성적으로만 파악하려는 모더니즘이 아니라 신체를 기억의 주체로 여기는 포스트모더니즘적 방법론에 따라 도출된 용어다. 주지하듯 포스트모더니즘은 모더니즘에서 주변부적이라 여기던 성과 쾌락, 고통에 정직하게 반응하는 신체의 기능과 감각에 주목해 이성과 합리, 관념이 형성한 중심부를 공격하고 해체시키려 한다. 특히 신(新)프로이드주의 도움을 받은 '신체의 기억'이란 용어에서의 '신체'는 '육체'와 달리 '트라우마' 등 신경정신증까지를 포괄하는 '기억'을 지니고 있다고 본다.(이진경 편저, 『문화정치학의 영토들』, 그린비, 2007, 243~245쪽)

(待風浦)', '대풍포(大風浦)', '대평포(大平浦)' 등 여러 가지였다. 명칭은 '바람이 일어난다'와 '바람이 잦아든다'로 상반되지만 실상은 후자에 가까웠다. 그래서 임진왜란 당시 일본 수군은 이곳에 정박지 '사츠마보오리[薩摩堀]'를 만들었고 1876년 부산으로 이주한 일본인들도 물양장과 계류장을 건설했다. 해방 후인 1947년 주민들이 가장 적합한 지명으로 선택한 동명도 '대평포'였다.

1880년대 일본 어민들은 '한일통어장정'과 '한일어선규칙(韓日漁船規則)'을 빌미로 부산 앞바다의 어족자원을 노리고 영도로 몰려들었다. 어선의 수요가 증가하자 1887년 다나카조선소가 자갈치에서 대평동으로 자리를 옮겨[10] 일본형 발동기선(發動機船) 건조를 시작했다.

부산의 일본인 10.6%가 영도에 거주하며 본격적 어로에 나서면서 일본인 어부들은 1910년, 6년 전인 1904년에 비해 3배의 어획고를 올렸다.[11] 이로써 '어업 전진기지'가 된 영도에는 수산물가공업체와 석유저장기지, 요식업소, 유곽 등이 속속 들어섰다.

부산 조선업계에서는 일본인 조선소 13개소가 한국인 조선소 47개소와 잠시 병립하는

---

10 다나카조선소 설립 시기에 대해 조선상공연구회가 1929에 펴낸 『조선상공대감』은 1890년, 조선총독부 식산국이 1932년과 1936년에 펴낸 『조선공장명부』는 1887년으로 각자 다르게 기록했다.

11 釜山甲寅會, 『日鮮通交史 - 附釜山史近代記』, 1916, pp.300~301, p.305.

1937년 '조선중공업주식회사'가 설립된 영도 봉래동의 현재 모습

양상을 보였지만 머잖아 일본업체가 독과점 체제를 굳혔다.[12] 1920년대에 이르러 시베리아 철도가 개통됨에 따라 아시아에서 유럽을 오가는 여객의 3분의 2가 부산을 경유하기 시작했다. 1927년 무렵에는 국제선 정기항로의 신설로 선박의 왕래가 더욱 빈번해졌고 1930년대 초반 대륙에서의 긴장이 고조되면서 일본에서 건너오는 전함과 수송선이 부쩍 많아졌다.[13] "부산의 세계적 사명에 따라 조선산업의 요구가 크다"[14]는 주장과 함께 강선(鋼船)

12 김재근, 『續 한국선박사 연구 - 일정시대의 조선업』, 서울대학교 출판부, 1994, 269~270쪽.

1965년 영도 봉래동의 '대선조선'에서 선박을 건조하는 모습(부경근대사료연구소 소장)

건조의 필요성이 강조되면서 영도의 조선업의 발전은 가속화되었다. 1937년에는 조선총독부의 독려를 받은 일본 최대의 조선업체 미쓰비시중공업이 봉래동에 '조선중공업주식회사를 설립하면서 영도는 명실상부한 한반도의 조선업 중심지가 되었다.[15]

하지만 1940년대에 제2차세계대전이 촉발로 경제활동에 대한 통제가 시작되면서 영도의 조선업체 대다수는 당국의 지시에 따라 통합된 후 군수공장으로 지정되었다.

---

13 釜山繁榮会, 『釜山港 - 釜山稅關』, 釜山日報社印刷局, 1927, pp.24~25.

14 菊池謙讓, 『朝鮮諸國記』, 大陸通信社, 1925, pp.205~206.

15 대평경로회 회장 이집윤(91세) 인터뷰.

나. 영도 조선업의 흥기와 몰락

1945년 일본이 물러간 후 1970년대 초반까지 영도의 조선업은 오랜 침체기를 겪었다. 1950년 조선중공업주식회사 자리에 대한조선공사가 세워져 연간 4천여 톤의 목선 건조와 수리에 나섰지만 부채와 임금 체불, 노사분규로 휴업하는 날이 더 많았다. 이 회사는 1955년 ICA자금 2백만 달러와 대출자금 3억 6,100만 환으로 기사회생을 꾀했지만 이후로도 두드러진 성과는 올리지 못했다.

1970년대 '원양어업 붐'은 영도의 조선업에 다시 활기를 불어넣었다. 원양 어로에 나선 초창기 수산업체들은 내부 프레임만 강철로 만들고 외판은 나무로 두른 목강선(木鋼船)을 사용했다. 그러다 1970년대 중반 이후부터는 일본에서 수입한 선령 20~30년의 400톤급 중고 강선(鋼船)을 수리해 원양 어로에 투입했다.[16] 1980년대 초반이 되자 블라디보스톡 인근해에서의 참치잡이와 포크랜드 연안해에서의 오징어잡이, 참치잡이로 7백 톤급 이상의 중형 강선의 수요는 점점 더 늘어났다.

1980년대 이래 영도의 조선업체를 선두로 전국의 8, 9개 조선소는 수산업계가 요구에 따라 선박의 건조와 수리, 엔진 제작에 심혈을 기울였다. 그 무렵 영도 대평동 '조선소거리'에 있던 2백여 개의 철공소와 선구점, 부품상 등은 "한국 최고의 기술"을 지녔다는 자부심에 차 있었다.

하지만 영도 조선업체에 설치된 협소한 도크로는 점점 대형화되는 선박 건조와 수리에 한계가 있었다. 이에 조선업체들은 부산의 감천동이나 다대포, 경남 진해시, 거제군 등지로 이전했고 그곳에서 약진을 거듭한 끝에 드디어 2000년대 초반 한국을 세계 1위의 '조선강국'으로 만들었다.

영도 '조선소 거리'는 대규모 조선소 이전 후 소형조선소와 수리용 부품 회사, 철공소 등 영세업체 백여 개만 남은[17] '준(準)공업지역'으로 지정되었다. 그에 따라 이곳 대평동의 주

16 "일본에서 기술자를 초빙해 상주시키며 수리방법을 배웠다."(대평조선소 이사 김정훈(68세) 인터뷰)

민들은 경찰 지구대와 약국도 없고 도시가스조차 공급되지 않는 환경에 처한 채 살아가게 되었다.

지금도 여전히 '조선소 거리'라 불리는 대평동에는 다양한 근대산업시설이 남아있다. 일제강점기에 건설된 물양장 2개소 중 길이 1천 12미터인 동편 물양장은 2백 톤 미만의 선박 70척, 길이 1천 78미터인 서편 물양장은 1백 톤 미만 선박과 50톤 미만 운항선 90척이 계류할 수 있는 시설이다. 그와 함께 1926년에 이축된 다나카조선소 도크와 선착장, 1942년 지어진 국일선박공업사를 비롯해 1945년의 조양선박공업사, 1952년의 대덕고물상, 1957년의 신일건축사무소 건물[18] 등이 남아있다. 인근에는 1934년 건설되고 2013년 복원된 부산대교(현 영도대교)와 1939년 축조된 '남항방파제'가 같은 자리를 지키고 있다.

2. '깡깡이아지매'의 생애담

가. '깡깡이아지매'의 출현

'깡깡이아지매'는 1970년대 이래 '조선소거리'의 선박 수리업체에서 강선(鋼船)에 붙은 녹을 망치로 떨어내는 '깡깡이' 일에 종사하던 여성 근로자의 명칭이다. '청락(靑落)'이라고도

17 주민들은 '조선소거리'가 쇠퇴한 이유를 '공장 유입'과 '어업 협정'으로 꼽았다. '공장 유입'이란 지주들이 높은 지가를 감당하는 공장을 유치해 주민들이 쫓겨난 점, '어업 협정'이란 일본과의 어업 협정에서의 어로구역 양보로 어선이 감척되면서 수리업도 몰락한 점을 말한다. 혹은 금어규칙을 어긴 '쓸어오기' 어획에 의한 '어자원 감소'로 어선과 조선업체가 연쇄적으로 줄었다는 주장도 있다.(익명의 대평동 주민 인터뷰)

18 부산광역시, 『근대문화유산조사 및 목록화 사업보고서』, 2005, 62~67쪽.

영도 조선소와 공구상에서 작업하는 모습

불리던 그 수리 방법은 강선이 사용되던 193,40년대 선박 수리업체에서도 행해졌을 것이니 당시에도 '깡깡이아지매'가 존재했을 테지만 그에 관한 기록은 찾아보기 어렵다. '깡깡이아지매'가 영도 '조선소 거리'에 출현한 시기는 중고 강선(鋼船) 수리가 성행하던 1970년대 중반인 듯싶다. 영도 주민들은 당시 "모숙간"이라 불리던 선박 수리업체에서 아침부터 저녁까지 울려 퍼지던 '깡깡이아지매'의 망치질 소리를 또렷이 기억한다.

물론 '깡깡이아지매'가 된 여성들이 영도에서 살아온 것은 1970년대보다 훨씬 전부터였다. 그들은 1945년부터 1970년대까지 적어도 25년간 영도 인구를 급속하게 증가시킨 귀환 동포와 피난민, 이농민의 가족이었으며 개중에는 전쟁 통에 홀몸이 되었거나 가족을 거느리고 무작정 도시로 나온 젊은 주부가 적지 않았다.

그들이 영도로 전입한 1945년 이후 1960년대까지는 주택난이 극심했던 터라 영선동과 남항동, 대평동 일대에는 10여 평의 공간을 여러 개의 방으로 나눈 간이주택이 즐비했다.

그 방을 하나씩 차지한 가족은 주방이 없어 골목에 솥을 걸어놓고 밥을 지어 먹었고 공동 화장실을 사용하며 살아야 했다.

1970년대가 되자 영도의 분위기는 크게 달라졌다. 원양어업 붐으로 하루 4백 척의 어선이 드나들면서 선원모집센터는 승선 희망자로 붐볐고 가정에는 '○○수산 통조림'이 넘쳐났다. 길목마다 선술집이 들어서고 다방만도 무려 30군데를 헤아렸으며 어부들은 현금 대신 참치를 끌고 다니며 밥값, 술값을 계산했다.[19]

그런 원양어업 붐 덕에 선박 수리업체는 '깡깡이아지매'를 고용해 배를 고쳤고 특별한 기술이 없는 젊은 여성들에게는 '깡깡이'가 더없이 고마운 일감이었다.

하루 30여 명 정도를 모집하는 선박 수리업체 앞에는 아침 5,60명의 여성이 줄을 섰다. 그러면 회사가 선임한 '깡깡이아지매' 반장이 나와 젊고 손재주가 좋은 사람 위주로 인부를 선발해 작업조를 편성했다. 전성기 '조선소거리'에 13개의 도크가 있었고 그곳 하나마다 대략 15명씩 일을 했으니 당시 영도에는 대략 2백여 명의 '깡깡이아지매'가 존재했으리라는 추산이 가능하다.

나. '깡깡이아지매'의 생애담

영도 대평동 1가 103번지 '대평경로당'에서 만난 이○희(78세), 박○순(75세), 김○이(81세)는 40년 가까이 '깡깡이' 일을 해온 사람들이었다.

이○희는 대구에서 태어나 22세에 되던 1960년 미장일을 하는 남편을 만나 영도로 시집왔다. 하지만 남편이 직장을 잃고 연중 반 이상을 무위도식하는 바람에 자신이 '깡깡이' 일로 식구를 부양했다. 그렇게 슬하의 3남을 키운 덕에 노년에는 전문대를 나와 장사를 하는 장남에게 의지해 살고 있다.

박○순은 포항 근처 시골 마을에 살다 28세 되던 해 어선을 타는 남편을 따라 부산으로

---

19 성주철재 사장 이영완(64세) 인터뷰.

왔다. 39세 되던 해 남편이 행방불명되는 통에 영도로 들어와서 생각해보니 아이 셋을 데리고 살아갈 방도가 '깡깡이' 일밖에 없었다. 다행히 장남이 초등학교만 마치고 일을 해서 어머니를 도와준 덕에 어렵게나마 동생들을 기를 수 있었다.

김○이는 강서구 가덕도에서 태어나 영도로 시집을 왔으며 26세 되던 해 어선 선원인 남편이 행방불명되었다. 어렵게 키운 2남 1녀 중 장성한 장남은 행방불명된 후 고등학교를 졸업한 딸, 중학교를 졸업한 아들과 가난하게 살고 있다.

그 밖에 대평동 골목길과 노점 등에서 만난 노인들 대다수도 앞에서 소개한 경우와 비슷한 동기로 '깡깡이' 일을 하게 되었다.

박○단은 전라남도 완도 출신으로 목수 일을 하는 남편을 따라 영도로 와서 28세부터 68세까지 40년간 '깡깡이' 일을 했다. 수십 년 전 남편이 사망해 힘들게 아들딸을 길렀지만 학력 부족으로 번듯한 직업을 얻지 못해 모두 형편이 어렵다.[20]

황○자는 울산에서 태어나 결혼을 했으나 가난 때문에 남편과 불화를 빚다 이혼한 후 6.25 전란기에 피난민을 따라 영도로 왔다. 어부와 재혼해 아이를 낳고 한동안 행복하게 살았지만 남편이 사고로 다치고 자식마저 난치병에 걸렸다. 가족의 생계를 위해 '깡깡이' 일을 해도 여전히 가난에 시달리던 중에 남편과 자식 모두 세상을 떠나 혼자 남았다.[21]

서○자는 부산에서 태어나 영도 신선동에서 살다 30세 되던 해부터 45년간 '깡깡이' 일을 해왔다. 유조선 선원이었던 남편의 수입이 불안정해 자신이 가족을 부양하며 1남 1녀에게 교육을 시켰다. 젊은 시절 전국 금속노조 산하 '청락부'의 부위원장을 맡았던 그는 75세의 나이에도 사하구 구평동으로 이전한 선박 수리업체에서 작업반장으로 일하고 있다.[22]

이처럼 이들은 하나같이 젊은 나이에 남편의 실직이나 무능, 행방불명으로 가족들을 부양하기 위해 '깡깡이' 일에 나선 내력을 갖고 있었다. 그들은 이구동성으로 오랜 세월 가족

---

20 대평동 주민 박○단(87세) 인터뷰.

21 대평동 주민 황○자(80세) 인터뷰.

22 대평조선 작업반장 서○자(75세) 인터뷰.

들을 부양하며 살 수 있게 해준 '깡깡이' 일에 감사하는 마음을 갖고 있다고 말했다.

Ⅲ. 조선 수리업과 '신체의 기억'

1. '깡깡이아지매'가 지닌 '신체의 기억'

가. '깡깡이아지매'의 작업

선박 중에서도 특히 어선은 해마다 한 차례씩 금어기(禁漁期)에 맞춰 수리를 받는 게 상례였다. 어선마다 잡는 어종도 다르고 금어기도 다르기 때문에 선박 수리업체에는 일년내내 일감이 끊이지 않았다.

선박 수리 중 가장 일반적 작업은 뱃전에 페인트를 칠하는 도색인데 이를 위해선 먼저 이물질을 제거해야 했다. 그래서 선복량 3백 60톤급 선박의 경우 연인원 백여 명의 '깡깡이아지매'가 투입되어 사나흘 간 그 작업을 했다.

선박 수리는 부두에 들어온 배를 도크 위에 올려놓는 '상가(上架)'로 시작되었다. 이후 뱃전에 비계와 디딤틀(아시바)을 설치하고 나면 '깡깡이아지매'들이 그 위에 올라가 '깡깡이' 일을 시작했다. 오전 8시부터 시작된 오전 작업을 정오에 끝내고 나면 오후 1시까지 점심시간을 가진 후 다시 오후 1시부터 오후 5시까지 오후 작업을 진행했다. 그 사이에 오전 10시와 오후 3시부터 10분간씩 두 차례의 휴식 시간이 있었다.

'깡깡이아지매'들은 출근과 함께 회사로부터 마스크, 보안경, 귀마개와 안전화, 안전모(화이바) 등의 안전 장구를 지급받았다. 그리곤 작업 중 뱃전에서 떨어지는 녹과 먼지를 막기 위해 각자 얼굴을 비닐로 감싸고 수건을 덮은 다음 보안경과 마스크를 쓰는 중무장을 했다.

1970년대 '깡깡아지매'의 작업 모습(하은지 제공)

하지만 1980년대까지는 '깡깡이아지매'에게 안전 장구를 제공해야 한다는 법령이나 작업 지침이 없다는 핑계로 어느 회사도 이를 나누어 주지 않았다. 그 이후에도 안전 장구 수령은 정규직인 '봉공'만 누리는 혜택이었고 임시직인 '댕기는(다니는) 사람"은 각자 알아서 준비해야만 했다.

'깡깡이아지매'가 사용하는 주요 작업 도구는 모두 세 가지로, 녹을 떨어내는 약 3킬로그램의 '깡깡이 해머(함마)'와 쇠를 쪼아내는 '깡깡이 망치', 배 밑창의 조개를 뜯어내는 긁개 모양의 '씨가레프' 등이었다. 그 도구를 차례로 써가며 뱃전에 붙은 녹과 조개 껍질, 홍합(담치) 등을 긁고, 쪼아내고, 떨어내는 일이 '깡깡이' 작업이었다.[23]

---

23 오늘날도 대평동 선박수리소 10여 개소에서 '깡깡이아지매' 30여 명이 일하고 있지만 '지게차'나 '첼리 파크', '카고 크레인' 등을 타고 '그라인더'로 뱃전의 녹을 떨어내는 '샌드 브라스팅' 방식으로 작업을 한다.

나. 근로조건과 조합활동

선박 수리는 보통 주중에 진행되었지만 선주가 재촉하면 공휴일이나 일요일에도 작업을 했다. 그런 작업에 투입되는 '깡깡이아지매'는 1, 3주에는 평소의 2배, 2, 4주에는 1.5배에 해당하는 일당을 받았다.

그들의 임금은 작업하는 위치와 내용에 따라 달랐다. 디딤틀에 올라앉아 뱃전을 수리하는 사람이 가장 많은 임금을 받았고 탱크 안에 들어가 안벽을 청소하거나 배 밑창의 조개껍질 등을 긁어내는 사람 순으로 일당이 적었다.

'깡깡이아지매'의 임금은 회사마다 달랐지만 1970년대에 대략 하루 2천 원 혹은 3천 원이었고 1980년대 중반에 이르러서야 평균 5천 원이 되었다. 그 돈으로는 하루치 쌀과 연탄, 반찬 몇 가지를 사고 나면 남는 게 없었다. 임금은 일당제였지만 어느 회사나 자금 사정을 핑계로 매월 한꺼번에 지급했으므로 실제로는 월급제였다. 일당은 현금 대신 전표로 받았는데 지급날짜 전에 현찰이 필요해 이를 전표상에게 팔면 10%를 차감한 액수만 받을 수 있었다.

임금이 워낙 적어 식료품비가 부족했던 '깡깡이아지매'들은 작업 중 배 밑바닥에서 떼어낸 홍합 따위를 모아두었다가 집으로 가져가 식구들과 나누어 먹곤 했다.[24] 그런 해산물은 배 밑바닥에 칠해진 독성 강한 광명단에 오염되었을 가능성이 컸지만 당시에는 누구도 그에 신경을 쓰지 않았다.

선박 수리 업체에서는 '깡깡이아지매'들에게 두어 달에 한 번 "목에 붙은 쇠 찌꺼기를 씻어 준다"며 돼지고기 회식을 시켜주었고[25] 봄가을에 한 번씩 부산 근교로 1박 2일의 관광여행을 다녀오게 했다. 어쩌다 누리는 그 호사가 그나마 '깡깡이아지매'들이 소중하게 여기는 기억이었다.

---

24 영선2동 주민자치회, 「우리 동네 이야기 콘서트 - 시간을 담다」, 2012, 30쪽.

25 대평동 주민 박○단(87세) 인터뷰; 대평경로당 주민 이○희(82세) 외 3인 인터뷰; 대평경로회 회장 이집윤(91세) 인터뷰.

'깡깡이아지매' 가운데서도 한 업체에 소속된 정규직('봉공')과 임시직('댕기는[다니는] 사람')이 받는 대우는 전혀 달랐다. '대평동 노인정'에서 만난 이○희, 박○순, 김○이는 모두 S사에서 40여 년간 일한 '봉공' 출신이었다. S사는 나름대로 근로기준법을 지키려 애썼고 달마다의 회식 외에 생일까지 챙겨주었고 '깡깡이' 일을 그만두면 퇴직금까지 지급했다. 그 덕에 S사 '봉공'들은 비교적 안정된 환경에서 작업에 임할 수 있었다.[26]

그에 비해 "댕기는(다니는) 사람"이었던 박○단[27]은 글을 전혀 모르는 데다 혼자 옮겨 다니며 일을 하면서 여러 악조건과 불이익에 시달렸다. 1974년 H사에서 일하던 그는 담당 사원의 부탁에 직장을 옮겨 일당 5백 원을 더 받기로 하고 기름 탱크 안에 들어가 남은 기름을 퍼내는 일을 했다. 하지만 그가 일을 시작한지 3년째 되던 해 회사는 태풍으로 장부가 사라졌다며 밀린 임금을 지급하지 않았다. 마지막으로 10여 년간 일해준 업체 역시 경영이 악화되자 체불임금 수백만 원을 주지 않은 채 문을 닫고 사라졌다.

그처럼 크고 작은 불이익을 당하던 '깡깡이아지매'들은 노동자의 권리와 노동조합의 기능에 대해 알게 되었다.[28] 1970년대 중반 전국 금속노조 부산지부가 발족되자 그들은 '청락부'란 이름으로 노조에 가입했다. 그리곤 매달 3천 원씩 조합비를 내며 업체마다의 도크별로 지점장을 선출해 지부 회의에 나가 자신들의 이익을 대변케 했다.

당시 부위원장 서○자의 회고에 따르면 '깡깡이아지매' 2백여 명 중 70여 명이 노조에 가입해 20여 년간 활동을 전개했다. 그들은 노조 활동을 통해 고용 보장과 신체검사 등의 혜택을 받았으며 작업 여건이나 임금에 대한 불만이 있으면 시위를 벌여 요구사항을 관철

---

26 대평경로회 회원 김○이(85세), 이○희(82세), 박○순(79세) 인터뷰.

27 대평동 주민 박○단(87세) 인터뷰.

28 대평조선 작업반장 서○자(75세) 인터뷰에 의하면 1950년대 부산에서는 '부산지구 철공노동조합'이 발족되어 1959년 '전국 금속노조 연맹'에 가입했다. 1968년 영도 대평동에선 금속노조 직할인 '영도 철공 분회'가 조직되어 1년 후 조합원 수는 500명에 달했으나 이후 철공소 노동자 조직인 '영도철공분회'와 목선 수리를 위주로 하는 조선소의 목공 노동자 모임인 '조선지부'로 분열되어 '철공', '목공'이라 불렸다. 그러다 강화플라스틱선(FRP)이 나오면서 양자의 관계가 개선되어 1974년 '영도 철공 분회'는 '조선기계 분회'로 이름을 바꿔 활동했다.

시켰다.[29] 하지만 이를 못마땅하게 여긴 J조선소와 S조선소 사장이 노조원을 회유해 탈퇴 공작을 벌이면서 차츰 조직이 흔들리다가 1990년대 금속노조 부산지부 자체가 해체되면서 '청락부' 노조도 사라졌다.

만년에야 '깡깡이아지매'들은 자신들이 일한 만큼 보상을 받지 못한 채 살아왔음을 깨달았다. 그들은 평생 건강보험이 무엇인지도 모르고 살아왔고 국민연금이 있다는 말은 들어본 적도 없었다. 그러다 S사 반장으로 일하던 동료가 회사 덕에 매달 40만 원의 연금을 받는다는 사실을 전해 듣고야 "나도 회사가 국민연금에 가입해주었더라면 얼마나 좋았겠느냐"고 뒤늦게 회사를 원망했다.

다. 육체적 고난과 장애

'깡깡이아지매'들은 각종 산재(産災)에 노출된 채 일을 했다. 무더운 여름철 비닐과 수건, 마스크로 겹겹이 감싼 얼굴은 불 앞에서 일하는 것처럼 뜨거웠고 여덟 시간의 작업을 마치고 나면 피부가 온통 짓물러 있었다. 지상 5미터 이상의 뱃전에 붙여 설치한 디딤틀에서 발을 헛딛어 시멘트 바닥으로 떨어지면 중상을 입거나 식물인간이 되었다. 페인트를 칠하는 옆에서 작업을 하다 보면 구역질과 어지럼증에 시달리기 일쑤였다.

특히 망치로 강판을 치는 소음은 청각에 치명적이었다. 좁은 구멍만 남겨둔 탱크 안에서 강철판을 두드리는 동안 듣는 공명음(共鳴音)은 머리를 울렸다. 뱃전을 두드리며 듣던 망치 소리는 집으로 돌아온 후의 잠결에서조차 환청이 되어 들렸다.

그렇게 일해온 '깡깡이아지매'들은 만년에 예외 없이 육체적 이상 증세에 시달리고 있었다. '깡깡이' 일을 시작한 후 3년이 지나면 청력이 현저히 약해졌고 30여 년이 넘은 10명 중 8명은 보청기를 끼어야 남의 말을 알아들을 수 있었다.[30] 필자와 인터뷰를 하던 '깡깡이

---

29 대평조선 작업반장 서○자(75세) 인터뷰.

30 대평동 주민 박○단(87세) 인터뷰, 대평경로회 회원 이○희(82세) 등 인터뷰.

아지매'들이 시간이 흐를수록 떨어져 앉았던 거리를 좁히며 다가들던 행동도 나중에 알고 보니 그들의 난청 때문이었다.

난청 못지않게 심각한 '깡깡이아지매'의 병증은 관절염과 규폐증(硅肺症) 등 한두 가지가 아니었다. 늘그막에 저마다 서너 봉지의 약을 입에 달고 살며 거의 매일 병원을 드나들던 그들은 뒤늦게야 그 증상이 '깡깡이' 일 때문임을 깨달았다. 그래서 일부는 선박 수리업체를 찾아가 보상을 요구했지만 회사 측은 원인 규명이 어렵고 시효가 지났다며 단박에 거절하더라 한다.

그렇게 몸을 혹사하며 일해온 '깡깡이아지매'들은 늙고 병든 자신의 몸을 대평동 길가의 고철에 비유했다. 그곳 '조선소거리'에는 배에서 떼어낸 엔진을 비롯해 녹슨 부품과 기자재가 켜켜이 쌓인 채 도로변에 버려져 있다. '깡깡이아지매'들은 기능이 다할 때까지 부림을 당하다 마침내 버려진 자신들의 신세가 마치 그 고철과 같다고 자탄했다.

2. 근대산업화 유산으로서의 근로자

가. 근대산업화와 가부장제 이데올로기

근대기 이래 한국의 산업현장에서 여성 근로자 대다수는 남성 근로자의 보조적 지위에서 일을 해왔다. 그러다 보니 그들은 자신의 노동 동기나 과정, 결과에 대한 의미 부여에 소극적이어서 존재는 물론 기여도조차 인정받지 못했다.[31] 그들의 존재를 기리고 기억을 보존하겠다고 자료를 전시하는 박물관도 '기능 기억'에만 주목하느라 개인적 '저장 기억'의 발굴과 보존에는 소홀한 경우가 많다.[32]

'조선소거리'에서 어렵게 만난 '깡깡이아지매'들도 인터뷰 초기에는 자신들의 생애담은

---

31 알라이다 아스만 지음, 변학수 · 백설자 · 채연숙 옮김, 『기억의 공간』, 경북대학교 출판부, 1999, 76쪽.

32 알라이다 아스만 지음, 위의 책, 450~451쪽.

물론 작업 환경이나 경험조차 언급하기를 꺼렸다. 그 이유는 오랫동안 이웃들로부터 받아온 "천한 일 하던 사람"이란 질시 때문이었다. 엉뚱하게도 그들은 조선소와 선박 수리 업체가 배출하는 소음과 먼지 공해에 책임을 지라는 원성에도 시달려왔다.

인터뷰 초기 그들 대다수는 "무슨 말인지 알아듣지 못하겠다"고 말하거나 고개를 가로젓는 몸짓으로 대답을 피했다. 이는 무지와 몰이해 때문이라기보다 가능한 자신의 존재와 경험을 감추려는 의도적 행위로 보였다.

여성 근로자들로 하여금 그런 태도를 갖도록 조장한 것은 국가와 기업이라 본다. 한국 조선업은 일제강점기 조선업체들이 내걸었던 "기업보국(企業報國)"의 기치를 그대로 계승했다. 식민제국과 국민국가, 기업은 공히 근대화와 산업화를 위한 발전지상주의에 따라 수탈과 이익, 기술 진보, 성과를 추구하느라 근로자의 존재를 중시하지 않았다.

그들은 자주 근로자를 "산업의 역군"[33]이라고 추켜세웠지만 그것은 근로자에게 산업에 헌신하는 피동적 객체로 머물러 달라고 당부하는 말에 불과했다.[34] 그런 터에 노동력 수탈을 당연시하던 1970년대 산업화기에 노동 현장에 들어선 여성 근로자의 지위는 한층 모순적이었다.

영도의 '깡깡이아지매'는 기업, 남성, 기술이라는 다중압력이 가해지는 역삼각형 구조에서도 가장 아래쪽 꼭짓점에 처했던 여성 근로자였다. 그들을 고용한 선박 수리 업체는 '기업보국'을 명분으로 근로자의 의식을 통제하고 군림하면서도[35] 정당한 임금 지급과 안전 보장, 보험금 지급 등을 외면했다. 대다수가 무학(無學)인 데다 의지할 곳 없는 '깡깡이아지매'들의 처지를 악용해 신체가 치명상을 입을 수 있는 작업에 투입하고도 임금조차 지급하지 않는 경우가 비일비재했다. 대다수 선박 수리 업체가 '깡깡이아지매'와 관련된 근로

---

33 김원, 앞의 논문, 333쪽.

34 David Pinder, 「Seaport decline and cultural heritage sustainability issues in the UK coastal zone」, 『Journal of Cultural Heritage』 4, 2003, p.35.

35 김원, 위의 논문, 345~347쪽.

내용과 임금 지불 등에 대한 기록을 제대로 남겨놓지 않은 이유는 그들을 생산에 필요한 소모품으로 여겼기 때문이다.

저임금 여성 근로자[36]였던 '깡깡이아지매'들이 개인적 삶의 보람으로 내세우는 가정을 위한 헌신 역시 결과가 만족스럽지만은 않았다. 그들이 '깡깡이' 일에 뛰어든 후에도 살림 형편은 좋아지지 않았고 자녀들은 제대로 교육의 혜택을 누리지 못했으며 자신들도 병증에 시달리느라 노후가 편안하지 않았다. 그들이 자주 입에 올리는 "현모양처"라는 말도 자부심의 표현으로 가부장제 이데올로기에 맹종하느라 치른 희생의 다른 표현일 수도 있었다.

나. '깡깡이아지매'의 자각

'조선소거리'에서 진행된 '깡깡이아지매'들과의 인터뷰와 생애담 구술은 나름대로 그들의 자각을 돕는 계기가 되었다고 본다. 그들은 인터뷰 초기와 달리 자신들의 생애담과 작업 경험담을 말하는 구술 단계에서는 태도를 바꾸었다.

거리를 두고 떨어져 앉아 마지못해 인터뷰에 응하던 그들이 만남이 연속되고 이야기를 할 기회가 늘어나자 점차 다가앉으며 적극적이고 구체적으로 자신의 내력을 들려주려 애썼다. 웅변처럼 여겨지는 그런 태도는 "기억의 안정성 못지않게 그 재구성에 의미가 있다"는 알라이다 아스만의 견해를 상기시켰다.[37] 혹은 박물관 전시와 큐레이터와의 대화를 통해 삶의 진정성을 발견했다는 북미 인디언들의 사례와 흡사하게 여겨졌다.[38]

'깡깡이아지매'에게 외지인과의 인터뷰나 생애담 구술은 자신의 존재가치를 확인하고 인정하는 계기가 되었다고 본다. 그들은 생애담 구술을 통해 '깡깡이' 일과 가정을 지킨 내력을 연결시키거나 그 의미를 재평가하려는 의도도 드러냈다. 자신들이 가정을 지키고자

---

36 김경일, 앞의 논문, 45~46쪽; 김원, 앞의 논문, 348쪽.

37 알라이다 아스만 지음, 앞의 책, 351~355쪽.

38 김용우, 「식민주의의 그림자들 - 새로운 세계사와 서구 포스트-식민 박물관의 경우」, 『코기토』 71, 부산대학교 인문학연구소, 2012, 59~60쪽.

시작한 '깡깡이' 일이 가정뿐만 아니라 원양어업과 조선업 발전에도 기여했고 그 모두가 우리 사회를 떠받치는 바탕이니 자신들에 대한 주위의 편견이나 질시는 부당하다는 생각도 밝혔다.

실제로 '깡깡이아지매'들 상당수는 선박 수리 업체가 폐업, 이전한 후에도 여전히 대평동 '조선소거리'에 살고 있다. 그들은 "여기 없는 선박용품은 전국 어디에도 없었다"던 197,80년대 조선업 호황기의 속설을 읊조리며 "대○, 구○, 남○" 등 자신들이 일했던 선박 수리업체의 이름을 기억해냈다. 그들은 "배를 타거나 만들거나 수리하는 사람들이 좀 더 인정받는 사회가 되면 좋겠다"는 소망도 피력했다.

IV. 지역 정체성과 도시재생사업

'조선소거리'인 대평동은 지역 정체성이 뚜렷한 마을답게 60년의 역사를 지닌 대평마을회가 존재한다. 1950년대 초반 '적산(敵産) 부지'를 불하받는 과정에서 만들어진 이 단체는 대평시장을 건립한 것을 비롯해 1988년 이후 해마다 동민체육대회를 개최하고 문패 달아주기, 백미 나눠주기, 방역과 거리 청소, 불우이웃돕기 등의 활동을 전개해왔다. 이 단체 회원들은 '조선소거리'의 거주민이라는 자부심과 동질성이 그런 활동을 추진하는 동력이라고 말했다.

이곳에서 2016년부터 3년간 P 문화기획사가 '깡깡이아지매'의 삶을 모티프로 전개한 '깡깡이예술문화마을사업'도 사회적 주목을 받았다. 이 사업에 참가한 작가들은 '깡깡이아지매'의 모습을 아파트 벽면에 그린 핸드릭 바이키르히의 벽화 '우리 모두의 어머니(Mother of Everyone)' 등 80여 점의 공공미술 작품을 전시했다. 마을회관을 신축하여 1층에는 주민이 운영하는 커피숍이 입점하고 2층에 조성된 '깡깡이박물관'에는 '깡깡이' 작업을 소개하는 판넬과 장비 등을 전시했다.

더불어 '깡깡이' 작업과 관련된 아카이빙 자료를 수집하고 '예술상상마을사업', '산업관광', '문화도시사업', '통선복원사업' 등이 추진되었다. 주민들도 '마을신문'을 제작하고 '깡깡이아지매' 일대기의 영상화 작업을 도왔으며 '정원동아리', '바리스타동아리'에 참여하는 한편 '마을해설사'로 활동하거나 자작시와 춤을 선보인 '공공예술페스티벌'에 참여했다. 그러자 "성공적 도시재생 모델"로 알려진 이 사업을 벤치마킹하기 위해 다른 지역 주민과 공무원이 줄지어 대평동을 찾아왔다.

하지만 '깡깡이예술문화마을사업'은 운영방식과 내용 면에서 아쉬운 점이 있다는 평가도 받았다. 사업 기간이 한시적이어서 지속성이 부족했고 문화, 예술 프로그램만이 '깡깡이아지매'의 내면을 드러내기에 부적합했으며 프로그램에 참여한 주민이 제한적이라는 점들이 지적되었다.

그럼에도 불구하고 그 사업이 '깡깡이아지매'를 바라보는 사회적 시선을 긍정적으로 바꾸고 대평동 '조선소거리'의 정체성을 부각시켰다는 점에는 누구나 동의했다.

핸드릭 바이키르히의 벽화 '우리 모두의 어머니'
(하은지 제공)

'깡깡이아지매'는 197,80년대 근대산업 현장의 가장 낮은 위치에서 산재(産災)와 임금 수탈, 질시와 편견에 시달리며 가정을 지켰다. '원양어업 붐'과 '조선강국(造船强國) 신화'를 떠받친 그들은 근대산업사회에서 존재가치를 증명한 여성 근로자의 전형이자 한국 산업민속의 산증인이자 "국가와 사회의 문화유산"[39]이다.

선박 관련 폐기물이 녹슬어가는 대평동 '조선소거리'는 그들을 위한 기억의 공간[40]이다. 난청과 관절염 등 신체적 장애에 시달리며 스스로를 그 폐기물에 비유하는 '깡깡이아지매'들에게 이제는 새로운 가치를 부여해야 한다. 그들의 존재로부터 환기되는 기억이야말로 한국 사회가 산업사회의 모순을 성찰하고 인간 회복으로 나아갈 수 있는 탈근대와 탈산업의 단서이기 때문이다.

---

39 David Pinder, op. cit., pp.35~36.

40 알라이다 아스만 지음, 앞의 책, 411쪽.

13장

지역민속을 활용한 〈도시민속축제〉

Ⅰ. 지역축제의 재(再)맥락화

오늘날의 한국에서는 '축제의 나라'라 불러도 좋을 정도로 수많은 지역축제가 거행되고 있다. 하지만 그 지역축제들은 내용은 전래의 굿이나 고사, 놀이, 잔치를 계승하면서도 형식은 서구의 페스티벌(festival)을 모방하다 보니 갖가지 착종(錯綜)을 드러내고 있다.

기존 견해는 이에 대해 "축제 정신의 혼미와 양식의 혼란, 향락과 무질서, 운영자들의 전통성 상실과 비전문성, 비용 마련의 어려움, 정책 빈곤, 언론기관 비협조" 등 다양한 문제점을 지적해왔다. 그 원인으로는 "민간 단체의 비자율성, 전통 민속행사의 변질, 지역민의 미약한 호응, 지역의 문화 환경과 역사에 근거한 특성의 결여, 지역과 시기 편중" 등을 꼽았다.[1]

---

1 김병인, 『역사의 지역축제적 재해석』, 민속원, 2004, 250쪽.; 이창경, 「향토축제의 특장화와 개선방향 모색」, 『문화정책논총』 3, 한국문화관광연구원, 1991, 45쪽.

무엇보다 한국의 지역축제 운영에서는 관(官)의 영향이 자치게 크다고 본다. 지자체 등 관이 '축제조직위원회'란 이름을 빌어 축제를 주최 혹은 주관하면서 정치적 목적과 경제적 목적을 추구하는 것을 당연하게 여긴다. 송화섭은 그런 관행이 일제강점기 식민지배자들이 주민 통제와 유화를 위해 축제를 활용하던 방식에서 유래되었다고 보았다.[2]

또 한국 지역축제는 전국 어느 지역의 것이나 프로그램의 내용이 단조롭고 유사하다. 축제라 하면 으레 "놀며 스트레스를 해소하는 기회"로 여기는 통념에 따르다 보니 대다수 지역축제가 유흥거리 위주로 엇비슷한 프로그램을 기획하는 것이다.

그러느라 지역민의 진솔한 삶에 담긴 민중성과 제의성, 생산성, 공동체성을 도외시한 오늘날의 한국 지역축제는 축제 본연의 취지에서 벗어난 탈(脫)맥락적 행사라 해도 과언이 아니다.

이에 여기서는 지역민속을 활용한 프로그램의 기획과 운영으로 지역의 진정성을 담아내고 참가자의 호응을 유도할 지역축제의 재(再)맥락화 방안을 모색해보고자 한다.

한국 지역축제의 연원은 전래의 마을굿에서 찾는 게 합당하리라 본다. 마을 사람들이 주도하여 거행하는 〈남해안별신굿〉은 지역민 서로가 지혜를 나누고 인정을 주고받으며 풍어와 안전을 기원하는 행사였다. '오귀새남굿'으로 망자 전체의 천도를 빌어준 다음 '도신굿'으로 개별 가정의 조상을 모시고 '거리굿'으로 주인 모를 잡귀, 잡신까지 달래주었다. 김형근이 고찰하였듯 "'큰 굿'의 원리로 집단을 위하면서도 개인과 개별 가정의 망자와 조상들을 포용하는 미덕"을 발휘했던 것이다.

오늘날의 지역축제도 그런 전래민속을 비롯해 근대기 이래 축적된 도시민속 등 지역의 문화자원을 적절히 활용해야 한다. 일본 요코하마시의 항만재개발사업 '미나토미라이 21'의 예상치 못했던 부진을 만회시켜준 것은 〈뱅크아트 1929〉에 활용된 개항기 은행 건물과 명품 상가로 재단장된 붉은 벽돌 창고, 전래의 민예품(民藝品), 외국인 묘지의 풍치 등 지역

---

2 송화섭, 「전통축제와 현대축제의 발전 방향」, 『인문콘텐츠』 2, 인문콘텐츠학회, 2003, 236~237쪽.

문화자원이었다.

여기서 인용하는 부산의 지역축제는 2013년 전후 개최된 사례들이므로 현장성과 사실성이 다소 부족한 게 사실이다. 그럼에도 이미 기정사실이 된 축제라야 관련 당사자와의 이해충돌을 피할 수 있고 내용을 평가하기도 용이하다. 게다가 여기서 언급하는 축제들은 개최 시점으로부터 상당한 시간이 경과했음에도 불구하고 프로그램 등의 문제점이 여전한 터라 이제라도 거론해야 할 이유가 충분하다고 본다.

Ⅱ. 지역축제의 문제와 프로그램 개선

1. 일반적인 문제의 개선

가. 지역축제의 일반적 문제

앞서도 지적했듯 현행 지역축제는 지나치게 정치적이거나 경제적인 개최 목적을 앞세우고 있다. 이는 근대기 식민당국이 장차의 지배와 수탈을 위해 '자발적 코뮤니타스'가 아니라 이데올로기와 규범을 선전하고 장려하는 계기로 삼고자[3] 개최한 박람회나 물산공진회 등으로부터 받은 영향이을 물려받은 탓이라 본다.

더구나 오늘날의 지역축제는 흔히 지자체장이나 지역 정치인의 노골적이고 직접적인 선거 홍보 수단으로 이용되곤 한다.[4] 그러다 보니 개폐회식에서의 과도한 의전과 의식(儀式), 지자체장의 성과 소개로 축제 분위기가 흐려지고 프로그램 몰입도가 떨어진다. 지역 상권 활성화를 위한 상가나 지자체의 '가격할인행사'나 '세일', '특매', '지역특산물 홍보와

---

3 빅터 터너 지음, 김익두 · 이기우 옮김, 『빅터 터너의 제의에서 연극으로 - 놀이의 인간적 진지성』, 민속원, 2014, 79쪽.

4 송화섭, 앞의 논문, 238쪽.

판매', '기업홍보관'을 운영하는 지역축제도 엇비슷한 결과를 낳는다.

그중에서도 특히 지자체장이 치적 홍보나 상가 활성화를 위해 지역축제를 활용하는 것은 축제 참가자를 객체로 만드는 본말전도(本末顚倒)에 해당한다. 이를 바로잡으려면 참가자가 호응할 수 있는 프로그램을 기획, 운영하여 관심과 감동을 안겨주어야 지역정체성 고취와 민관 역량 결집, 소득증대 등의 효과를 거둘 수 있다.[5]

다음으로 문제가 되는 것은 프로그램의 상투성이다. 한국의 지역축제 프로그램은 대체로 공동체의 안녕과 참가자의 감동을 유발하기보다 오감 만족과 유흥을 추구하는 것들이다. 진부한 놀이나 시식(試食) 행사, 유명 가수 초청공연, 문화센터 회원 솜씨 자랑이나 지역민 노래자랑, 댄스 경연대회, 코스프레, '먹거리 장터', '각설이 공연' 등의 구태의연한 프로그램이 난무한다.

또 다른 문제는 대개의 지역축제에서 지역민을 단지 구경하고 소비하는 객체로 여긴다는 점이다. 대개의 프로그램이 주로 무대 위에서 공연되는 방식으로 운영되다 보니 기획자나 출연자는 무대와 조명, 음향에 관심을 쏟느라 정작 관람객의 반응에는 소홀하다. 그래서 모처럼 프로그램에 참여하려는 생각을 갖고 축제 현장을 찾았던 참가자들은 '자기결정권'을 얻기 어렵다.[6]

그런가 하면 대다수 지역축제 운영을 위한 예산 편성과 지급, 네트워크 구축, 조직뿐 아니라 평가까지도 대체로 관이 장악하고 있다.[7] 문화체육관광부와 그 산하 한국문화예술

---

5 류정아, 『축제의 원칙』, 커뮤니케이션북스, 2012, 5쪽.

6 류정아, 위의 책, 44쪽, 46쪽.

7 부산 지역축제 주최자의 경우 〈조선통신사축제〉 주최자는 (재)부산문화재단, 〈부산크리스마스트리문화축제〉는 부산크리스마스트리문화축제조직위원회와 광복로문화포럼, 〈구덕골문화예술축제〉는 서구청과 부산서구문화원, 〈해운대달맞이온천축제〉는 (사)해운대지구발전협의회, 〈부산고등어축제〉는 서구청과 대형선망수협, (사)한국고등어협회, (사)부산서구문화원, 〈다대포어항문화축제〉는 다대포어항문화축제조직위원회와 부산시수협다대어촌계, 〈감천문화마을축제〉는 사하구청과 (사)감천문화마을주민협의회, 〈부산항축제〉는 부산광역시와 부산지방해양항만청, 부산항만공사, (사)부산문화관광축제조직위원회 등이다.

진흥원은 전국의 지역축제를 관리, 통제하기 위해 '평가에 의한 지원 시스템'을 구축해 시행해왔다.[8] 현장평가와 전문가 심사로 평가한 지역축제를 '대표축제', '최우수축제', '우수축제', '유망축제'로 구분하고 그에 따라 지원을 달리하는 것이다.[9] 그 방식은 자칫 중앙의 간섭을 심화하고 획일화와 서열화로 지역 문화자원을 활용한 독자적 브랜드 창출을 방해할 수 있다.[10] 그럼에도 지자체들마저 그런 중앙의 제도를 답습하여 매년 '축제의 발전성'과 '개선점', '운영', '성과' 등을 기준으로 자체 평가를 실시, '상위 우수축제', '중간 축제', '하위 개선 대상 축제'를 선정하고 그 결과에 따라 예산을 차등 지원한다.

예산에 관해 살펴보면 한국 대다수 지역축제는 전래의 굿처럼 걸립을 통해 이를 마련하는 게 아니라[11] 대부분을 관으로부터 지원받는다. 강원도 화천의 〈화천산천어축제〉처럼 지역 농산물 구매 상품권 판매로 지역 상권을 활성화하고 주민소득을 올리는 경우는 극히 일부에 불과하다.

2013년 부산의 지역축제가 확보한 경비는 외부 지원액과 자부담액을 합쳐도 1억 원 미만인 경우가 43.9%, 3억 원 이하가 68.3%를 차지했다.[12] 그처럼 예산이 소규모인데도 이를 사용하는 방식 또한 문제가 많다. 출연자 사례비나 접대비 등 일과성, 유흥성 경비 지출이 지나치게 많아 지역경제에 미치는 낙수효과를 거두지 못하고 다음 축제를 위한 비축은 엄두도 내지 못한다.

---

8 정호기, 「지역축제의 활성화와 문화정치」, 정근식 외, 『지역민주주의와 축제의 관계』, 중원문화, 2010, 225~226쪽.

9 2013년 부산의 경우 "발전 가능성"을 인정받은 〈부산광안리어방축제〉와 〈해운대모래축제〉가 '유망축제'로, "지역문화 활용했다"는 〈감천문화마을골목축제〉, 〈영도다리축제〉, "지역특성을 반영했다"는 〈부산고등어축제〉, 〈부산차이나타운특구문화축제〉 등이 '우수축제'로, 그밖에 "역사적 의미를 부각했다"는 〈동백섬문화관광축제〉, 〈40계단문화축제〉, "지역성을 부각했다"는 〈부산바다축제〉, 〈부산항축제〉, "상권 활성화에 기여했다"는 〈부산크리스마스트리문화축제〉, "다수의 관람객을 끌어들였다"는 〈부산국제록페스티벌〉 등이 높은 점수를 받았다.(최도석 · 윤지영, 「부산지역축제 특화 육성방안」, 부산발전연구원, 2013, 51쪽)

10 김태영 외, 「경남 지역축제 통폐합에 대한 탐색적 연구」, 『중점정책연구』, 경남발전연구원, 2011, 12~14쪽.

11 송화섭, 앞의 논문, 250쪽; 김병인, 앞의 책, 254쪽.

12 최도석 · 윤지영, 위의 논문, 78쪽.

또 지역축제를 개최할 장소도 적절치 않다. 일반적으로 사용되는 공설운동장이나 체육관 등 공공시설은 사용료는 적지만 무대 등을 설치하기가 어려워 축제의 특성을 살리고 몰입도를 높이기가 어렵다. 〈보수동책방골목문화축제〉처럼 협소한 골목에서 개최되는 경우에는 참가자 수마저 제한해야 하는 형편이다.

그런가 하면 대다수 지역축제의 개최 시기가 봄가을에 편중되어 있어 연간지속성을 기대하기 어렵다. 부산의 경우 나들이객이 많은 계절을 택하기 때문인지 축제의 73.2%가 4월과 5월, 9월, 10월에 몰려 있다.[13]

그 밖에도 대다수 지역축제는 홍보나 광고에 미숙하고 이를 전담할 인력, 예산, 홍보 책자나 팜플렛, 포스터 수나 배포처가 부족하다. 축제 참가 예상자와의 간담회나 공청회나 사전 순회 홍보는 엄두도 내지 못하며 소식지도 배포하지 않는다. 전국적 네트워크를 지닌 TV나 라디오 공중파는 물론 지역 신문이나 방송조차 지역축제를 보도해주지 않고 인터넷을 통한 홍보와 안내도 미흡하다. 그 위에 축제 현장에 배치되는 안전요원이나 안내요원의 수도 절대적으로 부족하다.

이런 문제로 인해 부산의 경우 지역축제 참가자 중 외부인 유치는 10%를 밑돌아 참가자 동원 성과가 지극히 미미하다.

더불어 지역축제에서 판매되는 특산물과 기념품은 종류가 제한적이고 질이 낮은데도 값은 비싸 소비자의 불만을 산다. 그러다 보니 부산의 지역축제에서 10만 원 이상을 소비한 관람객은 0.9%에 불과하다고 조사된 결과도 있다.[14]

나. 프로그램을 통한 개선

지역축제의 목적과 프로그램, 참가자, 예산, 장소, 시기, 홍보 등은 사실상 연쇄 관계를

13 최도석 · 윤지영, 앞의 논문, 77쪽.

14 백선혜, 「축제유형별 지역축제 성공의 열쇠」, 『공공정책』 72, 한국자치학회, 2011, 26쪽.

이루고 있다. 이들이 맞물려 한번 악순환(惡循環)의 고리가 만들어지면 그로부터 벗어나기가 어렵다.

특히 지역성이 부각된 프로그램이 부족하기 때문에 그로부터 여러 문제가 발생한다. 이를 개선하려면 프로그램의 기획과 운영 방안을 획기적 개선해 집객력(集客力)을 높여야 예산, 장소, 시기, 홍보 등의 선순환(善循環) 구조를 만들 수 있다.

이에 여기서는 2013년의 경우 전국에서 여덟 번째로 많은 41개의 축제가 개최된 부산의 지역축제를 예로 들어 지역축제 프로그램 개선 방안을 모색하고자 한다.

부산의 축제들을 프로그램의 소재에 따라 분류하면, 지역사를 다룬 〈조선통신사축제〉, 〈영도다리축제〉, 〈40계단문화축제〉, 〈동래읍성문화축제〉부터 해양을 다룬 〈부산바다축제〉, 〈광안리어방축제〉, 〈해운대모래축제〉, 〈부산자갈치축제〉, 〈부산고등어축제〉, 〈가덕도숭어축제〉, 지역문화를 다룬 〈보수동책방골목문화행사〉, 〈감천문화마을축제〉 등으로 나누어 볼 수 있다.

지역사를 다룬 지역축제는 임진왜란이나 조선통신사, 6.25 전란기 피난민들의 삶을 재현한 프로그램을 갖추고 있다. 하지만 그 프로그램들은 역사를 바라보는 관점이 제한적이고 교과서적이어서 참가자들에게 사실(史實)에 대한 새로운 해석이나 성찰을 유도하지 못했다.

해양을 다룬 지역축제 역시 프로그램이 천편일률적이어서 참가자가 바다를 새롭게 접하고 이해할 기회를 얻기 어려웠다. '맨손으로 활어 잡기', '활어요리 경연대회', '생선 시식회' 등은 어느 축제에서나 거행되는 데다 일상과 크게 다르지 않아 흥미 유발이 어려운 프로그램들이었다. '바다 핀수영 대회', '수상 오토바이 대회', '윈드서핑 대회', '요트 대회', '카이트보딩 대회', '비치발리볼 대회', '조정 대회' 등도 평소 익숙하게 접하던 해양스포츠 종목들이라 식상하게 여겨졌다.

부산의 문화를 다룬 〈보수동책방골목문화행사〉나 〈감천문화마을축제〉의 프로그램 역시 문화센터나 취미 모임의 공연이나 작품 전시와 크게 다르지 않아 참가자들이 색다른 감흥을 느끼지 못했다.

이처럼 지나치게 상투적이고 평범하며 획일적인 프로그램으로는 지역축제의 특성을 드러내기가 어렵다. 이를 획기적으로 개선하려면 우선 지역민이 축제의 주체가 되어 프로그램 기획과 준비, 체험, 안내, 홍보에 두루 참여해야 한다. 그럼으로써 축제의 진행 자체가 지역민 자신을 비롯해 축제 참가자들이 지역에 대한 관심을 갖고 지역정체성을 확인하는 과정이 되어야 한다.

2006년 처음 개최된 일본 나가사키시의 〈나가사키사루쿠박람회〉는 '지역문화 재조명'을 주제로 "걷기를 통한 도시 재발견"이라는 연중 프로그램을 운영했다. "모든 이벤트를 시민이 기획, 실시하며 그로부터 얻는 이익도 모두 시민이 향유한다"는 방침을 내건 이 축제를 주관한 것은 민관(民官)이 함께 참여하여 구성한 축제추진위원회였다. 시민들은 이 위원회에 자발적으로 참여하여 프로듀서, 가이더, 서포터로서 프로그램 기획과 제작, 안내를 수행해 축제를 성공으로 이끌었다.[15]

그처럼 일본의 대다수 지역 마츠리에서는 매년 이를 위해 고향을 찾는 이향민이 토착민과 함께 기획과 운영, 안내에 참가하는 모습을 여러 곳에서 볼 수 있다.[16]

한국의 지역축제도 지역민 대표와 상공인, 기업인, 축제 전문가, 공무원 등이 평등한 지위로 참가하는 축제조직위원회를 만들어 운영해야 한다.[17] 그럴 경우 관은 정보와 예산을 제공하고 홍보와 운영을 지원하는 것 이상의 간섭을 자제해야 한다.

---

15 長崎さるく博06推進委員会, 『長崎さるく博06記録集』, 2007 참조.

16 이승수, 『새로운 축제의 창조와 전통축제의 변용』, 민속원, 2003, 37쪽.

17 김학준, 「관광두레를 활용한 지속가능한 지역축제 활성화 방안」, 『한국관광레저학회 학술발표대회 자료집』, 한국관광레저학회, 2017, 384쪽.

주민이 주체가 되어 진행하는 〈나가사키사루쿠박람회〉 모습

무엇보다 지역축제에서는 참가자가 만족할만한 프로그램을 기획, 운영하여 참가자들이 이를 즐기고 체험하는 대가로 비용을 지불하도록 만들어야 한다. 이를 축제 진행 경비와 개최장소 마련, 홍보 확대 등에 사용할 수 있어야 선순환을 이룰 수 있고 그래야 비로소 지역축제를 통해 지역정체성 제고와 지역민 단합, 지역 경제 활성화 등을 추구할 수 있다.

축제를 마치고 나면 그에 참가했던 지역민과 지역상인, 관광객 등이 모여 평가모임을 갖고 축제의 목적과 운영방식, 성과 등에 대해 의견을 나눈 다음 이를 다음 축제에 반영해야 한다. 가능하다면 축제에서 사용한 시설이나 도구, 음악, 미술, 애니메이션 등을 문화콘텐츠로 만들어 아트 마켓이나 공모전, 전시회 등을 개최하는 것도 바람직하다.

2. 지역축제 프로그램의 문제

가. 지역민속 프로그램

지역축제는 지역에 전승되어 온 지역문화를 비유와 상징, 아이러니, 풍자에 의해 재현(再現)한 프로그램을 갖추어야 한다. 그런 프로그램의 기획과 제작에 가장 적절한 자원은 지역에서 형성되고 전승되는 전래민속과 도시민속이다.

기왕에 2013년 부산의 〈지역축제〉에서 전래민속과 도시민속을 활용한 프로그램을 만들어 운영한 사례는 다음과 같다.

〈광안리어방축제〉에서는 조선시대 경상좌수영에서 수군의 부식 마련과 어업진흥을 위해 민군(民軍)이 어울려 어로와 놀이를 펼치던 '어방'이 재현되었다. 이 프로그램에서는 어부와 아낙으로 분장한 참가자가 좌수영 어방기, 풍어기, 봉황기 등을 들고 나와 내왕소리, 사리소리, 칭칭소리 등 어로요를 부르며 농악에 맞춰 춤추는 모습을 연출했다. 그와 유사한 전래민속 관련 프로그램이 '어방 그물 끌기', '진두어화', '경상좌수사 행렬', '경상좌수영성 수군 교대식', '해녀관 전시', 체험 프로그램으로 '전통탈 · 부채 만들기', '전통 민속연 만들기', 공연 프로그램으로 '진두어화 뮤지컬', '세계인 민속 페스티벌' 등이었다.

〈가덕도숭어축제〉에서는 '육소장망'[18]이라는 전래의 어법(漁法)을 재현한 프로그램 '숭어들이 시연'이 운영되었다.

〈동래읍성문화축제〉에서의 전래민속 관련 프로그램인 '동래부사 행차', '동래성전투 재현', '옛 동래장터 재현', '동래줄다리기', '동래온천 용왕제 길놀이', '동래학춤', '야류', '전통 줄타기' 외에 체험 프로그램인 '읍성민 씨름대회', '동래읍성 성곽 밟기', '엽전 · 호패 체험', '전통민화 체험', '동래파전 시식' 등이 거행되었다.

---

18 '육소장망(六艘張網)'이란 100여 년 전부터 부산광역시 강서구 가덕도에 전승돼 온 숭어잡이 방식으로 숭어의 움직임을 눈으로 포착하고 무동력 목선 여섯 척을 지휘하는 어로장의 눈썰미가 절대이었다. 현재는 기계식 들망에 의한 포획 방식으로 바뀌었다.

〈금정산성역사문화축제〉에서 전래민속을 재현한 프로그램으로는 '금정산성 병영 체험', '막걸리 체험 마을', '전통누룩 제조 재현' 외에 '길놀이 고유제' 외에 '중요무형문화재 줄타기' 등이 운영되었다.

이 밖에도 근대기 이래 외래문물 이입과 6.25 전란기 피난살이와 관련된 도시민속을 활용한 프로그램을 만들어 운영한 지역축제로 〈영도다리축제〉, 〈40계단문화축제〉, 〈보수동책방골목문화행사〉 등이 있었다.

〈영도다리축제〉에서의 도시민속 관련 프로그램으로는 '영도역사 시민 퍼레이드', '굳센 금순이 선발대회' 외에 근대기 이발관, 교실, 다방 등을 전시한 '축제 주제관', '영도다리 역사 대자보 & 영도다리 홍보 전시 부스', '향토가요 『태종대』 노래비 제막식' 등이 있었다.

〈40계단문화축제〉의 부대행사인 한국전쟁 63주년 기념 특별전시회 "피난 시절 부산 모습 학교 순회전"도 도시민속을 활용한 내용을 담고 있었다.

〈보수동책방골목문화행사〉에서는 '보수동책방골목 어린이책 수상', '보수동 세계 어린이 '책과 함께' 그림대회 - 보수동 책방골목 어린이 비엔날레', '보수동 책방골목 사진책 제작' 등 도시민속 관련 프로그램이 마련되었다.

나. 현행 지역민속 프로그램의 문제

2013년에 거행된 부산의 지역축제는 위와 같이 전래민속과 도시민속을 활용한 프로그램을 만들어 운영했지만 그 발굴과 고증, 재현 면에서 여러 문제점을 노출했다.

〈동래읍성문화축제〉의 '동래부사 행차'는 영남권의 거점지역이었던 동래의 이중적 역사성을 상기시키는 문제점이 있었다. 같은 축제에서의 '동래 산오구굿'이나 '온천 용왕굿' 등은 동래의 전래민속을 활용한 프로그램이지만 굿의 일부만이 재현된 탓에 전반적 의미를 짐작하기 어려웠다.

〈광안리어방축제〉에서의 '해녀관 전시'도 전래민속으로서의 근거가 희박한 프로그램이었다. 1887년 제주에서 떠나온 '출가해녀'가 부산에서 정착한 대표적 지역은 영도였으므로 수영이 상징으로 내세울 민속이 아니었다. 같은 축제에서의 '전통 탈 만들기'는 '수영

야류'라는 전래민속에 대한 설명은 생략한 채 탈 제작이라는 단편적 체험에만 한정된 프로그램이었다.

도시민속을 활용한 〈영도다리축제〉, 〈40계단문화축제〉, 〈보수동책방골목축제〉의 프로그램들 역시 6.25 전란기의 다양한 면모를 보여주지 못한 채 부분적 모습의 재현에만 그친 문제점을 드러냈다.

그처럼 지역축제 프로그램 재현의 근거가 모호한 이유는 지역의 역사나 민속에 대한 이해와 성찰이 부족했기 때문이라 본다. 혹은 현대인의 취향과 서구풍에 어울리는 프로그램을 만드는 데 열중하다 보니 전래민속과 도시민속에 함축된 유래나 의미에 소홀했던 탓도 있었다.

또 다른 문제는 놀거리로 제공된 프로그램이 유난히 많다는 점이었다. 〈동래읍성축제〉의 '동래줄다리기'나 '씨름대회', '제기차기', 〈광안리어방축제〉의 '전통 민속 연 만들기', '줄연 날리기' 등은 세시풍속이 지닌 우주적, 주술적 의미가 생략된 채 유희로만 여겨질 수 있는 프로그램들이었다. 이는 물을 뿌려주는 행위로 새해의 안녕을 기원하는 태국의 〈송크란축제〉를 부산의 〈바다축제〉에 도입해 만든 프로그램 '물의 난장(亂場)'과 흡사한 경우였다. 그 프로그램은 태국 민속 본연의 의미를 살리지 못한 채 단지 유희로만 받아들여지고 말았던 것이다.

축제에서의 유희민속을 활용한 프로그램은 부정(능글맞은 웃음)과 긍정(유쾌한 웃음)을 결합시킨 웃음과 조롱으로 일탈과 전복을 시도하여 독단과 권위를 물리치는 풍자 수단이 되어야 한다. 나아가 웃음과 익살로 죽음과 재생을 암시하는 심원한 조망을 거쳐 문화를 생성하고 성스러움을 견인해야 한다.[19] 축제 프로그램의 운영방식이 놀이라 해서 그것을 단지 유희로만 여겨서는 그런 의미와 기능을 살리기 어렵다.

---

19 레나테 라흐만, 여홍상 옮김, 「축제와 민중문화」, 여홍상 엮음, 『바흐친과 문화이론』, 문학과 지성사, 1995, 68쪽.

나. 부수적 프로그램의 문제

지역축제에서는 주요 프로그램보다 부수적 프로그램이 더 넓은 공간을 차지하고 더 많은 참가자를 불러 모으는 바람에 축제의 취지가 흐트러지곤 한다. 특히 개막식 · 폐막식 프로그램에서의 '내빈 소개'를 비롯해 길고 장황하게 이어지는 인사말과 '축사', '대회사', '격려사', 치적 자랑 등은 축제에의 몰입을 방해한다.

구태의연한 공연이나 전시 프로그램도 지역축제의 특성을 불분명하게 만든다. 도시 어디서나 접할 수 있는 '뮤지컬'이나 '노래자랑', '풍물공연', '군악대연주', '초청가수와 홍보단 공연', '각설이 공연', '오케스트라 공연', '게릴라 콘서트', '우수동아리 공연', '어쿠스틱 포크 콘서트', '우리 가락 우리 마당', '힙합 콘서트', '추억의 밴드 & 영화', '경음악', '성악', '퓨전 난타', '골목 음악회' 등이 그런 프로그램들이다.

지나치게 지역 경제 활성화를 강조한 프로그램도 지역축제 개최 취지를 모호하게 만든다. 지역 상권의 매출을 겨냥한 '가격 할인 행사', '세일 대축제', '기업홍보관', '먹거리 부스', '중소기업 우수제품전', '1가게 1이벤트' 등을 비롯한 '특산물 홍보관과 장터' 등 지역 특산물 판매와 '생선회 깜짝 경매', '활어요리 경연대회', '무료 시식회', '마을기업 홍보전' 등이 그런 프로그램들이다.

모처럼 마련한 체험 프로그램도 학교나 문화센터 등에서 다루는 평이한 내용은 참가자를 식상하게 한다. 그런 예가 '맨손으로 활어 잡기', '가두리 낚시터 체험', '짚풀 물고기 만들기', '물고기 탈 만들기', '관광 퍼즐 맞추기', '그림 그리기 대회', '글짓기대회', '사진 공모', '윈드서핑 대회', '노 보트', '해양 레포츠 이벤트 행사', '청소년문화 존', '문화의 거리(아트 마켓)', '갈맷길 걷기대회' 등의 프로그램들이다.

혹은 '과학 체험 존', '실버 뮤지션', '족구대회', '해설사가 있는 이야기 버스 운영', '국제문화 예술제', '일탈 프로그램 "추억의 디스코텍"', '우리 동네 슈퍼스타', '청소년 스타킹', '물 보트', '포토 존', '아트 프리마켓', '포토 서비스', '평생학습 축제', '주민 오케스트라 공연', '주민자치회 경연', '입주 작가전', '작품전', '시화전 등', '주민자치회 작품 전시회', '복지 체험', '건강 체험' 등도 그에 해당하는 사례들이다.

축제의 주제와 상관없이 도시인의 취향을 좇아 만든 프로그램들도 취지를 흐려놓는다. 그런 예가 '불꽃 쇼'나 '거리 퍼레이드', '먹거리 장터', '각설이', '사랑 마실길 투어', '달빛 걷기', '막걸리 힐링 존', '페이스 페인팅', '매직 풍선 만들기', '키드 존', '거리 장터', '떡메치기', '추억의 찐빵', '뻥튀기' 등이다. 나름대로 세련미를 가미하여 기획했다는 '비치 씨네마', '포토 존', '선상 투어', '스탬프 투어, '음악이 흐르는 샌드애니메이션', '시 낭송' 등의 프로그램 역시 축제의 주제를 부각시키는 데는 방해가 될 수 있다.

Ⅲ. 지역민속 활용 지역축제

1. 지역축제 개선 방안

축제 전문가들은 지역축제의 구성 요소를 전통성과 지역정체성, 테마성, 사회성, 교육성, 일탈성, 차별성, 신기성, 창조성으로 꼽는다.[20] 하지만 지역정체성과 전통성은 축제의 목적이나 속성에 가깝고 테마성, 사회성, 교육성은 당연한 조건이거나 사후적 평가의 기준이므로 이를 구분해야 하리라 본다.

---

20 김태영 외, 앞의 글, 23쪽 재인용.

연구자	지역축제 구성시 중요 요소
김의근(2010)	지역정체성
정연정(2009)	상징성, 전통성, 차별성, 흥미성(유희성)
유기준(2008)	테마성
제갈돈 외(2006)	일탈성, 가족친화성, 사회성, 신기성, 가치성
이충기 외(2001)	특이성, 일탈성, 가족친화성, 사교성, 체험성
김현호(2010)	차별성, 테마성
표인주(2008)	지역정체성
류정아(2007)	지역성, 교육성, 흥미성(유희성), 일탈성, 참여성, 의례성, 창조성
김동기(2005)	교육성
강형기(2001)	일탈성, 테마성

축제는 일탈성, 차별성, 신기성을 살린 프로그램의 기획과 운영을 통한 창조성 획득의 계기가 되어야 한다. 그리하여 참가자가 일상에서 벗어난 비(非)일상으로 진입했다가 다시 일상으로 되돌아면서 쇄신과 갱생(更生)을 체험토록 유도해야 한다.

빅터 터너는 갈등에 빠진 집단이 의도적 시련과 질서의 파괴라는 전이(liminality)을 통해 그 갈등을 해소하고 소외를 극복한다고 했다. 그처럼 축제 프로그램도 참가자에게 혼란 극복과 질서 회복, 정화와 갱생, 부활을 유도할 수 있게 기획해야 한다.

그러자면 "공연(performance)이란 '전통'의 틀을 고쳐 새로움이 생기게 하는 변용"이라는 빅터 터너의 견해[21]를 축제 프로그램 기획에 응용해야 한다. 그래야 축제 참가자들이 기존의 양식이나 질서를 풍자, 조롱, 전복하고 이질적인 것을 포용하는 프로그램을 통해 고양과 초월을 추구하고 새로운 문화를 창출하는 계기를 경험할 수 있게 될 것이다. 이를 위해서는 특히 지역축제에 신성성과 일탈(逸脫), 차별, 신기함의 경험을 통해 지역을 새롭게 이해하고 분위기를 쇄신하여 공동체적 일체감을 갖게 하는 프로그램을 마련해야 한다.[22] 그래야 축제 참가자는 비로소 참신하고 변혁적이며 전복적이고 초월적인 프로그램을 체험하고 기존 사회구조의 낡은 관점을 해체, 쇄신(刷新), 정화(淨化)하여 새로운 사회 질서를 구축하고 재통합과 재생을 도모할 수 있게 될 것이다.

물론 부산의 지역축제에도 기존 질서를 비판하고 새로운 질서의 구축을 시사하는 프로그램 상당수가 존재했다. 〈동래읍성문화축제〉의 '야류'에는 기존 질서와 공식 담론, 지도층에 대한 풍자와 사회혁신, 부정과 긍정의 결합, 늙음과 젊음의 교차가 형상화를 통해 사회적 모순을 비판, 전복하고 쇄신과 정화를 추구하자는 메시지가 담겨 있었다.

그런 연희를 '사회극(社會劇)'이라 명명한 빅터 터너는 그것이 '위반', '위기', '교정', '재통합(분리)' 단계로 진행된다고 설명했다. 그는 이 단계를 입센의 「인형의 집」 연출, 아프리카

---

21 빅터 터너 지음, 김익두 · 이기우 옮김, 앞의 책, 130쪽.

22 최인학, 「바람직한 지역축제」, 『황해문화』 13, 새얼문화재단, 1996, 29쪽.

응뎀 부족의 '이름 계승 제의', 1972년 미국의 워터게이트사건 등 연출과 공연, 사회적 상황 분석에 두루 적용해 보였다.[23]

이 이론은 지역축제 프로그램의 구성에도 원용할 수 있다. 참가자는 무기력이나 무관심 등 일단의 '위반'으로 인한 '위기'를 축제라는 비(非)일상으로의 진입한 다음 프로그램에 의한 '교정'을 통한 쇄신, 정화를 경험한 후 일상으로의 복귀라는 '재통합(분리)'을 경험하도록 하는 것이다. 이처럼 의도적 시련과 질서의 파괴를 통해 변화와 전환을 이룩하는 '전이의례(轉移儀禮)'는 인간관계의 긴밀함, 평등, 단합을 새롭게 추구하는 계기가 될 수 있다.

2. 부산의 지역성과 지역민속

지역축제에서 지역의 전래민속과 도시민속을 활용한 프로그램을 기획하고 운영하려면 지역성과 지역민속을 파악하여 활용해야 한다.

이를 위해 부산의 지역성과 지역민속을 다음과 같은 압축적 설명을 통해 재조명할 수 있다.

경상도의 중심지였던 동래에서는 진작부터 '동래학춤'과 '동래줄다리기', '동해안별신굿', '용왕굿' 등의 전래민속이 전승되어왔다. 육지가 바다와 만나는 경계 지

(行發店商竹丸山釜) "TSUSHIMAMARU" & "UMEGAIMARU" AT FUSAN. 景ノ丸

23 빅터 터너 지음, 김익두 · 이기우 옮김, 앞의 책, 152~153쪽.

역 부산포에 위치한 경상좌수영에서는 군민이 협력한 어로민속 '어방'으로 방어와 결속을 도모했다. 가덕도 대항마을은 십 리 연안의 고기떼를 눈으로 포착하고 목선을 이용하여 잡는 '숭어들이'로 부를 누렸다. 명지와 녹산에서는 바닷물을 끓여 만든 자염(煮鹽)을 낙동강 상류 내륙에 보급했다. 영도에는 제주에서 건너온 '출가해녀'들이 정착하여 물질로 해산물을 채취하는 기량을 발휘했다.

개항과 더불어 한적한 어촌에서 항구도시로 변모를 일신한 부산은 근대문명을 받아들이는 한반도의 인후(咽喉)와 같은 도시가 되었다. 외래문물인 '박래품(舶來品)'이 소개되고 근대적 수산업과 조선업이 전개되었다. 신형그물을 지니고 몰려온 일본 어부들이 이주어촌을 건설하고 동력선을 만들어 어족자원을 수탈하자 한국 어부와 선박 기술자도 조업 기술을 익히고 조선소를 차려 일본인과의 경쟁에 나섰다.

한국인의 주체적 관점으로 재현해봄직한 근대기 부산의 모습(부경근대사료연구소 소장)

대(大)전환의 무대가 된 부산에서는 근대화를 빌미로 이입된 외래문물로 인해 생활문화가 전면적으로 바뀌었다. 다꾸앙과 우동 등 일본 음식과 돈까스, 오무라이스 등 일본화된 서양 음식, 인공조미료와 청주, 맥주가 한국인의 입맛을 바꾸었다. 현관과 낭하(廊下), 다다미방, 욕실을 갖춘 '문화주택'이 인기를 끌었고 거실과 복도, 실내 화장실을 구비한 '한화양절충형(韓和洋折衷型)' 주택과 서구적 양식의 근대건축물이 속속 들어섰다.

'활동사진'을 상영하는 극장이 개관되고 신파극이 소개되었으며 유곽과 공창이 설치되어 유흥문화가 만연했다. 혼례와 장례 의식이 바뀌고 화장과 공동묘지 사용이 일반화되었으며 위락시설과 일본식 정원, 여관이 들어선 '동래온천장'은 '식민지 관광'의 명소가 되었다. 기차와 전차가 운행을 개시하고 근대 교육과 우편 제도가 도입되었으며 위장약과 구강청결제가 "만병통치약"으로 알려져 날개 돋친 듯 팔려나갔다.

부산의 한국인이 근대문물을 접하고 찬탄과 부러움, 심취와 혼돈을 경험하는 와중에 일제에게 땅을 뺏긴 이농민이 "고된 머슴살이 집어치우고 부산포에 가서 깽깽이나 하자"며 몰려왔다. 일본으로 도항하려다 실패한 이주민은 '노가다'나 항만잡역부가 되어 산기슭에 토막을 짓고 주변인으로 살아갔다.

동래에서는 민간 단체 '동래기영회'가 학교를 설립하고 장학회를 만들어 육영사업에 나섰다. 관기 출신이 만든 '동래권번'은 전래의 연희를 전승하는 한편 물산장려운동과 육영사업에 참여했다.

부산에서 더욱 낯설고 거창한 전환이 벌어진 것은 귀환 동포들과 피난민, 이주민이 모여든 해방기와 6.25 전란기였다.

6.25 전란 당시 '까꼬막 언덕'에 '하꼬방'을 지어 주거를 마련한 피난민들 중 남자들은 '노점상'이나 '운반일'로, 여자들은 '박음질', '단춧구멍 내기'로 생계를 꾸렸다. 그 밖에도 깡통으로 지붕을 덮는 '깡깡이업', 바다에 떠도는 땔감을 수거해 파는 '전마선업', 목에 옷가지와 자물쇠를 걸치고 다니며 파는 '샌드위치 맨' 등 기상천외한 직업들이 나타났다.

피난민들은 미군 부대에서 흘러나온 햄과 치즈 등으로 만든 '꿀꿀이죽'('UN탕', '영양탕')을 먹고 '급수차'에서 식수를 배급받는 '달동네'에서 '공동부엌'과 '공동화장실'을 사용하며 살아갔다. 그들 중 일부는 범일동의 일본군 마사(馬舍)와 일본에 공출되는 소를 가두어두던 우암동의 우사(牛舍)를 개조해 거주 공간을 마련하거나 아미동에서는 일본인 공동묘지를 밀어낸 자리에 간이주택을 지어 살았다.

전쟁통에 지아비를 잃은 과수댁이나 고향을 떠나온 이주민, 선원의 아내들은 '자갈치 아지매', '국제시장 아지매'가 되거나 영도의 선박 수리업체에서 뱃전의 녹을 떨어내는 '깡깡이아지매'로 일했다.

1960년대 산업화기 전국에서 부산으로 모여든 젊은이들은 신발과 합판, 방직 공장에서 일하며 주거지를 마련한 '산복도로'에서 매일 아침 출퇴근 경쟁을 벌였다. 부산항에서는 파월 장병과 중동파견 근로자, 해기사들이 나름의 포부를 안고 타국의 전장과 일터로 떠났다.

1970년대 '원양어업 붐'으로 활기가 넘치고 선원모집센터가 붐비던 영도에는 하루 4백 척의 어선이 드나들고 골목마다 주점과 다방이 들어섰다. 대평동 '조선소거리'의 선박 관련 공구점과 철공소의 기술자는 "배에 관한 것은 무엇이든 할 수 있다"는 자신감을 갖고 있었다.

한편 작곡가와 가수, 음반 회사가 모여 있는 195,60년대 부산에서는 항구를 배경으로 마도로스의 사랑과 이별을 노래하는 수많은 히트곡이 탄생했다. 1950년대 하야리아부대의 '미8군 무대'에서 음악감상실과 음악다방을 통해 퍼져나간 미국 대중음악은 196,70년대 산업화기와 민주화기에 대중의 정서를 달래주고 삶을 위로한 한국 포크와 록 음악의 모태가 되었다.

근대기 이래 축적된 부산의 생활문화는 결코 박제나 화석이 아니라 과거와 현재를 이어주는 지역민속이다. 한국인이 실존적인 자각과 주체적인 전유(專有)를 통해 생명력을 불어넣은 그 지역민속은 부산 지역축제의 프로그램 기획에 중요한 자원이 될 수 있다.

3. 지역민속을 활용한 〈부산도시민속축제〉 프로그램

가. 해양민속 활용 프로그램

우선 〈부산도시민속축제〉 프로그램의 기획과 운영에는 지역의 해양민속을 활용할 수 있다. 바다와 관련된 지식과 직업, 놀이 등은 참가자의 일상을 전복시키기에 충분히 매력적인 요소를 갖고 있다. 특히 내륙의 지역민이나 장애인, 병약자는 바닷가의 햇빛과 모래, 바닷물만 접하기만 해도 치유[thalasso theraphy]를 경험할 수 있다.

해양민속을 활용한 〈부산도시민속축제〉 프로그램은 지역축제 참가자에게 바다에서 육지를 바라보는 관점을 갖고 직접 바다를 체험하도록 유도해야 한다. 부산의 해양 관련 교육기관이나 해양박물관, 어촌박물관 등이 그런 관점에서 '해양사'와 '해양 생태', '해양 문화', '해양 민속', '해양 생물', '원근해 어업', '항만 운영' 등의 프로그램을 마련해야 한다. 더불어 어부나 해기사, 각 분야 해양 전문가 등이 참가자에게 '어로 체험', '항만 체험', '승선 체험', '해양 관광', '등대원 체험', '동해안별신굿과 용왕제, 선원 위령제 참가' 등을 권유하고 안내하는 게 바람직하다.

혹은 기존의 지역축제 프로그램 중 〈광안리어방축제〉의 '어방 그물 끌기', 〈가덕도숭어축제〉의 '숭어들이 시연', 〈부산항축제〉의 '승선체험', 〈해운대모래축제〉의 '모래조각체험' 등의 장점을 살리면서 〈부산도시민속축제〉의 취지에 맞는 프로그램을 덧붙이는 게 좋겠다.

그런 예로 〈광안리어방축제〉의 '어방' 프로그램에서는 해군 장병과 지역주민, 관광객 등이 함께 '어방 그물 끌기'와 '어방놀이', '진두어화'를 재현하게 기획, 운영한다. 〈가덕도숭어축제〉의 '숭어들이 시연' 프로그램에서도 전래의 '육소장망' 외에 숭어 신에게 올리는 제의, 어로장 신위 모시기 고사 등을 함께 재현토록 한다. 〈가덕도숭어축제〉에서의 '숭어 시식'을 비롯해 〈부산고등어축제〉, 〈기장멸치축제〉, 〈다대포어항문화축제〉 등의 해산물시식 프로그램에 '창작요리 경연대회'를 곁들이도록 기획한다. 그밖에 〈부산항축제〉의

〈부산항축제〉와 〈해운대모래축제〉의 모습

'승선 체험'에서는 어선과 상선, 군함, 해양경찰선 등을 승선하게 하거나 〈해운대모래축제〉에서는 결손가정이나 소년 · 소녀 가장, 다문화가정 자녀, 장애인 등을 참여시키는 '모래조각체험' 프로그램을 기획, 운영한다.

〈부산도시민속축제〉에서는 근대기 이래의 개항과 교류, 근대문물 이입, 귀환 동포 귀국이나 피난, 파병, 중동 근로자 송출 등을 재현한 프로그램도 기획, 운영할 수 있다. 참가자에게는 미리 해당 사건의 취지를 설명하고 예전의 잔교와 부두에서 재현하는 '관부연락선 입출항', '귀환동포선 입항'과 '6.25 전란기 빅토리아호 입항', '월남파병선 출항', '중동 근로자 송출선 출항' 등의 프로그램에 참가하도록 권한다. 이 프로그램을 운영할 때는 당시의 승선원으로 분장한 배우들 외에 실제 경험자, 관련 기관과 기업 종사자 등이 참가하여 프로그램 관련 역사를 설명하며 안내하도록 한다.

해양민속을 활용한 〈부산도시민속축제〉의 개최 공간을 영도 대평동이나 대교동의 '근대조선 발상지'나 '조선소거리' 등으로 더 넓힐 수 있다. 그곳에서 '발동선 제작과 출항' 등 근대조선업을 재현하거나 '창작선 경진대회'나 '깡깡이아지매 작업 체험' 등의 프로그램을 기획, 운영할 수 있다.

나. 도시민속 활용 프로그램

부산에는 개항기 이래 일제강점기, 해방기, 6.25 전란기, 산업화기의 다양한 유적, 유물, 풍습 등이 남아있다. 특히 근대기에 이입된 외래민속이나 전래민속과 결합된 외래민속, 새롭게 창출된 도시민속 등이 전승되어왔다.

지역민의 기획과 참여로 그런 도시민속을 활용한 〈부산도시민속축제〉 프로그램을 기획, 운영하면 지역의 면모를 새롭게 부각시킬 수 있으리라 본다.

도시민속을 활용한 프로그램 기획에는 일본 〈나가사키사루쿠박람회〉의 성공 사례를 원용하는 것도 바람직하다. "나가사키에서 새로운 시간을 보낼 방안"을 표방한 〈나가사키사루쿠박람회〉는 개최 첫해인 2006년 국내외에서 연인원 1,000만 명 이상을 동원했다. 그런 성공은 "예전에는 몰랐던 나가사키의 체험과 발견"을 모토로 17세기 이래 이입된 서구적 근대문물 등을 활용한 프로그램의 기획과 운영을 통해 거둔 성과였다.

그 프로그램은 걷기, 볼거리(역사 및 문화), 먹을거리, 쇼핑을 결합하는 방식으로 구성되어 있었다. 먼저 '나가사키 유우(遊) 사루쿠'는 개인이 지도를 들고 자유롭게 42개 코스를 찾는 프로그램이고, 다음으로 '나가사키 쓰우(通) 사루쿠'는 약 2시간에 30개 코스를 가이드의 안내에 따라 돌아보는 "나가사키역사문화연구소 소장 안내 코스", "오오우라성당 가스펠" 등의 프로그램으로 구성되어 있으며, 또 '나가사키 가쿠(学) 사루쿠'에는 74개 테마를 중심으로 전문가의 강좌와 가이드가 안내하는 "데지마 상륙, 그것은 데지마에서 시작됐다", "하오, 하오, 나가사키 안의 중국 탐험", "더 깊게 마츠리 나가사키", "파란만장, 나가사키 막부 말기 유신전" 등을 직접 체험하는 프로그램이었다.[24]

---

24 이밖에 기념 이벤트로 '개회식, 개막식 야간 행사, 데지마 스포츠대회, 용춤, 사자춤, 파라다이스, 나가사키 시네마 페스티벌, 전국 연 전람회, 전국 노면전차 써밋, 나가사키-상해 항로전, 거류지 1000인 숨바꼭질' 등이 있다. 타이 업(tie-up)이벤트로는 '나가사키 범선 마츠리와 전국 용선선수권대회 등이 있다. 나가사키

〈부산도시민속축제〉을 개최하려면 그간 거행돼 온 〈40계단문화축제〉를 비롯해 〈영도다리축제〉, 〈구덕골문화예술축제〉, 〈보수동책방골목문화행사〉, 〈감천문화마을축제〉, 〈부산차이나타운특구문화축제〉, 〈부산자갈치축제〉, 〈조선통신사축제〉, 〈부산항축제〉 등을 통폐합하는 게 바람직하다. 그럼으로써 부산의 대신동과 아미동, 감천문화마을, 국제시장과 자갈치시장 등을 포함한 중앙동, 동광동, 남포동 등 원도심에 전해지는 개항기, 일제강점기, 6.25 전란기, 산업화기의 도시민속을 활용한 다양한 프로그램을 집합적으로 기획, 운영할 수 있을 것이다.

도시민속을 활용한 〈부산도시민속축제〉 프로그램은 참가자들에게 부산과 근대문물을 새롭게 바라보는 기회를 제공할 수 있다. 근대기에 이입된 양복과 양옥, 양식을 비롯해 광목, 옥양목, 사진, 의약품, 석유, 석탄 등의 생활용품과 전차, 선박, 철도, 항만 등의 교통수단, 유치원, 소학교 등 교육제도, 유곽, 활동사진, 신파극 등 유흥문화를 참가자가 체험하거나 관람함으로써 그 문물이 미친 영향을 확인하고 의미를 음미하게 하도록 유도할 수 있다.

〈부산도시민속축제〉의 구체적 프로그램으로 '근대문물 재발견 벼룩시장', '원도심 미로(迷路) 찾기', '근 · 현대 숨은 인물 발굴', '근대 희귀본 찾기' 혹은 영화와 관련된 '근대영화 시사회', '근대 영화소품 제작', '영화 포스터 창작' 등을 기획, 운영할 수 있다.

그와 함께 옛 경남도청이나 경남도지사 관저, 동양척식회사 부산지사, 남선전기, 청풍장 · 소화장 등 근대건축물을 탐방하는 프로그램도 마련할 수 있다.

특히 동구 차이나타운에서는 참가자에게 '청관거리 이야기', '차이나타운 의식주 체험', '화조비상(火鳥飛上)' 등의 프로그램을 통해 부산과 관련된 한 · 중 교류의 역사와 화교의 삶을 돌아보도록 권할 수 있다.

체험 이벤트로 '태극권 배우기, 호궁 배우기, 카스테라 만들기, 명함 만들기, 대장간 체험, 용선 체험, 어부 체험, 유리공예 체험' 등이 있으며 나의 사루쿠 콘테스트에서는 참여자들이 '사진, 그림엽서, 스케치, 단가, 하이쿠' 등을 응모하여 대상작을 선발한다.(長崎さるく博06推進委員会, op. cit. 참조)

〈부산도시민속축제〉의 탐방 대상으로 적절한 근대 건축물들

상 : 옛 경남도지사 관저
(현 임시수도기념관)

중 : 옛 경남도청(현 동아대박물관)

하 : 옛 동양척식회사 부산지사
(현 부산근현대역사관)

또 6.25 전란기의 돼지국밥, 밀면, 공동화장실, 급수차, 달동네, 하꼬방, 품팔이, 노점상, 지게질, 재봉질 등을 재현하거나 '영도다리에서 다시 만나기', '피난살이를 이겨낸 굳센 금순이', '부산을 사랑한 40계단 피난민', '퓨전 돼지국밥 · 밀면 요리 경연', '유엔탕 요리 · 시식 체험', '급수차 체험', '달동네 골목 걷기', '캠핑용 하꼬방 만들기' 등의 체험프로그램을 기획, 운영할 수 있다.

혹은 부산 하야리아부대에서 유출된 미제 물품, 미군 PX 출입, 미국독립기념일 행사, 크리스마스 파티, 미국 팝송 등도 프로그램의 소재로 활용할 수 있다. 그 구체적 프로그램으로 '초량의 주인공 찾기', '국제시장 보물찾기', '선물상자(씨레이션박스) 제작 경연', '달동네에 황금마차 선물하기', '쥬크박스 악보 채록대회', '팝송 가사 바꿔 부르기', '음악다방 DJ 경연', '얌생이(염소) 몰기' 등을 기획, 운영할 수 있다.

나아가 〈부산도시민속축제〉에서는 197,80년대 신발, 가발, 목재, 합판, 의류 산업이 활황을 누리던 산업화기의 도시민속을 활용한 프로그램도 기획, 운영할 수 있다. 그런 프로그램의 예로 '창작 신발 제작 대회', '가발 만들기 대회', '재봉질 경연', '목재 운반 대회', '합판으로 판자촌 짓기 대회' 등을 구상할 수 있다.

부산의 지역민 중에는 지난날의 궁핍했던 모습을 재현하는 〈부산도시민속축제〉의 일부 프로그램에 거부감을 느끼는 사람도 있을 수 있다. 하지만 196,70년대 달동네를 재현한 인천의 '수도국산달동네박물관'이나 중국 화교의 험난했던 과거를 보여주는 싱가포르의 '차이나타운 헤리티지센터'는 지난날의 삶의 고난을 긍정적 관점에서 성찰하도록 유도한다. 그런 사례를 참조하면 과거의 궁핍을 재현하는 〈부산도시민속축제〉의 일부 프로그램도 "기존 사회 질서의 풍자를 통한 종국적 화

2009년 〈영도다리축제〉에서 재현된
6.25 피난 행렬

합의 지향"[25]으로 받아들여질 수 있으리라 본다.

〈부산도시민속축제〉 참가자는 근대기 이래 축적된 지역문화의 의외성과 신기함, 차별성을 체험함으로써 지역민의 지역주의와 외부 참가자의 보편적 관점의 차이를 뛰어넘는 지역정체성을 성찰하게 될 것이다. 지역축제를 통해 그런 경험을 해본 사람은 앞으로 닥칠 어떤 문화적 변화에도 대응할 수 있는 적응기제[26]를 갖출 수 있을 것이다. 그것이야말로 지역축제를 통해 얻을 수 있는 최상의 소득이다.

---

25 이상룡, 「'또 다른 세계'를 비추는 거울」, 유럽정보문화센터, 『축제와 문화』, 연세대학교출판부, 2009, 69~79쪽.

26 류정아, 『전통성의 현대적 발견 : 남프랑스의 마을의 문화축제』, 서울대학교출판부, 1998, 270~271쪽.

참고 문헌

〈작품 · 사전 · 자료〉

국립민속박물관, 『한국 일생 의례 사전』, 2014.

김기림, 『김기림 전집』 5권, 심설당, 1988.

동래고등학교, 『동래고등학교 80년사』, 1978.

동래기영회, 『財團法人 東萊耆英會 170年史』, 2016.

福田アジオ外編, 『日本民俗學辭典』, 吉川弘文館, 2006.

부산광역시 강서구지편찬위원회, 『강서구지』, 강서구, 1993.

부산광역시 시사편찬위원회, 『부산시사』, 부산광역시, 1989.

______________________, 『부산의 자연마을』 5권, 부산광역시, 2010.

______________________, 『부산지명총람 제1권(부산광역시 중 · 서 · 동구편)』, 1995.

부산광역시 중구청, 『한국전쟁 체험수기』, 40계단 기념관, 2005.

부산광역시 편, 『산복도로 르네상스 마스터플랜』, 2011.

부산광역시, 『근대문화유산조사 및 목록화 사업보고서』, 2005.

_________, 『부산시사』, 1989.

부산상공회의소, 『부산경제사』, 1989.

북한 월간 화보 『조선』, 2006년 6월호.

삼성문화 편집부, 『옥스퍼드영한대사전』, 삼성문화, 1986.

염상섭, 『만세전, 표본실의 청개구리 외』, 하서, 1994.

영선2동 주민자치회, 「우리 동네 이야기 콘서트 - 시간을 담다」, 2012.

전광용 외, 『한국신소설전집』 권1, 을유문화사, 1968.
조명희 외, 『락동강』(영인본), 1991.
존스톤 외 저, 한국지리연구회 역, 『현대인문지리학사전』, 한울, 1992.
철도청, 『한국철도 100년사』, 1999.
한국문학평론가협회 편, 『문학비평 용어사전(하)』, 국학자료원, 2006.
한국정신문화연구원, 『한국민족문화대백과사전』 13권, 1992.
(株)東萊觀光호텔 企劃室, 『東萊溫川小誌』, (株)東萊觀光호텔, 1991.
大島建彦 外, 『日本を知る事典』 II, 社會思想社, 1971.
釜山甲寅會, 『日鮮通交史 - 附釜山史近代記』, 1916.
釜山繁榮会, 『釜山港 - 釜山稅關』, 釜山日報社印刷局, 1927.
釜山府 編, 『釜山開港五十年紀念』, 釜山府, 1926.
釜山府內務係, 『釜山府衛生施設概要』, 1928.
釜山商工會議所 釜山經濟硏究院, 『釜山經濟史』, 1989.
釜山商業會議所, 『釜山要覽』, 1912.
釜山第1公立尋常小學校, 『釜山第1公立尋常小學校要覽』, 1914.
長崎さるく博06推進委員会, 『長崎さるく博06記録集』, 2007.
朝鮮總督府, 『施政年報』 四卷, 1914.
__________, 『朝鮮國勢調査報告』 慶尙南道篇, 1930.
__________, 『朝鮮總督府諭告』 1934年 11月 10日字.
下中邦彦, 『アジア歷史事典 7卷』, 平凡社, 1985.

〈신문 · 잡지〉
『개벽』 1922년 11월호.
『경향신문』 2019년 6월 26일 자.
『대한매일신보』 1908년 3월 4일 자, 1909년 6월 26일 자.
『동아일보』 1920년 4월 22일 자, 1920년 7월 12일 자, 1921년 3월 12일 자, 1921년 9월 28일 자, 1923년 11월 21일 자, 1924년 2월 14일 자, 1924년 2월 21일 자, 1925년 6월 29일 자, 1925년 12월 4일 자, 1927년 1월 30일 자, 1935년 2월 12일자, 1936년 6월 6일 자, 1937년 11월 12일, 1937년 12월 22일 자, 1937년 12월 24일 자, 1923년 3월 19일 자, 1924년 4월 8일 자, 1925년 10월 22일 자, 1927년 1월 13일 자, 1931년 1월 30일 자, 1933년 9월 25일 자, 1934년 9월 8일 자, 1934년 10월 19일 자, 1935년 2월 12일 자.
『만세보』 1907년 5월 28일 자.
『매일신보』 1906년 10월 17일 자, 1912년 8월 21일 자, 1928년 3월 30일 자, 1929년 10월 4일 자, 1935년 3월 8일자, 1935년 4월 18일 자, 1935년 5월 25일 자.

『별건곤』 1926년 1월호, 1927년 12월호, 1928년 12월호, 1929년 9월호, 1930년 1월호, 1930년 6월호, 1930년 11월호, 1932년 5월호.

『부산일보』 1915년 5월 18일 자, 1915년 8월 16일 자, 1916년 1월 27일 자, 1916년 1월 27일 자, 1915년 7월 4일 자, 1915년 11월 5일 자, 1916년 9월 15일 자, 1917년 12월 24일 자, 1918년 9월 8일 자, 1918년 9월 11일 자, 1926년 3월 15일 자, 1929년 5월 2일 자, 1931년 9월 4일 자, 1932년 11월 1일 자, 1999년 12월 21일 자, 2001년 3월 20일 자, 2001년 7월 3일 자, 2001년 9월 4일 자.

『사해공론』 1935년 10월호, 1936년 11월호.

『삼천리』 1933년 3월호, 1935년 6월호, 1935년 11월호, 1941년 4월호.

『신민』 1927년 9월호, 1930년 7월호, 1931년 6월호.

『여성』 1936년 4월호, 1938년 3월호.

『조광』 1937년 12월호.

『조선일보』 1928년 2월 7일 자, 930년 4월 8일 자, 1930년 4월 14일 자, 1930년 11월 28일 자, 1931년 9월 21일 자, 1934년 1월 1일 자, 1934년 7월 26일 자, 1937년 2월 4일 자, 1937년 11월 12일 자, 1937년 12월 22일 자, 1937년 12월 23일 자.

『조선중앙일보』 1933년 10월 1일 자, 1936년 2월 6일 자.

『청춘』 1917년 5월호.

『한국일보』 2003년 4월 7일 자.

『한성순보』 1884년 2월 14일 자.

『혜성』 1931년 8월호.

〈저서〉

강세우, 『녹산지방의 민속문화』, 가람, 2010.

고대 민족문화연구소, 『한국민속대관』 제5권, 고대 민족문화연구소 출판부, 1982.

고부응 엮음, 『탈식민주의 - 이론과 쟁점』, 문학과 지성사, 2003.

공제욱 · 정근식, 『식민지의 일상, 지배와 균열』, 문화과학사, 2006.

국립문화재연구소, 『입춤 한량무 검무』, 국립문화재연구소, 1989.

국립민속박물관, 『경남어촌민속지』, 2002.

______________, 『한국세시풍속사전』 여름편, 2005.

국립부산국악원, 『청화당 김온경의 삶과 예술』, 2010.

김 승, 『근대 부산의 일본인사회와 문화변용』, 선인, 2014.

김동욱, 『한국건축의 역사』, 기문당, 1989.

김미영, 『일본의 집과 마을의 민속학』, 민속원, 2002.

김병인, 『역사의 지역축제적 재해석』, 민속원, 2004.

김수현 · 정창현, 『제국의 억압과 저항의 사회사』, 민속원, 2011.
김승찬 · 황경숙, 『부산의 당제』, 부산광역시 시사편찬위원회, 2005.
김용욱, 『부산의 역사와 정신 2』, 전망, 2001.
김재근, 『續 한국선박사 연구 - 일정시대의 조선업』, 서울대학교 출판부, 1994.
김정동, 『문학 속 우리 도시 기행』, 옛오늘, 2001.
김종대, 『한국의 학교괴담 : 한국의 학교괴담에 대한 민속학적 탐구』, 다른세상, 2002.
김주리, 『모던 걸, 여우 목도리를 버려라』, 살림, 2005.
김진송, 『서울에 딴스홀을 許하라』, 현실문화, 1999.
김창남 엮음, 『대중음악의 이해』, 한울아카데미, 2012.
김창남, 『대중문화의 이해』, 한울아카데미, 2003.
남근우, 『'조선민속학'과 식민주의』, 동국대학교출판부, 2008.
______, 『한국민속학 재고 - 본질주의와 복원주의를 넘어서』, 민속원, 2014.
단국대 동양학연구소, 『한국 근대민속의 이해』 I, 민속원, 2008.
__________________, 『한국 민속문화의 근대적 변용』, 민속원, 2009.
류정아, 『전통성의 현대적 발견 : 남프랑스의 마을의 문화축제』, 서울대학교출판부, 1998.
______, 『축제의 원칙』, 커뮤니케이션북스, 2012.
문옥배 지음, 『한국 금지곡의 사회사』, 예솔, 2004.
문장원 구술, 신경란 편집, 『동래사람은 팔만 올리도 춤이 덴다 캤어』, 뿌리 깊은 나무, 1991.
민병욱 · 김정하 · 하세봉 · 김종세 · 유승훈, 『콘텐츠 부산 : 지역사와 도시민속을 활용한 브랜드화』, 부산발전연구원, 2008.
박인철, 『현상학과 상호문화성』, 아카넷, 2015.
박정자, 『시선은 권력이다』, 기파랑, 2011.
부산근대역사관 학예연구실, 『근대 관광을 시작하다』, 2007.
부산발전연구원, 『낙동강 하구 민속어촌 조성 기본계획』, 부산광역시, 2001.
______________, 『부산 사람, 부산 이야기』, 1997.
서대정, 『현대영화연구』 4호, 현대영화연구소, 2007.
서우석, 『음악과 현상』, 문학과 지성사, 1989.
소래섭, 『에로 그로 넌센스 : 근대적 자극의 탄생』, 살림, 2005.
손인주, 『한국인의 교육 세시풍속』, 문음사, 1990.
송효섭, 『탈신화 시대의 신화들』, 기파랑, 2005.
신명직, 『모던ㅅ보이 경성을 거닐다』, 현실문화연구, 2003.
신현준 외, 『한국 팝의 고고학 1960』, 한길아트, 1998.
_________, 『한국 팝의 고고학 1970』, 2005.
신현준, 『가요, 케이팝 그리고 그 너머』, 돌베개, 2013.

실천민속학회,『민속문화, 무엇이 어떻게 변하는가』, 집문당, 2000.
____________,『민속문화의 수용과 변용』, 집문당, 1999.
____________,『민속문화의 전통과 외래문화』, 집문당, 2002.
____________,『민속문화의 지속과 변화』, 집문당, 2001.
안동대학교 박물관,『사진으로 보는 근대 안동』, 2002.
안영노,『축제의 성공 비결』, 커뮤니케이션북스, 2015.
유선영,『식민지 트라우마』, 푸른역사, 2017.
윤일주교수 논문편찬회 편,『한국근대건축사연구』, 성균관대학교 건축공학과 동창회, 1987.
윤치호,『윤치호 일기』권1, 국사편찬위원회, 1973.
윤택림 외,『새로운 역사 쓰기를 위한 구술사 연구방법론』, 아르케, 2006.
이경민,『제국의 렌즈』, 산책자, 2010.
이경엽 외,『바다 · 삶 · 무속』, 민속원, 2015.
이균옥 외,『동삼풍어제』, 국립해양박물관, 2013.
이부영,『그림자』, 한길사, 1999.
이승수,『새로운 축제의 창조와 전통축제의 변용』, 민속원, 2003.
이영미,『한국대중가요사』, 민속원, 2009.
이의정 · 양숙희,『페티시즘』, 경춘사, 1987.
이재원,『제국의 시선, 문화의 기억』, 서강대학교출판부, 2017.
이진경 편저,『문화정치학의 영토들』, 그린비, 2007.
이훈상 김정하 외,『부산시 낙동강 델타지역 사회민속지』, 동아대학교 석당학술원 한국학연구소, 2015.
임재해,『마을민속 조사연구 방법』, 민속원, 2007.
임재해,『민속문화를 읽는 열쇠말』, 민속원, 2004.
임종국,『밤의 일제 침략사』, 한빛문화사, 1984.
장경섭,『가족 · 생애 · 정치경제 - 압축적 근대성의 미시적 기초』, 창비, 2009.
장유정,『오빠는 풍각쟁이야』, 민음 in, 2006.
장철수,『한국 민속학의 체계적 접근』, 민속원, 2000.
전미경,『근대계몽기 가족론과 국민생산 프로젝트』, 소명, 2006.
鄭魯湜 著,『朝鮮唱劇史』, 朝鮮日報社, 1940.
정형호,『한국민속문화의 지속과 변화』, 민속원, 2008.
조갑상,『소설로 읽는 부산』, 경성대출판부, 2002.
조명래,『현대사회의 도시론』, 한울아카데미, 2002.
조효순,『한국인의 옷』, 밀알, 1995.
지용하,『韓國林政史』, 명수사, 1964.
최길성,『영상이 말하는 식민지 조선』, 민속원, 2010.

최병택 외, 『경성리포트』, 시공사, 2009.
최인진, 『한국사진사』, 눈빛, 1999.
최해군, 『부산 7000년 그 영욕의 발자취』, 지평, 1997.
한국정신문화연구원 편, 『한국유성기음반총목록』, 민속원, 1998.
한복진, 『우리 생활 100년 · 음식』, 현암사, 2001.
홍선표 외, 『근대의 첫경험 : 개화기 일상문화를 중심으로』, 이화여대 출판부, 2006.
홍순권, 『근대도시와 지방권력 - 한말 일제하 부산의 도시발전과 지방세력의 형성』, 선인, 2010.
홍영철, 『부산영화 100년』, 한국영화자료연구원, 2001.
황규성, 『신(新)강서기』, 인쇄골, 2002.

가스통 바슐라르, 곽광수 옮김, 『공간의 시학』, 민음사, 1996.
들뢰즈, 질 · 펠릭스 가타리 저, 김재인 역, 『천개의 고원』, 새물결, 2001.
레이몬드 윌리암즈 저, 이일환 역, 『理念과 文學』, 문학과 지성사, 1983.
로버트. J.C. 영 지음, 이경란 외 옮김, 『식민욕망』, 북코리아, 2013.
롤랑 바르트, 정현 옮김, 『신화론』, 현대미학사, 1995.
빅터 터너 지음, 김익두 · 이기우 옮김, 『빅터 터너의 제의에서 연극으로 - 놀이의 인간적 진지성』, 민속원, 2014.
알라이다 아스만 지음, 변학수 · 백설자 · 채연숙 옮김, 『기억의 공간』, 경북대학교출판부, 1999.
알프 뤼트케 외, 『일상사란 무엇인가』, 나종석 옮김, 청년사, 2002.
에드워드 렐프 저, 김덕현 외 역, 『장소와 장소 상실』, 논형, 2005.
요하임 패티, 『영화와 문학에 대하여』, 임정택 옮김, 민음사, 1997.
웨인 C. 부우드, 『소설의 수사학』, 새문사, 1985.
위르겐 오스트함멜 저, 박은영 · 이유재 역, 『식민주의』, 역사비평사, 2006.
제베데이 바르부, 임철규 역, 『역사심리학』, 창작과 비평사, 1990.
제프리 배첸 지음, 김인 옮김, 『사진의 고고학』, 이매진, 2006.
존 톰린슨, 강대인 역, 『문화제국주의』, 나남출판, 1994.
줄리아 크레인 외 공저, 한경구 외 공역, 『문화인류학 현지조사방법』, 일조각, 1996.
폴 리쾨르, 박병수 · 남기영 편역, 『텍스트에서 행동으로』, 아카넷, 2004.
프란츠 파농, 박종렬 옮김, 『大地의 저주받은 者들』, 광민사, 1979.
피터 버크 지음, 강상우 옮김, 이택광 해제, 『문화 혼종성』, 이음, 2012.
허버트 J. 갠스, 강현두 옮김, 『대중문화와 고급문화』, 나남출판, 1998.
호미 바바, 나병철 옮김, 『문화의 위치 : 탈식민주의 문화이론』, 소명출판. 2002.
F.A. 매켄지, 신복룡 역주, 『대한제국의 비극』, 집문당, 1999.

가와무라 미나토 지음, 유재순 옮김, 『말하는 꽃, 기생』, 소담출판사, 2000.

고마고메 타케시, 오성철 외 옮김, 『식민제국 일본의 문화통합』, 역사비평사, 2008.
고야스 노부쿠니, 김석근 옮김, 『일본근대사상비판』, 역사비평사, 2007.
나리타 류이치, 한일비교문화세미나 옮김, 『고향이라는 이야기』, 동국대 출판부, 2007.
나카미 마리 지음, 김순희 옮김, 『야나기 무네요시 평전』, 효형출판, 2005.
다카사키 소지 지음, 이규수 옮김, 『식민지 조선의 일본인들 - 군인에서 상인, 그리고 게이샤까지』, 역사비평사, 2006.
다카시 후지타니 지음, 한석정 옮김, 『화려한 군주』, 이산, 2003.
다케구니 토모야스 지음, 소재두 옮김, 『한국 온천 이야기』, 논형, 2006.
다키 코지 지음, 박삼헌 옮김, 『천황의 초상』, 소명출판, 2007.
미즈노 마오키 지음, 장선태 옮김, 『생활 속의 식민지주의』, 산처럼, 2007.
요시미 순야, 『박람회 : 근대의 시선』, 이태문 옮김, 논형, 2004.
하시야 히로시 지음, 김제정 옮김, 『일본 제국주의, 식민지 도시를 건설하다』, 모티브, 2005.
혼마 큐유스케 저, 최혜주 역주, 『조선잡기』, 김영사, 2008.

Barre Toelken, 『The Dynamics of Folklore』, Utah State University Press, 1996.
Edited by Richard M. Dorson, 『Folklore in the Modern World』, MOUTON PUBLISHER, 1978.
Francis Edward Abernethy, 『What's going on? in modren Texas folklore』, The Encino Press, Austin, 1976.
John J. White, 『Mythology in the Modern Novel』, Princeton Univ. Press, 1971.
Langdon Elsbree, 『Ritual Passages and Narrative Structures』, Peter Lang Publishing, Inc., 1991.
Porteli, Alessandro, 『The Death of Luigi Trastulli and Other Stories:Form and Meaning in Oral History』, State University of New York Press, 1991.
Seymour Chatman, 『Story and Discourse』, Cornell University, 1980.
Yi-Fu Tuan, 『Topophilia』, Columbia Univ. Press, 1974.

小林忠雄, 『都市民俗学』, 名著出版, 1990.
岩本通弥, 『覚悟と生き方』, 筑摩書房, 1999.
宮田登, 『都市の民俗學』, 吉川弘文館, 2006.
菊池謙讓, 『朝鮮諸國記』, 大陸通信社, 1925.
今井晴夫, 『朝鮮之觀光』, 朝鮮之觀光社, 1939.
阿部一, 『空間 比較文化誌』, 株式會社せりか書房, 2000.
塩月弥榮子, 『冠婚葬祭入門』, 光文社, 1970.
八岩 まどか, 『溫泉と日本人』, 青弓社, 2002.
鹿野政直, 『日本近代化の思想』, 研究社, 1973.
田島諸介, 『冠婚葬祭全書』, 梧桐書院, 1978.

阿部一,『空間比較文化誌』, 株式會社せりか書房, 2000.

大平祐一,『日本型社會論の射程:「帝國化」する世界の中で』, 文理閣, 2005.

矢野干城,『新版大京城案内』, 京城都市文化研究所, 1936.

大田增一,『釜山案內』, 釜山觀光協會, 1926.

太田好信,『民族誌的近代への介入 - 文化を語る權利は誰にあるのか』, 人文書院, 2002.

岩竹美加子,『民俗學の政治性 - アメリカ民俗學100年目の省察から』, 未來社, 1996.

陶思炎 等,『中国都市民俗学』, 东南大学出叛社, 2004.

蔡丰明 著,『上海都市民俗』, 学林出版社, 2001.

コルゲシ・オースタハメル 著, 石井 良訳,『植民地主義とは何か』, 論創社, 2005.

〈논문〉

강등학,「19세기 이후 대중가요의 동향과 외래양식 이입의 문제」,『인문과학』31집, 성균관대 인문과학연구소, 2001.

강심호 외,「일제식민지 치하 경성 부민의 도시적 감수성 형성과정 연구 : 1930년대 한국소설에 나타난 도시적 소비문화의 성립을 중심으로」,『서울학연구』21, 서울시립대학교 서울학연구소, 2003.

권도희,「20세기 기생의 음악사회사적 연구」,『한국음악연구』제29권, 한국국악학회, 2001.

권삼문,「동해 연안 촌락의 자치 관행」,『민속연구』4집, 안동대 민속학연구소, 1994.

권태억,「근대화. 동화. 식민지유산」,『역사학보』제165집, 역사학회, 2000.

권행가,「사진 속에 재현된 대한제국 황제의 표상」,『한국근대미술사학』16호, 한국근대미술사학회, 2006.

권혁재,「낙동강 삼각주의 지형연구」, 대한지리학회,『지리학 8』, 1973.

권혁희,「일제시대 사진엽서에 나타난 '재현의 정치학'」,『한국문화인류학』36-1, 한국문화인류학회, 2003.

김 승,「개항 이후 1910년대 용두산신사와 용미산신사의 조성과 변화과정」,『부산의 도시형성과 일본인들』, 선인, 2008.

_____,「부산의 일본인 이주어촌 건설 과정」,『해항도시의 역사적 형성과 문화교섭』, 한국해양대 국제해양문제연구소, 2010.

_____,「한말·일제하 동래지역 민족운동과 사회운동」,『지역과 역사』6, 2000.

김 원,「한국 산업화 시기 여성 노동자의 '일상'」, 이상록 외,『일상사로 보는 한국근현대사』, 책과 함께, 2006.

김경일,「한국 산업화 시기 노동자의 생애와 시간 - 기억의 재구성과 노동자 정체성의 형성」,『사회와 역사』85집, 한국사회사학회, 2009.

김대상,「새 文物의 上陸」, 부산일보사,『개항 백년』, 1976.

김동욱·최인학·최길성·최래옥 공저,『한국민속학』, 새문사, 1988.

金美英,「妓生と芸者のアイデンティティの比較」,『일본사상』제31호, 한국일본사상사학회, 2016.

김성환,「1930년대 대중소설과 소비문화의 관계양상 연구」, 한국현대문학회 편,『한국문학과 풍속』, 국학자료원.

2002.

김시덕,「서울의 근대 민속, 신문명과 식민지 문화의 남촌」,『서울민속학』제2호, 서울민속학회, 2015.

김열규,「부평동사거리의 추억」,『월간잡지 보이소』, 2003년 4월호, 벼리.

김예림,「전시기 오락정책과 '문화'로서의 우생학」, 정용화 외,『일제하 서구 문명의 수용과 근대성』, 혜안, 2008.

김용우,「식민주의의 그림자들 - 새로운 세계사와 서구 포스트-식민 박물관의 경우」,『코기토』71, 부산대학교 인문학연구소, 2012.

김은실,「지구화 시대 근대의 탈영토화된 공간으로서 이태원에 대한 민족지적 연구」,『변화하는 여성문화 움직이는 지구촌』, 푸른사상, 2004.

김정하,「부산의 일본귀신전설에 대한 도시민속학적 고찰」, 동북아문화학회,『동북아문화연구』17집, 2008.

김창민,「마을 조사와 연구에 대한 비판적 성찰」, 한국민속학회,『한국민속학』47집, 2008.

김태억,「일제 식민통치의 기조」, 한일관계사연구논집 편찬위원회,『일제 식민지지배의 구조와 성격』, 경인문화사, 2005.

김태영 외,「경남 지역축제 통폐합에 대한 탐색적 연구」,『중점정책연구』, 경남발전연구원, 2011.

김학준,「관광두레를 활용한 지속가능한 지역축제 활성화 방안」,『한국관광레저학회 학술발표대회 자료집』, 한국관광레저학회, 2017.

김현희,「낙동강 하구역 자연경관과 갈대군락의 지리적 분포」, 경희대대학원 석사학위논문, 2005.

남성진,「마을개관」, 임재해 외,『민속조사의 현장과 방법』, 민속원, 2010.

류지웅,「서구적 생활문화의 수용과정에 관한 실증적 고찰 - 화장비누의 대중화 과정을 중심으로」, 한국역사민속학회,『역사민속학』, 이론과 실천, 1993.

목수현,「'남촌'문화 : 식민지 문화의 흔적」,『서울학 연구총서』14, 서울시립대학교 서울학연구소, 2003.

박상기,「탈식민주의의 양가성과 혼종성」,『탈식민주의 이론과 쟁점』, 문학과 지성사, 2003.

박애경,「한국 포크와 록의 연대기」, 김창남 엮음,『대중음악의 이해』, 한울아카데미, 2012.

박준성,「조선후기 金海 · 梁山 蘆田지대의 노전소유와 경영」,『국사관논총』63, 1995.

박철규,「일제시기 부산지역 일본인 사회단체의 조직과 활동」,『부경』, 2003.

박청아,「한국 근대 초상화 연구 : 초상사진과의 관계를 중심으로」,『미술사연구』17호, 미술사연구회, 2003.

박홍원,「대중가요의 변화 : 금지곡의 사회사」, 부산대민족문화연구소,『기록으로 보는 생활사』, 국가기록원, 2007.

배영동,「물질문화의 개념 수정과 연구 전망 : 민속학의 영역과 방법 확장을 생각하며」, 한국민속학회,『한국민속학』46, 2007.

백선혜,「축제유형별 지역축제 성공의 열쇠」,『공공정책』72, 한국자치학회, 2011.

변광석,「동래기영회의 활동과 변화를 통해본 지역성」,『역사와 경계』84, 부산경남사학회, 2012.

변영욱,「김정은의 이미지 관리 전략 :『노동신문』'1호 사진'을 중심으로」,『현대북한연구』16권 2호, 북한대학원대학교 북한미시연구소, 2013.

서지영,「상실과 부재의 시공간 : 1930년대 요리점과 기생」,『정신문화연구』32(3), 한국학중앙연구원, 2009.

______,「소비하는 여성들 : 1920~30년대 경성과 욕망의 경제학」,『한국여성학』26-1, 한국여성학회, 2010.

______, 「식민지 시대 기생 연구(1)」, 『정신문화연구』 28(2), 한국학중앙연구원, 2005.
손숙경, 「19세기 중반 동래 지역 기영회 결성과 그 역사적 의미」, 『역사와 경계』 83, 부산경남사학회, 2012.
송기태, 「동해안 마을어장의 변동과 별신굿의 사회적 기능」, 『도서문화』 43, 목포대 도서문화연구소, 2014.
송방송, 「대한제국 시절의 진연과 관기들의 정재공연 - 고종신축년진연의궤의 정재여령을 중심으로」, 『한국무용사학회 논문집』 제1호, 한국무용사학회, 2003.
______, 「漢城妓生組合所의 藝術社會史的 照明 : 大韓帝國 末期를 중심으로」, 『韓國學報』 제29권 제4호 통권113호, 일지사, 2003.
송혜영 · 서치상, 「경상좌수영 관아의 배치구성과 변화과정 연구」, 『대한건축학회 논문집 - 계획계』 31(7), 대한건축학회, 2015.
송화섭, 「전통축제와 현대축제의 발전 방향」, 『인문콘텐츠』 2, 인문콘텐츠학회, 2003.
신나경, 「야나기 무네요시의 공예이념에 관한 연구 : 모리스에 대한 야나기의 비평을 중심으로」, 『美學 · 藝術學硏究』 통권 제22호, 2005.
안병직, 「한국 사회에서 '기억'과 '역사'」, 『역사학보』, 1993.
양미숙, 「1920 · 1930년대 부산부의 도시빈민층 실태와 그 문제」, 부경역사연구소, 『지역과 역사』 19집, 2006.
______, 「개항기~1910년대 부산의 유곽 도입과 정착과정」, 부경역사연구소, 『지역과 역사』 24집, 2009.
양위주 · 이미순, 「해양축제를 통한 부산권 해양관광 진흥전략」, 『동북아 문화연구』 14집, 동북아시아문화학회, 2008.
오진호, 「부산지역 전통음악의 연구현황과 과제」, 부산발전연구원, 『2008 부산학연구』, 2008.
______, 「조선 후기 동래부의 악공, 기생의 공연활동 연구 - 18~19세기 사료를 중심으로」, 『한국음악문화연구』 1, 한국음악문화학회, 2010.
유　현, 「리틀아메리카에서 부산시민공원으로」, 『항도부산』 제38호, 부산시사편찬실, 2019.
유선영, 「홑눈 정체성의 역사 : 한국 문화현상 분석을 위한 개념 틀 연구」, 『언론정보학보』 43-2, 언론정보학회, 1998.
______, 「황색식민지의 근대성과 아메리카나이제이션」, 장석만 외, 『한국 근대성 연구의 길을 묻다』, 돌베개, 2006.
______, 「황색식민지의 西洋映畵 관람과 소비의 정치, 1934-1942」, 공제욱 외, 『식민지의 일상, 지배와 균열』, 문화과학사, 2006.
유승훈, 『우리나라 제염업과 소금민속』, 민속원, 2008.
윤해동, 「동아시아 식민주의의 근대적 성격」, 가천대 아시아문화연구소, 『동아시아의 기억과 방법으로서의 서사』, 역락, 2012.
이광수, 「'야만인 만들기'와 '문명인 따라 하기' : 빅토리아 시기 식민지 인도에서의 초상 사진이 갖는 사회적 의미」, 『역사와 세계』 49집, 효원사학회, 2016.
이봉식, 「생과 사의 피난생활」, 40계단 기념관, 『한국전쟁 체험수기』, 부산광역시 중구청, 2005.
이상룡, 「'또 다른 세계'를 비추는 거울」, 유럽정보문화센터, 『축제와 문화』, 연세대학교출판부, 2009.
이석구, 「전유의 틈새 : 호미 바바의 '식민주체'와 그 문제점」, 『안과 밖』 1, 한국비평이론학회, 2000.
이소영, 「서양음악의 수용과 전통음악의 변화」, 역사문제연구소, 『전통과 서구의 충돌』, 역사비평사, 1988.
이영미, 「대중가요 연구에 있어서의 균형 잡기」, 『인문과학』 31, 성균관대학교 인문과학연구소, 2001.

______,「일제시대의 대중가요」,『대중가요 2집』, 실천문학사, 1984.
______,「한국대중가요사 연구의 현단계」,『대중서사연구』12, 대중서사학회, 2004.
이주향,「주체의 관점에서 본 서구적 근대와 우리의 근대」, 이명현 외,『근대성과 한국문화의 정체성』, 철학과 현실사, 1998.
이주희 · 추정금,「동래권번에 관한 연구 : 학습 내용과 기생의 활동 중심으로」,『무용예술학연구』24집, 2008.
이창경,「향토축제의 특장화와 개선방향 모색」,『문화정책논총』3, 한국문화관광연구원, 1991.
이훈상,「타자로서의 '지방'과 중앙의 헤게모니」, 한국사연구회 편,『지방사 연구의 현황과 과제』, 경인문화사, 2001.
임장혁,「물질문화 조사연구의 성과와 과제」,『한국민속종합조사의 성과와 민속학사적 의미』, 국립문화재연구소 · 한국민속학회, 2011.
임재해,「도시속의 민속문화 전승양상과 도시민속학의 새 지평」, 실천민속학회,『실천민속학연구』제9호, 2007.
______,「민속조사보고, 무엇을 어떻게 담아낼 것인가?」, 안동대학교 민속학연구소,『민속연구』12집, 민속원, 2003.
______,「민속학과 도시민속학」, 김선풍 외,『한국 민속학의 새로운 인식과 과제』, 집문당, 1996.
______,「민속학의 새 대상과 방법으로서의 도시민속학의 인식」,『한국민속학과 현실인식』, 집문당, 1997.
______,「민속학의 새 영역과 방법으로서 도시민속학의 재인식」,『민속연구』6, 안동대 민속학연구소, 1996.
張保雄,「洛東江 三角洲地域의 갈대 지붕 民家 硏究」,『문화역사지리』제12권 제2호, 2000.
정근식,「식민지 일상생활 연구의 의의와 과제」, 정근식 · 공제욱 편저,『식민지의 일상 : 지배와 균열』, 문화과학사, 2006.
정선태,「신소설에 비친 타자상과 자아상」, 단국대 동양학연구소 편,『개화기 한국과 세계의 상호이해』, 국학자료원, 2003.
정윤길,「내 것인 듯 내 것 아닌 내 것 같은 욕망 - 탈식민주의 담론의 양가성」,『현대사상』15, 대구대학교 현대사상연구소, 2015.
정형호,「경인민속학회의 지향과 과제」, 한국민속학회,『한국민속학』51집, 2010.
조 은,「'동아시아 가족'이 있는가」, 정문길 외,『발견으로서의 동아시아』, 문학과 지성사, 2000.
조은영,「미국 시각문화 속의 메이지 천황 : 초상사진, 인종주의, 제국 이데올로기」,『美術史論壇』통권 32호, 星岡文化財團, 2011.
조정현 · 김난주,「별신굿의 물적 기반과 지역경제」,『비교민속학』27집, 비교민속학회, 2004.
조형근,「식민지 대중문화와 대중의 부상 : 취향과 유행의 혼종성을 중심으로」,『사회와 역사』111, 한국사회사학회, 2016.
조형근 · 박명규,「식민 권력의 식민지 재현 전략」, 한국사회사학회,『사회와 역사』제90집, 2011.
주윤정,「일상생활 연구와 식민주의」, 공제욱 · 정근식,『식민지의 일상, 지배와 균열』, 문화과학사, 2006.
주창윤,「1975년 전후 한국 당대문화의 지형과 형성과정」,『한국언론학보』51권 4호, 한국언론학회, 2007.
주형일,「사진과 죽음 : 한국 영정사진의 문제」,『동아인문학』37집, 동아인문학회, 2016.
차철욱 · 양흥숙,「개항기 부산항의 조선인과 일본인의 관계 형성」, 仁荷大學校韓國學硏究所,『韓國學硏究』제26집, 2012.

최상진 외, 「대중가요 가사분석을 통한 한국인의 정서 분석」, 『한국심리학회지』 20권, 한국심리학회, 2001.
최옥수, 「일제하 민간지의 초상사진 분석」, 중앙대학교 석사학위 논문, 1995.
최원오, 「도시민속지 만들기와 도시민속학의 가능성 - 서울역사박물관의 도시민속지 검토를 통해서」, 『민속학연구』 25, 국립민속박물관, 2009.
최인학, 「바람직한 지역축제」, 『황해문화』 13, 새얼문화재단, 1996.
최종일, 「이태원 공간에 나타난 '아메리카나이제이션(Americanization)'에 관한 연구」, 서울대학교 언론정보학과 석사학위 논문, 2003.
추정금, 「동래권번에 관한 연구 : 학습 내용과 공연활동 중심으로」, 중앙대학교 대학원 석사논문, 2004.
한정선, 「제국에의 초대 : 근대 일본 만화 저널리즘을 통해 본 한일 관계, 1876~1910」, 『아세아연구』 47-4, 2004.
함한희 · 정성미, 「전라북도 무형문화유산의 목록화와 현황분석 : ICHPEDIA 자료를 중심으로」, 실천민속학회, 『실천민속학연구』 22, 2013.
허영란, 「근대적 소비생활과 식민지적 소외」, 『전통과 서구의 충돌』, 역사비평사, 2001.
홍석준, 「근대 문화유산 관련 담론을 통해 본 도시 정체성의 형성과 변화 - 개항도시 목포의 사례 - 」, 『한국학연구』 제19집, 2008.
홍영철, 「부산 최초의 극장 『행좌』의 역사성 검증 보고」, 『BFC Report』 Vo.25, 부산영상위원회, 2008.
황경선, 「'인단(仁丹)' 광고를 통해 본 근대」, 국립민속박물관, 『생활문물연구』 제25호, 2009.
황경숙, 「부산지역 인문계 고교생들의 끼리의례와 속신」, 실천민속학회, 『실천민속학 연구』 18호, 2011.
______, 「아미동의 대표적 연희, 아미농악」, 부산구술사연구회, 『아미동 아미동 사람들』, 부산대학교 한국민족문화연구소, 2011.
______, 「영업용 차량 운전자들의 자동차고사와 속신」, 한국민속학회, 『한국민속학』 42집, 2005.

그레이엄 페치, 윤효녕 옮김, 「대화주의와 탈식민화」, 『바흐친과 문화이론』, 문학과 지성사, 1995.
도날드 닷슨, 「포퓰러 컬쳐와 매스 컬쳐의 차이」, 강현두 편, 『현대사회와 대중문화』, 나남출판, 2000.
레나테 라흐만, 여홍상 옮김, 「축제와 민중문화」, 여홍상 엮음, 『바흐친과 문화이론』, 문학과 지성사, 1995.
맥도널드, 「구비문학의 현장조사」, 나경수, 리처드 M. 도슨 편저, 나경수 역저, 『민속조사 방법론』, 전남대출판부, 1995.
세스 터로우 「세계체제론에서 본 지역 : 보편성과 특수성」, 손명철 편역, 『지역지리와 현대사회이론』, 명보문화사, 1994.
시마무라 다카노리, 「한국의 도시전설 - 한 · 일 비교시점으로부터」, 『일본학지』 15, 계명대일본문화연구소, 1995.
쓰치야 겐지, 「문화의 번역 - 의미공간의 성립」, 야노 토루 편, 아시아지역경제연구회 옮김, 『지역연구의 방법』, 전예원, 1997.
앤소니 킹, 이무용 역, 「도시문화와 세계체제-문화, 공간, 역사로 읽는 세계도시체제」, 『시각과 언어』, 1999.
야노 토루, 「지역연구란 무엇인가」, 야노 토루 엮음, 아시아지역경제연구회 옮김, 『지역연구의 방법』, 전예원, 1997.
우카이 사토시, 박성관, 「어떤 감정의 미래 - <부끄러움>의 역사성」, 『흔적 1』, 문화과학사, 2001.

존 스토리 지음, 유영민 옮김,『대중문화란 무엇인가』, 태학사, 2011.
후루카와 히사오,「현지조사 - 걷기 · 보기 · 듣기」, 야노 토루 편, 아시아지역경제연구회 옮김,『지역연구의 방법』, 전예원, 1997.

C. Castoridis,「Reflections on 'Rationality' and 'Development'」,『Thesis Eleven』No.10., SAGE Publications, 1985.
David Pinder,「Seaport decline and cultural heritage sustainability issues in the UK coastal zone」,『Journal of Cultural Heritage』4, 2003.
Dunja Rihtman-Augustin,「Traditional Culture, Folklore, and Mass Culture in Contemporary Yugoslavia」, Edited by Richard M. Dorson,『Folklore in the Modern World』, MOUTON PUBLISHER, 1978.
Khosrowja, Hossein,「A Brief History of Area Studies and International Studies」, Arab Studies Quarterly, 33, Hoover Institution on War, Revolution, & Peace of Stanford University, 2011.
Mittelman, James H.,「What's in a name? Global, International, and Regional Studies」,『Globalizations』10(4), Routledge, 2013.

朴海玉,「釜山の都市プランの變遷」, 千田禾念 編,『東アジアの 都市形態と 文明史』, 國際日本文化研究センター, 2004.
宋連玉,「日本 植民地支配 國家的管理賣春」,『朝鮮史研究論文集』32, 1994.
岩本通弥,「フオーワロリズム」, 新谷尙紀,『都市の暮らしの民俗学』, 吉川弘文舘, 2006.
島村恭則,「境界都市の民俗学 - 下關の朝鮮半島系住民たち」, 篠原徹 編,『越境』, 朝倉書店, 2003.
________,「近代」, 小松和彦 外,『新しい民俗學へ』, せりか書房, 2002.
小川直之,「地域差と地域性」, 宮田登 編集,『民俗の思想』, 朝倉書店, 1998.
山内節,「ロ - カルな場所からの出発」, 中路正恒,『地域学への招待』, 角川学芸出版, 2010.
中路正恒,「地域学の基本問題」, 中路正恒,『地域学への招待』, 角川学芸出版, 2010.
山田順造,「なぜ未開]概念お問題にするか」, 山田順造 編,『未開]概念の再檢討 I』, 株式會社ブロポート, 1989.
六車由實,「戰時下の鄕土食研究をどう評價するか」, 赤坂憲雄,『權力』, 朝倉書店, 2004.
成田龍一,「近代都市と民衆」, 成田龍一,『近代日本の軌跡 - 都市と民衆』, 吉川弘文館, 1993.
內田忠賢,「都市'再考の試み」, 現代傳承論研究會,『現代都市傳承論-民俗の再發見』, 岩田書院, 2005.
赤坂憲雄,「いま, 故郷はどこにあるか」, 中路正恒,『地域学への招待』, 角川学芸出版, 2010.
橘 弘文,「無法者とその身体」, 小松和彦編,『記憶する民俗社会』, 人文書院, 2000.
佐々木高弘,「記憶する場所」, 小松和彦 編,『記憶する民俗社会』, 人文書院, 2000.

〈인터넷〉
부산광역시 사하구 홈페이지

http://tour.saha.go.kr/rbs2/modules/freeForm/view.php?rbsIdx=UR_6_32
안중근의사 숭모회 웹사이트'
http://patriot.or.kr/05.community/submenu5701.php/newnews/?code=free&idx=11759&ptype=view
『Yahoo JAPAN』
https://search.yahoo.co.jp/search?p=%E7%AE%92%E3%81%BB%E3%81%86%E3%81%8D&fr=top_ga1_sa&ei=UTF-8&ts=20284&aq=-1&oq=&at=&ai=e3af1a8a-942b-48a1-8c1d-8afa0a8f3998

찾아보기

ㄱ

ㄴ

ㄷ

ㄹ

ㅁ

ㅇ

ㅈ

ㅊ

ㅋ ㅌ

ㅍ

ㅎ

한국 도시민속의 혼종성과 지역성

초판1쇄 발행 2025년 11월 28일

지은이 김정하

주간 조승연
편집 · 디자인 오경희 · 조정화 · 오성현 · 신나래 · 박선주 · 정성희
관리 박정대

펴낸이 홍종화
펴낸곳 민속원
창업 홍기원
출판등록 제1990-000045호
주소 서울 마포구 토정로25길 41(대흥동 337-25)
전화 02) 804-3320, 805-3320, 806-3320(代)
팩스 02) 802-3346
이메일 minsokwon@naver.com
홈페이지 www.minsokwon.com

ISBN 978-89-285-2175-3 94380
S E T 978-89-285-0359-9 94080